ECOPOLÍTICA

copyright Hedra
edição brasileira© Hedra 2019

primeira edição Primeira edição
coordenação Edson Passetti

edição Jorge Sallum
coedição Felipe Musetti
assistência editorial Luca Jinkings e Paulo Henrique Pompermaier
capa Lucas Kröeff

ISBN 978-85-7715-609-2

Grafia atualizada segundo o Acordo Ortográfico da Língua Portuguesa de 1990, em vigor no Brasil desde 2009.

EDITORA HEDRA LTDA.
R. Fradique Coutinho, 1139 (subsolo)
05416–011, São Paulo–SP, Brasil
Telefone/Fax +55 11 3097 8304

editora@hedra.com.br
www.hedra.com.br

Foi feito o depósito legal.

ECOPOLÍTICA

Edson Passetti (*coord.*)

Acácio Augusto
Beatriz S. Carneiro
Salete Oliveira
Thiago Rodrigues

1ª edição

hedra

São Paulo_2019

Edson Passetti é professor livre-docente no Departamento de Política, Programa de Estudos Pós-Graduados em Ciências Sociais e coordenador do Nu-Sol (Núcleo de Sociabilidade Libertária, <*www.nu-sol.org*>) da PUC-SP. Foi o coordenador do Projeto Temático Fapesp *Ecopolítica. Governamentalidade planetária, novas institucionalizações e resistências.* Contato: passetti@matrix.com.br.

Acácio Augusto é professor no Departamento de Relações Internacionais da Universidade Federal de São Paulo (EPPEN-Unifesp) e pesquisador no Nu-Sol. Contato: acacioaugusto1980@gmail.com.

Beatriz Scigliano Carneiro é consultora no Núcleo de Estudos e Pesquisas de Politicas Socioambientais da Amazônia – NEPPS, da Universidade Estadual do Amazonas (UEA) e pesquisadora no Nu-Sol. Contato: bmscarneiro@uol.com.br.

Salete Oliveira é professora aposentada no Departamento de Política e Programa de Estudos Pós-Graduados em Ciências Sociais e pesquisadora no Nu-Sol. Contato: saletemagadadeoliveira@gmail.com.

Thiago Rodrigues é professor Associado no Instituto de Estudos Estratégicos (INEST), da Universidade Federal Fluminense (UFF), coordenador do Programa de Pós-Graduação em Estudos Estratégicos do mesmo Instituto e pesquisador do Nu-Sol. Contato: trodrigues@id.uff.br.

Ecopolítica: A emergência da ecopolítica está sintonizada com o fim da II Guerra Mundial e com as institucionalizações internacionais subsequentes. O alvo principal dos governos é o planeta, visando recuperar sua vida degradada e a conservá-lo de modo sustentável, em benefício das futuras gerações. A ecopolítica pressiona os regimes políticos para a democracia em sintonia com a racionalidade neoliberal. A ecopolítica pretende dar conta não só do governo da espécie humana, mas dos viventes na Terra e projetados para o espaço sideral. Novas resistências são produzidas.

Sumário

Proveniências e a emergência da ecopolítica

Um dia no Nu-Sol (Núcleo e Sociabilidade Libertária, do Programa de Estudos Pós-Graduados em Ciências Sociais da PUC-SP), olhamo-nos firmes. Naquele girar de olhos e pálpebras, piscando suavemente, estava marcado o começo da elaboração de um projeto que respondesse aos nossos incômodos libertários. Era preciso produzir um projeto de pesquisa que falasse do nosso tempo, dos espaços modificados, da intensidade libertária presente desde 1968, redimensionada em 1999 com o movimento antiglobalização e que ganharia outras dimensões inéditas. Era 2008.

A ampliação de práticas democráticas sincronizadas com a racionalidade neoliberal também nos apontava para algo que mudara na biopolítica. As leituras da obra de Michel Foucault, e mais do que elas, as sugestões do filósofo-historiador francês para se perseguir outros percursos, atiçavam para enfrentar a nova situação planetária na qual a Terra, seus viventes e o espaço sideral passavam a ser o alvo da gestão governamental.

Uma nova governamentalidade se disseminava. Estados Nacionais se redimensionavam em União de Estados; os mercados criados no pós-II Guerra Mundial se ampliavam; a democracia liberal levava de roldão o socialismo autoritário ou o submetia; as práticas democráticas e de participação entraram nas relações econômicas, sociais, culturais, familiares e pessoais. A Internet apareceu, e a programação eletrônica por interfaces diplomáticas redimensionou e inovou. Novas institucionalizações começaram a ocorrer, tendo nas Nações Unidas um ponto de inflexão e difusão que produziu, em 2000, os Objetivos de Desenvolvimento do Milênio (ODM), atingindo resultados cada vez mais satisfatórios aos seus propósitos, voltados a encontrar *melhores* condições de vida para os chamados países subdesenvolvidos ou em desenvolvimento. O grande encontro conhecido como *Rio 92* ultrapassava os limites das intenções e da retórica.

Estas constatações nos levaram anos antes a iniciar alguns breves estudos sobre o que seria a passagem ou a transformação da biopolítica para a ecopolítica. O governo da espécie (a população) agora não era mais algo preferencial às políticas de Estado e muito menos ao governo do planeta.

Avizinhava-se a busca das proveniências de uma governamentalidade compartilhada, sustentável e produtora de uma governança *global*. Todos estão convocados a participar de *melhorias* no planeta para o futuro das novas gerações. De certa maneira, essa governamentalidade depende dos princípios de economia política revisados pelos neoliberais e que equacionaram a mutação da força de trabalho em capital humano. Qual maneira? Buscá-la em suas variedades foi o modo como nos interessamos pelo que há de mais caro à anarquia e aos anarquismos: a produção de resistências. Neste campo especial, compreender os redimensionamentos de territórios, gestões do Estado e das pessoas com suas condutas e contracondutas, assim como a inquietação e os alertas, seja relativos à energia nuclear de uso pacífico e violento na segunda metade do século passado, seja os atuais, relativos ao clima. As lutas ecológicas alteraram as relações com o meio ambiente.

Como situar essas relações de poder que ultrapassavam os consagrados territórios soberanos? Por eles, a ONU absorvia os flúxos de discussões abertas que ocorriam em ONGs, fundações, institutos e organizações empresariais, que produziam fóruns e conferências, dinamizando práticas democráticas e consagrando a racionalidade neoliberal, por meio de regulamentações internacionais. Se a guerra era a política prolongada por outros meios (Clausewitz), ou se a política era a guerra prolongada por outros meios (Foucault) — assim as conhecemos com o Estado-nação e com as mais diferentes implicações provocadas por cada uma delas —, também nos interessava situar como na produção absorvente de fluxos democráticos se produz a política atual. E discutir a política contemporânea exige revirar os dispositivos de segurança e, por conseguinte, a liberdade liberal fundada em sua própria segurança, as situações de guerra e a de polícia interna.

A entrada decisiva dos componentes computo-informacionais não só acionou um regime de comunicação contínua, como tornou mais evidente que as mudanças que ocorriam levavam a institucionalizações inacabadas, que se repartiam em outros fluxos, absorviam contracondutas, minimizavam resistências. Para essa sociedade de controle, como sucintamente descrevera o filósofo Gilles Deleuze, diferentemente da disciplinar, a vigilância não era mais suficiente. Essa propagação de controles gerou monitoramentos não só eletrônicos, mas de condutas por cada indivíduo. Mas seriam ainda indivíduos, como supõe o liberalismo, ou mesmo a tradição marxista? Algo nos dizia que Nietzsche tinha acertado em situar que em nossa sociedade o que há são divíduos. Como são, como se relacionam, quais práticas produzem e como se ajustam à conduta democrática de capital humano inovador? E, diante disso, o que poderíamos esperar das resistências, posto que desde o acontecimento *1999* foi possível compreender as capturas de lideranças e agentes de contestação no fluxo de participação democrática? Quais resistências se prolongariam, o que a *multidão* redireciona, para onde levam as novas práticas, reconhecidamente derivadas da história política das práticas anarquistas? E o que mais surpreendia, e permanece surpreendendo, é como as condutas penalizadoras cresceram. Elas, apesar de não exigirem mais as instituições austeras de outrora como as prisões, os manicômios, os internatos — apesar de não se apartarem delas —, encontraram novos fluxos punitivos penalizadores a céu aberto. Monitorar a tudo e a todos passaria a ser a segurança de cada um para um futuro melhor?

No meio disso tudo, nunca se tinha vivido a proliferação de direitos como depois de *1968*. É interessante notar como o acontecimento *1968* produziu a emergência das minorias no plano político, muitas vezes libertas de partidos políticos e sindicatos, e como as instituições, até então capazes de absorver movimentos sociais, também lhes deram visibilidades sociais, culturais e pessoais (consolidando, assim, a dimensão das práticas dividuais). Para nós, durante a elaboração do projeto de pesquisa, os direitos de minorias, para além da Declaração Universal dos Direitos Humanos de 1948 como um marco de liberdade liberal, serviam, paradoxalmente, para criticar os regimes autoritários nos anos 1980, anteriormente consolidados com o imperativo capitalista, o socialismo autoritário, e proporcionar uma revisão urgente nas práticas intervencionistas. Para os libertários sempre é importante discernir entre minoria numérica, voltada para compor com governos majoritários, e minorias potentes capazes de inventar liberdades. A pletora de direitos de minorias ajustou a participação de cada divíduo e deixou claro que nessa sociedade a convocação à participação se tornou referência para as condutas econômicas, sociais, culturais e pessoais. Ela traria consigo uma nova figura, a do portador de direitos?

A programática sustentável que se espraiava pelo planeta e que mapeáramos durante a primeira década dos anos 2000 exigia detalhamentos, como situar as forças em luta e a produção de documentos desse arquivo planetário ONU. E assim caminhamos por esse arquivo imenso e inacabado no qual sobressaíam as Metas do Milênio para o período 2000–2015, e perscrutávamos o que viria após sua finalização inacabada. A resposta apareceu em 2014, com a definição dos Objetivos de Desenvolvimento Sustentável (ODS) quando, pela primeira vez, a ONU deixou de demarcar em seus investimentos a distinção entre desenvolvidos e subdesenvolvidos/em desenvolvimento. A sustentabilidade passou a ser uma meta para todos os Estados, povos, etnias, minorias numéricas e divíduos. Não foi de estranhar o novo acontecimento planetário *2011*, já durante o primeiro ano da pesquisa, e muito menos os brasileiros, em *junho de 2013*. Na Grécia, em 2008, as práticas libertárias os anunciavam.

Ecopolítica é um livro resultante destas inquietações que encontram em outros pesquisadores e libertários modos distintos de enfrentar a racionalidade neoliberal, muitas vezes como ideologia. Não se trata de vê-la como disciplina de conhecimento específica, nem como a utopia após o antropoceno. Nossa contribuição aos resistentes é a do convite a cartografias que inventem liberdades, portanto uma *ação direta*. Diante da insistente naturalização das desigualdades, hoje em dia pacificadas e unificadas em torno do pluralismo democrático, seguindo o poeta popular, "é sempre bom lembrar que um copo vazio está cheio de ar", mas que o ar está antes e depois do copo, que é combustão para o fogo que arde, evapora e cai como chuva, às vezes ácida, que produz transbordamentos de rios nessa Terra que sempre treme e tremerá, trazendo terremotos e maremotos, porque seu núcleo vivo e pulsante é composto do magma, assim como nós somos uma certa ebulição sanguínea e nervosa.

A genealogia do poder vai ali onde parece que tudo começa com a grandiloquência dos atos inaugurais da cultura. Tudo começa na criança e, por isso, em nossa cultura, ela é o objeto primordial de investimentos em condutas que pretendem forjar identidades, crenças, fé, a situação do *mundo*, e educá-la a se adequar a limites por meio de castigos e recompensas. Hoje, nem tanto ou de outra forma, pois dela também se espera que participe na família, na escola e na comunidade, seja portadora de direitos inacabados e acredite no futuro *melhor*. Um jeito democrático, inclusivo, responsável de torná-la um eficiente capital humano. Se no passado os lados do triângulo equilátero herdado da Revolução Francesa (igualdade, liberdade e fraternidade) orientaram governos e as empolgantes e decepcionantes revoluções, hoje um quadrado perfeito se forma com o acréscimo do amor. É preciso amar a todos, ao planeta, aos seus deuses, de preferência ecumenicamente, aos superiores e aos inferiores, em função de uma cultura de paz que se consolide, com mais qualidade de vida e redutores-protetores de vulnerabilidades. Tudo como quer a produção capitalista sustentável (e, porque não dizer, as alternativas) e a liberdade liberal. O ideal de revolução herdado da França do século XVIII cedeu lugar ao ideal democrático estadunidense do mesmo século. O rodízio capitalista estará preservado. Até quando?

Ecopolítica

O mundo mudou?

O mundo não é mais o mesmo. Os filhos da geração da II Guerra Mundial ouviram de seus pais a constante surpresa com as mudanças no mundo: poderíamos desaparecer como espécie depois das bombas sobre Hiroshima e Nagasaki. Como escapar da morte não mais pela grande guerra, nem por uma vontade política de governos e cidadãos contra outros povos, como pretendeu o nazismo?

A guerra e o seu final anunciavam relações mais livres com o sexo, era cada vez mais visível uma disponibilidade maior do mercado em absorver as mulheres, e já se falava, entre paredes, da presença homossexual no interior das famílias.

O mundo mudara mesmo, o socialismo poderia se fazer global e os democratas se mostravam apreensivos. Vivíamos na América do Sul uma nova era que imprensa e analistas caracterizavam como populismo, uma certa conexão entre interesses burgueses e operários em função do desenvolvimento.

Havia uma obsessão pelos meios para sairmos do subdesenvolvimento. A crença na escola para todos estava estampada nas casas para que a vida dos filhos se tornasse menos dura, e fosse possível uma ascensão social mais elástica pelo acesso dos filhos dos operários ao trabalho intelectual.

O mundo mudava rápido com a televisão e com a busca de outra vida no espaço sideral. Ao sair desse mundo terreno para o espaço celestial, estaríamos infringindo o governo de Deus que olha para todos do alto e nos vê em qualquer canto? Se o "homem" fosse para o espaço ele nos veria também lá do alto com equipamentos que poucos desconfiavam existir.

Um dia, em 1961, o astronauta soviético Yuri Gagarin viu a Terra lá do alto e simplesmente relatou: "a Terra é azul". Ele confirmou todas as evidências da física relativas à incidência dos raios solares sobre a superfície do planeta. Mostrou que o tom azul celestial tão comum nas imagens dos santos era mais que a vontade de cor de Deus, que o céu poderia ser para *todos* e que a escuridão da noite era mais que um tapete de estrelas ornado pelo luar. Olhar para o firmamento era um pouco mais do que o caminho para o paraíso. Em 6 de maio de 1970, Ernst Stuhlinger, diretor de ciência do Centro de Voo Espacial Marshall da NASA respondeu à carta da irmã Mary Jucunda, freira missionária em Zâmbia, antiga Rodésia do Norte, colônia inglesa, que questionava o gasto de dinheiro com o projeto de missão tripulada a Marte com tantas crianças morrendo de fome na África. Stuhlinger enviou com sua resposta a foto conhecida como "Nascimento da Terra". Esta carta ficou tão famosa que foi publicada pela NASA como "Por que explorar o espaço?". Ao endossar os argumentos da missionária, o diretor de ciência sublinha a importância da ocupação do espaço sideral. Mais do que isso, mostra uma das proveniências do redimensionamento prioritário do interesse no planeta:

> Há grandes extensões de terras que poderiam ter um aproveitamento muito melhor com métodos eficazes de controle de drenagem, uso de fertilizantes, previsão do tempo, estimativas de fertilidade, plantio programado, seleção do solo, hábitos de plantio, época de cultivo, inspeção de plantação e planejamento de colheita. A melhor ferramenta para aprimorar todas essas atividades é, sem dúvida, o satélite artificial da Terra. (...) Maior produção de alimentos graças a dados colhidos por satélites e melhor distribuição de alimentos graças a boas relações internacionais são apenas dois exemplos do profundo impacto que o programa espacial terá sobre a Terra. Eu gostaria de mencionar mais dois exemplos: o estímulo ao desenvolvimento tecnológico e a geração de conhecimento científico. (...) Precisamos de mais conhecimentos em física e química, em biologia e fisiologia e, principalmente em medicina para lidar com todos os problemas que ameaçam a vida humana: fome, doença, contaminação de alimento e água, poluição do meio ambiente. (...) [A Terra] será melhor, não porque usaremos todo o nosso conhecimento tecnológico e científico para melhorar nossas condições de vida, mas também porque estamos chegando a um apreço muito mais profundo por nossa Terra, pela vida e pelo homem (Usher, 2014: 206–209).

Para um menino e uma menina aqui embaixo olhando para o céu havia apenas a imagem refletida da nossa bola, a mesma bola de futebol que traduzia em gols as vitórias de uns artistas subdesenvolvidos. O Brasil era o campeão mundial na Europa e no ano seguinte seria o bicampeão mundial.

O mundo era a Terra e nele qualquer um poderia ser campeão ao ascender socialmente no capitalismo ou encontrar a igualdade no socialismo. Parecia até que tudo se encontrava em sínteses dicotômicas ultrapassáveis: capitalismo-socialismo, democracia-socialismo, Europa-Américas, subdesenvolvido-desenvolvido, céu e Terra. Não, não era tão simples, mas parecia simples. Bastava ter vontade. Ingenuidade de crianças e jovens que cresciam num novo mundo de consumo e ideias, de possíveis liberdades e descrença na guerra, ainda que houvesse a guerra da Coreia e mais tarde a do Vietnã. Mas quando esta ocorreu o mundo estava em disputa acirrada: não bastava sonhar com ascensão social, e seria verdadeiro tudo que nossos avós malucos diziam sobre o socialismo na URSS e na China? O anarquismo era mesmo uma coisa do passado quando os operários viviam sua infância?

Falava-se de novas revoluções, uma delas bem pertinho de nós, em Cuba. Era possível. O chamado populismo era real. O homem no espaço era real e ainda falavam que chegaríamos à lua e que o país que lá chegasse seria o vitorioso nesta corrida. Tudo uma corrida, uma tremenda competição científica, artística, futebolística, todos querendo escola, exigindo mais e mais do Estado.

Falava-se que com a ONU teríamos definitivamente um guardião da paz e que a Declaração Universal dos Direitos Humanos de 1948 nos preservaria de políticas de extinção da espécie, das torturas, traria igualdades fundamentais e nos reconheceria, finalmente, como membros da espécie humana com todas as nossas diferenças. Mas isso era uma conversa episódica nos lares ou mesmo na escola.

O Brasil era rico em riquezas naturais e isso era uma vantagem. Ensinavam que a Floresta Amazônica era o pulmão do mundo, que o rio Amazonas não era o mais extenso, mas o mais caudaloso. Porém, ele não era só do Brasil, nascia a oeste, no Peru, para desaguar no oceano Atlântico. Ele era e não era brasileiro. A geografia que aprendíamos o represava no Estado-nação e ensinavam que este era resultante da fusão harmônica de todos os povos que aqui habitavam.

Nas aulas de história, apesar de toda eloquência investida nas descobertas marítimas portuguesas e na ação filantrópica dos jesuítas, alguns de nós desconfiavam das simples constatações que essa terra brasileira era habitada por selvagens sem rei, lei e alma. A professora ficou embaraçada quando alguém perguntou como os índios viveram por tanto tempo sem rei, lei e alma antes da chegada dos descobridores. Eles não sabiam o que era o progresso que os brancos trouxeram. Assim nos educavam para compreender que o progresso vinha de fora, dos mais desenvolvidos. Então alguém sabia mais de nós que nós mesmos? Assim como os portugueses e espanhóis sabiam mais dos índios que eles mesmos? Que mundo estranho era aquele!

A escola nos ensinava a geografia e a história, como amar a língua portuguesa, nossas riquezas naturais e os governantes que eram tão inteligentes que conseguiam juntar todos os segmentos sociais crentes no futuro. O Brasil era o país do futuro. O maior do *nosso* continente, cercado de povos amigos de língua espanhola que também civilizaram os índios. E todos os demais povos eram índios integrados pelo Estado-nação aos imigrantes europeus.

Os estrangeiros sabiam colonizar, por vezes foram violentos escravizando índios e depois negros para cá trazidos porque falavam que o índio era indolente. Ouvíamos até que houvera os antropófagos, que havia pigmeus na África, que o "homem" se deslocara pelas terras desse mundo há muitos milhões de anos, que cientificamente veio do macaco e que era filho de Deus. Tudo ficava um pouco confuso. Nos primórdios éramos filhos de Deus à sua imagem, depois descendíamos evolutivamente do macaco, uns eram superiores outros selvagens e até havia os bárbaros como os nórdicos que destruíram o Império Romano, uma cultura decalcada da Grécia, e que houve a civilização egípcia, muito imponente em arquitetura e agricultura. Havia uma evolução linear e outra não tão linear, mas sempre vencia o mais forte e a guerra, mesmo sendo violenta, trazia o resultado definitivo para que a paz prevalecesse.

O mundo mudava com as guerras. Nossa civilização era a dos vencedores. Nosso Estado era dos brasileiros, mesmo que a gente pouco entendesse que o romano era romano em muitos outros territórios. Coisa do passado. Éramos americanos e nem tanto, porque americano era o habitante dos Estados Unidos. Tudo o que era moderno, da calça ao eletrodoméstico, e principalmente o automóvel e o avião, era americano. A música e os filmes modernos também eram criações da cultura americana. Os franceses gostavam de livros, os portugueses de *Os Lusíadas*, que eram coisas longas, que exigiam muito tempo de cada um e não traziam o livre divertimento moderno do rádio, da televisão e do cinema. Era para o gosto de quem tinha tempo, era para intelectuais que apreciavam a história da cultura, para a elite.

Os índios não tinham essa cultura superior, nem os escravos negros, mas o europeu a tinha, e se estudássemos muito nós teríamos possibilidade de encontrar um bom trabalho e ter tempo para ler. Ao menos os que passaram a ter o gosto pelos livros. Era preciso estudar muito para aos 14 anos ter possibilidade de encontrar um emprego melhor do que o sujo das fábricas e passar para o turno da noite na escola. Não era raro ouvir do colega que ele queria trabalhar no banco ou no comércio. Tinha até umas meninas que diziam querer trabalhar, que achavam a vida das mães delas muito chata cuidando da casa, e alguns meninos concordavam um pouco com elas.

Tínhamos que estudar, nos preparar para o trabalho limpo e engravatado ou com vestido, para constituir família, ter uma mulher ou marido e outra mãe em casa. Tudo simples assim. Alguns achavam que essa era a simplificação do que deveria ser a vida futura, normal e melhor do que a que levávamos. Quem não seguisse esse itinerário seria um operário ou um puxador de carroça, doméstica ou esposa. Mas para seguirmos esse trajeto tão claro, limpo e saudável não podíamos ser indisciplinados na escola.

Deveríamos ser obedientes. Muitos colegas eram surrados em suas casas, às vezes chegavam com marcas e alguns de nós ficávamos revoltados com os pais deles. Muitas vezes, eram eles que azaravam a aula e a professora os colocava de castigo. Eles ficavam mais revoltados e ganhavam também nossa adesão — de poucos, é verdade. A professora, a diretora, a funcionária que vigiava o recreio eram nossos alvos. Alguns partiam para o enfrentamento físico com elas ou mediam forças e atemorizavam os colegas mais passivos e conformados. E aí virava outra confusão sobre como era certo ir contra as autoridades, mas que era errado amedrontar fisicamente os colegas. Bem, isso não tinha solução.

Naquele teatro de punições e lições sobre o mundo e o Brasil, primeiro como crianças e depois como jovens, aprendemos a ser normais e, de vez em quando, indisciplinados. Às vezes, abria-se uma conversa sobre um parente doente ou louco; que os hospitais eram estranhos porque tinha ala para ricos e ala para pobres; que cabia às mães levar seus bebês nos postos de puericultura, limpar a casa e deixar os filhos limpos de banho tomado e uniforme lavado e passado para irem à escola. Tinha mãe de colega que era louca, vizinho que era louco, e às vezes diziam que tinha crianças com doença mental. Os indisciplinados, principalmente os surrados em casa, eram vistos como anormais. Tinham de ser muito bem observados para que não virassem pequenos criminosos. Um pequeno furto na sala de aula, e não foram poucos por desejo de lanche, borracha, uns trocados... era uma sessão estranha de pressão pela autoacusação ou delação do infrator. O resultado ia para o Livro da escola, os pais eram comunicados e o menino ou a menina eram vistos a partir de então como um pequeno ladrão ou pequena ladra. Esperava-se que com isso as boas maçãs fossem afastadas das podres.

Aos poucos alguns percebiam que a escola era parecida com o que o pai e mãe contavam da fábrica ou do escritório. A escola também se assemelhava à casa. Mas a escola procurava se mostrar como o centro de preparação para os desvios nos lares e na sociedade, o lugar ideal, do certo, de como aprender a obedecer seguindo a didática, os zelos com o asseio, os momentos para comer, brincar e voltar a estudar. E continuar estudando em casa cumprindo todas as lições a serem feitas (no Rio de Janeiro, lição de casa é dever, e pelo menos para uns de nós essa designação era muito mais autoritária, mesmo constatando que não trazer a lição pronta ou o dever de casa cumprido repercutia nas mesmas sanções). Ensinar as crianças a obedecer e a seguir as regras para a boa formação era com que a escola contribuía para nos fazer desse mundo. Tirava-nos do mundinho da casa e da família, da vizinhança, das ruas, dos maus elementos, dos perigos e das doenças epidêmicas para preparar cada um e a todos para a vida do trabalho.

Não éramos tão tolos ou ingênuos, porque tínhamos ouvidos, pensávamos, e nos perguntávamos se todas as escolas só serviam para preparar para o trabalho futuro no mundo civilizado. Desconfiávamos que houvesse escolas para quem manda, mesmo que quase todos quisessem ter uma boa formação para mandar nos subordinados. A escola que ensina a obedecer também instrui como se deve mandar nos outros. Eram todas mais ou menos iguais. Vez ou outra entrava nas conversas o assunto universidade. Era um assunto muito raro, uma coisa distante, feita para quem gostava de ler, de estudar, ou melhor, quem gostava de ler e estudar e tinha tempo. Muitos saíam da escola para um trabalho sem registro; meninas voltavam para casa para ajudar na preparação do jantar ou cuidar dos irmãos mais novos. E ainda tinha aquele mundão de lições-deveres a cumprir.

Gostávamos de cantar as músicas do rádio, alguns tinham vitrolas e discos de música clássica (que muitos achavam chatas e longas), detestávamos as aulas de canto orfeônico e alguns, entre nós, se recusavam, em filas duplas dispostas no pátio antes do início das aulas, a cantar o hino nacional. Tinha os que se emocionavam e os que dublavam para burlar os olhos sobre nós das professoras e dos bedéis que comandavam na dianteira cada conjunto de alunos enfileirados até a sala de aula. Ali tudo recomeçava no ponto anterior, seguindo a sequência programada de ensino da língua, da aritmética, das ciências e da história e geografia.

Todos também aprendíamos a amar os símbolos da pátria e a compreender que tudo em volta era corriqueiro, normal e que qualquer situação anormal ou perigosa no país e no mundo seria solucionada pela polícia e a justiça, que o governo tinha de saber tratar dos mais diferentes e difíceis problemas, e que nós deveríamos contribuir para que a ordem sempre fosse mantida: ordem e progresso como estava na faixa da bandeira do Brasil que tinha o verde das florestas (sim, da Amazônica e das matas), o amarelo do ouro mineiro e do sol, o azul do firmamento e o branco da paz, tudo integrado na bandeira. E como ela era linda! Ninguém nos ensinava que as cores signficavam outra coisa: o verde era cor da Casa Real dos Bragança e o amarelo da Casa dos Habsburgo e, por isso, a bandeira da República era quase igual à do Império.

O mundo da escola, fora dela e além do sistema solar e da via Láctea, tudo por Deus, pelo progresso, pela ordem. Neste mundo também de indisciplinas, anormais, perigosos, inconformados, revoltados. Sim, tinha de ser assim aqui e no socialismo, porque há sempre quem manda e obedece. Tinha o governo que mandava, a professora que governava, os bedéis que vigiavam, e todos governavam nossas condutas e nós as dos outros, uma vigilância preventiva, diziam, eficiente para que todos vivêssemos em paz, respeitássemos a autoridade superior, colaborássemos contra a guerra. Afinal, o Brasil era um país pacífico!

E entre nós também havia algumas crianças que ouviam o contrário. Mas todos tinham que ir para a escola, porque simplesmente éramos uns privilegiados, porque no Brasil, um país subdesenvolvido, não havia escola para todos, porque na cidade não havia escola para todos os filhos de migrantes pobres e na zona rural, quase nada de escola. Parecia que os filhos dos trabalhadores das cidades tinham o mesmo privilégio dos meninos e meninas ricas. Estávamos já nos desenvolvendo. Os filhos dos operários já iam mais regularmente para o ginásio, e alguns ouviram a notícia de que a Terra é azul, que testes nucleares eram realizados no Oceano Pacífico assim como ocorrera no deserto de Sonora no México antes dos americanos jogarem as bombas sobre as cidades japonesas.

Isso era desenvolvimento, mas também um perigo para todos. Afinal, quais seriam os efeitos dessa palavra macabra: radioatividade? Mas o câncer era tratado com radioterapia... Havia uma duplicidade nisso tudo. Falava-se muito das reservas de petróleo, das disputas pelo carvão e o aço, das siderurgias, e do Volkswagem, o fusca que seria humanizado pelos estúdios Disney, e que fora o automóvel saudado pelo Adolf Hitler como carro de acesso popular a qualquer alemão. A gente sempre sabia umas coisas estranhas que não estavam na enciclopédia e muito menos na revista *Seleções*, no *Almanaque Fontoura* ou na escola. Sabia-se mais de criptonita que radioatividade, de um estilo de vida americano veiculado pelos gibis e pelas revistas femininas de romances fotografados. Às vezes sabíamos de sexo por meio de livros proibidos e os inesquecíveis "catecismos". Às vezes, notávamos como nossos pais ficavam apreensivos com a edição extra do Repórter Esso, na TV Tupi, interrompendo a programação ou mesmo uma propaganda. Anunciava que algo temeroso acontecia no mundo e, por vezes, no país: greve, renúncia do presidente, problemas políticos, um incêndio em um edifício, alagamentos, enfim, o extraordinário que era o ordinário em nossas vidas poupadas pela escola. Não me recordo de uma interrupção destas em jogo de futebol, mas o futebol pela TV era aos domingos ou numa noite de semana, e os domingos e a noite diziam que eram horas de descanso em família, dos pecados, das transgressões.

Mesmo que a terra tremesse no Japão, onde era dia, só saberíamos na manhã do nosso dia seguinte nos jornais que estampavam política, tragédias provocadas por eventos da natureza, matanças em família, assaltos inéditos, notícias escandalosas sobre o terceiro sexo, tudo isso nas bancas de jornal e revistas como na canção cinematográfica de Caetano Veloso, que estamparia ironicamente tanta alegria-alegria. Tinha dia santo, feriados, natal e dia do trabalho como até hoje. E tinha revoluções, homem na lua, e os Beatles e os Rolling Stones, a MPB, o Cinema Novo nos festivais de cinema europeus, mas ainda tinha o Mazzaropi, a TV, o João Goulart como vice-presidente em viagem diplomática pela China comunista, a sua volta sob o parlamentarismo com Tancredo Neves, o herdeiro da caneta de Getúlio Vargas, as Ligas Camponesas, o operariado nas ruas, a presença da Revolução Cubana, a propagação do socialismo, os hippies, undergrounds, beats, palavras em português e inglês que misturavam ordem e contra-ordem. Estávamos mudando mesmo.

Um golpe de Estado no Brasil anunciou o que seria um corretivo (éramos indisciplinados a tal ponto?) para que a democracia se solidificasse e a ameaça comunista fosse banida do país, com a ajuda dos americanos. Diziam que não, mas nas casas de muitos de nós diziam que sim; uns para se posicionarem contra, outros agradecendo a Deus. Será que estes eram assuntos para um novo Tribunal de Nuremberg ou o Tribunal de Tóquio? Não, estes existiram para julgar crimes da II Guerra Mundial, mas se falava que havia nazistas na Argentina e no Paraguai, até mesmo aqui no Brasil onde houvera os Integralistas. Aquela tal de ONU falava muito de desenvolvimento, de fome no mundo, mas não dizia nada de ditaduras. Não se metia onde mandavam americanos e soviéticos. Estava localizada em um belo conjunto arquitetônico, projetado por Oscar Niemeyer, fincado em Manhattan, em Nova Iorque, e lá dentro havia muita diplomacia e recomendações sobre isso e aquilo, crianças e seus direitos, mulheres idem, idem, idem e ibidem.

Mas os pretos não podiam se sentar em qualquer lugar nos ônibus dos EUA até que uma costureira preta se recusou a ceder o lugar para um branco. Essa era democracia americana em que todos deviam se espelhar? Para que serviam os direitos humanos da ONU se não houvesse mulheres como aquela Rosa Louise McCauley, conhecida como Rosa Parks, em 1955? Em 13 de maio de 1958, Jackie Robinson, um jogador preto de beisebol que em 1947 derrubara a proibição de pretos nos times profissionais e era engajado na luta contra a segregação racial, encaminhou uma carta ao presidente Dwight D. Eisenhower: "Assisti à Reunião de Cúpula dos Líderes Negros ontem, e ouvi o senhor falar que precisamos ter paciência. Tive vontade de me levantar e dizer: 'Ah, não! De novo!' Com todo o respeito, lembro-lhe que temos sido o povo mais paciente do mundo. Quando o senhor falou que devemos ter amor-próprio, perguntei a mim mesmo como haveríamos de ter amor-próprio e continuar sendo pacientes diante do tratamento que temos recebido ao longo dos anos. Dezessete milhões de negros não podem esperar que o coração dos homens mude" (Usher, 2014: 174). Muito à boca pequena corriam os boatos sobre a vida dura no socialismo soviético, bem autoritário, como os anarquistas prenunciaram, e, gradativamente, levados ao público em 1956 por Nikita Kruschev sobre o governo de Stálin. Não se devia falar disso, que era ínfimo diante dos crimes capitalistas.

A década de 1950 fez explodir outra bomba nos anos 1960, quando as crianças filhas da geração pós-II Guerra Mundial já eram jovens insatisfeitos com democracias, consumismos, socialismos, ditaduras, quando de repente aconteceu *1968.* Os jovens escancaravam àquele *mundo* que ele tinha acabado! Não estavam ali para mostrar os rumos para um novo mundo, apenas lançavam bombas nos costumes, nas ideias, no convencional, no conformismo, na padronização, na idiotice, no sexo timidamente desgovernado, na crença no Estado, no dia seguinte, no futuro melhor. A escola já não nos continha.

Ano da revolta! Ano de avanço dos reformadores também, ano dos limites à ameaça da guerra nuclear, ano da emergência da Teologia da

Libertação na igreja católica, com a opção preferencial pelos pobres, na América Latina, depois do Concílio Vaticano II (iniciado em 1961 e concluído em 1965) e da Conferência de Medelin (1968), ano anterior ao da chegada do homem à lua e do início da colonização do espaço sideral. 1968, ano também da Primeira Conferência de Direitos Humanos da ONU, em Teerã, sobre o indispensável para a paz e a justiça. 1968, ano dos jovens nas ruas, das ocupações de universidades e fábricas, e de ultimato aos negócios entre Estado, sindicatos e burocracia estatal, dos cartazes provocativos, instigantes que lembravam os dos anarquistas na Revolução Espanhola, das artes fora dos museus e do governo de elites, de cinema convulsivo, teatro despojado, em qualquer lugar, de jovens encontrando novas formas de viver e lutar nas selvas contra os regimes, de ditaduras recrudescendo com apoio de americanos e soviéticos, de uma revolução cultural na China com base em um único livro de seu líder e em processos macabros de delação e de torturas, de anúncio de um possível socialismo pela via eleitoral que se consolidou no Chile (Salvador Allende, eleito por uma diferença mínima pelo voto direto, acabou escolhido indiretamente pelo Congresso, seguindo-se a Constituição do Chile).

Empresários ladeados de cientistas e interessados se reuniram na Itália e fundaram o Clube de Roma para equacionar novas medidas para o desenvolvimento. Quem lê tanta notícia? Quem faz essas notícias? Esse mundo acabou. Ou, se preferirem, acabará duas décadas depois, em 1989, com a queda do muro de Berlim, edificado em 1961; entre 1985 e 1991, com o governo de Mikhail Gorbachev, encerrando o Estado soviético a partir da *glasnost* (liberdade política) e da *perestroika* (restruturação econômica); com o Tratado de Maastricht, em 1992, que consagrou a União Europeia; com o fim da chamada Guerra Fria. Ano de 1989 marcado, também, pelo massacre na Praça da Paz Celestial, situada na capital da China, em Pequim, quando centenas de estudantes que protestavam nas ruas foram mortos pelo Estado.

A espécie passará a ser governada de outro modo. Os programas biopolíticos ajustáveis a qualquer regime deixarão de existir. O alvo principal dos governos passará a ser o planeta, visando-se recuperar sua vida degradada, e a ser conservado em benefício das futuras gerações. Configura-se desde o final da II Guerra Mundial a emergência da ecopolítica para a qual todos os regimes possíveis do Estado devem ceder à democracia que, por sua vez, passa também a ser uma prática social e cultural plástica. Em lugar do mundo, construção cara à tradição grega, começa a tomar seu lugar o global como sinônimo de uma uniformidade econômica capitalista e política democrática alcançável para o planeta. E, se preferimos, planeta e global são apenas maneiras de sublinhar que a ecopolítica procurará dar conta não só do governo da espécie humana, mas dos viventes na Terra e projetados para o espaço sideral.

Vida outra

A vida global dentro e fora do planeta, no sistema solar e na via Láctea e, para além dela, no universo em expansão, passa a ser possível. Não há mais o vitorioso consagrado pela corrida espacial. Hoje não são apenas os EUA e a Rússia (antiga URSS) que *correm* para o espaço. Todos os Estados dependem da colonização sideral para controlar agriculturas, reservas naturais e deslocamentos de populações, e para localizar terroristas, comunicar em tempo real, dirigir bombas a alvos certeiros, fazendo das guerras ou *conflitos* localizados uma nova forma de serviço que dispensa voos tripulados. O controle sideral sobre o planeta mapeia populações e áreas consideradas vulneráveis, traça as fronteiras com maior precisão, controla tráficos de mercadorias ilegais e o tráfego nas cidades, localiza piratarias, funciona com equipamentos inimagináveis para o amplo policiamento e uma dilatada segurança.

Tudo deve funcionar para que a Terra seja conservada. É preciso estudar cientificamente o clima para que medidas de desenvolvimento capitalista sejam tomadas reduzindo os efeitos nocivos ao planeta combalido. Cada humano deve aprender a cuidar da natureza porque dela é parte constitutiva; a natureza não mais é vista como algo disposto à transformação humana, mas as mudanças operadas devem estar sintonizadas com o controle dos ecossistemas. As águas, mares e ares devem ser monitorados para que a vida dos vivos neste planeta seja conservada. Todos devemos ser responsáveis pelas medidas a serem tomadas, nos precaver de usos indevidos, educar uns aos outros, e temos, portanto, uma outra tarefa. Para tal, não devemos meramente obedecer às regras e passamos a ter a obrigação de produzir inovações capazes de serem incorporadas para a melhor gestão da vida como governo do vivo restaurado e dos viventes dessa Terra.

Houve sim uma mudança radical da racionalidade capitalista desde *1968*. Encerrou-se o embate entre a propagação do socialismo após o final da II Guerra Mundial e a compressão capitalista que lançou mão de medidas de *welfare-state*, caracterizando um período de forte presença do

Estado na economia, consolidação de monopólios e riquezas, limites ao mercado e benefícios sociais aos trabalhadores. Para os socialistas de então estávamos num momento de ampliação do monopólio da propriedade que poderia redundar na propriedade estatal exclusiva, mesmo itinerário que soviéticos e chineses buscavam para seus respectivos domínios sobre seus territórios e os dos vizinhos.

1968 foi o surpreendente acontecimento que colocou quase tudo em *xeque*. Seus mobilizadores jovens e os não tão jovens não se orientavam por um método, uma organização de consciência, um planejamento estratégico, eles apenas expunham diariamente que nada daquilo interessava. A reação conservadora não tardou. O Clube de Roma já esboçava a necessidade de se pensar racionalmente uma nova configuração capitalista que escapasse da governamentalização do Estado. Os liberais nos anos 1930, amparados em críticas à racionalidade capitalista desde o século XIX, matutavam como restaurar o mercado, o *hommo oeconomicus* e sua fobia ao Estado. As discussões sobre Estado máximo e Estado mínimo expunham os riscos liberais e as vantagens socialistas. A chamada escola austríaca de economia, cujos grandes expoentes foram Ludwig von Mises e seu discípulo Friedrich Hayek, encontrou fora da Europa, principalmente nos EUA, repercussões acentuadas nos estudos de Walter Lippmann, um economista de Harvard que ganhou notoriedade como jornalista e com dois importantes livros: *Opinião pública*, de 1922, e principalmente *A boa sociedade*, de 1937.

Em 1938, em Paris, o Colóquio Walter Lippmann colocaria as bases do neoliberalismo (termo cunhado pelo ordoliberal Alexander Rustow), da racionalidade neoliberal adversa ao socialismo e ao convencional *laissez-faire*. Neste colóquio estiveram presentes os austríacos e alguns franceses como Raymond Aron. Anos mais tarde, em 1947, em Mont Pélier, na Suíça, os *neoliberais* voltaram a se reunir tendo por referência o livro de Hayek, *O caminho da servidão*, publicado em 1944, e por tema a crítica ao Plano Beveridge, de 1942, proposto pela Inglaterra — baseado, também, na Carta do Atântico, firmada um ano antes por Roosevelt e Churchill, e que passaria a ser um dos documentos de referência na criação da ONU e da DUDH de 1948 — para ser levado adiante após o final da guerra, visto por eles como o grande entrave ao desenvolvimento capitalista. Pensar a nova configuração mundial a partir do final da II Guerra Mundial passou a ser uma meta de combate ao socialismo e às intervenções estatais na economia, e foi um dos seus integrantes, mais uma vez Walter Lippmann, que criou em 1947 o termo *guerra fria*, para caracterizar a situação de confronto entre socialistas e democratas. O pensamento sobre a racionalidade neoliberal estava armado e a presença destes intelectuais mais que reconhecida. Faltava a hora e a vez. Diante de *1968*, a reação conservadora tomou a dianteira para organizar a economia e as condutas dos cidadãos atordoados e carentes de ordem.

Michel Foucault, em *Nascimento da biopolítica* – um curso transcorrido no *Collège de France* entre 1978 e 1979 e publicado apenas em 2004 –, em um certo momento deixa de lado suas considerações sobre a biopolítica ao constatar que algo de novo ocorrera na economia mundial, e pelos seguidos prêmios Nobel de economia aos chamados neoliberais. Talvez os chilenos soubessem bem o que se passava, na medida em que, após o golpe financiado pelo governo estadunidense capitaneado por Richard Nixon contra o governo Allende, as primeiras aplicações dessa nova racionalidade ali se instauraram. Afinal, o Chile era um espaço adequado tendo em vista as medidas estatizantes daquele governo deposto de perfil socializante. Atento às novas mudanças, Foucault se dedicou a exibir as premissas do ordoliberalismo alemão e do liberalismo estadunidense estabelecendo diferenças e conexões entre uma programática de restauração de mercado e o estilo de vida estadunidense de crença no mercado. Não se tratava de ostentar distinções ideológicas, mas de expor a formação de um saber que se propunha revisar o *laissez-faire*, principalmente redimensionando a noção de trabalho.

Foucault deve ter visto suas anotações e considerações serem perdidas naquela época, seja porque alguns decidiram enquadrá-lo como liberal ou neoliberal, seja porque desinteressou-se de biopolítica para se concentrar, posteriormente, na questão da ética, da política que começa em cada um, das formas de subjetivação e das subjetividades pelas quais os súditos se governam. Mas talvez tudo isso seja apenas uma especulação, porque na obra do filósofo-historiador francês as questões relativas às condutas, contracondutas, resistências sempre estiveram presentes, e os efeitos da racionalidade neoliberal desenhados naquele curso de 1978–1979 apenas alertavam para a situação geral das sujeições e assujeitamentos contemporâneos. Quando Foucault se voltou para a ética e a estética dos gregos e romanos não estava dando uma guinada em suas pesquisas, mas abrindo outras possibilidades para se compreender a história do sujeito no Ocidente. O redimensionamento da noção de trabalho promovida pelos neoliberais encontrava uma condição histórica real. Não mais levar adiante a noção de trabalho-força, mas situar a força de trabalho como capital humano. O sentido da cooperação tão cara aos liberais encontraria um ponto fundamental para nova inflexão. Não se tratava tão somente de considerar o salário como renda, mas de estudar e investir sobre os caracteres biológicos hereditários desta população (e aí o aspecto biopolítico), os seus ambientes, sua capacidade cognitiva impulsionada pela educação e a renda da família, e pela possibilidade de investimento da família em seus filhos como um empreendimento. Tratava-se de estabelecer relações diplomáticas entre o capital e o capital humano (Passetti, 2013).

O capital humano deve ser um empreendedor do qual depende o capital para diversificar seus investimentos; o capital humano deve ser cuidado (com escolas e saúde) pelo Estado para que cada um se realize no mercado, sendo inovador e tendo a capacidade de ajustar-se às adversidades. O capital humano não precisa dos demais suportes governamentais; deve aprender a governar-se e, como inovador, ser ao mesmo tempo obediente e criador de novas regras e produtos. O capital humano, para existir, depende de uma mudança nas relações autoritárias e hierárquicas das empresas. Ele deve participar da produção, e a produção de mercadorias passa a ser secundária à produção de produtos. A conformação eletrônica da economia enquanto produção e gestão exige do capital humano que dedique suas energias intelectuais participando ativamente da vida econômica, social, cultural e política. Ele será um *hommo oeconomicus* e ao mesmo tempo um sujeito de direito.

> O *hommo oeconomicus*, isto é, aquele que aceita a realidade ou responde sistematicamente às modificações nas variáveis do meio, esse *hommo oeconomicus* aparece justamente como o que é manejável, no que vai responder sistematicamente a modificações sistemáticas que serão introduzidas artificialmente no meio. O *hommo oeconomicus* é aquele que é iminentemente governável. De parceiro intangível do *laissez-faire*, o *hommo oeconomicus* aparece agora como correlativo de uma governamentalidade que vai agir sobre o meio e modificar sistematicamente as variáveis do meio (Foucault, 2008a: 369).

Ele se volta aos interesses particulares desde que estes não impeçam os coletivos e vice-versa; participará de modo compartilhado da vida econômica da empresa, da política, da natureza do planeta e do seu local de habitação. O capital humano, portanto, não deve ser discriminado, ao contrário, deve participar da ampliação de direitos e das variadas diferenças aglutinadas no pluralismo político e no multiculturalismo. Ele não é mais um indivíduo, pessoa ou sujeito, dele se exige um divíduo ativo, propositivo, protagonista, empoderado.

Foi assim que de repente a noção de biopolítica deixou de ter a relevância que obteve no governo da espécie humana na sociedade disciplinar. A biologia trata de conceitos, os fatos observados, enquanto a física trabalha com simplificações, idealizações e abstrações a serem resolvidas em equações matemáticas, e a química opera entre os dois. Não há mais o biológico sem a física e a química. Em 1912, Larietta Leavit, astrônoma surda, descobriu no Observatório de Harvard um método para calcular as luminosidades das estrelas (as Cefeidas), mostrando sua terceira dimensão. Com isso, situou a noção de universo em expansão e a possiblidade de se calcular seu início no passado. Naquela época creditava-se às mulheres a tarefa de medir posições e magnitudes das estrelas. Entre 1925 e 1938, Otto Loewi permaneceu na Universidade de Graz, na Alemanha, e identificou os neurotransmissores, inclusive a acetilcolina (transmissor de redução de intensidades) e a adrenalina, ou epifedrina (transmissor de aceleração). A produção de um saber físico-bioquímico na primeira metade do século passado já anteviu os futuros investimentos tanto no planeta e no universo quanto no humano e em suas potencialidades inteligentes. No final do século XIX já se conhecia outro micro-organismo, o vírus. Os trabalhos de Louis Pasteur e Jules Francois Joubert contribuíram para entender a história natural em nível microbiano como um novo tipo de "ecologia do mundo microscópio" (Lightman, 2015: 196).

Em 1943, Selman Abrahan Wakesman descobriu a estreptomicina, que vencia a tuberculose e a peste ampliando os antibióticos, depois da descoberta de Alexander Fleming da penicilina em 1928. Nos anos 1950 ocorre o estudo do DNA. A saúde biológica agora está relacionada ao meio ambiente, deslocada das instituições centralizadas de cura e exclusão (hospitais, manicômios, asilos), e se encontra conectada a centros, postos, espaços descentralizados. A educação formal está revestida de certificações agregadas ao capital humano inteligente para um planeta a ser cuidado em suas adversidades. A política de direitos e punições persegue uma conduta adequada para a consolidação da paz, e se espera um cidadão com novos deveres na pletora de direitos. A segurança de cada um, do local ao global, depende da precisão dos equipamentos e da conduta esperada de cada cidadão, algo mais do que apenas a convencional polícia e as forças armadas, do que os meros programas de combate às epidemias que possam atacar o potencial inteligente do capital humano.

Até quando o conceito histórico-político de biopolítica traçado por Foucault esperaria por um novo conceito relativo a essa sociedade de controle sumariamente descrita por Deleuze (1992)? David Lapoujade afirma que na filosofia de Deleuze interessam os movimentos aberrantes que "atravessam a matéria, a vida, o pensamento, a natureza, a histórica das sociedades" (2015: 9). Trata-se de uma filosofia que apresenta uma lógica irracional (a mais alta potência do pensar) dos movimentos aberrantes (a mais alta potência do existir); é uma filosofia que recusa o ordinário, o regular e o legal. Determinar um problema consiste em estabelecer o próprio fato dos movimentos aberrantes: questões de fato, do direito e da vida. Os movimentos aberrantes atestam uma "vida inorgânica que atravessa os organismos e ameaça sua integridade; uma vida indiferente aos corpos que atravessa quanto os sujeitos que transforma" (Idem: 22). São movimentos que nos arrancam de nós mesmos. Qual governamentalidade lhe corresponderia, quais novas institucionalizações poderiam ser descritas?

Foi assim que começou esta pesquisa, pretendendo situar uma nova situação de governo do planeta no qual a espécie humana está governada e se governando. Em uma sociedade das inteligências que intercepta a relação trabalho intelectual/trabalho manual, e na qual somos convocados a participar como capital humano, como ocorrem as resistências? Como os Estados se relacionam com elas? Quais seriam as novas relações de poder na sociedade de controle? E, quando os Estados-nação se conectam a um governo planetário orquestrado pela ONU, a política ainda seria uma guerra prolongada por outros meios? A paz cosmopolita kantiana estaria mesmo em vias de se consolidar? Os terrorismos deixariam de ser territorializados e ter por alvo o Estado a ser modificado? A que servem tantos direitos de minorias que apareceram depois de *1968*? Quais os benefícios da igualdade de direitos e como o direito, como luta política pela vida, transformou-se em meio para a vida equilibrada do capital humano? Como compreender no âmbito das relações diplomáticas entre capital/capital humano a emergência da *nova política* e da *antipolítica*? Não foram poucas as questões que apareceram, algumas encontrando respostas, outras apenas traçando pistas para situarmos as resistências e suas radicalidades, nosso principal interesse.

Não se produzem leis, regras, tratados, códigos, enfim, um documento, sem forças em luta. Esses documentos trazem-nas em suas linhas e decisões. Um arquivo traz a massa de coisas ditas em uma cultura, o que é valorizado, conservado, reutilizado, repetido, transformado. Foucault se perguntava em 1969: "como se faz que uma dada época se possa dizer isso que jamais tenha sido dito?" (2014: 52). O arquivo é a grande prática dos discursos, nele estão as condições históricas que tornaram possíveis a aparição, o funcionamento, a transformação de um discurso. Portanto, situar em que consistiu a mudança é muito mais relevante do que buscar a causa de uma coisa dada, e, por conseguinte, faz-se necessário marcar séries. O sujeito não é uno, está dividido; não é soberano, depende de outros; não tem uma origem absoluta, mas uma função incessantemente modificável.

O *arquivo ecopolítica* procura trazer as modificações e o que não tenha sido dito, por meio de séries que produzem fluxos ininterruptos e que se conectam: meio ambiente, direitos, segurança e penalização a céu aberto. Na história não há espectadores, nem protagonistas. Ela é uma sucessão de fragmentos, acasos, violências e rupturas: "só o homem que cria a história, a saber, aquele que se encontra dentro dela, para ver a história" (Foucault, 2011a: 65); mesmo afastado do acontecimento, está concernido a ele. As resistências e os modos de combatê-las passam a ser fundamentais. O terror, por sua vez, é "o mecanismo mais fundamental da classe dominante para o exercício de seu poder, sua dominação, sua hipnose e sua tirania" (Idem: 68). É a obediência cega exigida que contradiz a revolução, e é a parte constitutiva da revolução contemporânea. No século XIX, ressalta Foucault, ela era desejada pelas massas. Hoje (ele diz isso em 1976, no Japão), não há mais esse desejo com ardor, a não ser em uma minoria que recorre ao terrorismo ou a uma elite extremamente intelectual. Caberia ao intelectual de hoje restabelecer à imagem da revolução a mesma taxa de desejabilidade do século XIX, restituir a imantação entre arte e ciência.

Foucault fala de si mesmo como Maurice Florence e situa o que é "estudar a constituição do sujeito como objeto para ele próprio: a formação dos procedimentos pelos quais o sujeito é levado a se observar, se analisar, se decifrar e se reconhecer como campo de saber possível. Trata-se em suma, da história da 'subjetividade', se entendermos essa palavra como a maneira pela qual o sujeito faz a experiência de si mesmo em um jogo de verdade, no qual se relaciona consigo mesmo" (Foucault, 2004a: 236). Falar em resistências, o campo em que se constituem as sociedades, não é julgar as boas e as más resistências pelo uso ou não de violências, afinal em certos momentos não há como responder à violência a não ser com violência (Foucault, 2004b). É voltar-se sobre si, inscrito na transhistoricidade do cinismo, e cuidar de si, de modo diferente do romano e do cristão que instituíram o *livrar-se de si* que nos enovelou na relação religião-direito-ciência (que, desde o século XVII, distingue-se de outras formas de conhecimento por responder a certos critérios que se modificam, e que

Foucault chama de episteme). Cuidar de si, ocupar-se desde jovem, produz a arte da existência envolvendo relações interpessoais e institucionais (Sócrates), mas também traz consigo as relações entre corpo sem sofrimento e alma sem agitação com o auxílio da razão (Sêneca e Marco Aurélio), posto que segundo Epicteto, em seus *Diálogos*, Zeus deu a tarefa ao humano, diferenciado dos demais animais para os quais tudo está pronto, de cuidar de si. Portanto, há diversas ocupações neste trabalho sobre si que o cristianismo bloqueou por meio do pastorado ou redimensionou o estado de não-perturbação indicado por Sêneca, aquele do prazer que se tem sobre si e que em nada se assemelha a uma força dominada ou ao exercício sobre uma força prestes a se revoltar. O prazer sexual ainda era da ordem da força e, portanto, cuidar-se como gozo é se abster de desejo e perturbação. Entretanto, mais tarde o cristianismo associará prazer sexual com o mal.

Diante disso, como operar uma conversão de si? Isso supõe um deslocamento do olhar do sujeito em direção a si e o retorno do sujeito sobre si. É preciso uma arte, uma técnica de navegação, a pilotagem, para romper com a renúncia de si e a promessa de salvação. Foucault (2004) situará o retorno de si a partir do século XVI com Montaigne e no século XIX, entre outros, com Stirner, Schopenhauer, Nietzsche, o dandismo e o pensamento anarquista, posto que "não há outro ponto, primeiro e último, de resistência ao poder político senão a relação de si para consigo" (Idem: 306). A governamentalidade passa a ser o campo estratégico das relações de poder no que têm de reversível, transformável e móvel, pois enquanto a concepção jurídica do sujeito de direito o cerca pela teoria do poder político, a governamentalidade se debruça sobre o poder como conjunto de relações reversíveis (relações do sujeito de si para consigo). Há um sujeito a ser diluído nesta conversão de si.

Encontraríamos na ecopolítica uma governamentalidade planetária cuja finalidade seria a de absorver as resistências ou imobilizá-las? Diferentemente da sociedade disciplinar, as resistências não seriam mais execradas, punidas, extintas ou expelidas? Quais seriam as novas dimensões do pastorado? Sob quais condições os dispositivos diplomático-militares entrariam em mudanças?

Seguindo com Foucault, como se encontram as relações de poder-governa- mentalidade-governo de si e dos outros-relações de si para consigo na ecopolítica da sociedade de controle?

Em seu derradeiro curso no *Collège de France*, entre 1983–1984, intitulado *A coragem da verdade* (2011), Foucault envereda pelo cinismo e enfrenta a relação única e necessária entre ontologia da alma e estilística da existência como sendo continuidade do *mesmo*. Portanto, estilística da existência não é colocar em prática a ontologia da alma. O cinismo lida com o intolerável, a insolência, não se impressiona com o medo: dizer a verdade e o modo de vida estão relacionados ao proferir a parrésia, o risco de morte em pronunciar uma verdade. Trata-se de uma filosofia para a qual é preciso estar livre de qualquer vínculo para manifestação do bios, da vida, da existência como aleturgia (Foucault, 2010), a manifestação da verdade, o escândalo da verdade: "com o cinismo temos uma terceira forma da coragem da verdade, distinta da bravura política, distinta também da ironia socrática. A coragem cínica da verdade consiste em conseguir fazer condenar, rejeitar, desprezar, insultar pelas pessoas a própria manifestação do que elas admitem ou pretendem admitir no nível dos princípios. Trata-se de enfrentar a cólera delas dando a imagem do que, ao mesmo tempo, admitem e valorizam em pensamento e rejeitam e desprezam em sua própria vida. É isso o escândalo cínico" (Foucault, 2011: 205).

O cinismo é transhistórico: não há uma atitude cínica por excelência, não se trata de uma conduta; está à margem de instituições, leis e grupos sociais reconhecidos; é o cerne da filosofia, mas dela está excluído. Foucault, seguindo Dion Crisóstomo, indica três categorias de filósofos: os que se calam, os professores e os cínicos. Estamos diante do inevitável. Prosseguir com os cínicos é manter o agonismo do poder, é romper com uma seleção de critérios científicos em vigência, é misturar-se nos modos de vida estranhos e escandalosos, é reconhecer o que se fala e é ouvido por crianças e pelos *marinheiros* dos tempos atuais. Os cínicos ensinam a resistir, combater por meio de modelos, relatos, exemplos, uma ética da *verdadeira vida*. O cinismo presente na filosofia e dela excluído está em Platão (não dissimular, não misturar, o reto, o imóvel, o incompatível), na ousadia política de Sócrates (dizer algo diferente), na veiculação da tradição socrática a temáticas comuns a outras filosofias como: a preparação para a vida; ocupar-se de si mesmo (o cuidado de si é o cuidar de si mesmo); para ocupar-se de si deve-se estudar o que é real e útil para a existência; tudo estar garantido pelo modo como se vive. E isso tudo está em Sócrates, nos estóicos, nos epicuristas. Mas nos cínicos está também *alterar o valor da moeda*: a vida de cão, a *vida outra* e *não outro mundo*.

A vida pública do cínico é de naturalidade exposta, não dissimulada, porque a natureza nunca pode ser um mal. Nada de misturas, viver na indiferença e na pobreza física e material como escolha, ativo e corajoso para resistir em uma pobreza infinita ou indefinida. Viver o prazer de ser desonrado pelos demais (o que será mais tarde aproveitado pelo cristianismo como humildade cristã): é preciso assumir a animalidade como dever, vida sem corrupção, vida soberana: "vida nua, vida mendicante, vida bestial, ou ainda vida de impudor, vida de despojamento e vida de animalidade: é isso que surge com os cínicos no limite da filosofia antiga (...). O cinismo aparece em suma como o ponto de convergência de alguns temas totalmente coerentes, e, ao mesmo tempo, essa figura da vida outra, da vida desavergonhada, da vida de desonra, da vida de animalidade, é também o que, para a filosofia antiga, para o pensamento antigo, a ética e a cultura antiga inteira, também é o mais difícil de aceitar. O cinismo é portanto essa espécie de careta que a filosofia faz para si mesma, esse espelho quebrado em que o filósofo é ao mesmo tempo chamado a ser e a não reconhecer (...); ela é a consumação da verdadeira vida, mas como exigência de uma vida radicalmente outra" (Foucault, 2011: 237–238). Ainda deveremos manter o cínico no ostracismo?

Qual soberano? Na filosofia antiga, e a imantamos desde então, ser soberano é ser seu, pertencer a si mesmo, socorrer os outros (amigos ou alunos), mas para o cínico ele é o rei (rompendo com a filosofia monarquista de Platão) e são os demais que precisam de sombra; ele é um antirrei, a seu modo é o homem do meio-dia nietzcheano, é o monarca sem ideal, mas de fato, e esconde sua soberania no despojamento: ocupa-se dos outros, não tem a missão de legislar ou de governar, e se assemelha ao médico ao tratar das pessoas. Não precisa de um corpo burocrático nem de conselheiros como um rei real. Prefere o combate: é útil para a briga, morde e ataca; investe contra as convenções e as instituições; batalha por si e pelos outros; "o cínico é o rei da miséria, um rei de resistência, um rei de dedicação" (Idem: 247).

Foucault chega então ao ponto nodal para a emergência da ecopolítica e às resistências como vida militante. O que há em comum entre o cinismo e o militantismo? Como sabemos, a doutrina cínica desapareceu e suas práticas são desqualificadas pela filosofia que, segundo Foucault, procura salvar seu núcleo. Portanto dela resta a *atitude*, a maneira de ser que não se assemelha ao alegado cinismo contemporâneo como sinônimo de individualismo (um cinismo negativo): é o que há de mais vivo, a forma de existência como escândalo. Também não se assemelha ao cristianismo pelas práticas do ascetismo, mas às práticas políticas dos movimentos revolucionários do século XIX, porque ali não havia somente projeto político, mas antes uma forma de vida vivida. Foucault a chama de *militantismo*: "a vida revolucionária, a vida como atividade revolucionária teve esses três aspectos; a socialidade secreta, a organização instituída e, depois, o testemunho pela vida (testemunho da verdadeira vida pela vida)" (Ibidem: 162). Todavia, se em alguns momentos de sua obra Foucault parece conhecer claramente o anarquismo do século XIX, talvez menos por preguiça e mais para atiçar, sublinha a necessidade de estudos sobre esse militantismo, antes deste se conformar em partidos e agências revolucionárias que se arvoram em organizar platonicamente a verdadeira vida. Os anarquismos desde o século XIX traçam seus percursos sintonizando a vida vivida com sua utopia, ou melhor, nos termos de Foucault, produzem suas heterotopias no presente, de modo similar ao que ele compreende a vida como manifestação da arte: o artista como condição da obra de arte, antiplatônica pela irrupção do de baixo, embaixo, em uma relação antiaristotélica com a cultura como recusa, rejeição de toda forma adquirida. "Neste ocidente que inventou tantas verdades diversas e moldou artes de existência tão múltiplas, o cinismo não para de lembrar o seguinte: que muito pouca verdade é indispensável para quem quer viver verdadeiramente e que muito pouca vida é necessária quando se é verdadeiramente apegado à verdade" (Ibidem: 166).

A vida militante reverte na soberania do *bíos philosophicos* em resistência combativa. Não é proselitismo de seita de pequeno número de privilegiados. Nos termos deleuzeanos, trata-se da vida das *minorias potentes* (Deleuze, 2010). Uma militância em *meio aberto* que não exige uma paideia, mas recorre, se necessário, aos meios violentos e drásticos, segundo Foucault. Está em jogo mudar e não alcançar a vida feliz. Um pouco ou muito de *1968* encontra-se aí.

Os desdobramentos repercutem nas condutas físicas e corporais dos cínicos como zeladores de seus próprios pensamentos. E como tal não se encontram congelados naquela ocasião, a não ser pela arbitrariedade dos teóricos. A mudança em sua conduta provocada pela atitude cínica no governo de si ressoa nas relações com os outros, e não tem por tarefa mostrar o que é o mundo em sua verdade. Trata-se do exercício da parrésia, de proferir a verdade com o risco de vida, sem proteção institucional ou de um superior. Entretanto, o ascetismo, do paganismo ao cristianismo, propagou-se recomendando uma alimentação reduzida, e o cristianismo voltou-se para o outro mundo e não para o mundo *outro*, alinhando-se à metafísica platônica, e difundindo o princípio da obediência ao outro como parrésia cristã (o tema da parrésia-confiança foi substituído pelo da obediência trêmula a Deus gerando a desconfiança em si). Onde há obediência não pode haver parrésia.

Numa sociedade como a de hoje, em que prepondera o ecumenismo e o terrorismo religioso, os obstáculos ao exercício da parrésia são enormes, fazendo com que as resistências possam ser compreendidas como assimiláveis, como contracondutas que não são capazes de combate aberto, metamorfoseadas em agenciadoras de negociações de conflitos.

Montar o *arquivo ecopolítica* demandou a busca pelas proveniências seguindo a genealogia do poder, encontrando seus ínfimos começos no século passado que situam as mudanças relativas à noção de *meio*, os condicionantes que levaram à pletora de direitos a partir da segunda metade do século XX, os fluxos de segurança modificáveis relativos à soberania interna e externa, às variações acerca da penalização. Declarações, tratados, códigos, programáticas irradiadas pela ONU acompanhadas de participação cada vez mais atuante da sociedade civil organizada e de repercussões nos Estados-Nação foram estudadas segundo as implicações da racionalidade neoliberal. Essas transformações acompanhadas neste arquivo sinalizaram para a emergência de novos dispositivos relativos aos fluxos que explicitam as novas condutas sob a ecopolítica, o governo do planeta. Chegamos a um momento em que *todos* devem ser democratas, agora ou no futuro, como a utopia dessa sociedade fundada no compartilhamento de interesses. A tradicional divisão das forças políticas segundo a soberania em direita, centro e esquerda parece não dar mais conta da vida política governada pelas programáticas. A vida absorvida e dimensionada pela informática e a computação fundada em protocolos diplomáticos reitera a prática da negociação e da diplomacia dos negócios econômicos, culturais, sociais e políticos.

Montar esse *arquivo ecopolítica* em transformação passou a ser uma tarefa mais tranquila a partir do documento Carta da Terra e principalmente dos Objetivos de Desenvolvimento do Milênio, projetado para o período 2000-2015, dos quais definitivamente emerge o modo de desenvolvimento aspirado pelo capitalismo atual fundado na sustentabilidade e que redundou em um novo programa para o período 2016–2030, intitulado Objetivos de Desenvolvimento Sustentável. Agora, não mais a distinção entre países desenvolvidos e em desenvolvimento. Ao contrário, todos estão convocados a participar no desenvolvimento sustentável, sem tarefas específicas aos mais fortes e aos menos fortes, mas levando adiante o compartilhamento.

Buscar a governamentalidade planetária na ecopolítica redundou em revisar as variações da biopolítica e os modos pelos quais o governo do planeta lida com os governos da espécie. Neste percurso acidentado, de forças que se transmutam e de novas forças que se constituem, enveredamos pelas modulações de condutas que se apresentam, que lutam ou disputam, por subjetividades que se refazem ou são inventadas diante das subjetivações.

Uma nota ainda é necessária. Como intrometer Deleuze nesta perspectiva metodológica que ladeia Foucault? A resposta breve estaria no seu breve escrito "Post-scriptum das sociedades de controle" amplamente conhecido, estudado, dissecado desde sua publicação. Deleuze naquele escrito procurava marcar algumas das transformações ocorridas na sociedade disciplinar que mudava como Foucault salientara, e ia direto a uma série de mutações ocorridas nas instituições disciplinares e na vida econômica que ainda se pautava na produção de miséria. Os ODM de certo modo respondem à gestão da miséria delimitando índices a serem alcançados em favor da *erradicação da miséria*, dos direitos das mulheres, da educação em geral, da redução da mortalidade infantil, da saúde das mães, do combate a epidemias, e introduzem a sustentabilidade ambiental e as novas parcerias para o desenvolvimento. Havia ali programas de biopolítica, mas principalmente pelos últimos objetivos uma nova visão sobre os problemas do planeta e que repercutirão depois nos ODS. Tais documentos também sinalizavam para novas subjetivações.

"EU VI A RADIAÇÃO, ELA É AZUL, AZUL E REVERBERA"

Vinte cinco anos após o voo de Gagarin, na mesma Rússia, na fronteira da Ucrânia com a Bielorússia, ocorre em Tchernóbil um inesperado acidente nuclear. Não havia a guerra, ou melhor, somente ainda uma convencional guerra fria, numa época em que o uso da energia atômica era controlado e destinado ao uso pacífico. Os acordos celebrados durante a *détente* pareciam poupar o planeta de uma hecatombe. Os ecologistas alertavam para o controle pouco eficiente das usinas nucleares e o fato de haver pouca atenção com os efeitos anteriores dos testes nucleares. Porém, tudo caminhava sob o monitoramento de burocratas. A Copa do Mundo de futebol começaria no México em 31 de maio.

Na madrugada de 26 de fevereiro, o reator e o prédio do quarto bloco da Central Elétrica Atômica de Tchernóbil explodiu. Atingiu o nível máximo, segundo a Agência Internacional de Energia Atômica (AIEA) — formalmente vinculada à ONU desde 1969, depois de negociações e regulamentações sobre o uso pacífico da energia atômica que se estenderam desde 1953 até sua fundação, em 1957. Os únicos eventos em perigo máximo, similares a Tchernóbil aconteceram em Three Miles Island, na Pensilvania, EUA, em 28 de março de 1979, e depois em Fukushima, no Japão, em 11 de março de 2011, após o tsunami provocado por um maremoto. Para além do noticiário jornalístico revestido de pronunciamentos sobre autoridades governamentais, internacionais e cientistas, procura-se descrever os esforços dos Estados e das parcerias internacionais, enfatizar recomendações, enfim, fora do alcance secreto dos efeitos, ficam os segredos da devastação pouco ou quase nada registrados, guardados pelas populações que foram alvo destes acidentes. E por isso mesmo, somos tomados pelos relatos científicos sobre acidentes, programas internacionais de ajuda às chamadas vítimas, e o silêncio é revestido com precauções.

Sabemos muito pouco ou quase nada dos efeitos de tais acidentes ocorridos e das precauções a respeito de futuros eventuais imprevistos. Afinal, a ameaça à espécie pela guerra nuclear parece estar definitivamente afastada. Ameaças, entretanto, não são descartadas, seja pelo bioterrorismo, disseminando vírus e bactérias, seja na rotineira vida hospitalar com as infecções hospitalares. Dos acidentes nucleares às hospitalizações, o ar encontra-se cada vez mais contaminado. Se em 1961, com Gagarin, a espécie redescobriu o espaço sideral produzindo a possibilidade de se constatar que a Terra é azul, e ao ocupar esta imensidão se descobriu de novo a Terra azul, e de lá se pode monitorar economias, conflitos, insurreições e terrorismos, além de acontecimentos naturais como furacões, ciclones, tempestades, algo mudou definitivamente no clima do planeta e isso não se deu sob a regra geral do *antropoceno*.[1] Se as perspectivas de sustentabilidade para a vida do planeta passam pelo equacionamento possível das igualdades formais, estas estão subordinadas à perpetuação das desigualdades socioeconômicas, ainda que se pretenda melhorar as

1. O termo *antropoceno* foi cunhado pelo biólogo Eugene Stoermer nos anos 1980, e divulgado pelo químico Paul Crutzen em 2000, para indicar, na sequência do Holoceno, uma nova era geológica, marcada pelos efeitos irreversíveis da ação humana no planeta, como a queima de combustíveis fósseis, o consumo de energia pela humanidade, a construção de megacidades e a expansão agrícola. (Zalasiewicz, 2017)

precariedades. As condições climáticas e de saúde estão governadas por invisibilidades equacionadas por programáticas planetárias que orientam Estados e a vida de cada um. Uma governamentalidade planetária voltada para as melhorias da Terra e as conquistas siderais ecoa subjetividades que creem no bom governo dos homens ilustres compartilhado por cada um. A responsabilidade se generaliza e o meio sustentável é meio e meta.

Hiroshima e Nagasaki legaram o *hibakusi*, aqueles que só podem casar entre si, as inúmeras notícias sobre câncer e queimaduras e devastações. Mas isso foi resultante do efeito democrático final para dar fim à guerra no oriente. No ocidente, com a investida da URSS sobre o nazismo a partir da vitória em Stalingrado, a Europa entrava em período de paz, com a investida dos países aliados e a divisão do "mundo" pelas duas maiores potências vitoriosas. A Europa encontrou a paz por meio da investida fulminante dos soviéticos, e a Ásia, pelo mortal final da guerra com as bombas atômicas.

A Terra é azul. É assim que a vemos do espaço sideral, de fora para dentro. Zóia Danívolovna Bruk, inspetora do Serviço de Proteção da Natureza, sublinha em depoimento a Svetlana Aleksiévitch, Nobel de Literatura em 2015, que todos estavam assustados e preparados para a guerra atômica e não para o que ocorreu em Tchernóbil. "Surgiu na cidade, não se sabe de onde, uma mulher maluca. Andava pelo mercado e dizia: 'Eu vi a radiação. Ela é azul, azul e reverbera'" (Aleksiévitch, 2016: 258); segundo o fotógrafo Viktor Latun: "Chegavam rumores de que era um fogo extraterrestre, que nem era fogo, mas uma luz. Uma reverberação. Uma aurora. Não de um azul qualquer, mas de um azulado celestial. E que a fumaça não era fumaça" (Ibidem: 296); Kátia K. disse: "a fumaça da central não era negra, nem amarela, era azul. De tom azulado" (Ibidem: 147–148). A fumaça é azul; não dá para fechar os olhos e não notar o que sai de dentro para fora neste planeta.

Muitos apreciam o Prêmio Nobel de Literatura. E mesmo os que lhe dão pouco valor acabam dedicando-lhe atenções, sejam os admiradores de Albert Camus, que não compreendem porque ele aceitou a láurea, sejam os de Jean Paul Sartre, que entendem o significado virtuoso da rejeição com a diferença de que Sartre pertencia às camadas burguesas de Paris e Camus era um *pied-noir*; um tinha onde se escorar materialmente (leia-se propriedades), além do financiamento soviético desatinado a ele e à sua esposa, e outro tinha apenas seu trabalho, sua literatura. Mas se o Nobel serve para algo é para nos alertar sobre como vai a ordem econômica, a científica e, por vezes, a literária. Pouco ou quase nada se conhecia a respeito da subjetividade da população de Tchernóbil que passou pelo *acidente*. E isso importa. Aquela população camponesa religiosa, assim como os funcionários, os soldados, os liquidadores, os inspetores, os oficiais militares, os milhares de anônimos e as crianças, viviam ainda crentes naquele país stalinista, no comunismo, nas palavras ocas do ex-chefe da KGB: "Gorbatchóv surgiu só depois das festas de maio e disse: 'Não se preocupem, camaradas, a situação está sob controle. Houve um incêndio, um simples incêndio. Não é nada grave... Lá, as pessoas continuam vivendo e trabalhando'"(Ibidem: 229). Enquanto isso em Tchernóbil, desde o acidente, todos obedeciam aos comandos, sob as herdadas táticas de guerra aplicadas sobre a evacuação de população agora repaginadas para efeitos de catástrofe ecológica, de controle pacífico da população a ser atendida, algo que mais tarde repercutiria nas intervenções pacifistas promovidas pela a ONU como a MINUSTAH e no controle ao tráfico de drogas nas UPPs do Rio de Janeiro, posteriormente a Medellín. A guerra ensinou outras táticas de controle local das populações *sob risco*, assim como redimensionou os funcionamentos dos campos de concentração, porém, expôs cruelmente como os soviéticos engavam a si mesmos.

O historiador Aleksandr Reválski situa: "Eu sou historiador. Antes, me dediquei aos assuntos linguísticos, à filosofia da língua. Nós pensamos com a língua, mas a língua também nos pensa. Aos dezoito anos, talvez um pouco antes, quando comecei na ler as obras em *samizdat*[2] e vi se revelarem para mim autores como Chamálov e Soljenítsin, eu imediatamente compreendi que toda a minha infância e a infância dos amigos da minha rua estavam impregnadas da mentalidade dos campos de concentração — e isso apesar de ter crescido numa família de intelectuais (o meu bisavô foi sacerdote, o meu pai, professor na universidade de Petersburg). Inclusive todo o léxico da minha infância saía da linguagem dos prisioneiros. Para nós, crianças, era normal chamar o nosso pai de *pakhán* e nossa mãe de *makhana* [jargão carcerário para "chefe"]. 'Para um cu ardiloso, uma pica com rosca', isso eu aprendi aos nove anos. Sim, nem uma palavra civil. Até os jogos, os ditos e as adivinhações vinham dos ambientes dos campos. Porque os presos não constituíam um mundo à

2. "Edições independentes, reproduzidas à mão ou em máquina de escrever, de obras proibidas na União Soviética. Alimentava a dissidência, às margens das publicações oficiais" (Aleksiévitch, 2016: 266. Nota da tradutora).

parte, que só existia na cadeia, longe de nós. Tudo isso estava ao nosso lado. Como escreveu Akhmátova [poeta russa]: 'meio país encarcerava e meio país estava encarcerado'. Penso que nossa mentalidade carcerária devia inevitavelmente se chocar com a cultura. Com a civilização, com os ciclótrones" (Ibidem: 266–267). Ludmila Dimítrevna Poliánskaia, professora rural, constata: "Estamos fechados na zona. Não habitamos mais. Vivemos num gulag. O gulag de Tchernóbil" (Ibidem: 282). O operador de Câmera cinematográfica Sergei Gúrin relata que filmou pessoas que passaram por campos de concentração e que elas não queriam falar, não queriam saber de rememorar a guerra, "fogem daquilo que descobriram ali sobre o homem. Daquilo que veio à tona do seu interior, de debaixo da pele" (Ibidem: 159); diz que mostrou os filmes de Tchernóbil para algumas crianças e uma delas, ruborizada e tímida, perguntou sobre porque não ajudaram os animais. Ele não soube responder, mas acrescentou: "a nossa arte só trata do sofrimento e do amor humano, não de tudo que é vivo. Só do homem. Não nos rebaixamos até os animais e as plantas" (Ibidem: 161). Não havia como evacuar minhocas, vermes, pardais e pombas. Segundo Anatóli Chimánki: "apareceram os primeiros cachorros-lobos, nascidos de lobas e cachorros fugidos para o bosque. São maiores que os lobos, não param diante de sinalizações, não temem a luz nem o homem, não respondem à *vaba* (grito de caçadores que imita a chamada dos lobos). E também os gatos selvagens se reúnem em grupos e já não têm medo do homem. A memória da obediência ao homem desapareceu. A fronteira entre o real o irreal está se apagando..." (Ibidem: 179).

Não é difícil concordar com o professor da Universidade Estatal de Gómel: "os nossos escritores continuam a escrever sobre a guerra, sobre os campos de trabalho stalinistas, mas calam sobre Tchenóbil. Há talvez um, dois livros e acabou-se. Você acha que é mera causalidade? O acontecimento ainda está à margem da cultura. É um trauma da cultura. E a nossa única resposta é o silêncio. Fechamos os olhos como crianças pequenas e acreditamos que assim nos escondemos, que o horror não nos alcançará" (Ibidem: 130). Mas aquelas crianças desde cedo sabem o que é alopecia porque ficaram sem pelos, cabelos, sobrancelhas, cílios. Diz o médico Arkádi Pávlovitch Bogdankévitch: "Já se acostumaram. Mas na nossa aldeia só temos uma escola primária, e as crianças que passam para o quinto ano, têm de tomar ônibus para ir a outra escola, a dez quilômetros. Choram, não querem ir. Lá outras crianças vão rir delas" (Ibidem: 163).

O livro de Aleksiévitch, publicado em 2013, impele cada um a algo mais que pensar sobre os horrores do acontecimento e do que nos esquecemos, por vezes, propositalmente, mas que no cotidiano é simples lembrança perdida ou apenas desconhecimento. Ao tratarmos da ecopolítica, procuramos permanecer atentos a esses trágicos, esquecidos ou arquivados registros, herdados desde Hiroshima e Nagasaki, Auschwitz e todos os demais campos de concentração, para buscar nestes baixos começos a emergência disso que muitos gostam de chamar nova vida, nova política, novo desenvolvimento, novas subjetividades, onde cada vez mais parece pretender anunciar o fim das resistências, ou ainda sua arbitrária substituição ou tentativa de apagamento pelas práticas de resiliência.

A Terra é azul, a radiação é azul!

Considerações

O começo de uma pesquisa, de um livro, de um curso muitas vezes pretende delimitar um ponto central a ser mostrado como imantação de causalidades e irradiação de efeitos. Somos educados para ver assim e voltar ao passado para envolver o presente ou remontar o passado a partir das tensões atuais e trazer desdobramentos. Estabelecemos os momentos primordiais orientados por saberes amplamente reconhecidos socialmente na comunidade científica, no Estado, na situação geral da sociedade, em que se pressentem reformas necessárias, correções de rotas, impulsões para o futuro. Estamos marcados pelo presente na reconstrução real ou ideal e nas projeções funcionais ou transformadoras para o futuro próximo ou distante. São essas, em poucas palavras, as condições da produção de saberes humanistas, reconhecendo-se ou não os poderes que os fazem emergir, suas especificidades, suas predisposições na expressão do regime de produção da verdade.

Desde o final do século passado o termo biopolítica passou a compor conceitualmente análises marxistas elaboradas principalmente por Antonio Negri e Michael Hardt, a habitar as reflexões filosóficas de Giorgio Agamben, e como uma nascente de rio escondida, talvez sob uma moita, passou a ganhar a dimensão de luta em oposição ao que seria o governo do biopoder de Estado. Por sua vez, liberais estadunidenses começaram a investir mais reiteradamente na noção de governamentalidade.

Na mesma ocasião, essas leituras provocaram uma inquietação relacionada à produção deste conceito na história-política traçada por Michel Foucault relacionada com os acontecimentos do final do século XVIII até sua declaração macabra no nazismo alemão. Suas pesquisas sobre o corpo marcado de histórias pelos governos da soberania e das disciplinas o encaminharam para os estudos sobre a biopolítica, o governo da espécie como pastorado moderno. O corpo passou a ser alvo da eugenia com base nos caracteres hereditários e na sua construção modificada pelo ambiente. O amplo debate sobre as políticas sob esta orientação, respectivamente, os estudos de Mandel e Lamarck, atingiu variados propósitos. A presença de Lamarck orientou as políticas nazistas e do socialismo soviético; as de Mandel aos poucos governaram um dos requisitos da racionalidade neoliberal relativo à herança hereditária do capital humano. O corpo era o alvo e a meta do governo do Estado até o final da II Guerra Mundial.

As análises de Foucault são sempre inacabadas, não no sentido da formalidade, mas da própria história do corpo por ela atravessada. Ainda que suas diversas pesquisas não devam ser consideradas como desvios das originais, apresentam mudanças de rotas que delineiam outros percursos para o acontecimento principal em sua obra que é o sujeito no ocidente. É como se Foucault deixasse em aberto espaços móveis para outras investigações sobre as sujeições.

O sujeito em Foucault não adquire a dimensão de condutor, tampouco se opõe ao objeto e muito menos é objeto do conhecimento em uma relação dialética. Há um grande esforço em sua obra para abrir perspectivas, pois não há o lugar privilegiado do poder considerado em relações estratégicas de controle pelas inúmeras forças. O inacabado aparece por dentro e por fora: na produção conceitual histórica sem buscar apelo transcendente ou totalizador e na dinâmica dos acontecimentos surpreendentes e, portanto, dos singulares que os compõem.

A biopolítica e o biopoder não são conceitos muito precisos no sentido da oposição formal de um ao outro, de governo de Estado e de resistências na sociedade civil. Se pudermos considerar o biopoder como a articulação de dispositivos governamentais de Estado na gestão da população, a biopolítica trata da dinâmica desta relação justamente pela impossibilidade de se opor Estado e sociedade civil, seja como recurso teórico, ou mesmo como oposição de interesses reais. Mesmo não deixando de lado que os liberais não desconsideram essa íntima relação, porque ela fortalece a presença imperativa do Estado; que a suposta separação indica as possibilidades da ocupação do Estado para uma reforma geral e justa das desigualdades sociais capitalistas sob o manto liberal; ou ainda, que esta familiar relação sustenta o revestimento liberal e o socialista, como defendem os anarquistas, e que produz lutas pela sua dissolução; enfim, por qualquer um desses ângulos, está em jogo a situação geral da sociedade civil e os modos pelos quais produzem-se políticas e antipolíticas.

Opor biopoder e biopolítica é desconsiderar a relação contínua e tensa das lutas em direção à efetivação de uma forma de sociedade. Deixando-se também de lado a questão relativa à sociedade quanto às suas relações de complementaridade, inferioridade ou preponderância em relação ao Estado em sua continuidade ou abolição, a emergência da biopolítica e do biopoder está relacionada às institucionalizações do Estado-nação, às formas de gestão governamental do Estado, às técnicas de governo da própria sociedade civil, às práticas discursivas e não-discursivas produzidas. A distinção é meramente formal, e foi pouco esclarecida por Foucault, mas faz sobressair a biopolítica por ser conceito capaz de articular tecnologias de poder e governo do soberano e entre os súditos.

"A biopolítica como regulação da população é uma política de Estado que também não prescinde das diversas práticas da sociedade civil que deram conta da produção de um corpo saudável, mesmo sob as condições de desigualdades, algumas vezes amenizadas como efeitos do sindicalismo e da ameaça revolucionária. Pela biopolítica se pretendia governar os corpos vivos, a população, instituindo que a vida de cada um dependia da política. A biopolítica se constitui, portanto, tendo por alvo totalizante o corpo-espécie (população) e funciona articulada com os poderes disciplinares individualizantes (utilidade e docilidade), atrelando o conjunto e o individual, e intimamente relacionado aos dispositivos de segurança. A biopolítica compõe a série população — processos biológicos — regulações e regulamentações relacionadas ao corpo-espécie como gestão calculista da vida; as disciplinas, por sua vez, estão vinculadas ao corpo-máquina como administração dos corpos e estão compostas na série corpo — disciplina — instituições. São tecnologias políticas que visam normalizações. A soberania sobre o território se exerce combinando leis e normas disciplinares tendo em vista o governo seguro do conjunto da população em seus espaços. Para se modificar a conduta da espécie humana se atua sobre o meio, preferencialmente urbano, em que ela habita" (Passetti, 2013: 3–4).

O governo não se restringe ao exercício dos regimes políticos no Estado e de suas incursões para equacionar níveis de desigualdades expressos estatística ou ideologicamente por meio de políticas compensatórias. A produção de subjetividades, por conseguinte, é fundamental para a economia, e principalmente na contemporânea, esteja ela sob o regime do mercado e seus planejamentos, ou do Estado e suas planificações. A mesma produção de subjetividades é capaz de evocar, instaurar ou procurar suprimir subjetivações que se encontram escondidas, no ostracismo, em gestação, em formatações ou simplesmente deslocadas no regime de produção de verdades.

O poder não oprime subjetividades, delas precisa de modo positivo, porém, as relações de poder produzem subjetivações outras que estão relacionadas a práticas de liberdade, expõem singularidades, constituem resistências que atravessam, nas sociedades de disciplinas, as redes de poder e ultrapassam a conformação reflexiva do amor à sujeição. A produção de subjetividades situa os efeitos das sujeições e estas não se reduzem aos mecanismos repressivos do poder institucionalizados no Estado ou ao revestimento ideológico a ser ultrapassado pela organização coletiva da consciência.

Do mesmo modo, quando se busca a relação com as subjetivações não estamos restritos a uma consciência adquirida em busca de ser concretizada, mas voltados para a efetivação de práticas de liberdade capazes de desestabilizar as certezas subjetivas e de inibir desdobramentos nas práticas governamentais do soberano e entre os súditos. O sujeito sob sujeições é simultaneamente governado e governante de si, e é nestas condições que ele pode repensar seu próprio governo, encontrar outras vazões, produzir o escândalo e o insuportável, ou seja, o intempestivo. As subjetividades produzidas e atualizadas são simultaneamente maneiras pelas quais cada um se governa para obedecer ao soberano, amar as sujeições, empalidecer e corar para a dinâmica da vida biológica, espiritual, produtiva. As formas de subjetivações escancaram modos de confrontos, revoltas, o incansável ato de demolição, o exercício de vida livre e, por conseguinte, são essas subjetivações que reviram as subjetividades constituídas, que tanto dão forma ao indivíduo perigoso, anormal, cidadão, revolucionário, quanto rompem com as chamadas "ideias-fixas".

As subjetivações, invariavelmente, colocam a questão da ética como tradução pessoal da moral em cada um, mas é também aí, neste momento exato no qual emerge a política, que se enunciam antipolíticas. Não se trata apenas de algo pessoal, psicológico ou individual que se passa no decurso do processo normativo das distribuições fixas e móveis, mas da produção de singularidades que ultrapassam qualquer síntese de consciência ou escolha livre e autônoma da razão moderna. São resultantes de tensões que não podem ser capturadas constantemente, por estarem em transitoriedade, serem desterritorializantes, imanentes e, portanto, andarilhas. Não se é apenas governado do alto para baixo, mas se é governado também de baixo para cima: somos irremediavelmente governados por nós mesmos e pela nossa inserção nas lutas, segundo nossos quereres, e livres na recomposição das vontades de poder, que pretendem reiterar o soberano (povo, classe, sociedade). A subjetividade que nos governa, em seu limite, sinaliza para uma falta ou para o que devemos recolocar no lugar de algo a ser substituído.

A ética não é um instante subjetivo por si só; ela é efeito de como lidamos com a supremacia da moral e de como cada um pode surpreender as condutas esperadas. Trata-se, então, de éticas de singularidades que enfrentam os ditames da moral com o rompimento explícito a respeito do que venha a ser o diverso diante da restauração do uno.

A biopolítica é produção de verdades sobre o humano vivo sob a forma de população a ter sua vida prolongada sob as reponsabilidades de governos de Estado e é parte constitutiva do indivíduo governado articulado às variadas maneiras de gestão da vida, supondo condutas que vão do conformismo ao revolucionarismo, de um lado, e de outro lado, à revolta e ao inominável. A biopolítica é um efeito do modo através do qual a economia política metamorfoseou o povo em população e o modo pelo qual a política econômica procurou transformar o proletariado em agente econômico.

Em suma, as subjetividades contemporâneas produzidas pela biopolítica não procedem simplesmente do governo do Estado, dependem da disposição dos indivíduos na sociedade civil e produzem resistências singulares às relações de poder e às suas tecnologias. As subjetivações, por sua vez, também estão a serviço da construção de subjetividades, isto é, da formatação dessa intimidade com os processos normativos das disciplinas acoplados aos procedimentos legais que dão em especiais presenças como cidadãos, religiosos, cientistas, trabalhadores, pensadores, policiais, políticos, mendigos, possíveis populações dispostas a intervenções governamentais nas suas sociabilidades, nas consciências a serem reformadas, por meio dos saberes da estatística, dos projetos, das políticas compensatórias. A subjetividade, enfim, depende dos modos mais ou menos intensos de produção de subjetivação na ordem, da mesma maneira que esta é incapaz de abarcar as singularidades que não se disponham a ser assimiladas ou capturadas e estejam desvencilhadas das esperanças transcendentais.

A biopolítica, essa nova disposição dos governos sobre a vida, o seu meio físico, a longevidade, a saúde, a educação, as assistências, articulados pelo saber estatístico e pelo jogo político institucional, também absorve as disposições filantrópicas e solidárias na sociedade voltadas para suprir a necessidade de conter contestações sociais gerais e específicas assim como pestes, epidemias, vícios, efeitos de cataclismos, trânsito de mercadorias e de pessoas pelas cidades.

Trata-se, portanto, de lidar com as práticas de biopolítica desde o final do século XVIII e encontrar sua pertinência nos dias atuais, independentemente de uma possível oposição formal ao biopoder. Ao Estado cabe, modernamente, encontrar compensações e punições necessárias para manter seu poder diante dos perigos e dos *perigosos*, e o faz de maneira a obter um *quantum* de consenso que o legitima e legaliza suas condutas. Em nada diferem as práticas entre os súditos na sociedade civil. Entretanto, os conceitos genealógicos do poder não encontram uma via pavimentada destinada a um terminal, como os saberes transcendentes costumam construir para além da linguagem metafórica que lhes é comum. As preocupações relacionadas com as populações são correlatas à conservação da segurança do território interno e diante de ameaças externas, à estabilidade política do soberano, aos efeitos de fenômenos surpreendentes da natureza, à preservação da circulação das mercadorias. A biopolítica estava atenta para as circulações de pessoas, que, como as mercadorias, entravam e saíam legal ou ilegalmente do território a ser assegurado. A biopolítica é uma tecnologia de governo voltada para garantir a liberdade liberal e, antes de tudo, a do Estado, e, nesse sentido, também a do Estado socialista. A biopolítica está diretamente relacionada à segurança interna e externa, aos perigos de insurreições e revoluções internas e de guerras entre nações.

Os desdobramentos da política do nacional-socialismo alemão já eram transterritoriais, negociando deportações, confinando agrupamentos em guetos e campos de concentração nos espaços próprios do seu Estado e em territórios anexados; ampliava a já conhecida circulação de grupos étnicos em busca de refúgios seguros diante de ameaças de extinção, não mais pelo acolhedor exílio, mas agora pela inovação em confinamentos governados pelo Estado com a participação dos próprios presos na gestão de cada unidade de encarceramento em situações próximas do escravagismo. Não se tratava mais de libertar escravos pelos efeitos coloniais, lutas que se avolumaram desde os cativeiros imperiais romanos, mas agora segundo um critério biopolítico relativo à dominância racial e os explícitos ressentimentos com grupos acusados de levarem um povo mítico à bancarrota, qualificados como perigosos e anormais à própria dinâmica capitalista de intervenção estatal. O capitalismo democrático ocidental somente se interpôs às práticas nazistas (de Estado e sociedade) quando a II Guerra

Mundial caminhava para seu fim (o mesmo deve-se dizer do socialismo soviético, um pouco antes, a partir da invasão do exército alemão na URSS).

O limite da biopolítica, como o conhecemos, redimensionou quem era o cidadão livre e definiu, a priori, os perigosos e anormais a serem retirados de circulação regular. Tratou-se de uma ação política e policial com a adesão e consentimento do conjunto de cidadãos alemães que se consideravam superiores e que articulou, de modo estratégico, as populações confinadas a colaborarem na gestão de sua escravidão e morte em função da sua esperança de libertação futura e perpetuação racial. Não se tratava mais do direito de causar a vida e devolver à morte, mas do direito de definir quem devia viver e morrer. A biopolítica encontrou seu limite, não como anomia ou perversão, mas como modo de governar pelo racismo de Estado. Não se tratava mais dos elementos nodais da soberania em obter obediência por medo ou esperança, gerando consenso por consentimento, adesão, convencimento e omissão. Estavam em jogo os mecanismos de obtenção de consenso sob o governo do medo e da morte.

Por sua vez, a dilatação da URSS em direção aos Estados do Ocidente durante a contração alemã na II Guerra Mundial também deixou claro que o governo da população interna estava a cargo de uma dominância que funcionava pelo mesmo dispositivo de produção do medo. Em ambos os casos não se buscou a obediência pela esperança, mas sua afirmação como gestão da vida organizada de cima para baixo por meio da adesão, temerária ou não, mas amplamente consensual, de baixo para cima pela população *escolhida*. De ambos os lados, subjetividades se formaram, paradoxalmente: uma na aversão ao socialismo e a outra no combate ao capitalismo burguês. Em ambas, a grande *massa* dispunha-se a seus governantes, preferencialmente a partir das referências ditadas pelos seus líderes (respectivamente, Hitler e Stalin). Diferenciava estas duas formas similares de governo biopolítico dos demais fascismos o uso direto do confinamento em campos de concentração. A Alemanha os deixava expostos, submetia-se a vistorias internacionais como as da Cruz Vermelha, que lhes eram favoráveis; a URSS, fechada aos democratas europeus, escondia deliberadamente os *gulags* e contava com uma opinião mundial socialista a acobertar seu sistema de reformatação de consciências.

A biopolítica funcionou aceleradamente, articulando Estados e sociedades civis com base em subjetividades que tinham por função extirpar demais possibilidades de subjetivações. A biopolítica expressou nesse seu limite a aversão repressiva e mortal contra as resistências voltadas contra o Estado ou mesmo o seu governo. Porém, encontrou um lugar reformado para continuar existindo quando, após algumas décadas seguintes ao final da II Guerra Mundial, a democracia passou a ser a prática recomendada de gestão da população em escala mundial. No ambiente planetário, foi a partir desse momento que a noção de biopolítica se viu catapultada, agora, em modos de resistir das populações. O conceito de Foucault, elaborado ao final dos anos 1970 e de pouca visibilidade até os anos 1990, agora se presta a novos dimensionamentos que curiosamente atraem liberais e marxistas, pretendendo saltar o limite fronteiriço do racismo, seja pelas providenciais medidas multiculturalistas sob a forma de direitos, seja por acomodar a biopolítica como política das *multidões* frente ao biopoder. Mas nenhuma delas enfrenta de modo direto os dispositivos de exceção intrínsecos à democracia liberal ou social que fazem a continuidade do Estado como categoria do entendimento. A filosofia kantiana governa, pelo sim e pelo talvez.

Dizem os liberais que as ditaduras têm vida curta. Porém, são longas as jornadas para quem a elas está submetido. As ditaduras são formas de regimes do Estado para os quais as forças relutantes das sociedades tendem a se organizar e obter apoios exteriores, capitaneados pelas direções democrático-representativas. As forças democráticas dirigem as lutas contra as ditaduras, incorporam as demais no mesmo diapasão, e depois de derrubado o governo ditatorial elas se desvencilham, aos poucos, dos demais parceiros na empreitada. O anarquista Errico Malatesta (2008), de modo simples e direto, mostrou a grandiosidade desta prática e a monstruosidade da sua institucionalização. As forças adversárias e inimigas dos totalitarismos são muitas, mas, posteriormente, são seletivamente contempladas, capturadas, assimiladas, combatidas, expurgadas ou aniquiladas por meio do ostracismo. As demais são reconduzidas, paulatinamente, à condição anterior de indivíduos, grupos ou classes perigosas para as quais são destinadas as medidas policiais e penais.

O revolucionário anarquista espanhol Bonaventura Durruti, em entrevista a Pierre van Passen em outubro de 1936, situa com clareza o fascismo, a reação burguesa e a prática anarquista:

> Nenhum governo da Terra combaterá o fascismo até a morte. Quando a burguesia percebe que o poder lhe está escapando das mãos, recorre ao fascismo para se afirmar. Há muito tempo o governo liberal da Espanha já poderia ter reduzido o poder dos fascistas à impotência. Ao invés disso, vacilou. Manobrou e procurou ganhar tempo. Mesmo hoje, ainda existem pessoas no nosso próprio

governo que desejam tratar os golpistas com luvas de pelica. Nunca se sabe o que poderá acontecer, não é verdade? Talvez um dia o nosso governo irá precisar dos militares rebeldes para destruir o movimento operário. (...) Se a revolução vencer, é claro que a burguesia não vai se dar assim, sem mais, por derrotada. Somos anarco-sindicalistas. Lutamos pela revolução e sabemos o que queremos. Para nós significa muito pouco que em algum lugar da Terra exista uma União Soviética, na medida em que Stálin comprou a paz e a tranquilidade desta União Soviética vendendo trabalhadores alemães e chineses à barbárie fascista. Queremos fazer a Revolução aqui na Espanha não depois da próxima guerra europeia, mas agora, neste momento. Com nossa Revolução, damos mais dor de cabeça a Hitler e Mussolini do que o Exército Vermelho. Com nosso exemplo mostramos à classe trabalhadora alemã e italiana como se deve tratar o fascismo" (Pierre van Passen. "Entrevista". In: *Toronto Daily Star*, Toronto, 26 de outubro de 1936, apud Enzensberger, 1987: 186).

Quando a subjetivação produz subjetividades que se refazem e renovam procurando obter efeitos universais intercalados de juízos, maneiras de viver, expectativas imediatas e futuras em conformidade, ela evidencia sua força. Porém, a produção de subjetivação é resultante do agonismo das lutas que marca uma determinação ou dominância, e, invariavelmente, envolto em batalhas constantes. Quando as subjetividades realizam suas variadas expressões capazes de serem imantadas a um universal, temos o efeito liberal esperado; quando o universal se configura extraordinário como no socialismo, a tensão entre a subjetivação em vigência e as demais em busca de existência tende a colidir. A grande vantagem obtida pela subjetivação liberal é a de produzir muitas subjetividades como especificidades possíveis de serem contempladas, diferentemente da socialista. Mas como a vida moderna e contemporânea não se instituiu de forma dicotômica, os alvos de assimilação e combate das subjetivações variam, pois se imiscuem propositalmente dentro delas. Assim, não é de estranhar que o nazismo tenha produzido subjetividades que se acoplaram com rapidez tanto ao capitalismo quanto ao socialismo, e que populações dentro e fora da Alemanha se sentiram tão contempladas pela biopolítica nazista, como Estados liberais e socialistas que com ela compactuavam. Um interceptador a *posteriori*: como as práticas democráticas funcionaram como restaurador, agregando práticas cotidianas e institucionais de controle da subjetividade nazista à normalidade democrática? A produção de subjetivação democrática-liberal tende a educar para a inclusão institucional, ao mesmo tempo em que defende seus excessos protegidos como esporádicos momentos de crise. Porém, as subjetivações capitalistas e socialistas não se bastam ou simplesmente se opõem pela maior ou menor capacidade de governar subjetividades conhecidas e abertura ou não para novas. As subjetivações são imprevistas, surpreendentes, audaciosas na história-política.

O pluralismo democrático conta somente com os que se assemelham e refaz, renova e revigora a subjetividade ao recolocar em funcionamento os dispositivos de segurança e direitos em torno da democracia como regime imperfeito e como o melhor dos regimes. As vias desobstruídas estão novamente aptas a ser trafegadas e é disso que o liberalismo precisa para fazer circular pessoas, mercadorias e produtos por terra, mar e ar. Por sua vez, o vaivém socialista extensionista, se não teve problemas para fechar pactos de não-agressão com o nacional-socialismo, esmagou-o, até tomar Berlim nos combates militares finais da II Guerra Mundial, na mesma velocidade com que acordou durante sua invasão pelas tropas nazistas. Desse modo compreende-se como os liberais nunca se opuseram radicalmente ao nacional-socialismo e aos fascismos, esses regimes de morte que não apresentavam riscos ao capitalismo, pois seu inimigo principal se chamava socialismo, seu meio, o Estado, e sua finalidade, a lucratividade em tempos de crise. E a justificativa socialista soviética também caminhou por esses trilhos paralelos. Tratou-se, tão somente, de esperar o momento adequado na guerra para democratas e socialistas, como aliados, recolocarem as coisas em uma *nova ordem mundial*, quando se formou o Conselho de Segurança da Organização das Nações Unidas (ONU), simultaneamente ao encerramento dos tribunais de Nuremberg e Tóquio. Enquanto isso, os democratas liberais contaram com o nazismo para não só refrear a propagação do ideal socialista, como para produzir evidências com certas semelhanças totalitárias, acomodados na distinção formal entre nazismo e fascismo como governo de efeitos parlamentares recalcitrantes e socialismo como governo de partido único. E, por fim, encontrar o novo trajeto para combater o chamado intervencionismo estatal que tanto importunara os liberais da primeira metade do século XX, seja pela ameaça direta da revolução socialista, e em menor escala dos anarquismos, ou ainda pela necessidade de governamentalizar ainda mais o Estado, como no *New Deal*, para capturar as positividades operárias organizadas em sindicatos e produzir políticas compensatórias.

O apogeu macabro da biopolítica coincidiu, também, com a produção do saber liberal redimensionado como o verdadeiro liberalismo, segundo Ludwig von Mises, um de seus patronos, ou mesmo o neoliberalismo com suas diferentes gestações, como traçou Foucault em *Nascimento da biopolítica*, desvencilhando-se da argumentação ideológica para situar a emergência da racionalidade neoliberal. A governamentalização do Estado, levada adiante desde o último cartel do século XIX, situava as preocupações com respostas diretas, precisas e contínuas dos governos liberais, seja pela instauração da Comuna de Paris em 1871, seja pelos variados movimentos de contestação operária, reformistas, sindicais, revolucionários, terroristas e anarquistas de então. A biopolítica fazia o necessário e suficiente para a segurança na circulação de mercadorias, mas não para a circulação de pessoas. Não conseguia produzir equacionamentos capazes de conter os levantes, os protestos, as experimentações e as contestações regulares de trabalhadores nas mesmas cidades. Havia segmentos desta sociedade que não se dispunham a pleitear filiação ou aderir à biopolítica e produziam uma subjetivação radical.

Da Europa aos Estados Unidos da América, incluindo o restante do continente americano e as indisposições latentes descolonizadoras no Oriente, tudo isso mostrava que as técnicas biopolíticas de governo funcionavam para produzir reformas nas condições urbanas das cidades; introduziam modificações na arquitetura e no urbanismo, procurando facilitar o trânsito de equipamentos de defesa contra possíveis perturbações sociais, e as organizações filantrópicas tinham presenças cada vez mais marcantes em solo estadunidense: causar a vida se equiparava ao devolver à morte. Causar a vida produtiva e politicamente docilizada moveu também para produzir os milhões de mortos combatentes desempenhando nas fileiras das forças armadas a sagacidade de suas estratégias em nome da pátria, do Estado, de certo modo de viver disposto para a morte de um *em nome de*, que era também em nome de cada um. As positividades do poder cresciam e decresciam. E por isso mesmo o nazismo não se intimidou em declarar *quem devia morrer* para que os corpos eugênicos vivessem; os socialistas se voltaram para recuperar consciências degeneradas na miséria dos *gulags*; e do mesmo modo os estadunidenses construíram seus campos de concentração para garantir *quem devia viver* mesmo procedente de *raças* em guerra, mas ajustados à sua *terra*, ao seu ambiente.

A guerra declarada, mesmo dispondo de regulamentações sobre o governo de inimigos capturados, é antes de tudo uma forma rápida e produtiva de fabricar mortes para que outros vivam. E capitalismo e socialismo encontravam-se nessa situação durante o período da II Guerra Mundial: suas vidas dependiam de mortes justificáveis. A filantropia e os direitos sociais funcionam no mundo democrático capitalista no mesmo diapasão dos direitos desiguais do socialismo: serviam para a demarcação dos vivos e para deixar morrer por desemprego, falta de ocupação e pela gestão dos corpos para a guerra; aos que retornavam, algumas medalhas de heróis, uma situação de busca de emprego ou convalescença contínua, reencontro trágico com famílias e como refazer estas relações valoradas sobremaneira no soldado em meio ao campo de guerra. Isso aos vencedores, pois aos derrotados destinavam-se escombros arquitetônicos, isolamentos, fome, desespero, humilhação, a espera de um gesto filantrópico.

Ao mesmo tempo em que o resultado da guerra opôs duas grandes potências (EUA e URSS) em certa posição equilibrada, a indústria bélica e as agências de inteligência em ambos os Estados se diversificaram em função de um direito de matar como jamais se conhecera. Depois das bombas de Hiroshima e Nagasaki, que encerraram a guerra contra o Japão, as duas potências passaram a lutar pelo domínio da ameaça de morte planeta adentro. Não se tratava mais dos campos de concentração e extermínio do nazismo governado por crueldades inimagináveis, condenados formalmente na recém-inaugurada ONU, mas estava em jogo uma maneira sutil de ameaçar com a morte imediata enormes populações, seus governantes e/ou investidores pela disputa imperial, um assunto ao qual o Conselho de Segurança da ONU deveria se ater. As subjetivações continham agora uma meta de guerra final governada pela disputa imperial entre blocos arranjados depois do fim da II Guerra Mundial. E, obviamente, as subjetividades assim se comportavam, porque cada um trazia dentro de si as lembranças da guerra e abominava reprisar tamanho banho de sangue. Valeria a pena uma batalha final? Os inimigos, agora, estavam dispostos ao *seu* lado, quase impessoais. Era preciso deles se livrar, delatando-os como espiões e/ou conspiradores para inquéritos que deveriam destiná-los à prisão, tortura ou morte. A ameaça de morte pelas potências imperiais passou a governar a vida de cada um. A URSS já fizera isso desde o final dos anos 1920, alijando internamente inimigos e adversários do socialismo soviético.

As forças políticas de contestações radicais, como os anarquistas, produziam subjetivações múltiplas e se associavam de modo contundente. Os filhos de operários (diante do descaso estatal com crianças abandonadas, mendigas, prostituídas e serviçais que circulavam pelas ruas das cidades como gatunos de toda sorte, e que abalavam valores e idealizações de costumes familiares burgueses), eram destinados a internatos e reformatórios ou capturados como informantes ou futuros policiais. Entretanto, essas forças políticas e sociais se mostravam capazes de inventar solidariedades variadas para enfrentar situações de greve, doenças, preconceitos, segregações e a produção desse exército de reserva de poder recrutado entre seus similares. A cidade limpa e sã precisava separar e condenar indesejáveis da mesma maneira que confinava os produtivos aos espaços disciplinares, cujos espaços eram governados por normalizações permanentes. Estas forças libertárias sabiam também se associar para contestar e inventar outros espaços de liberdade, em suas escolas, sindicatos, no interior das fábricas, nas paralizações de greves.

Se a fábrica disciplinar, mais do que formar o operário na técnica de produção, produzia subjetividades por meio de contratos e normas, também ali fermentavam subjetivações por meio de contestação voltada para a dinâmica da sabotagem, da apropriação de máquinas e do modo de fazer que apartava o trabalho manual do trabalho intelectual. Se os operários tiveram que aprender a ler e escrever nas suas *longas noites proletárias* depois da jornada de trabalho, eles também somaram os diversos socialismos da primeira metade do século XIX para enunciar em certo momento a *unidade das ilegalidades populares*, como sublinhara Michel Foucault no encerramento de *Vigiar e punir*. Sabiam que a política era a guerra civil prolongada por outros meios, como definira o filósofo e historiador-político em *A sociedade punitiva*, assim como, em *Em defesa da sociedade* e em *A vontade de saber* inverteria a equação de Clausewitz, com o domínio da conformação biopolítica, para afirmar que a política é a guerra prolongada por outros meios.

A política governamental, o biopoder, as compensações políticas contra as classes perigosas precisavam encontrar mecanismos biopolíticos de enfrentamentos com a movimentação operária tendo em vista pacificá-la. Precisava atrair os sindicatos, cada vez mais próximos dos partidos revolucionários ou do anarcossindicalismo, para compor na gestão do Estado com as representações políticas, empresariais e a burocracia *pública*. Deveria articular os assistencialismos sociais em fábricas e bairros, os benemerentes em saúde hospitalar e asilar laicos e religiosos, os vigilantes da moral agrupados em variadas associações voltadas ao combate aos vícios, compondo com os disseminadores de virtudes como esportistas de espírito olímpico, competidores livres e, principalmente, um sistema educacional escolar universal funcionando como regulador dos chamados desvios na família e do convívio no ambiente degenerado.

Era preciso *governamentalizar o Estado* com escolas, modo pelo qual a subjetividade capitalista — da ordem, disciplina, obediência e formação técnica — constituiria a continuidade higienista necessária e suficiente para motivar subjetividades: limpar as cidades, os corpos dos operários, os espaços urbanos, fazer parecer limpo como sinônimo de integrado e explicitar que os demais estavam no limite da marginalidade, apartados em habitações coletivas, vagando pelas ruas, ensandecidos ou simplesmente famélicos, mortos e quase mortos, pois nessa sociedade o vivo era o comprovadamente produtivo até mesmo no ínfimo comércio. Era importante, para além da filantropia, fazer do Estado o agente capaz de produzir políticas compensatórias capazes de higienizar as classes perigosas, como o liberal Max Weber recomendava no início do século XX. A biopolítica ampliava e solidificava seus princípios de saúde, gestão do espaço urbano e rural, e escolarização no sentido de constituir subjetividades concordes capazes de estancar, simultaneamente, a luta contra a exploração e a dominação e redimensioná-la em disputa por ocupações, empregos, vagas, direitos. Ao monopólio legítimo da violência e da gramática o Estado agregou o da educação e da saúde social.

Entretanto, não só as vivências da Comuna de Paris, em 1871, os episódios terroristas anarquistas contra burgueses, príncipes e reis, mas também a disposição crescente para o combate dentro dos ilegalismos aos quais foram regularmente destinados levaram ao acontecimento Revolução Russa. Surpreendendo as determinações teóricas da crítica da economia política que avistava a revolução socialista como passo adiante ao período da transformação do capitalismo de livre-concorrência em monopolista, esta revolução expôs as mais variadas práticas de anarquistas, socialistas e comunistas acopladas ou não à violenta tomada do Estado em um país com baixo desenvolvimento das forças produtivas. O governo czarista caiu impossibilitado com sua vontade de poder. Assistiu-se, posteriormente, ao rápido movimento que transformou a iminente abolição do Estado em sua ocupação, pela força interna dos bolchevistas na luta contra os *inimigos burgueses* da revolução, aos efeitos da pressão internacional após o final da I Guerra Mundial, às impossibilidades de conjugar probabilidades, principalmente as derivadas da situação real da maioria camponesa, e, enfim, à *necessidade* de institucionalização de um Exército Vermelho. As variáveis justificadoras da necessidade da centralização bolchevista são muitas, e a contenção de revoltas entre os alijados também funcionou aos moldes da luta contra tiranias, juntando forças e depois seletivamente delas se livrando ou abençoando. Com o redimensionamento econômico proporcionado pela planificação com a Nova Política Econômica, em 1921, a revolução russa passou a ser bolchevista e governou o Estado por meio da vanguarda do proletariado, o partido da revolução.

Nas primeiras décadas do século passado, a miserável vida do campesinato espanhol, somada às condições de exploração industrial do proletariado urbano (também recrutado na zona rural) no oeste da Espanha, levou à queda do rei, aos governos provisórios e à república quando o enfrentamento se tornava mais evidente. Muitos analistas consideram que os anarquistas nunca deveriam ter aberto mão de seu princípio de recusa às eleições porque a anarquia encontrara entre camponeses, operários e marginais uma penetração incomensurável. Tratava-se de uma subjetivação própria e múltipla que aderiu, mesmo que circunstancialmente, aos efeitos de outras subjetivações e se enfraqueceu. Desconsiderando as conquistas de direitos obtidos na República ou mesmo os efeitos de experimentações livre da gestão governamental, em pouco tempo a situação de guerra civil real deu os contornos definitivos de uma política como guerra civil prolongada por outros meios cujo resultado foi o apoio das duas potências emergentes (EUA e URSS) à destruição do movimento anarquista (e, em menor escala, da dissidência trotskista) que repercutiu em vitória do fascismo franquista. Um pouco de biopolítica ocorreu no governo republicano mesclando sociais-democratas e anarquistas em torno da vida na cidade e de sua limpeza; todavia, os camponeses e os operários sabiam como autogerir suas produções, transportes e sistemas de comunicação de modo a dispensarem-se de Estado, industriais, latifundiários e Igreja. Mas foi menos a biopolítica e mais a institucionalização de variadas proveniências na política, com os anarquistas esquivando-se de suas práticas antipolíticas e de suas subjetivações para acomodarem novas subjetividades, que levou ao fortalecimento, mais uma vez, como na Comuna de Paris, dos investimentos externos, agora de capitalistas e soviéticos. A chamada *guerra civil espanhola* expõe de modo trágico os efeitos da força das subjetivações estatistas na governamentalização do Estado.

Os limites da biopolítica ou sua baixa repercussão expuseram as possibilidades de revolução, da mesma maneira que proporcionaram as condições para fascismos e o nazismo. A biopolítica mostrou-se incapaz de dar conta de *causar a vida* em uma proporção superior possível a *devolver à morte*. É por isso que, paradoxalmente, situam-se seus dois limites, ambos autoritários: de um lado, o nazismo e o fascismo, e de outro lado, o socialismo estatal (o racismo de Estado sobre o corpo e sobre a consciência). Os três regimes acenavam com esperança aos miseráveis, aos trabalhadores ocupados, aos desempregados, aos doentes, analfabetos, mulheres e crianças. Entretanto, a reviravolta positiva da biopolítica ocorreu com o *New Deal*, nos Estados Unidos da América, precavendo-se da conturbação socialista acentuada e coerente com o estilo de vida liberal estadunidense, investindo em saúde, escolas, relações solidificadas com sindicatos, manutenção do congresso, filantropias e intervenções pontuais na economia. A seu modo, o racismo de Estado nos EUA esteve mais saturado que os outros três, mas levou adiante sua cultura liberal fundadora, enquanto os Estados europeus viviam dos efeitos contornados pelos reis, parlamentos enfraquecidos, movimentos operários intensos em que o liberalismo era mais um conjunto de ideias e estilos circunstancialmente capitalistas que propriamente uma cultura nacional. Será com o Plano Marshall que a biopolítica estadunidense redimensionará a europeia em *welfare-state*.

Para todos esses Estados, a II Guerra Mundial foi necessária e suficiente. Para todos esses Estados, a biopolítica precisava encontrar outros meios para ampliar o causar a vida. E a morte na guerra, em combates, em guetos, campos de concentração e extermínio, nas ruas pelas milícias fascistas, pelas traições e trapaças policiais, instaurou a *população* como meta de governo de Estado, sociedade civil e indivíduos a ser equacionada pelo saber neoliberal, livre da possibilidade política de *povo* ou *proletariado*. Havia um *mundo* em busca de desenvolvimento para o qual regimes autoritários ainda eram imprescindíveis na luta contra o inimigo socialista imperial. Porém, a disputa pelo governo das subjetividades capitalísticas e socialistas ainda se encontrava em aberto. No Brasil não foi diferente, o Estado Novo instituiu as medidas de saúde, educação, acertos com o operariado apartado do anarquismo e do comunismo, estabelecendo taticamente relações próximas com o PCB e seu líder, Luíz Carlos Prestes, para deflagrar a abertura de direitos sociais, combinando, inicialmente, práticas fascistas e, posteriormente, liberais estadunidenses.

A criação da ONU produziu o documento mais importante para a reviravolta esperada. Em 1948, é assinada a DUDH pelos países capitalistas, liberais ou não. Estava claro para o ocidente que condenar a *shoah* desencadeada pelo nazismo era finalmente obter o acesso à humanidade, à propriedade e à democracia compondo um tripé que funcionaria no âmbito da *paz* e da segurança para minar o socialismo soviético. A URSS se recusou a assiná-lo juntamente com seus *parceiros*, seja porque a DUDH se fundamentava no direito individual à propriedade, seja porque seu reconhecimento explicitaria, cedo ou tarde, a existência dos *gulags*. Neste documento, diferentemente dos julgamentos nos tribunais de guerra, a assinatura conjunta era impossível. Os julgamentos de Nuremberg e Tóquio, levados adiante pelos aliados, inovaram, pois pela primeira vez pessoas consideradas titulares do poder político foram responsabilizadas pela guerra e não o Estado e a população como um todo, como aconteceu até o final da I Guerra Mundial, quando os derrotados receberam toda a culpa pela guerra perdida. Essa mudança permitiu recompor a soberania alemã e japonesa, associando-a aos aliados vencedores, sem cortar linhas de crédito e sem isolar esses países dos foros internacionais e do capitalismo que se globalizava.

O final da II Guerra Mundial, definitivamente, redimensionou a segurança dos Estados, a liberdade liberal, a liberdade *proletária*, os problemas de defesa, a iminência da morte e o governo do medo. EUA e URSS, cada um a seu modo, dispuseram-se no mapa do domínio global ao final da referida guerra, respectivamente em retração e extensão.

A biopolítica, o governo da vida da população, passaria por uma metamorfose, uma transfiguração? A biopolítica, na qual o homem era o *animal* de cuja política dependia sua vida, não fora capaz de levar adiante o direito de causar a vida e devolver à morte. Democrático-representativa ou estatizante, a política seria capaz de produzir *mais* compensatórios suficientes? Seria essa a sua utopia?

Houve uma reviravolta após a II Guerra Mundial. A biopolítica, o governo da espécie conformada em população, chegara ao seu limite. A esse perímetro corresponderiam, também, outros limites ao corpo individual sob o comando das disciplinas? A relação entre o governo do indivíduo pelas disciplinas e da espécie pela biopolítica entrariam em metamorfoses?

A inteligência, gradativamente, foi ocupando o lugar de alvo principal dos Estados e da produção. Não se extraia mais somente utilidade econômica preponderantemente física do corpo individual organizado pela produção intelectual. Sua respectiva docilidade também deixava de obter o efeito esperado. Os efeitos individualizantes e totalizantes do poder travaram. O dispositivo panóptico, fundamental para a vigilância dos corpos produtivos, em gestação para a produção ou recolhidos em asilos e prisões, já não era suficiente, como sinalizava a eficiência das agências de inteligência para além da função de espionagem. O pastorado moderno realizado pela biopolítica encontrar-se-á com uma nova conformação? Não será mais suficiente e seguro vigiar e punir os corpos em espaços disciplinares descontínuos, mas disponíveis aos encontros no espaço público para contestar, protestar, questionar mais do que as políticas, as formas de vida, de produção, governos e Estados?

Diante das inúmeras disputas de matizes variáveis, indo de manifestações em favor da natureza sob os efeitos atômicos aos direitos civis e de minorias, que enunciavam limites da democracia liberal e do socialismo, o final da guerra decompunha a população em conjuntos móveis da espécie a serem governados com compensações ou repressões às múltiplas populações que se desdobravam. Não as chamaremos de *multidão*, pois as conexões não se dão no âmbito de singularidades que se opõem ao *molar*, mas pela produção simultânea de condutas e contracondutas. Estas últimas podem ser apreendidas em suas singularidades quando afirmam anticondutas, assim como a permanência de atitudes antipolíticas às quais estão relacionadas em sua transhistoricidade.

O conjunto estrutural do saber formado por capitalistas e trabalhadores, ou por empresários, empregados, elites, grupos de status, sindicatos, não satisfazia mais às localizações e identidades vigiadas. As mulheres não suportavam mais os limites do mercado de emprego e/ou o confinamento à vida doméstica de eleitora. O sexo solto implodia as sexualidades governadas. Novas subjetivações ganhavam presença nas ruas, nas mídias, nas fábricas, nos escritórios, bares, nas escolas e universidades.

A economia política e a planificação socialista se viram em apuros. As contraposições se expressavam com regularidade exigindo reformas, revoluções, e não cessavam as revoltas. Os costumes estavam em xeque: o tradicionalismo político-parlamentar era insatisfatório, as políticas compensatórias obtinham baixa repercussão (sempre se deseja mais, há sempre uma *falta* a ser suprida), queria-se mais do *welfare-state*, dos excessos e escassez no consumo, da falta de empregos, de universidades ensimesmadas, da escolarização restrita, dos programas de saúde precários, enfim, por mais que o capitalismo se retorcesse para produzir consenso, também se via diante de uma situação favorável, ainda que em certa medida houvesse o desfavorável, e que ia da manifestação por direitos ao terrorismo e à guerrilha, manifestações contra a guerra, aversões à energia atômica, a nova ameaça de morte pela extinção do planeta, e ao inominável. O mesmo se passava com a URSS, principalmente, em seus espaços anexados. Estavam postas as condições para a emergência de um acontecimento em âmbito planetário.

O investimento em inteligência na espionagem, na classificação da população (como atesta o uso dos primeiros computadores com fichas da IBM pelo nacional-socialismo para controlar as populações e os campos de concentração), nos armamentos letais (como os mísseis V1 e V2 do nazismo, as bombas despejadas contra Hiroshima e Nagasaki e as usinas atômicas), ou mesmo a reconfiguração aguardada da economia política liberal sobre o trabalho transformando-o em capital humano, algo se movia para redimensionar as relações de governo sobre os corpos. A linguagem computo-informacional gradualmente se espraiaria da órbita da indústria sideral e de defesa para as relações de produção em geral.

Foi no interior do acontecimento *1968* que os empresários começaram a repensar seus planejamentos para o desenvolvimento e repercutiram as críticas longamente esboçadas pelos liberais desde o século XIX, e formuladas às vésperas do final da II Guerra Mundial por um grupo de pensadores que avaliara o redimensionamento do trabalho em capital humano e encontrara a chave para a sua racionalidade neoliberal. O acontecimento *1968* expõe as diversas forças em luta, coloca o agonismo em uma dimensão que enuncia o insuportável, mobiliza os enunciados, enfim, estabelece uma situação de tensão cultural, social e política, para além dos equacionamentos possíveis de contenção acionados sucessivamente por intervenções econômicas. Os liberais se viram diante da necessidade de restaurar o mercado e denunciar as falácias do intervencionismo econômico. Isso lhes era adequado em duas dimensões: agenciar empregabilidades e, ao mesmo tempo, interceptar o socialismo em extensão. Os princípios democráticos e seu fundamento na DUDH eram taticamente importantes para justificar financiamentos de ditaduras nas Américas contra as insurreições de mote socialista, ao mesmo tempo em que funcionavam como pressão à distensão nas ditaduras europeias ainda em vigência, para justificar intervenções na Ásia e África, e colidir com o socialismo.

A Europa deixava, definitivamente, de ser o centro capitalista, e com a dominância estadunidense a produção da verdade capitalista e democrática passou a funcionar como difusora de fluxos de renovação, mas, curiosamente, não de mão única como no passado. Agora aparecia a ONU como parceira agregadora e agência de atração dos Estados por meio de uma inquietação elevada ao patamar de legitimidade: as condições de conservação do planeta.

Se o socialismo no pós-guerra se extendera e o capitalismo passava por um refluxo constatável, incluindo as lutas pela descolonização na África e

Ásia, e as mobilizações populares nas Américas, diante do acontecimento *1968* era preciso rever a economia e a política. A guerra convencional chegava a um esgotamento com o embate estadunidense no Vietnã que repercutia desfavoravelmente em seu próprio interior. A economia política liberal necessitava se atualizar e somente uma nova adequação poderia gerar um ganho para a sua própria reforma. Não bastava denunciar o voluntarismo no acontecimento *1968*, e muito menos caracterizá-lo como expressão da crise com incapacidade organizativa. Neste acontecimento não se tratava de *a priori* promover uma revolução, mas dar passagem para as revoltas, cujos efeitos poderiam ser surpreendentes nas relações agônicas de poder. Os múltiplos contraposicionamentos vieram às ruas, às mídias, às fábricas, escolas, universidades, enunciando o insuportável. Era uma luta pela vida, e como qualquer luta por direitos é antes de tudo luta pela vida, tratava-se de compreender o caudaloso fluxo. Nem a clássica economia política nem a crítica da economia política, tampouco o ressurgimento dos anarquismos, tidos como cadáveres após o massacre na Revolução Espanhola, eram capazes de organização, seja pelos seus próprios limites histórico-políticos escancarados naquele momento, seja pela expectativa dos anarquistas em fazer acontecer uma mudança no seu decorrer.

Sabemos que os contraposicionamentos não só podem colocar em perigo os costumes convencionais, a economia e a política, como também podem contribuir para seus redimensionamentos ou implosões. As revoluções atestam isso, assim como os ciclos de reformas governamentais pontuais ou amplas.

Os efeitos do acontecimento *1968* produziram os mais variados fluxos que colocaram novos problemas aos capitalistas. Era inadiável dar uma resposta imediata a tudo isso, ou melhor, mais do que reprimir, produzir uma situação nova capaz de contrapor também ao inédito um efeito eficiente e eficaz à difusa manifestação por direitos. Era imperativo reconhecer direitos civis e de minorias como consagrava a DUDH. Era necessário ser democrático. Dessa maneira, não seria imperativa uma reforma político-partidária imediata, mas em breve curso. Do mesmo modo que era necessário manter temporariamente regimes autoritários — tão estratégicos nesse momento como foram o nazismo e o fascismo no período entre guerras —, precisava acontecer algo que modulasse as condutas em favor dos direitos. Se devia ter mais mercado, as empresas precisariam passar por uma reforma em sua estrutura pela qual o trabalho intelectual preponderaria e o trabalho mecânico seria rebaixado. Era forçoso rever os financiamentos, a gestão governamental, reavivar o mercado com serviços, produtos e direitos. Era necessário que a democracia invadisse as relações empresariais para conter as negociações com os sindicatos. Era o tempo para redimensionar a burocracia estatal. Era preciso outro *salto* para o desenvolvimento. Tudo isso e muito mais exigia uma redefinição dos meios de produzir para gerar lucratividades e ao mesmo tempo levar ao trabalhador sua nova condição de empreendedor de si e parceiro nos negócios. O mercado tinha que mostrar que era o exclusivo espaço para a competitividade reconhecida de cada um com méritos e prêmios, não mais de modo tópico, mas como *universalização.* A complementaridade entre capital e trabalho, entre empresário e trabalhador empreendedor devia alcançar um nível de estabilidade. Portanto, nada melhor que incentivar a capacidade de inovação do trabalhador como capital humano. E se este ainda estivesse em uma condição de incapacidade constatável, contar com a colaboração do Estado construindo escolas, universidades e programas de saúde para equipar os potenciais capitais humanos de seus déficits hereditários e culturais.

A reversão conservadora liberal, governada pela racionalidade neoliberal, encontrou seu novo costume, abandonando as relações no eixo para as relações em fluxos. A democracia representativa passou a agregar a participação organizada de modo sistêmico e modulável, procurando ajustar no Estado e na sociedade civil a organização para o acesso à informação, à comunicação e ao conhecimento colaborativo, com efeitos imediatos de aplicabilidades na empresa, nos partidos políticos, nas burocracias, na produção de mercadorias e produtos. O mercado se apresentou como o espaço seguro para empregos e direitos, e consequentemente sustentado em novas regulamentações legais e normativas. O mercado passa a ser o espaço para a formação de uma sociabilidade democrática que ancorará o regime político e o *público* se reveste de mercadologias: tudo deve girar em torno de empregos e ocupações pelos mais qualificados, a partir de sua formação real ou como investimento em capital humano. Sem colaboração não se compartilha a segurança de estar empregado.

A democracia funciona para bem ajustar empresários e empreendedores de si e estes entre seus pares gestando uma relação de amizade inédita no capitalismo em função de sempre *melhorar* cada um em sua adequada e conjunta condição. Transferido para o âmbito de sua vida social isso repercutirá na gestão das *comunidades* em função do interesse individual jamais ser sobreposto pelo coletivo e ao mesmo tempo dimensionar o interesse coletivo como aquele que não intercepta, mas promove o empreendedor. Ao lado de empresas na economia, o social será habitado pelas mais variadas formas de organizações, de ONGs a Fundações e Institutos, na organização das populações heterodoxas (mulheres, pobres, negros, deficientes, homossexuais, idosos, crianças e jovens, aposentados, desempregados, refugiados...), assim como serão acionadas as mais variadas parcerias entre a sociedade civil organizada, os Estados, os fóruns internacionais e as organizações internacionais.

Ainda são vigiados os espaços disciplinares da escola, de certas fábricas, nas forças armadas, nos hospitais... Mas agora, principalmente, monitora-se a inteligência do capital humano, a saúde medicinal do corpo, o trânsito pela *urbe*, a natureza, o espaço sideral habitado por satélites, e onde está o *inimigo*. A vida passou a ser monitorada, e quando se diz monitorada se diz também constantemente avaliada por meio de índices que orientam políticas governamentais em âmbito planetário sobre a persistência da racionalidade neoliberal. A mudança nada repentina produzida pela racionalidade neoliberal ajusta as passagens de regimes autoritários para democracias, assim como modula conivências com ditaduras aos moldes socialistas como na China, porque era preciso manter a produção de mercadorias, a exploração de recursos energéticos e criar produtos por meio de vultosos financiamentos. Não se trata mais somente de investimentos de capitais multinacionais e respectivos financiamentos com a adesão dos Estados-nação no emaranhado jogo dos monopólios e seus blocos privilegiados nos governos. Trata-se de democratizar o governo dos monopólios. É imperativo que tudo isso funcione em favor do juízo democrático.

O percurso acidentado entre capitalismo e socialismo durante a chamada Guerra Fria obteve o ponto de reversão crucial a partir da *détente* estabelecida desde a crise dos mísseis em Cuba e que encontrou na Conferência de Helsinki, em 1975 (Nuenlist, 2005), seu momento promissor com o reconhecimento por todos (incluindo, agora, a URSS e os Estados a ela perfilados) das garantias dos direitos humanos. Obra do acaso, da arrogância de Brezhnev (ou Brejnev), da astúcia diplomática ocidental? Pouco importa. A partir de então, e dinamizados em escala internacional pelo governo de Jimmy Carter (Nobel da Paz em 2002), nos EUA, os direitos humanos passaram a funcionar também como uma plataforma de desestabilização dos regimes totalitários (e, consequentemente, do socialismo) e dos autoritários. O efeito internacional desta conferência repercutiu nas intromissões do Vaticano, nos desdobramentos da intervenção militar com apoio soviético na Polônia em dezembro de 1981, e na chamada Revolução de Veludo na Tchecoslováquia, marcando o rompimento, em 1989, com o socialismo autoritário, por meio de mobilizações pacíficas (mesmo que outras violentas ainda ocorressem, como no caso da dissolução da Iugoslávia), que reconduziram os Estados europeus acoplados à URSS para a democracia e o capitalismo, do mesmo modo que regimes autoritários na América Latina encontraram, nesta década, os princípios de distensões gradativas para a democracia.

Seja no âmbito internacional, seja nos nacionais, a partir da derrocada socialista soviética em 1991, e do Tratado de Maastricht, em fevereiro de 1992, fundando a Europa federativa, a reversão neoliberal acompanhada de democracia entra em fase de consolidação e extensão no oriente, na América Latina e África (guardadas as ressalvas estratégicas e táticas com a China). O principal efeito se deu com a criação pela Assembleia das Nações Unidas, em 20 de dezembro de 1993, do Escritório do Alto Comissário das Nações Unidas para os Direitos Humanos, com a função de proteger e difundir os direitos humanos, supervisionando o Comitê dos Direitos Humanos, sediado em Genebra. Por fora e no combate interno, os direitos humanos foram se consolidando como a questão principal para a efetivação democrática e capitalista, orientando, inclusive, Missões de Paz que procuram conter eclosões como as ocorridas com o genocídio em Ruanda, em 1994, e o conflito Darfur-Sudão, entre 2003–2006.

Os direitos conquistados comporão uma pletora organizada por meio de ONGs, Fundações e Institutos com a função regulamentada de consulta e participação nos diversos fóruns preparativos para o grande encontro sobre desenvolvimento e meio ambiente na cidade do Rio de Janeiro, em 1992, com a participação de chefes de Estados, sob o comando da ONU.

A partir desse momento consolidava-se não somente uma nova gestão da vida no *ambiente* do planeta, assim como se espraiava o *dispositivo monitoramento* como meio principal para o governo das condutas. A segurança e os direitos da chamada sociedade civil organizada e dos Estados em âmbito planetário situavam uma nova governamentalização em curso, a partir das novas relações com a natureza a ser conservada por meio da reponsabilidade compartilhada por empresários, Estados e sociedade civil organizada, concretizando a importância do *dispositivo meio ambiente*.

A proteção e a difusão dos direitos humanos contam com a colaboração presencial de ONGs, conectando um fluxo de segurança que articula Estados, o cotidiano e o humano tornando compreensíveis os desdobramentos da segurança relacionada ao ambiente, ao clima, à alimentação, à defesa, à gestão de conflitos internos. Uma segurança para a qual não basta apenas o dispositivo diplomático-militar. O monitoramento produz um policiamento estendido, não mais apreendido apenas como agente repressivo, mas recuperando sua proveniência médico-administrativa (Foucault, 2003), e, redimensionando-a, faz da conduta do *divíduo* um policiamento constante, aos demais cidadãos, comunidades, sociedade, suas instituições e Estados, redimensionando também a função do pastorado governamental da biopolítica. Pastor de si e dos outros, o divíduo é capaz de fortalecer o governo entre os próprios súditos e fortificar a soberania. O dispositivo diplomático-militar se metamorfoseia em dispositivo militar-diplomático-policial. Uma nova conduta a ser construída por *todos* requer, portanto, que cada um seja adaptável às circunstâncias e às adversidades, seja resiliente.

A partir da noção de *resiliência*[1], com definições variadas, todavia vinculadas à redução de *vulnerabilidades*, constitui-se o contínuo que vai da educação de crianças e jovens ao governo das cidades e da conservação do meio ambiente ao *ambiente transterritorial*. A *resiliência* redimensiona a segurança, os sistemas protetivos integrais e funciona para conter, gerenciar e monitorar *estados de violência*. As práticas de *resiliência* pretendem ser o ponto de clivagem à contenção de resistências, mas também à prática principal, a de inibição de resistências. A *resiliência*, ao pressupor adaptabilidade atingível, indica quem não for resiliente como o agente da recusa à diferença; entretanto, como toda relação de poder supõe resistências (não confundidas com reação), os resistentes passam a fazer parte do *déficit* com o qual a sociedade deve saber tratar, em condições análogas ao do chamado crime.

Com a ultrapassagem das demarcações restritas entre Estados ou de interfaces com a sociedade civil próprias das Relações Internacionais,

---

1. "Resiliência significa a capacidade de 'resistir a' ou de 'ressurgir de' um choque. A resiliência de uma comunidade, relativa aos possíveis eventos que resultem de uma ameaça, se determina pelo grau de recursos necessários com que conta esta comunidade e sua capacidade de organizar-se tanto antes como durante os momentos urgentes" (Global Assessment Report on Disaster Risk Reduction 2011: Revealing Risk, Redefining. Development. Estratégias internacionais para redução de desastres das Nações Unidas, ONU, 2009: 20–21). "Resiliência (capacidade de recuperação) resulta da correta adaptação produzida por governos, empresas, sociedade civil, organizações, famílias e particulares com grande capacidade adaptativa. A vulnerabilidade é o oposto de capacidade adaptativa" (ONU-HABITAT — Informe Mundial sobre Asentamientos Humanos, 2011: 49).

ocorre a introdução da noção de *ambiente internacional*[2], em que o termo *ambiente* não se circunscreve à acepção mais divulgada: ecologia dos espaços urbanos e rurais do planeta, mas retoma seu sentido etimológico de humor circundante, de clima moral, de uma "atmosfera produzida por arranjos entre elementos" (Partridge, 2006).

Os governos regulados e regulamentados enfrentam contínuas manifestações de protestos no *ambiente*, como se presenciou mais intensamente durante o ano de 2011. A deposição do ditador da Tunísia e as reviravoltas no Norte da África ocorreram em função da supressão das tiranias e da necessidade de construção contínua da democracia, salvaguardada pelo ambiente internacional. Ao mesmo tempo, a morte de Osama bin Laden pelo governo estadunidense — Operação Lança de Netuno, 2011 — mostrou outra possibilidade de contenção do terrorismo fundamentalista como grande ameaça da década, e o presidente dos Estados Unidos da América enfatizou, em seu discurso vitorioso, o triunfo da América *resiliente*.

As práticas de *resiliência* situaram as transformações institucionais, governamentalidades e principalmente as insipientes resistências mais radicais na conformação da *cidadania digital* (Shirky, 2011). Mas principalmente, como sublinha Saul Newman (2011), evidenciaram-se pertinentes nas resistências que se construíram desde as práticas anarquistas de Seattle, em 1999, até o *Occupy Wall Street*, em 2011. Da mesma maneira, a noção de insurreição, usada para qualificar tanto protestos nos países árabes quanto as ações de grupos clandestinos contra a ocupação anglo-americana no Iraque ou as atividades de guerrilhas na Colômbia, aparece como constitutiva da reforma da ordem, sem o aspecto revolucionário esperado na sociedade disciplinar.

A relação entre *resiliência* e *ambiente internacional* conecta as políticas de combate ao risco e a instituição da *cultura de paz*. A *resiliência* abrange, também, tanto efeitos climáticos e demais incidentes naturais como maneiras de prevenir e proteger áreas urbanas e rurais, suas populações e economias.

---

2. "Em meio a um ambiente internacional em constante mudança, a UNESCO sempre buscou trazer soluções práticas para os desafios específicos apresentados por cada momento histórico. Com sua capacidade de promover o diálogo e a criatividade, a diversidade cultural se mostra como condição essencial para a paz e para o desenvolvimento sustentável". (Unesco, *Convenção sobre a proteção e promoção da diversidade das expressões culturais*, ratificada pelo Brasil Decreto Legislativo 485/2006 Disponível em: <*https://bit.ly/2HdXR1L*>).

Um *ambiente internacional resiliente* começa a se configurar vinculado ao *desenvolvimento sustentável* e à *cultura de paz*, fundindo os princípios da prevenção e da precaução, atingindo áreas, pessoas, águas e ares. Trata-se de um *ambiente* em fluxo, que deve passar por uma redefinição gradativa como resultante dos esforços conectados entre organizações internacionais, governos nacionais e sociedades civis acopladas a eles, produzindo um monitoramento eficiente e eficaz com a participação de cada indivíduo, que também se desdobra pelas interfaces como *divíduos* e seus direitos inacabados (os anormais devem ceder lugar aos resilientes: o que excluía agora inclui; o que produzia perigo, agora é passível de gerenciamento pelo controle dos transtornos, e assim, evitam-se as *perturbações*), como cidadão e polícia da vida segura. Neste sentido, a democratização dos costumes produz a politização de cada um em função do exercício de um pastorado que ultrapassa os limites da biopolítica: o pastorado configurado pelo monitoramento de cada um por cada um e de todos para cada um procura incorporar a noção de *resistência* em interface com a de *resiliência* e *risco* — capacidade de suportar os efeitos dos incidentes e retornar à condição adaptável em um ambiente *seguro*. O capital humano, enfim, passa a ser apreendido enquanto configuração inacabada pelo *empreendedorismo* individual, como empreendedorismo de si, empresarial e governamental fortalecedores da *segurança* do *ambiente internacional*.

A noção de *campo de concentração a céu aberto* adquire contornos definidos pela capacidade plástica e elástica da *resiliência*, geralmente associada à figura do elástico por ter contornos definidos de fronteiras em dilatação e contração ao estado original, demarcação contínua e móvel do território, governo da comunidade e dimensões do *ambiente* compondo adaptabilidades diante de adversidades, com a ajuda de *fatores protetivos* capazes de conter resistências, inibi-las ou fazê-las assumir as condições de risco diante das *vulnerabilidades* a serem contidas.

Ecopolítica é a noção analítica que procura encontrar genealogicamente uma generalização histórico-política relacionada ao presente, sem a pretensão a ser universal. Da mesma maneira que a biopolítica diz respeito ao governo totalizador do poder no corpo-espécie relacionado ao seu aspecto individualizante no corpo do indivíduo útil e dócil da sociedade disciplinar, estamos diante de uma metamorfose na qual a ecopolítica, como governo do planeta no aspecto totalizador, se relaciona com o governo das inteligências do corpo convocado regularmente a participar. É a racionalidade neoliberal que baliza essa produção incessante que tem por finalidade inibir resistências nesta sociedade de controle em que vivemos. A ecopolítica se dinamiza por direitos inacabados, seguranças redimensionadas, monitoramentos contínuos, em favor de um ambiente que conserve a natureza de modo sustentável e para o qual se recomenda a conduta resiliente.

A análise genealógica nos remete aos *baixos começos* para nos mostrar emergências que produzem subjetivações inéditas e surpreendentes, talvez por se ater a uma série de saberes insurrecionais propositalmente esquecidos. Ela também nos move a um interessado arquivo que se move em função de uma ordem sustentável que se consolida, que procura blindar o insuportável e o inominável, destinada ao *melhor* futuro para as próximas gerações. Âmbito do real e da utopia capitalista para o qual as mobilizações, desde o movimento antiglobalização em 1999, produz contracondutas assimiláveis e outras singulares que fermentam a antipolítica.

Será que a política ainda é guerra prolongada por outros meios, que o poder se produz em redes, que a Terra encontrará finalmente num futuro não tão distante um exoplaneta similar? Algumas respostas transitórias e transáveis serão esboçadas no decorrer desse livro, segundo as inquietações, adendos, complementos possíveis de cada leitor interessado nesse arquivo, nesse acontecimento e que essas urgências possam redundar. É por demais incisivo enfrentar a morte, principalmente a sua e a da sociedade. Até quando permanecerá a crença na vida eterna e no rejuvenescimento perpétuo?

Percursos

Um cão amarrado em estribo embaixo de uma carroça segue o caminho entre as rodas. Certo dia, o cão é libertado do estribo; ele circula, olha e estanca. A carroça parte e o cão a segue. Esta cena emblemática de *Viridiana*, de Luis Buñuel, cineasta abertamente libertário, escancara o cruel jogo da acomodação à obediência. O cão acostumado a seguir a carroça, depois de libertado permanece com a mesma conduta. Foi adestrado a obedecer aos trajetos da carroça, acompanhar seu dono a qualquer destino, conformar-se com o andar manso da diligência. Obedece, segue o curso, pouco se importando com a libertação que o outro promoveu. Assujeitado, mais do que obediente, ele segue e seguirá seu caminho conhecido: cão fiel.

A liberdade é mais do que um ato generoso, humanista, filantrópico, legal ou consciente. Ela supõe uma prática que liberta também de ser escravo de si. O indivíduo na massa é similar. O indivíduo *livre* sob as amarras visíveis ou invisíveis segue os condutores, seu pastor, como segue o rebanho animal ou humano. As libertações promovidas pelos condutores de consciência dispuseram os mesmos humanos a perseguir caminhos traçados para que eles os seguissem, e os seguiram. Nisso liberais e socialistas se assemelham. Pouco importa a declaração verbal ou escrita do direito em lei ou norma, a obediência ao superior é a sua condição principal, seu assujeitamento segundo o qual ele mesmo se coloca para seguir mirando o superior, é sua condição de vida, de uma existência funérea.

1. Jacques Prévert: "Cena da vida dos antílopes"

Na África, existem muitos antílopes; eles são bichos encantadores e muito rápidos na corrida.

Os habitantes da África são os homens negros, mas há também homens brancos: são os que estão de passagem, vão fazer negócios e precisam de ajuda dos negros; mas os negros gostam mais de dançar que de construírem estradas ou ferrovias, é um trabalho duro que volta e meia causa a morte deles.

Quando os brancos chegam, os negros costumam fugir, os brancos os caçam e os negros são obrigados a fazer ferrovia ou estrada, e os brancos os chamam de "trabalhadores voluntários".

E aqueles que não dá para prender, porque estão longe demais, ou porque o laço é curto demais, ou porque eles correm rápido demais, são atacados com fuzis, e é por isso que às vezes uma bala perdida na montanha mata um pobre antílope adormecido.

Então, é uma alegria para os brancos e também para os negros, porque os negros em geral se alimentam mal, todo mundo desce de volta para aldeia gritando:

"Nós matamos um antílope", e tocam muita música.

Os homens negros batem nos tambores e acendem umas fogueironas, os homens brancos os assistem dançando, e no dia seguinte escrevem para os amigos: "Tinha um tamborzão extremamente bem executado!".

No alto, na montanha, os pais e os amigos do antílope se olham sem dizer nada... Eles sentem que alguma coisa aconteceu...

O Sol se põe e cada bicho se pergunta, sem se atrever a levantar a voz, para deixar os outros preocupados: "Onde será que ela foi? Ela disse que estaria de volta às nove... para o jantar!".

Uma antílope, sobre uma pedra, olha a aldeia, bem longe, lá embaixo, no vale: é uma aldeia bem pequena, mas tem muita luz e cantoria e gritos... uma festa com uma fogueira.

Uma fogueira para os homens, a antílope entendeu; ela sai de cima da pedra, vai encontrar os outros e diz:

"Não vale a pena esperar, podemos jantar sem ela..."

Então todos os outros antílopes se sentam à mesa, mas ninguém está com fome. É uma refeição bem triste (Prévert, 2007).

2. **Hikikomori:**

Autistas informáticos, jovens japoneses com completa retração social (Vila-Matas, 2011: 36).

A pesquisa com base na informação eletrônica pode fazer do pesquisador um *hikikomori*, isolado e crente no vasto, modificável, constantemente revisto e ampliado *mundo* dos sites, *wikis*, postagens, documentos oficias e denúncias. Prender-se aí, no constante monitoramento de seu material de pesquisa, é associar ao pesquisador, além da característica de *hikikomori*, a de policial, ao monitorar idas e vindas, ora constatando os efeitos positivos dos programas de governamentalidade, ora deslocando-se para o oposto, denunciando os efeitos negativos do gerenciamento da vida, recoberto de saudosismo de um iluminismo perdido. Entretanto, ao revirarem, ainda, as informações sobre o regime do inquérito, estes pesquisadores nada mais fazem que metamorfosear as pesquisas em humanidades, como as conhecemos, principalmente, no século passado. Não se trata de acoplar informações, delimitar tempos de investigação, moderadamente constituídos e reatualizados, sob a égide da melancolia ou do êxtase.

Não estamos mais diante das inquietações de Kant sobre *quem somos*, mas estamos diante do que estamos nos transformando (Foucault, 2000) e ao mesmo tempo *contra o que somos* (Foucault, 1995), atualizando a questão de Spinoza, *o que estamos fazendo de nós mesmos?*, e o alerta de Deleuze (1992) sobre como os jovens descobrirão na pele as novas maneiras de resistir nesta sociedade de controle que se configura.

A *ecopolítica* procura responder a algumas destas novas institucionalizações, não como disciplina acadêmica ou componente da gestão do governo, mas como prática de governo do planeta nos tempos de transformação (de si, dos outros e do planeta no universo), como política de governo transterritorial.

O uso estratégico de *biopolítica* como resistência de singularidades ao *biopoder*, apenas provoca dicotomia teórica reposta em termos de Estado-sociedade civil. Não dá conta das novas conformações, e o conceito de Foucault, próprio da sociedade disciplinar, ganha, em intérpretes marxistas, um novo vazio como designação universal das singularidades, compondo com a captura pelos liberais e afins em função das possibilidades de consolidar o *futuro melhor*. A pretensão em ambos os casos é a de atualizar o conceito, e desta forma, realizam seus usos políticos, para os quais Foucault sempre permaneceu alerta, ainda que tivesse o cuidado de enfatizar que seus conceitos estavam relacionados à história do presente das sociedades disciplinares que se transformavam.

O menos estranho nisso tudo é que a apropriação do conceito por teorias soberanas ressalta o incômodo produzido pelas análises de Michel

Foucault ao instabilizar a soberania, as teorias e as práticas nas previsíveis disputas políticas. De certo modo, liberais e marxistas produzem, pela incorporação do conceito de biopolítica, a aceitabilidade tardia de Foucault na ciência política pelo esvaziamento do conceito em mão dupla: em práticas redutoras do tamanho do Estado — e neste sentido deveriam aceitar a análise de Foucault sobre a racionalidade neoliberal afirmada pela teoria do capital humano e os correlatos déficits de criminalidade com os quais a sociedade deve seletivamente conviver —, ou em resistências que aguardam condutores — e com isso deveriam abandonar a crítica ideológica ao neoliberalismo e enfrentar as artimanhas em que a *esquerda* se viu conectada desde então.

Desvencilhados do enquadramento ideológico em neoliberalismo, os liberais procuram situar uma nova etapa do capitalismo como *desenvolvimento sustentável*, proposição dimensionada no interior da racionalidade neoliberal por meio de programas de déficits elaborados em comissões, comitês, organizações *internacionais*. Não se trata mais de intervir em saúde e educação para estabelecer novos patamares de cultura política, mas de produzir conexões neste sentido. Por sua vez, a nostalgia do *welfare-state* como estratégia de *esquerda* nada mais faz do que evidenciar as práticas necessárias do Estado-Nação para viabilizar as recomendações internacionais. De ambos os lados, em defesa do *desenvolvimento sustentável*, do ecossocialismo, ou da ecologia como humanização e estratégia política de contestação, ambos inscrevem-se como atuantes forças na configuração da ecopolítica atual.

Regidos por configurações de poder soberano e de formatação jurídico-política, liberais e marxistas parecem ter se encontrado no mesmo fluxo, ainda que, no plano ideológico, conservadores e revolucionários articulem discursos de reviravoltas imediatas: os primeiros, assustando-se com qualquer protesto, exigindo menos impostos, novos investimentos em segurança e defesa militar; os demais, aguardando a qualquer momento o fato revolucionário com base em críticas ideológicas ao capital e crendo em mobilizações de protestos como antessala insurrecional da revolução, constituindo o comum, mas também sem prescindir de segurança, ainda que revestida de seguridade social e ecológica. Ambos operam no interior da cultura do castigo.

A reviravolta nas pretensões capitalistas com base no *desenvolvimento sustentável* evidencia que o alvo não é administrar a condição de pobreza, mas elevar os indicadores econômicos, auferir índices de felicidade e de desenvolvimento humano (saúde, educação e cultura), disseminar uma cultura da paz, educar pessoas e práticas para a *resiliência*, instituir uma *economia verde*, encontrando certa *qualidade de vida* com redutores de vulnerabilidades e gerando condições compartilhadas para uma *vida melhor* de pessoas, ares, mares, relevos, florestas, enfim, do *ambiente*. Trata-se de um investimento na *ocupação* e manejo de inteligências, em participações, conexões, variadas identidades, assentamento de direitos, segurança e securitizações, conservação do planeta que requer, antes de tudo, *moderação*, e o meio encontrado para tal condição encontra-se na vida *resiliente*.

3. **Iluministas**

Há um componente subjetivo importante orientado pela ética e de que não se deve prescindir. E, nesta pesquisa, a ética como estética da existência remete às resistências diante da configuração do trabalhador em empreendedor, ou seja, em capital humano e, por conseguinte, zeloso pela formação de crianças e jovens, diante do propósito da *erradicação da pobreza*. Cabe ao pesquisador caminhar pela genealogia do poder, cauteloso com o isolamento, e atento ao que este lhe propicia no percurso metodológico. Não se deixa de lançar mão de livros e artigos impressos, sabendo que hoje em dia valoriza-se a produção intelectual por meio de artigos em publicações eletrônicas, segundo *rankings* elaborados por comitês de pesquisadores, em agências estatais ou não, a serem reconhecidos por *todos*. O ramo das publicações científicas passa por novas exigências que configuram o atual *estado da arte*, envolvendo citações e reconhecimento pelo ranqueamento científico que situam as relações entre a ciência e a política como campos distintos e compostos de critérios muito bem delimitados. Os aproveitamentos das conquistas científicas dizem respeito, portanto, às suas utilidades na política, na economia ou na sociedade, visto não haver ciência que desconheça a política desde a constatação de Heidegger (1993), para quem a ciência e a universidade passaram a ser conduzidas pela política, até sua ampliação em institutos, fundações e até mesmo ONGs e *think tanks*. Trata-se menos de uma ciência que instrumentaliza governos e comissões internacionais pelas ações dos *policy makers*, mas da institucionalização desta relação: tudo é científico e tudo é político, com suas variadas conexões de aplicabilidades.

Segundo Foucault, a ciência política emerge como saber de Estado e, diríamos, não só como estatística ou suporte para a biopolítica em suas relações com a soberania ou com as disciplinas na gestão governamental, mas pelos efeitos positivos de poder que não se encontram somente no governo dos vivos, na utilidade e docilidade obtidas de cada um produtivo ou na utopia democrática. A ciência política, hoje, vai um pouco mais longe, define o horizonte democrático sob uma conformação elástica que abarca território, população e culturas em dilatação e novos campos e fluxos. Ela também se mostra *resiliente*, adaptando-se e configurando possibilidades que não estão mais sob o regime exclusivo do constitucionalismo governamental, mas que avançam pelos espaços de superfície e do ar, ampliando o que seria participação com representação política no governo do Estado e colaborando com a governança global. Não há mais, como nunca houve, segundo Foucault, a separação Estado-sociedade civil, nem mesmo uma formal distinção nacional entre Estados e gestão da vida no planeta. O planeta urbanizado e, por conseguinte, policiado, exige um pouco mais de governos, governamentalidades que repõem a situação de *ingovernável*, menos pelo fim da política e mais por novos inícios, como se a profanação necessária e suficiente já tivesse ocorrido (Agamben, 2007, 2009).

A ciência política encontra-se num fluxo em que é cada vez mais difícil acomodar as rubricas formais das pesquisas (teoria, políticas públicas, governos, regimes políticos, relações internacionais etc.), segundo os critérios ainda disciplinares ou ainda sob os pouco claros discernimentos sobre interdisciplinaridades, ou seja, composições disciplinares. O pesquisador que entra no fluxo eletrônico de disponibilização de documentos, práticas, convocações, programas de gestão, enfim, no caudaloso e espetacular *mundo* das comunicações eletrônicas constantes e moduláveis, por várias razões não se encontra apartado de uma política, assim como não estiveram os que trabalharam com resultados de experimentos e suas versões para dinamizar a economia, prescrições médicas e de saúde, equipamentos de defesa militar e segurança, formas de regimes, dietas e dietética, educação e escolarização. No governo soberano do Estado, o governo dos vivos, sua biopolítica e seus efeitos extremos de racismo de Estado, conforme sinalizou Foucault (1999), jamais funcionaram sem ciências. Isto não configura uma condição ideológica, mas, como bem salientou o filósofo e historiador, deu-se em decorrência das relações saber-poder e, para além destas, pela produção de verdades. Neste âmbito, não há, portanto, distinção possível entre sociedade civil e Estado, apartada ou separada, senão por artifícios conceituais próprios da teoria da soberania e de sua conformação, segundo a definição descendente do poder por meio do edifício jurídico-político, com ênfase nos aspectos repressivos como dever e salvaguarda diante da legitimidade.

4. A massa analfabeta

Como diz um amigo, tudo acabou ou está acabando. Não resta outra coisa senão uma grande massa analfabeta criada deliberadamente pelo poder, uma espécie de multidão amorfa que mergulha todos em uma mediocridade geral. Existe um imenso mal-entendido (Vila-Matas, 2011: 171).

A constatação do importante editor falido que pretende reencontrar-se com o espaço de James Joyce, em Dublin, e seu mundo burguês — habitado por escritores, suas convenções, confrarias, citações intermináveis por dentro da literatura —, expressa a situação do mal-entendido e das vaidades literárias.

Todavia, ele mesmo, o editor, um *hikikomori* apanhado pelo Google, sabe localizar o jeito de tantas palavras, informações e comunicações entre a "massa de analfabetos criada deliberadamente pelo poder". Aqui a multidão permanece informe, como o lado obscuro da multidão de singularidades vista por Negri e Hardt (2004), a partir da informação eletrônica e as maneiras de convocação. Abre-se, entretanto, o espaço móvel para compreender os "protestos" próprios do ano de 2011, menos como efêmero de resistentes e mais como elasticidade das contestações com base no que o anarquismo colocava como "política radical" (Newman, 2011). Absorção do anarquismo ou efeito de sua estagnação? Nova forma democrática de protestar e acomodar institucionalidades? Seja como for, não mais *massa*.

Teriam os pesquisadores e politólogos se acomodado aos limites do "comentário", restritos em sua capacidade de pensar? Trata-se de muita compaixão? Vila-Matas nos interpela nas páginas de seu livro (178 e sgs.). Enfim, o editor Riba passa à carta de Flaubert para Julia Piera, que a lê com variante própria. Estão na capela do cemitério de Dublin os escritores e sua oradora fúnebre:

Tudo isso me dá náuseas. Em medicina a literatura parece uma grande empresa de micróbios. É esse o cheiro que as pessoas têm, mais que tudo! Estão sempre a exclamar como Sr. Policarpo: 'Ah, Deus meu! Em que século me fizeste nascer!' e de seguir tapando os ouvidos, como fazia o santo homem quando encontrava diante de si uma proposta indecorosa. Enfim. Chegará um tempo em que o mundo todo terá se transformado em um homem de negócios e num imbecil (então, graças a Deus, eu já terei morrido). Pior passarão nossos sobrinhos. As gerações futuras serão de uma tremenda burrice e grosseria. (Vila-Matas, 2011: 238).

Diante de Flaubert, Samuel Beckett, também dublinense:

Pessoalmente, não tenho nada contra os cemitérios, passeio neles com prazer, com mais prazer do que em outros lugares, talvez, quando sou obrigado a sair. O cheiro dos cadáveres, que sinto nitidamente sob o cheiro da relva e do humo, não me desagrada. Talvez um pouco doce demais, um pouco estonteante, mas como é preferível ao dos vivos, das axilas, dos pés, das bundas, dos prepúcios cerosos e dos óvulos desapontados. (...) Por mais que eles se lavem, os vivos, por mais que se perfumem, eles fedem (Beckett, 2004: 2).

Diante de Flaubert, a carta de Coubert na Comuna de Paris:

As administrações anteriores que governaram a França quase destruíram a arte ao protegê-la e ao suprimir sua espontaneidade. Essa abordagem feudal, sustentada por um governo despótico e discricionário, não produziu nada além de arte aristocrática e teocrática, justamente o oposto das tendências modernas, de nossas necessidades, de nossa filosofia, e da revelação do homem manifestando sua individualidade e sua independência física e moral. Hoje, numa época em que a democracia deve reger todas as coisas, seria ilógico a arte, que conduz o mundo, ficar para trás na revolução que está ocorrendo agora na França. (...) Não há dúvidas que o governo não deve tomar a dianteira em questões públicas, pois não é capaz de carregar em seu interior o espírito de uma nação; consequentemente, qualquer proteção será em si mesma prejudicial. As academias e o Instituto, que apenas promovem a arte convencional e banal, para que sejam julgados por seus integrantes, opõem-se necessária e sistematicamente a novas criações da mente humana e infligem a morte de mártires em todos os homens inventivos e talentosos, em detrimento de uma nação e para a glória de uma tradição e doutrina estéreis (Courbet, 2009: 123–124).

O editor falido de Vila-Matas vai à busca da grande joia da literatura, Joyce-Ulisses, refazendo este percurso, ainda que perca sua mulher para o zen budismo, acomodada em uma nova configuração adequada aos nossos tempos. Riba permanece *pirandellianamente* como uma personagem à procura do autor, esse outro personagem da modernidade, como analisou Michel Foucault.

Perdido no tempo perdido *proustiano*, revira memórias e afirma comentários pessimistas sobre o presente. Eis um intelectual deste tempo cuja perda do espaço inventado pela arte parece difícil de ser recuperada.

Em *Dublinesca*, de Enrique Vila-Matas, busca-se a literatura preciosa na construção da linguagem. Ricardo Piglia, em *Respiração artificial*, delineia outra maneira do exercício da citação invadir, pelo acaso, o efeito na massa medíocre anunciada por Kafka, como veremos adiante. Mas também fica a questão: como ultrapassar a relação elite-massa, vanguarda, tiranias e revolução?

A literatura informa revirando filosofias e a história. Produz por um efeito de linguagem a diversidade dos possíveis diante do que se configura como filosofia e história. Esta literatura contemporânea remete o leitor para a discussão de momentos e instantes que não podem ser apreendidos pelo discurso acadêmico, com suas regras fixas de excelência, ao apartar o subjetivo das objetividades e constituir um discurso rígido. Pouco importa a citação dos literatos ou a apreensão circunstancial de um conhecimento relacionado à literatura ou mesmo suas sugestões mais livres. Há um intervalo estrondoso produzido pela literatura contemporânea que diz respeito à análise propriamente dita a partir de situações e personagens em condição extraordinária. E esta não se resume a um instante no acontecimento histórico; mais precisamente, remete o leitor e a análise para os baixos começos tanto da continuidade das hierarquias dos saberes e da subordinação das práticas não-discursivas, quanto dos encontros inusitados com pequenas e anônimas personagens que pensam a vida e o governo da vida.

A massa disforme aguardando um líder se fraciona em variados agrupamentos capturados pela participação, direitos, administração do local, vínculos exteriores e se torna esperançosa, dispõe-se a ser ocupada, clama por empregos, quer colaborar com a crise de sua vida e a do capitalismo. Convence-se, aos poucos, de que trabalho e segurança sustentam suas especificidades culturais, e adere a todas as formas de julgamentos, recriando e ampliando o regime dos castigos. Não mais punição pela vigilância, mas pelos monitoramentos que ultrapassam a vigilância delimitada a espaços de confinamentos, não mais apenas a sanção normalizadora que deve repor a ordem articulada ao princípio da prevenção geral, mas uma sanção aos normais para evitarem os erros, conectada ao princípio da precaução. Não mais *massa* analfabeta, mas alfabetizada com vocabulário restrito e satisfeita.

5. A carneirada

O escritor luso-angolano Valter Hugo Mãe introduz um velho *silva* português salazarista internado pela filha em um sanatório para a "feliz idade" após a viuvez. Adepto do salazarismo por ignorância, medo, esperança, omissão e conformismo, almejava filhos "com nossos nomes portugueses e orgulhosos", e devotos da igreja. Ainda que constatasse que "ser religioso é desenvolver uma mariquice no espírito" (Hugo Mãe, 2011: 83), ele ainda era a parte que ia "pela vida abaixo como carneirada, tão bem enganados" (Ibidem: 86).

Como a massa amorfa, analfabeta e "criada deliberadamente pelo poder", como situava Vila-Matas/Riba, essa carneirada em V. H. Mãe é também cada assujeitado, amante da obediência, que como situa o poeta Francisco Alvim, no poema-verso "Obrigação": "a gente tem é que se acostumar" (Alvim, 2004: 170). O "lar da feliz idade" leva o velho a gostar da morte: "é como se fossemos cortejando a confiança dessa desconhecida, para nos encantarmos, quem sabe" (Hugo Mãe, 2011: 102). Mas hoje é preciso um pouco mais que asilo. Ocupa-se o povo da *feliz idade*, em um outro jeito de educar pela continuidade da vida por meio de diversos programas institucionais para aposentados, a fim de apoderar-se deles depois do desgaste no tempo de uso social de seu trabalho, com equipamentos sociais que possam dar-lhes novas oportunidades para serem *inteligentes* em novas ocupações. São programas de efeitos destinados a uma população de vivos (não há mais o *deixar morrer* generalizado do direito de soberania acoplado à biopolítica) formada e utilizada na sociedade disciplinar; agora, estão redimensionados na ocupação de energias inteligentes pela sociedade de controle com sua materialidade computo-informacional, conectando, nessas práticas, a produtividade de velhos ocupados como nicho de mercado e produtores-consumidores.

Entretanto, há outros cuidados distintos aos jovens considerados marginalizados, semi-marginalizados, delinquentes, *ralé* ou *novos batalhadores* (Souza, 2012) não mais tratados segundo o princípio da carneirada, e, portanto, não mais como *massa*. Programas e organizações da sociedade civil organizada procuram dar conta de ocupá-los, levá-los a participar, mesmo que isto requeira informar que se deve participar de algo definido anteriormente em alguma instância superior que foi capaz de compreendê-los. Não é mais a massa carneirada seguindo o líder. Agora cada um deve estar consciente de que participa do que é imediato à sua comunidade, à sua vida onde habita, às suas disposições para o trabalho empreendedor, ao afastamento dos desvios, ou, no melhor dos casos, aprender a conviver com os riscos esperados. Não é mais alguém que depende do conjunto para dispor ao líder suas vontades, posto que cabe a si mesmo realizá-las em companhia de semelhantes. Agora, cumpre a cada um descobrir suas vontades, zelar pelos pares, ser pastor de cada um e de todos irmanados em torno de uma *melhoria* social em função do *empreendedorismo* de cada um, valorizar sua cultura popular e imbuir-se de que as religiões passam a ter papel fundamental na construção das identidades agrupadas sob o signo do *ecumenismo*. Para cada diferença normativa um direito, e isso assemelha todos como divíduos livres que compartilham desafios, trabalhos e participação política. Eles não caminharão para o campo de concentração, mas pedem punições para as irmãzinhas ovelhas negras. Seu espaço de existência elastifica-se, passa a ser apreciado, assim como toda a configuração *resiliente* da vida.

O *silva* pensava que o maior rebelde para Salazar era quem abdicava da Igreja, como ele, depois do filho natimorto. Mas na ditadura ou na democracia burguesa, neste vaivém do século XX, a família esteve no centro das coisas:

eu deixava que a sociedade fosse apodrecendo sob aquele tecido de famílias de bem, um mar imenso de família de aparências, todas numa lavagem cerebral social que lhes punha o mundo diante dos olhos sublinhados a lápis azul, para melhor vermos o que melhor queriam que apreciássemos. ai as glórias de glórias de salazar, eram tão grandes as pontes e longas as estradas, eram tão bonitas as criancinhas a fazerem desporto e a cantarem letrinhas patrióticas. parecíamos um grande cenário de legos, pobrezinhos mas tão lavadinhos por dentro e por fora, a obedecer. divirtam-se, gentes da minha terra, não é desgraça ser pobre, punha-se a amália a dizer, e que numa casa portuguesa pão e vinho e um conforto pobrezinho e fartura de carinho, e ela que ia à frança comprar vestidos onde se vestiam as estrelas de cinema americano e se embonecava de jóias e até tinha visto o brasil e a espanha, servia para que amássemos e fôssemos pensando que estávamos todos tão bem ali metidos, éramos todos tão boas pessoas, tão bons homens, realmente. e eu, de facto, ainda adoro a amália (...). a maior voz da desgraça e do engano dos portugueses. pena não haver paraíso, já não haver amália e ter havido e sobrar para aí tanta desgraça e engano (Hugo Mãe, 2011: 133–134).

Aqui se encontram passado e presente vinculando governo e as gentes, com suas misérias, culturas, constrangimentos. A ditadura de Salazar pretendia que cada português se sentisse seguro, amado pelo seu chefe, orgulhoso da simplicidade lusitana e das obras erguidas pelo Estado. A democracia contemporânea aprendeu com a ditadura e redefiniu a relação verticalizada pela conexão Estado-sociedade civil organizada, pela qual seus mediadores entrecruzam ações policiais que levam adiante novas configurações da subjetividade capazes de conviver com *protestos*, *marchas*, ser solidárias com movimentos antitirânicos, acolher *pacificações*, estimular acertos entre movimentos e Estado por meio de direitos, conter situações limites de falência (Grécia) como novo preço a ser pago para encontrar *melhorias*.

Enfim, é preciso *melhorar*, e isto implica governo da vida para o futuro melhor. Não se trata mais de uma biopolítica como governo da vida, mas da vida para o futuro; não mais vida no *presente* somente, o presente deve estar repleto de práticas voltadas ao futuro melhor de si e do planeta. Não se trata de um círculo vicioso, mas de um círculo *entreaberto*, inacabado em possíveis variadas conexões, compondo correntes, fluxos, nuvens de controles, nuvens que funcionam como novo território de um presente projetado em arquivos virtuais que se guardam para o futuro, ou são deletados a seguir porque somente contam as vantagens do presente.

Não se trata de um governo da população como na biopolítica, mas de governo com cada população móvel, *resiliente*, participativa, em função de cada um, de seu agrupamento e do planeta. Indivíduo, redimensionado em *divíduo* por direitos e identidades que produzem conexões temporárias, paradoxalmente tênues e consolidadas; grupos abertos ou fechados funcionando internamente com alguma conexão, mesmo que mínima, com o exterior *universalizante*. É preciso viver para fora e por dentro, do lado de fora e conectado com vários *ambientes resilientes*, o Estado e organizações transterritoriais: é preciso fazer parte de tecnologias sociais, ser reconhecido e premiado, mas também saber fazer *negócios sociais* sustentáveis. Uma subjetividade *resiliente* em *ambientes resilientes* deve reduzir vulnerabilidades, ampliar a qualidade de vida, produzir riqueza sustentável para o planeta: empresariado (capital) e o capital humano (empreendedores) produzem nova cooperação liberal, nomeada de produção compartilhada. E todos amam ou devem amar sua condição no manejo da *erradicação da pobreza*.

Depois de Salazar, tudo em letras minúsculas como se o maiúsculo fosse apenas do soberano. Mas há também o inverso desta escrita que abole a maiúscula para dissolver a autoridade da disposição das frases e períodos no papel, lugar regrado da escrita literária e científica, como dimensionou o poeta E. E. Cummings. A escrita em minúscula está para a subordinação da maiúscula convencional, assim como o aforismo está para o discurso filosófico. Trata-se menos de estilo e mais de estética como ética igualitária, como nos contos de Prévert:

Noutros tempos, os burros eram totalmente selvagens, quer dizer, eles comiam quando tinham fome, bebiam quando estavam com sede, e corriam no mato quando lhes dava na telha.

Às vezes, um leão vinha e devorava um burro, então todos os outros burros fugiam zurrando feito burros, mas no dia seguinte eles já não pensavam mais nisso e recomeçavam a zurrar, a beber, a comer, a correr, a dormir... Em resumo, tirando os dias em que o leão vinha, tudo corria bastante bem.

Um dia, os reis da criação (que é como os homens gostam de se chamar entre si) chegaram ao país dos burros, e os burros, muito contentes de ver gente nova, foram galopando ao encontro dos homens.

Os burros (falam galopando): "Que gozados, esses bichos branquelos, eles andam em duas patas, as orelhas são pequenininhas, eles não são bonitos, mas devemos de qualquer forma fazer uma pequena recepção para eles... é o mínimo..."

E os burros fazem graça, rolam no capim agitando as patas, eles cantam a canção dos burros, e depois, só para dar risada, empurram os homens, fazendo-os cair de leve no chão; mas o homem não gosta muito de graça, quando não é ele quem faz a graça, e os reis da criação estão no país dos burros há menos de cinco minutos e todos os burros já estão amarrados que nem linguiça.

Todos, menos o mais jovem, o mais tenro, que foi morto e assado no espeto, rodeado por homens de faca na mão. Quando o burro está no ponto, os homens começam a comer e fazem uma careta de mau humor e atiram as facas no chão.

Um dos homens (falando sozinho): "Isso não dá um bom bife, não dá um bom bife!"

Um outro: "Não está bom, eu gosto mais de carneiro!"

Um outro: "Ai que ruim (chorando)."

E os burros presos, vendo o homem se lamentar, pensam que a causa da lágrima é o remorso.

Vão nos deixar ir embora, pensam os burros, mas os homens se levantam e falam todos juntos, gesticulando muito.

Coro de homens:

"Esses animais não são bons para comer, têm um grito desagradável, umas orelhonas ridículas, com certeza são estúpidos e não sabem nem ler nem contar, vamos chamá-los de burros, segundo o nosso bel-prazer, e eles carregarão os pacotes para a gente.

Os reis somos nós, avante!"

E assim os homens levaram os burros (Prévert, 2007: 44–45).

Depois de Salazar, o *silva* encontra-se no asilo para a "feliz idade". Nas palavras do outro *silva*, o da Europa, "a paz está toda metida na ignorância, pronta para levar as pessoas à felicidade" (Hugo Mãe, 2011: 154). Emana o ponto crucial de Kant — o efeito da menoridade reproduzido pela tirania — e assumem o primeiro plano as práticas de assujeitamentos derivadas deste regime político, instaurando o que era de desejo de cada português, ou de cada fascista entregando a um condutor suas fraquezas e buscas desesperadas para conservação de sua condição sócio-econômica. "Vestígios do fascismo cotidiano, em cada um e para todos, tendem a se atualizar em modulações diversas, e que não exigem, pelo menos por enquanto, uma totalização personalista; tampouco as condutas fascistas, tal como as conhecemos no passado, tendem a se perpetuar, pois elas sucumbem aos mecanismos democráticos para se acomodarem e renovarem em fluxos ininterruptos. Os direitos de minorias imobilizam ou impulsionam forças, enquanto o fascismo exige que se abra mão de direitos em favor do condutor apoiado em mobilização de massa. Fascismo e direito se excluem, mesmo depois da argumentação constitucional de Carl Schmitt para o exercício do ditador. Mas direitos e não-direitos se completam nas democracias e nos campos de concentração da primeira metade do século XX: lá houve uma ação de direito que dizia quem podia viver e quem devia ser recolhido, protegido, separado, e talvez morto ou até mesmo servir de experimentações científicas. Eram os loucos, os anarquistas, os deficientes, certas etnias, os judeus, os criminosos, os subversivos, enfim, os identificados como perigosos ou a serem protegidos, devido a situações de guerra, ou nos campos de refugiados a qualquer momento. Na mesma medida, hoje o multiculturalismo orienta e identifica quem é assimilável pelos direitos, quem comporá as *elites secundárias* e quem dele escapa no governo da verdade. E quem são eles? Pobres e miseráveis? Não, mas o exército político de reserva de poder (Foucault, 1977) também composto pelos *perdedores radicais* (Enzensberger, 2007). Estes pertencem a todas as classes sociais: são pais, alunos, egressos, drogados, contingente do tráfico, mascates eleitorais, terroristas, mercenários... matam no anonimato, tornam-se visíveis por instantes com ou sem direitos. São terroristas que não aceitam a diferença e combatem pessoas, ideias, associações e Estados democráticos que se afirmam como tal com base na diferença pluralista. Todavia, o perdedor radical e o Estado operam por identidades e como tal buscam transformar o outro em o mesmo de si, senão matá-lo. É impossível para eles pensar pelo outro com o outro, dissolver o indivíduo no grupo. São como os intelectuais acomodados que só pensam pelas evidências — no interior do discurso empírico, estatístico e quantitativo — ao elaborarem a crítica dirigida e reformuladora para a continuidade das propostas de governamentalização e refugiarem-se em velhas teorias anunciadoras de profecias" (Passetti, 2010: 279; 291–292).

Assim, resta a interpretação de Kant redimensionada no final da vida por Michel Foucault (1999) que nos leva a recusar e praticar os efeitos de resistência à *maioridade*, talvez pelo viés de Deleuze (2010) acerca das minorias potentes em oposição a qualquer maioria numérica, porque estas tendem a acomodar posicionamentos *moderados* mesmo diante dos efeitos do *exército de reserva de poder* redimensionado e também composto de *perdedores radicais*. Continua o *silva* da Europa:

e isto era a receita do regime, igualzinho. hoje podemos ver mas não há quem queira ver. temos um povo que compra o jornal para ler as futilidades, e compra mais ainda as revistas de alcoviteirice, e nem sequer entenderia notícias diferentes. isso não mudou tanto assim, caros amigos, apenas a falta de vergonha, que antigamente havia vergonha, e agora devem estar a tirá-la dos dicionários. (...) anda tudo assim um bocado defasado do que é e parece ser. olhe, hoje é possível reviver o fascismo, quer saber. é possível na perfeição. basta ser-se trabalhador dependente. é suficiente para perceber o que é comer e calar, e por vezes nem comer, só calar (Hugo Mãe, 2011: 154–155).

Na sociedade de controle de comunicação contínua e modificável por convenções, combina-se a herança disciplinar das estruturas hierárquicas com a descentralização por meio de variadas agendas. Ao mesmo tempo, o mundo governando por elites e vanguardas, mostra-se permeável a novas formas da governamentalização em que aparecem derivados da proliferação de direitos, normativas, diretrizes e principalmente programas confiáveis, tolerantes e seguros, compondo fluxos elitistas sustentados pelos agrupamentos diferenciados por direitos de terceira geração, que dão a cada minoria numérica, acesso a trânsitos pelas hierarquias, por intermédio de gerenciamentos compartilhados descentralizados. Configuram-se, assim, as *elites secundárias*, compostas por mulheres, gays, pretos, deficientes físicos, jovens, lideranças indígenas, enfim, a população organizada em elites minoritárias dirigidas por comandos capturados, e muitas vezes cooptados pelos dispositivos de descentralidades na produção do produto e da cultura, judicialização, escolarização, habitação... São minorias numéricas que atravessam as maiorias parlamentares, empresariais, sindicais, configurando um novo desenho das burocracias, acomodando a continuidade de uma *maioria sequenciada* e governada por dentro, em função da centralidade do comando, no exercício de controles avaliativos. Na sociedade de controle em fluxos, acontece, simultaneamente, a ampliação da participação e do acesso à informação e à comunicação, ao mesmo tempo em que, cada um, deve transitar pelas suas minorias de acolhimento, defender seus direitos, praticar ações comunitárias em função da redução de anomias, irregularidades e disfunções no interior de suas comunidades, para elevá-las à condição de espaço desejado e amado, e não mais de periferias abandonadas ou reduzidas a um ou outro programa social de Estado (Passetti, 2011: 48).

Os portugueses, como também tantos latino-americanos, são da fábrica de espanhóis, espanhóis que fugiram de Franco e caíram em Salazar, latino-americanos que fugiram de ditadores e morreram ou escaparam para serem presos em outras tiranias em nome da democracia; umas ditaduras que foram nomeadas militares, mas que nunca deixaram de ser civis, e foram apoiadas e sustentadas por massas amorfas, mas vibrantes.

No meio dessas massas é possível um salazarista tornar-se amigo de um esquerdista por longos anos, mas quando acuado pela polícia, ele é capaz de entregar esse "amigo", em favor do medo e da esperança, como *silva* o fez: como um pequeno Salazar que não foge de sua menoridade. Novamente a literatura é incisiva no diferencial que situa a distinção entre a transcendental amizade e a ética dos amigos, naquele instante preciso em que é possível distinguir o bajulador do amigo, segundo Plutarco, os efeitos de semelhança, apontados por Montaigne, as longas reflexões de Nietzsche e as de Foucault, atravessadas por Sêneca, por fora da herança filosófica traçada desde Aristóteles em *Ética a Nicômaco* (Passetti, 2003; Stern-Gillet, 1995).

Ali onde habita a amizade transcendental, a vitória da força sustenta o direito, institui a guerra justa. A física da análise serial proudhoniana estabelece que todo fundamento do direito é divino (Proudhon, 2011; Resende e Passetti, 1986; Rodrigues, 2010). Situa o direito por meio desta proveniência fundadora da soberania *aristói* e que por si só define quem são os demais sob os quais recaem os efeitos de soberania, como obediência e como variedade de dominações praticadas pelos súditos e/ou cidadãos. É a força que institui o direito. Força física explicitada pela guerra, força da astúcia que define o domínio, força de direito que governa. Desta maneira, a paz é sempre metafísica. Da comunidade ao regime da propriedade, o direito transita entre fracos (exploração do forte devido às intempéries da natureza) e fortes (exploração e dominação do fraco pela força e astúcia).

O divino e a Ideia se equivalem como categorias do entendimento na relação serial entre guerra (reivindicação de paz) e paz (demonstração e confirmação da guerra). A contradição entre as séries não encontra síntese, pois à paz não corresponde uma ação própria, é preparação para nova guerra. Enquanto perdura a paz acontecem as *pequenas guerras*, que se em Foucault expressam os efeitos da dominação entre os assujeitados na modernidade da sociedade disciplinar, em Proudhon preparam a nova guerra (ou revolução) e se perpetuam como discordâncias e enfrentamentos mesmo na Anarquia, uma possível situação em que a paz é possível como ação própria, em estágio adiantado, mas que ainda não encontrará descanso. A agonística do poder não encontra solução (Foucault, 1995), mas pode produzir redutores de possibilidades de guerra (Rodrigues, 2010), outros embates de violência após a ultrapassagem da guerra tradicional (Gros, 2009) e outras tensões que afastem o perigo da guerra pela possibilidade da ação própria da paz na Anarquia (Proudhon in Resende; Passetti, 1986).

A possibilidade para Proudhon decorre da superação do direito livre de transcendentalidade, segundo o objeto da troca, que ele chama de contrato sinalagmático e comutativo, estabelecido entre dois ou mais de dois e relacionado ao mutualismo econômico e ao federalismo político. O direito relacionado ao objeto encontra ressonâncias em Max Stirner, ainda que este evite aderir à *nova sociedade*, a da Anarquia, por considerá-la também outro efeito da utopia. Em Stirner (2004) a sociedade é algo em *morte anunciada*, acontecendo. Então, as novas relações não devem pautar-se em termos de sociedade e formas de organização, mas derivam da revolta: demolir a sociedade. Todavia, em Proudhon como em Stirner, a crítica ao direito pelas categorias do entendimento (o divino e a Ideia) ultrapassa o universal e situa outro campo, ou melhor, fluxo, no qual o direito deixa de ser força e astúcia, renovadas e restauradoras da soberania. Trata-se da formação de uma ética voltada ao indivíduo como outro início da política (Foucault, 2004), distanciada da revolução, como novo apogeu da *maioridade*, de um novo direito antissoberania, como sublinhou Foucault, que não se institui *depois*, mas *neste* instante. Neste instante em que há um *ingovernável* que não cessa ou que não se apressa em novas relações de soberania, como supõe Agamben (2009).

Deixa-se de estar no embate entre *amigos* e *inimigos*, expressão da divergência com rompimentos que explicitam os que se aproximam e os que se afastam, segundo os acontecimentos atravessados pela diplomacia e exercícios dos exércitos realizados pelos Estados (Foucault, 2008), seja destruindo, imobilizando ou subordinando os inimigos (Estados e povos) pela ameaça da força. Até mesmo no desdobramento de Westfalia, na Convenção de Viena de 1815, em que estava em jogo o *equilíbrio* (contraforças) *de poder internacional*, reiterava-se o direito como eficácia, com a diplomacia funcionando como razão da força e da guerra. Então, a *amizade* entre Estados se definia e define pela identidade circunscrita, pela submissão do outro abdicando da guerra, pela ameaça da guerra iminente, pelo *equilíbrio internacional* ou pelo simples reconhecimento da superioridade do outro; o *inimigo* é o que questiona, inquire e desafia (pode estar dentro e provocar insurreições ou revoluções; pode vir de fora rompendo o arranjo pelo *equilíbrio*).

Amizade e *inimizade*, portanto, dependem de um *justo* colocado de antemão na relação de forças relacionado ao *amor* aos homens, à nação, à pátria, ao Estado, mas também ao condutor do Estado. Se a força é a condição para a existência do direito, fundado no divino ou na Ideia, a guerra explicita o desacato à força e à fé (incluindo a racionalidade moderna formatada juridicamente) que *legitima* qualquer guerra *santa* e *justa*. Entre o final do século XX e o início do século XXI procura-se, por meio de agendamentos internacionais, superar a relação amizade/inimizade pela diplomacia multilateral. E isto repercute internamente por meio das *pacificações*, do amor à ocupação como capital humano, dos efeitos de protestos *efêmeros*.

A vitória na guerra produz direito, porque nela há dignidade: a guerra é sempre *julgamento* em nome da vontade da força. Enfim, as relações entre Estados, sob os intervalos de paz e guerra, fundam-se no *amor* (Stirner, 2002) e o amor antecede e dimensiona a amizade. Assim, seja pelo Édito de Caracala — pelo qual Roma levava a *isonomia* a todos os povos que acatassem sua soberania (benefício que exigia o suicídio dos demais povos diante da ameaça) —, seja pela Declaração Universal dos Direitos Humanos — pela qual se ajustam excessos e ameaças à humanidade e se espera a partir daí uma possível *paz perpétua* (ainda que o estágio de guerra tradicional tenha cedido lugar a *estados de violência*) —, importa que o direito permaneça *santo*, e é por isso que o direito se diferencia das paixões humanas. Desde Aristóteles, a guerra mais natural é aquela contra animais e homens que a estes se assemelham.

A guerra permaneceu na história da Europa ampliada aos demais continentes como julgamento diferenciado dos tribunais. Agora, pelos desdobramentos dos tribunais internacionais, ajustam-se os excessos próprios de ditadores. As pontas extremas dos fascismos pretendem-se aparadas por condutas *resilientes*. Sua proveniência principal está nos tribunais de Nuremberg e Tóquio, que contemporizaram com os fascismos de espanhóis, portugueses e demais Estados europeus que *fabricavam espanhóis* depois da II Guerra Mundial. Mas, após Berlim - 1989, abriu-se uma nova era para a irmandade universal (a amizade transcendental traduzida em fraternidade) depois de encerrado o ciclo das guerras tradicionais, das ameaças socialistas, da subordinação da ditadura do proletariado, ainda que taticamente, à democracia, da ameaça de guerra pacificada em *missões de paz*, organização do comércio internacional, controle da energia atômica, proximidades com o desenvolvimento sustentável: as novas amizades são protocolares por meio de programas transterritoriais no cotidiano das redes sociais digitais.

Onde há amor e amizade transcendental não há *amigos*, as possibilidades de direito sinalagmático e comutativo, dos *meus direitos*, como assinalou Max Stirner, ou do direito antissoberania, ainda que a guerra tenha se metamorfoseado em *estados de violência*. Ali prevalece a trapaça e a traição, enquanto a ética dos amigos supõe o reconhecimento das diferenças na igualdade. Sua base é a *indisciplina*, a recusa à obediência ou aos desdobramentos da *servidão voluntária* em *servidão maquímica*, afirmação de uma ética que começa, como a política, em cada um, como um *abrigo precário* (Passetti, 2003).

A situação da diferença relacionada à semelhança aproxima o salazarista e o comunista (a qual o livro de Mãe situa com clareza) e, ao mesmo tempo, os opõe diante de um *interesse maior*, a preservação da vida sob a ameaça da permanência do direito fascista do soberano em causar *quem deve viver* e que é maior do que os desfrutes diferenciados na amizade cotidiana diante da *pequena guerra*, também travada diariamente. A amizade se estende enquanto permanecem intocáveis as diferenças políticas. Não há vida como direito cotidiano diante do direito de soberania como sustentou Carl Schmitt; não é possível estabilizar a máxima *política e religião não se discutem*; não há cotidiano anestesiado pelas relações afetivas ou sensações, mas sobredeterminado.

Política e religião (a Ideia e o divino, o Estado como ideia reguladora do entendimento e do funcionamento das instituições, como ideia-fixa) podem não ser discutidas ao supor contenção da polêmica (situação em que os oponentes procuram manter suas doutrinas), em benefício de uma suposta dimensão autônoma da afetividade. Todavia, há um limite situado pela força e o amor ao exigirem obediência e fidelidade (de *silva* com o salazarismo) e a infidelidade (de *silva* em omitir a delação do "amigo" até mesmo de sua fiel esposa — de quem dizia não esconder nada —, ou dos frequentadores da barbearia). Os pequenos fascismos pelas suas práticas fazem com que cada um se sinta chamado a permanecer como uma vara que compõe o lictor comandado pelo condutor (seja ele homem ou o procedimento na participação).

Na democracia que convoca à participação, o *sentimento* entre os seus muitos adeptos, principalmente entre os componentes dos programas, é o de esquecer, em função da proximidade e da afetividade, as surpresas dos *inimigos*. Estes efeitos foram também vividos por diversos integrantes de ONGs durante os primeiros investimentos nas favelas brasileiras diante do controle do tráfico e não raramente custaram-lhes uma morte *digna*. A combinação de práticas compartilhadas (diplomáticas e policiais) proporciona o assentimento em direção a uma política de *frente*. De modo análogo às ultrapassagens das ditaduras latinoamericanas que levaram à reposição de forças liberais diante das demais, como no Brasil da *abertura política*, nos recentes efeitos da Praça Tahir, quando a tirania foi substituída por uma junta militar composta dos mesmos homens que sustentavam o regime de exceção, ou nas *comunidades* dos morros cariocas, todos apostaram em democracia e em novas *amizades*. Entretanto, também na oposição entre anarquistas coletivistas e de *estilo de vida*, como a elaborada por Murray Bookchin e assimilada majoritariamente entre anarquistas (Augusto, 2011; 2012), transparecem os mesmos equívocos éticos fundados na concepção transcendental de amizade.

Por diversos ângulos, a massa amorfa/carneirada, em seus fins claros ou escuros, submissos ou revolucionários, torna-se a *carneirada filha da puta*, licença literária que explicita o que o conceito por vezes camufla com a linguagem polida e objetiva. Disputa-se o poder soberano e se negligenciam os pequenos fascismos, sob a maioridade e mesmo quando os trabalhadores se metamorfoseiam em *empreendedores*. Novos desafios se colocam na construção de um discurso sustentável, democrático, estável e compartilhado que se redesenha em variados encontros internacionais e que recolocaram suas bases na Rio+20, em 2012.

6. Ideias e práticas

Na carneirada e entre os seguidores há sempre o traidor, o *silva*: "o traidor ocupa a posição clássica do herói utópico: homem de lugar nenhum, o traidor vive entre duas lealdades; vive no duplo sentido, no disfarce" (Piglia, 2010: 67). A busca da utopia permite todos os crimes, pensa o personagem de Piglia no exílio, em busca do ouro da Califórnia, no século XIX: "só poderão chegar ao reino suave e feliz da pura utopia aqueles que (como eu) sonham se arrastar pela maior degradação. Só na mente de traidores e infames, dos homens como eu, podem surgir os belos sonhos que chamamos de utopia" (Ibidem). A conquista do ouro, da riqueza, no ápice da pirâmide social onde se instala a utopia do "para sempre", onde o capitalismo melhor se realiza como utopia, e na qual alojam-se traidores também transitando pela estratificação social.

A vida capitalista também oferece com o liberalismo outras escalas possíveis na ascensão e a principal entre as inferiores é para cada pobre vir a ser um classe média, deixar de ser *ralé* e se tornar um *batalhador*. É deste estrato que o capitalismo mais precisa para se impulsionar, favorecer e fortalecer por meio do liberalismo econômico, cujo complemento é a democracia, para que em momentos de crise a revolta se configure com reivindicação por empregos, fim da corrupção, *novas* possibilidades de cooperação, ainda que estratégicas no interior de uma luta *mais ampla* (Harvey, Telles et al., 2012).

O liberalismo proporciona o acesso à propriedade e aos benefícios e instaura o dilema do próprio capitalismo: ele precisa de impostos para gerir benefícios aos pobres, visando reduzir as convulsões entre os estratos. Ele é obrigado a viver com a reação burguesa quanto à taxação de impostos e esta se transforma em plataforma de defesa da classe média, que também se expressa avessa a pagar impostos, seja por sonhar (*sonho de paz*) em um dia ser burguesia e usufruir dos privilégios de sua própria riqueza, seja pela ameaça do *sonho da guerra* dos inferiores, seja somente para se manter (sem ter de realizar seu *sonho fascista*). Pressionada, em tempos de crise, essa classe média ajuda a impulsionar os distúrbios de matizes diversos como forma de contenção de outras radicalidades, possíveis e viáveis, expressas pela organização ou pela associação de pobres e trabalhadores. Porém, como nos tempos atuais de neoliberalismo — quando a desigualdade é vista como positiva porque estimula a reprodução do capital humano —, estas organizações e associações são minadas, aninhadas, imobilizadas ou simplesmente se encontram estagnadas por incapacidade de seus membros em atualizar seus discursos; esperam, novamente, a chamada intervenção do Estado, para além das práticas já consagradas e recicladas institucionalmente de controle da educação e da saúde com o retorno à intervenção econômica, ou mais precisamente, nos termos atuais, de mais *regulamentações econômicas*.

A regulação da população não se restringe mais à biopolítica, com ou sem intervenção de cunho social-democrata, mas precisa se conectar a uma nova produção da verdade sobre o capitalismo e o *ambiente*, de trabalhador como empreendedor, da democracia com gestão do planeta, com sentimentos e afeições. Emergem o desenvolvimento sustentável, as *tecnologias sociais*, os *negócios sociais*, as cidades sustentáveis e criativas, os controles sobre emissão de carbono, a política e a ciência sobre o clima, a vida dos refugiados (políticos e climáticos), todas as possíveis seguranças, enfim, novos direitos com base na força, na Ideia, no divino, na cultura democrática, participativa e normalizadora. Não há mais carneirada, mas indivíduos divizíveis transitando pelos fluxos em busca de sustentações.

Uma primeira conclusão, talvez mais fácil, restrita aos "comentários" poderia, de um lado, reiterar a conformação da "carneirada", e de outro, estimular novas formas populares de integração ao capitalismo. Diante do "comentário" repaginado sobre a carneirada, próprio do discurso de esquerda radical, encontra-se a possibilidade de estabelecer, cientificamente, novas modulações da biopolítica, e principalmente situar, mesmo tenuemente, o perfil ecopolítico. Neste sentido, a massa está novamente em questão no interior do discurso liberal e consequentemente no da esquerda partidária recoberta pelas práticas de cidadania. Estamos diante da institucionalização do capitalismo sustentável, que se volta para o gerenciamento do planeta e que exige práticas de *resiliência.*

Tomemos a discussão sobre frenologia e teoria da relatividade que Piglia trata em seu livro. A frenologia (freno: controle; logia: sociedade secreta, lógica-conhecimento) estabelece a distinção segundo o tamanho do crânio: "a maldade sempre obedece a uma estrutura geométrica", compondo o "enlace secreto entre geometria (círculo) e a moral (vicioso)" (Piglia, 2010: 102–103), o que explica a noção de círculo vicioso, onde estão aninhados criminosos e depravados (a frenologia, também, aparece hoje reciclada nas neurociências, principalmente pela via da chamada *psiquiatria do desenvolvimento* voltada para crianças e jovens). A teoria da relatividade depende da presença do observador, portanto "*teoria da ação relativa. Relativa, de* relatar*: narrar. O que narra, o narrador.* Narrador *quer dizer: aquele que fala*" (Ibidem, grifo do autor). O relativismo carrega a variedade de narradores, ampliando as diversas maneiras de falar a mesma coisa, de disputar a verdade entre verdades científicas; permite interpor ações governamentais e não-governamentais diante de circunstâncias de arranjos institucionais. O que se relata em bases científicas humanistas põe sempre a ignorância de quem não se "percebe" como diferente capaz de ser capturado; doravante, o relativismo propicia renovações de assujeitamentos pela inclusão e, ao mesmo tempo, renova o conhecimento científico com foco no indivíduo e/ou no planeta. A frenologia no sentido literário de seu aparecimento pode estar operando em termos de comprovação empírica, entretanto, os sujeitos de seu discurso recolocam freios e controles ampliados: não há mais um âmbito de ação estatal, mas democratização ampliada como controle de indivíduos entre si por monitoramento de ambientes; e isso ultrapassa os sujeitos de controle social descritos pela escola de Chicago no século passado.

Configura-se, assim, o protesto como nova faceta derivada dos "comentários", reconfigurados pelo exercício de cidadania, efeitos de custos econômicos, desarticulação de organizações e associações, sinalizando para o elenco de problemas para o qual a programação procedimental de Estado e sociedade civil deverá voltar os olhos: desemprego, clima, áreas de preservação, efeitos de poluentes, secas e enchentes, contingentes de refugiados, populações tradicionais e ribeirinhas, reflorestamentos, enfim, demarcações que levam ao principal elemento articulador do discurso democrático e sustentável: a segurança.

Segurança desses muitos bens, da sua vida, comunidade, emprego, saúde, habitação, educação dos filhos, maneiras de governar a família com segurança: policiar, gerenciar, formar, acumular, beneficiar. Enfim, os novos empreendimentos ecológicos exigem segurança no *ambiente*. Refluxo das guerras, novas maneiras de governar (Campbell, 2011; Oliveira, 2011; Rodrigues, 2011; Optiz, 2012).

Estamos diante de uma nova configuração em que o modelo de intelectual europeu do século XIX supostamente se transfere para o estadunidense. Todavia, tanto o europeu como o estadunidense são modelos de antepassados, ou do que a filosofia maturou ao longo do tempo desde Platão e Aristóteles, enfim, narradores voltados à relativização cujos limites foram demarcados por Kant e Hegel e suas atualizações na tipologia de Max Weber e na transformação histórica por Marx. Ainda assim, premente era a condição de existência, direito, força e guerra pelo Estado, e neste interstício foi o liberalismo que se fortaleceu de Locke a Stuart Mill e as variadas conformações da democracia política combinadas com participação, como nas propostas conservadoras de Tocqueville, nas atenções com cidadania de T. S. Marshall, nos conflitos entre elites por Wright Mills, pelo apogeu do kantismo com Max Weber e a crítica ao Estado e às massas.

O dilema dos discursos políticos entre o individual e o social não encontrou o meio-termo pelas exigências dos modelos. A questão do meio-termo é o que os "comentários" proporcionam na construção de uma teoria democrática do capitalismo, ainda que isso seja um paradoxo. A analítica genealógica insere-se aqui. Não exige o balanço a respeito da produção científica em humanidades, segundo suas repercussões. Ao contrário, toma essa exigência como evidência da proliferação de narradores. Opõe perspectivismo a relativismo, situando o espaço do ponto de vista no qual se dilui o diálogo (supressão do ser consciente e conhecedor) pela conversação (ponto de vista como resistência, aproximando sua simples sinonímia com linha de fuga, no sentido deleuziano, por expressar também a possibilidade de uma linha de fuga fascista).

A articulação dos fluxos meio ambiente, direitos, segurança e penalização a céu aberto traça os movimentos do discurso e das práticas internacionais e comunitárias enquanto efeito de recomendações que encontram nos Estados legislações próprias.

"Em vez de ser respeitoso, fui me arrastando cada vez mais para a franqueza, delito imperdoável entre acadêmicos" (Piglia, 2010: 156).

> Foucault revirou *as luzes* para afirmar a urgência de nos voltarmos contra o que somos. Reparou para além da isonomia (direitos de todos os cidadãos perante a lei) e da isegoria (o direito legal de cada um pronunciar sua opinião) gregas, a atitude do parresiasta, aquele que pronuncia uma verdade e para quem não há proteção institucional para a vingança sobre quem a proferiu. Se não era nada fácil pronunciar uma verdade, sabendo dos riscos diante de um superior, também não foi difícil à democracia facilitar a acomodação do parresiasta em demagogo. Procede daí o fale por mim do rebanho e ao mesmo tempo o mundo das opiniões conduzidas por um pastor (Passetti, 2011: 129).

Tardewiski, filósofo polonês, quando eclodiu a guerra não se encontrava na Inglaterra, mas em sua terra natal, e redigia sua tese com base em Wittgenstein sobre Heidegger e os pré-socráticos. Fugiu para o desconhecido num navio que imaginava seguir para os Estados Unidos e foi dar na Argentina. Frequentou brevemente o círculo de intelectuais portenhos e, inviabilizado por este, transformou-se num professor secundário longe de Buenos Aires. Quando redigia sua tese, acidentalmente leu *Mein Kampf*, de Adolph Hitler (havia solicitado ao bibliotecários o volume de Hippias) e por meio de citações, análises históricas localizadas, e considerando o suposto encontro de Hitler, ou do jovem Adolph, com Kafka, em Praga, em 1910, elaborou uma analítica que traduziu em breve artigo para o jornal (*La Prensa*), graças à influência da embaixada da Polônia, intitulado "A encruzilhada Hiltler-Kafka; uma hipótese de investigação", publicado como o nome de Wladimir Tardowiski, na seção cultural. Ele o redigiu em inglês e posteriormente encontrou uma tradutora para o espanhol. Restou-lhe do artigo, enfim, uma versão em espanhol, pois naquela madrugada, quando saíra para comprar o jornal, seu quarto de hotel foi furtado, nada lhe restando mais que a roupa do corpo e o jornal.

O livro de Piglia encerra com a conversa de Tardewiski com Emílio Remi, sobrinho do professor de história que está sendo aguardado, Marcelo, cuja grande tarefa tinha sido a de se dedicar a escrever uma biografia completa de um exilado que vai em busca da utopia e passa pela Califórnia, sem jamais retornar à Argentina.

7. **O rebanho**

Se a carneirada é uma expressão portuguesa salazarista, se Ortega y Gasset escreveu sobre o homem médio na Espanha de Franco, e se Portugal é a máquina de fabricar espanhóis (e latino-americanos), o rebanho é a noção própria da Alemanha: designação de Nietzsche para o que se avizinhava com o homem da modernidade, os obedientes educados segundo Stirner, ou até mesmo a sombra de Bismark sublinhada por Max Weber.

Tardewiski vivia sob a insatisfação de Wittgenstein para quem sua própria filosofia, "tal como Husserl dissera que a psicanálise devia ser vista como uma enfermidade que se empreende com a própria cura" (Piglia, 2010: 148), envereda para *Investigações filosóficas*, livro inacabado cuja frase final, muitas vezes citada é: *sobre aquilo que não se pode falar, é preciso calar.* Ou, como pronuncia Agamben, o que se situa entre o *não mais* e o *ainda não*?

Não. A resposta é kafkiana. *Ele sabe ouvir, ele é aquele que sabe ouvir.* É assim que Tardewiski compreende Kafka. Ler *Mein Kampf* a partir da leitura anotada de Joachim Klinge[1], amigo de Walter Benjamin. Compreende *Mein Kampf* como o complemento do *Discurso sobre o método* de Descartes. Em ambos a "dúvida não existe, não pode existir, e que a dúvida não passa de sinal de fraqueza de um pensamento, que não é a condição necessária de seu rigor" (Ibidem: 172). Estes monólogos de "um indivíduo mais ou menos alucinado" (Ibidem: 173) supõem haver um lugar de onde se edifica um sistema coerente filosoficamente imbatível, como sublinha Tardewiski, monólogo no qual é narrada a história de uma ideia, maneira pela qual Valéry considera o *Discurso* de Descartes como o primeiro romance moderno: "o sonho dessa razão produz monstros"

---

1. Um hakikimori, como Riba, recorre ao Google — ou neste caso Riba não correria? — e só encontra um homônimo no *Myspace.*

(Ibidem: 176, grifos do autor). Heidegger leu *Mein Kampf* e aí começou a pensar, encerra Tardewiski. Compõe-se, então, um triângulo equilátero monstruoso: Hitler, Descartes e Heidegger.

Entra Kafka, em seus momentos em 1910, no café Arcos, com a veracidade do encontro com o jovem Adolph [Hitler], sua capacidade de ouvir e de pressentir a *Colônia penal* como uma coincidência: a palavra *ungeziefer* (animal nocivo, não doméstico, que não presta para o sacrifício[2]) designa para os nazistas os presos no campo de concentração; é a mesma palavra que Kafka usa para designar no que se transformou Gregor Samsa, em *Metamorfose.* Tardewiski associa, enfim, a utopia a uma grande colônia penal. Tanto a conhecida por meio do nazismo — assim como o gulag na URSS, até mesmo Clevelândia, no Amapá-Brasil, na década de 1920, antes do quase tudo das utopias totalitárias —, como a designação insuportável à sua utopia, efeito de confronto de utopias que o Estado sempre foi capaz de criar para se manter. Até mesmo no que hoje em dia chama-se de campo de refugiados ou na emergência de *países-campos de concentração*, como o Haiti ocupado pela força articulada de militares multinacionais, organizações internacionais e ONGs transterritoriais atuando em nome da "construção de um Estado"[3]

Assim como prossegue enquanto confirmação da utopia democrática dos dias de hoje em que as periferias das cidades configuram-se como *campos de concentração a céu aberto*, sem muros, mas monitorados pela eletrônica e pelas práticas policiais e democrático-cidadãs, desconhecidas por Kafka. Periferia equipada socialmente para educar crianças e gente da *feliz idade* ocupada, espaço de lazer, cultura, religião, organização e gestão de ONGs, fundações e institutos, por vezes policiados ostensivamente por Unidades de Polícia Pacificadora — reverso do combate anterior pelo tráfico —, propiciando entre os beneficiários o amor a ali permanecer, enquanto o tráfico, como as mercadorias, gira, busca outras circulações

---

2. "O adjetivo *ungeheuer* (que significa monstruoso e, como substantivo — *das Ungeheuer* — significa 'monstro'), quer dizer, etimologicamente, 'aquilo que não é mais familiar, aquilo que está fora da família, infamiliaris' e se opõe a *geheuer*, isto é, aquilo que é manso, amistoso, conhecido, familiar. Por sua vez, o substantivo *Ungeziefer* (inseto), ao qual *ungeheuer* se liga, tem o sentido original pagão de 'animal inadequado ou que não se presta ao sacrifício', mas o conceito foi se estreitando e passou a designar animais nocivos, principalmente insetos, em oposição a animais domésticos como cabras, carneiros, etc (*Geziefer*)" (Carone, 1993). Disponível em: <*https://bit.ly/2YrG5gQ*>.

3. Sobre *state-building* ver ONU – Agenda da Paz, <*http://www.undocuments.net/a47-277.htm*>.

pelas cidades, pela *urbe*, cada trabalhador, ou não, busca encontrar seu lugar como empreendedor, na medida em que a reforma do espaço da favela-comunidade responda como *ambiente* compartilhado de cultura e seguro comércio.

O campo de concentração, agora como espaço de segurança e de atendimento de saúde a uma população escolarizada com família renovada (a família burguesa monogâmica em variadas composições de gênero, ligações afetivas, casamentos e religiões), quando possível como *insetos nocivos domesticados*. Uma população também capaz de manejar o seu próprio contingente penalizado, cumprindo sentenças ao ar livre, a céu aberto, prestando serviços à comunidade ou sob o seu monitoramento. "Sobre aquilo que não se pode falar, o melhor é calar, dizia Wittgenstein. Como falar do indizível? Essa é a pergunta que a obra de Kafka, tenta repetidamente, responder. É uma obra que fala do que não se pode nomear" (Piglia, 2010: 194).

É neste instante que — regressando a Vila-Matas — emerge Beckett e o inominável, o que ultrapassa os exercícios literários de Joyce; é quando Kafka ganha outro impulso, livre do arame farpado do campo de concentração.

Configurações possíveis, hoje, com o final da guerra tradicional nos mostram como são redimensionados estes espaços segundo o controle por satélites e, por conseguinte, monitoramentos que criam condições para que se delimitem áreas móveis vulneráveis, composta de gente vulnerável exposta a ser a intempérie de novidades ou os efeitos aguardados da *resiliência*. Configuram-se assim os traçados *da cultura de paz*, abarcando desde *economia verde* até os protestos contra o desemprego, fiscalizando tiranias, e principalmente regulando e regulamentando condutas, compondo novas governamentalidades.

O rebanho não precisa mais de um pastor no poder, mas cada um deve saber ser pastor de outro e estar no rebanho, ainda que pelos ideais; qual *ungeziefer* se é neste espaço? Bookchin (2010) tinha sua razão ao distinguir *urbe* de *polis*, ainda que sua utopia também não admita diferentes entre os próprios anarquistas e institua o similar ao pluralismo democrático que é a diluição das diferenças em direitos. Por isso a pletora de direitos inexequíveis! Não é mais necessária uma biopolítica como tradução racional do pastorado cristão. O pastor se democratizou.

Seguimos: sem guerras tradicionais e sob os registros constantes do liberalismo (neo ou pós) e suas formas democráticas de fazer política e produzir com participação, minando as argumentações tradicionais do operariado, as idas e vindas do socialismo na América Latina, as empresas burguesas chinesas, as redes sociais digitais, as wikis, e estabelecendo um ensurdecedor silêncio.

8. **Sustentabilidade e ecopolítica**

A sustentabilidade se firma como o meio para o capitalismo realizar de maneira adequada, adaptável e consensual sua utopia de *um futuro melhor*, a partir dos três pilares: o social, o econômico e o ambiental. As intervenções na natureza por meio de regulamentações *internacionais* repercutem em regulações nacionais, as empresas aderem à *responsabilidade social*, cresce o investimento em redutores de *vulnerabilidades*, aplica-se com rigor o IDH (Índice de Desenvolvimento Humano) e suas variações para monitoramento de vulneráveis, e por ele, também, medem-se liberdades, convoca-se à participação por programas de pacificação e missões de paz, amplia-se o leque de seguranças, incluindo alimentação, clima, securitizações e leva-se adiante as Metas do Milênio, para as quais a Rio+20 apresentou-se como fórum de tendências e espaço para implementações da *economia verde* e de institucionalização da *cultura de paz*. Acresce-se a necessidade de monitorar a corrupção do Estado e criminalizar novas condutas, exigindo-se zerar as impunidades.

A relação entre empresários, Estado, organizações internacionais e as diversas *comunidades* busca solidificar, plasticamente, um *mundo melhor*, que funciona como redutor de resistências.

A *ecopolítica*, muito menos que disciplina de conhecimento e política governamental específica relacionada ao meio ambiente, mostra como a governamentalização dos *ambientes* também está em função de um planejamento para a institucionalização de cidades *resilientes*, conceito muito mais adequado e que ultrapassa o de sociedade civil global.

Os termos genéricos deixam de sê-lo para assumir contornos definidores mais claros, segundo a análise da história do presente. Trata-se da racionalidade neoliberal, por suas práticas e não como ideologia, que atrai e dissolve em grande medida as distinções entre *direita* e *esquerda* tão próprias do século XX. É imperativo que os *esforços*, agora, sejam de todos em função de *melhorias* (até mesmo das tradicionais estratégias revolucionárias). Neste sentido, há um uso tático das chamadas esquerdas nas práticas de ecopolítica, na medida em que buscam ideologicamente encontrar soluções para a sua transformação, ainda que não mais sob o princípio da revolução comandada pelo partido único, recompondo desafortunadamente, pela defesa da democracia como valor e método, o repudiado reformismo de outrora.

A sustentabilidade exige inovação constante na produção de protocolos gerando interfaces, com ênfase na diplomacia e práticas democráticas para além da política institucional: a vida deve tornar-se democrática com pletora de direitos.

Constata-se a captura de práticas políticas radicais dos anarquistas na sucessão de protestos desde o movimento antiglobalização até os efeitos no Norte da África e repercussões planetárias subsequentes a 2011. A morte do líder da Al Qaeda mostra a força de polícia do Estado em âmbito transterritorial, assim como leva adiante práticas de exceção na democracia e proclama a presença forte do argumento favorável à *resiliência*. Da mesma maneira, a cidadania digital passa a ser regulamentada, acomodando relações com Estados totalitários em função de interesses do próprio controle monitorado, e coloca em xeque a tese da democratização da informação e da comunicação eletrônica.

A *sustentabilidade* é uma prática que vai do indivíduo multifacetado por direitos inacabados e inexequíveis à *economia verde*, ao cálculo político a respeito da democratização dos Estados e das relações com a natureza, e confirma a prevalência das forças que defendem as práticas de *conservação* diante das de *preservação*.

A *ecologia* se transformou em tema que atravessa a *direita* e a *esquerda*, em função do *mundo melhor*. Apesar das diferentes abordagens, o ambiente político-intelectual institui um trajeto no qual a ecologia é o centro da vida, da *vida sustentável*, na qual as práticas de *resiliência* dão forma às modulações na sociedade de controle.

As crises localizadas parecem indicar oscilações entre o rebaixamento e a ascensão consumo, respectivamente nos países ricos e pobres, e sinalizam um efeito de nivelamento no âmbito planetário como redutor equalizado das situações de miséria. Equaciona-se a erradicação da pobreza com base em oscilações entre ascensão e rebaixamento de classes médias, posto não haver ampliação dos segmentos com maior acesso ao topo da pirâmide de rendimentos. Entre os protestos da Europa e a promoção dos pobres para um patamar de classe média baixa no Brasil, temos os efeitos consecutivos da sustentabilidade: multiplicação de direitos, seguranças e medidas em relação ao meio ambiente. Os índices alcançados pelos Objetivos do Milênio (ODM) para o período 2000–2015 orientaram os Objetivos de Desenvolvimento Sustentável (ODS) a serem alcançados até 2030. Os *ambientes* seguros, por conseguinte, necessitam de penalizações ampliadas a céu aberto e de criminalização de novas condutas como efetivação de direitos para sedimentar a cultura de paz e a formação do cidadão *resiliente*.

Os fluxos se cruzam, misturam, metamorfoseiam constantemente em função de *um mundo melhor*. As viagens siderais repercutem na indústria, no conhecimento dos potenciais do corpo e da inteligência, das proteínas inteligentes às neuromodulações, assim como na busca por outros espaços para além do planeta, que também entram no cálculo *inteligente* de uma sociedade que deve se aperfeiçoar à imagem da democracia. Então, se esta é a imperfeição em movimento, o capitalismo sustentável é a desigualdade democratizada (nivelada) em movimento.

Exige-se que todos colaborem principalmente em seus locais de moradia, trabalho e *ocupações*. Todos precisam estar ocupados para se sentirem *vivos*: da criança ao idoso, do divíduo são ao deficiente, do saudável ao doente, do louco ao transtornado, do abandonado ao possível incluído. A *inclusão* se torna o principal efeito da sustentabilidade pela proliferação de *cares* que atraem quem está em zona de escape ou marginal. Tudo deve estar seguro, das práticas computo-informacional ao sexo.

A *energia inteligente* necessita incluir. É a inteligência que prepondera sobre o corpo, como se o *espírito* da soberania hobbesiano finalmente encontrasse um novo trânsito contratual, no qual o assujeitamento revestisse as mais variadas contestações.

É como se a cada nova anomia anunciada a anterior já estivesse normalizada, dando *sentidos* às velozes práticas que também *normalizam os normais*. Diante desta situação, explicita-se o esforço da racionalidade neoliberal em administrar o que chama de *crime*, em reequacionar a reforma da prisão pelo que ela tem de mais seguro e jamais alcançado, ou seja, sua capacidade de conter rebeliões. A penalização a céu aberto cada vez mais reitera a metamorfose da polícia de exército de reserva do poder (composta de infiltrados, delatores e delinquentes) alargado para um grande contingente de cidadãos-polícia, sob o regime da denúncia, que atualizam as *lettres-de-cachet* em monitoramento de cada um por cada um, um novo pastorado a serviço da soberania.

Ecopolítica, governo do planeta para um futuro melhor.

A dessacralização do espaço ocorre na sociedade de controle de maneira veloz, segundo os fluxos, levando o trabalhador intelectual a atuar desprendido dos lugares fixos. Navega-se no espaço sideral por meio de fluxos computacionais. Não é mais um barco que nos leva a surpreendentes e até exóticos pontos. As aventuras voltam a ocorrer dando fim à espionagem (ultrapassagem da guerra-fria c paradigma da espionagem contemporânea). Os novos corsários, como sabotadores nas redes e fluxos, emparedam a polícia e provocam os múltiplos dispositivos de segurança, nomeados segundo os sonhos de proteção divina como os programas *anjos da guarda* ou localizadores de invasores, e podem num segundo se transformar em agentes de segurança. Se o anarquismo foi para a sociedade disciplinar uma heterotopia, o que será para a sociedade de controle?

Os anarquismos foram inventores de heterotopias intensas, o reverso da sociedade disciplinar e inspiradores nas revoltas de 1968. Dali se anunciou um deslocamento dos posicionamentos para os percursos. O que estava esboçado na sociedade disciplinar por artistas e socialistas libertários ganhará agora outra dimensão, a da intensidade diante da velocidade.

A sociedade de controle gera velocidade, atravessa territórios e fronteiras e faz seus fluxos se perderem no espaço sideral. Na história do espaço, dizia Foucault, passamos pelos conjuntos hierarquizados de lugares (as localizações que nos foram legadas da Idade Média), a extensão infinitamente aberta (do Renascimento) e os posicionamentos dispostos segundo séries, organogramas e grades (da sociedade disciplinar). Agora, os fluxos se fazem e refazem segundo velocidades, programas, interfaces, protocolos, acrescentados a hierarquias, extensões, posicionamentos. A velocidade nos leva por transportes materiais (barco, automóvel, avião, foguetes) e imateriais (os programas) a espaços, culturas, lazeres, famílias, sociedades; leva-nos à exclusiva sociedade da comunicação, da participação constante: todos pela sociedade democrática que nos convoca a atuar na política aperfeiçoando a democracia, o mais precioso valor universal, um investimento em programas que vão da contenção à anulação das resistências. Mais do que um risco para a democracia, como sublinhou Alexis de Tocqueville, a opinião sobre todas as coisas e a participação ativa por meio de atuação na economia e na política, fazem a vida do rebanho contemporâneo, como alertaram Stirner e Nietzsche, chamando atenção para as religiões da razão.

Os anarquismos entram para as redes e seus fluxos eletrônicos como sabotadores de programas e inventores de vida. Os anarquismos vivem na sociedade de controle não mais pelos lugares em que criavam heterotopias, mas por percursos em que inventam experimentos. Eles, enfim, não possuem lugares fixos, constantes e imutáveis, como constataram Proudhon e Bakunin a respeito da existência anarquista (Passetti, 2003b: 49–50).

Como viver sem o desconhecido diante de si? (...) Nascido do apelo do futuro e da angústia da retenção, o poema, elevando-se de seu poço de lama e estrelas, será testemunha em quase total silêncio, que não há nada nele que não exista, verdadeiramente noutra parte, nesse rebelde e solitário mundo de contradições (Char, 1995: 159).

9. **Sustentável captura**

A sustentabilidade emerge como reação conservadora, e neste sentido, faz funcionar a captura capitalista sobre os efeitos das lutas esboçadas pelo acontecimento *1968*. Diante das experiências nucleares em lugares distintos, isolados e em muitos casos considerados paradisíacos — não só por serem lugares distantes, mas também por se desconhecer propositalmente as populações ali residentes, suas cercanias e futuras construções de usinas atômicas, proveniência da futura emergência dos *verdes* —; dos acúmulos de poluições urbanas e das movimentações em defesa de santuários ecológicos — equidistantes da lei do nacional-socialismo de proteção à natureza de 1933 —, para os quais colaborou, inclusive, o movimento hippie; da proliferação da miséria nos centros urbanos e rurais com degradação das cidades e modos de vida; do desemprego crescente e das condições de trabalho exaustivas sob as ditaduras, denegrindo os espaços com vista ao desenvolvimento de forças produtivas; das constantes guerras e a utilização de armas bioquímicas; enfim, as movimentações ecológicas não só tematizaram críticas diretas ao capitalismo como também ao socialismo.

A situação de desestabilização destas formas de existência da produção provocou não só uma reação política conservadora contra o keynesianismo, o *welfare-state* e o socialismo estatal, como revelou a condição estratégica da dominação em capturar esta latente tematização resistente capaz de articular diversas tendências de combate ao desenvolvimento industrial pela ampliação das práticas democráticas. A racionalidade neoliberal se institui, desde as décadas de 1970 e 1980, e encontra na ONU o espaço de configuração de uma nova situação de ordenamento capitalista, não só em torno das reduções de poluentes, mas principalmente enquanto recomendações que levaram a uma nova configuração viável ao capitalismo, e que encontrou na *Rio 92* o ponto de confluência para o debate e o traçado de uma elaboração de verdade acerca da *nova ordem mundial*, sustentável e democrática.

O processo gradual se institucionaliza por meio de protocolos administrados pela ONU e gerenciados pelos Estados-nacionais e Europa, em um momento de reconfiguração capitalista que combina a produção de mercadorias a baixo custo (China, Índia e outros Estados asiáticos) com redutores de benefícios de direitos sociais em polos avançados do capitalismo, ajustando a transformação do trabalhador em capital humano com políticas ambientais, parcimoniosamente incentivadas, em escala planetária (e aqui é de pouca relevância a disputa pela verdadeira sustentabilidade).

Alguns efeitos mais recentes situam a configuração da população japonesa como expressão da *resiliência*, após os efeitos devastadores do terremoto de 2011 que atingiu a costa do país: é preciso colaborar, adaptar-se, seguir pacífica diante das intempéries da natureza tendo em vista a preservação da produção da energia atômica como forma de acelerar ou manter o desenvolvimento, ou seja, estabilizar níveis ascensionais de consumo com estabilidade política. As demais poluições que têm levado a debates e tentativas de medidas de controle de poluentes, principalmente o dióxido de carbono, independentemente de outras disputas sobre o *crédito verde*, institucionalizam a luta política com base na ciência — colocada pelo IPCC (Intergovernmental Panel on Climate Change) e por pressões relativas ao cumprimento do Protocolo de Kyoto, que redundou no Acordo de Paris a partir de 12 de dezembro de 2015 —, bem como produzem seus dissidentes, também apoiados em laudos científicos capazes de orientar os *policy makers* e fazê-los crescer. Todavia, neste caso, o contraste de resultados situa embates entre financiadores de pesquisas e coloca em discussão a produção da verdade científica na orientação da política, ao mesmo tempo em que revela os objetivos políticos na produção de uma verdade científica. Enfim, por ambos os lados, a produção da verdade institui formas econômicas e políticas de existência.

As guerras, redimensionadas em estados de violência, funcionam para exercitar novos armamentos e táticas de combate por meio de gerenciamentos eletrônicos, elevando a capacidade de segurança de controle dos Estados, para além dos monitoramentos por satélites, do combate sem prejuízo da vida humana dos pilotos ou daqueles que acionam bombas localizadas: a população civil passa a ser o alvo tanto das novas formas da guerra impessoal, *cirúrgica*, sempre *justa* com seus *efeitos colaterais*, quanto de ataques terroristas e suas tentativas de combinar a fusão religião-Estado, como dos demais perdedores, realizando homicídios localizados.

No interior dos Estados, projetos de conservação da natureza e populações locais (indígenas ou ribeirinhas) começam a tratá-las por meio de *gestão territorial* combinada com *economia verde*, ainda voltada a bens de consumo de preço alto destinados a setores da sociedade com alto padrão aquisitivo e *portadores* de consciência ambiental; nas áreas urbanas, as restaurações de espaços degradados, a inclusão de populações periféricas com incentivos à *participação* nas decisões locais, ampliam as *tecnologias sociais* em *negócios sociais* e dão novos contornos que ultrapassam a requerida *responsabilidade social* proposta por empresários ambientalistas.

As taxas de desemprego (em certos *ambientes* do planeta) começam a apresentar reduções por combinarem diversas formas de trabalhos colaborativos que funcionam como *ocupações* (Lazzarato, 2001; 2011) cada vez mais constantes no interior de desdobramentos econômicos, situando-se como complementares à economia computo-informacional, ampliando as ações em conformidade com a gestão do local. Trabalha-se mais, ganha-se menos, sob contratos precarizados, mas se participa muito.

Os espaços rurais e urbanos, por meio da sustentabilidade, configuram-se em *campos de concentração a céu aberto*, onde a gestão da miséria com incentivos a acesso a bens de consumo, pelo circular movimento do capital que provoca crises e avanços simultâneos e localizados, combinados a programas sociais sob a conexão empresários-governos-populações periféricas, articula as novas fusões entre sociedade civil e Estado em condições de transformar um fluxo que funcionaria em progressão aritmética em fluxo que deve seguir em progressão geométrica, a partir dos *novos* negócios sociais.

A sustentabilidade propõe *um futuro melhor para as próximas gerações* e redimensiona a luta pelo presente levada a cabo pelo acontecimento *1968*. Contudo, é preciso sublinhar que não se trata tão somente de uma reação conservadora provocada pela racionalidade neoliberal que soube conjugar interesses econômicos, práticas democráticas de gestão e institucionalidade de regimes como contenção de resistências ou captura de movimentos, como se esta estratégica fosse capaz de prever as demais táticas de enfrentamentos, ou suficientemente preparada para cobrir todos os monitoramentos. As *novas* lutas, ainda sob a forma de *protestos*, nas primeiras décadas do século XXI, mostram as capacidades de incorporação de práticas anarquistas radicais em suas produções. Mas quais os efeitos visíveis? Isso por si só não é garantia de vitória à vista, na medida em que os poucos efeitos têm produzido, até o momento, certas desestabilidades no controle e nas disciplinas (ainda em vigência e das quais a sociedade de controle não prescinde ou está mostrando, mais uma vez, sua capacidade de combinação ao fazê-las funcionar por meio de *interfaces*).

Determinar um *juízo* a respeito destas novas lutas, situando seus aspectos de protestos e capturas, seria próprio a uma conduta precipitada e niilista, no sentido reativo indicado por Nietzsche. Também incensá-las como anúncio de uma nova era não deixaria de sê-lo, ainda que destas práticas radicais possam ser extraídas condutas de niilismo ativo. Contudo, não se trata de niilismo por si só, um apreço amoroso pela humanidade expresso em momentos de crise. Vivemos novas configurações de reforma do capitalismo que prepara nova maneira de produzir, em que a *sustentabilidade* se firma como a verdade mais conectada. Nesse sentido, as pontas soltas desses protestos que não buscam sustentação, mas afirmam a necessidade da discrição, apresentam-se como meios disruptivos nos quais o sujeito pode se apartar dessa verdade sustentável.

Se tomarmos a formação de uma cultura sustentável pela educação de crianças (não apenas escolar, como expressam as reformas curriculares que incorporam o problema do *meio ambiente* e/ou da *ecologia* chegando até às universidades com os cursos sobre *gestões* e *engenharias*, entre eles as ambientais), configura-se a construção de uma sociabilidade a partir do sensível (impacto de efeitos de degradação ao meio ambiente que transita de televisões à internet), das sensibilidades produzidas voltadas para correções de rotas racionalmente traçadas, segundo o acesso condizente a bens de consumo e programas sociais. Contudo, novamente, a sociabilidade se refaz com base na *escassez*, com uma educação voltada para a gestão compartilhada produzida no momento em que se contornam os efeitos capitalistas e socialistas em função do que se passa no instante: a *erradicação da pobreza*. Trata-se de um "sigamos juntos" dentro do possível a todos.

A educação de crianças está atravessada pelas novas formas de controlar o uso da água para banho e escovação dentária, combinada com os impactos subjetivos produzidos por desmatamentos e intempéries da natureza. Educação para *melhorar hoje* como forma para obter maior *segurança* no futuro: aprender a gerir a escassez é também *melhorar* as condições de vida nas periferias, incentivar a participar, exercitar-se em discussões democráticas com tomadas de decisões nas escolas por meio de encenações de situações, jogos ou enfrentamento de uma controvérsia circunstancial, combiná-las com internet, fazer da vida um jogo a partir de simulações.

Nada a surpreender se a *dissimulação* for complementar e conectada ao pragmatismo. Não se trata de desvio da consciência, mas de maneira eficaz e eficiente de produzir verdades que sustentam uma *amizade* universal, regida não mais por negócios entre *homens de bens* como no cânone aristotélico, mas como paz entre todos os homens, o que combina cultura judaico-cristã, fraternidade revolucionária e kantismo, outro triângulo equilátero.

A educação de crianças e de jovens, em especial, em função da *sustentabilidade* faz-se, agora, com o grande poder da racionalidade neoliberal, a partir da ênfase na continuidade da desigualdade como forma de implementar o capital humano, pelo *empreendedorismo.* Desta maneira, desnaturaliza a desigualdade sob a forma de investimento de cada um em trabalho e ocupação, em trabalho e práticas sociais, em trabalho e certa atenção necessária do Estado para com a saúde e a educação como intervenções corretivas.

A convivência com a desigualdade sustentável é capaz de provocar resistências que se articulem com práticas radicais como as experimentadas na última década? Destas resistências podem emergir associações mutualistas que ultrapassem limites da gestão territorial, da economia solidária, dos efeitos das sensações e amor ao planeta? Até que ponto o amor ao planeta é apenas a reescrita da verdade que sustenta o amor à humanidade e ao Estado? Cabe e caberá aos jovens produzir lutas que expressem as atuais condições de existência, encontrando seus modos de contestar e ultrapassar, liberados das implicações difíceis das formas de emancipação que governaram as resistências nos últimos dois séculos.

A emancipação, tema tão caro a socialistas, comunistas e anarquistas, não pode ser negligenciada nem colocada de lado neste instante de expansão da sociedade de controle diante dos efeitos ainda constantes da sociedade disciplinar, em que vigilância e monitoramentos se combinam. Em último caso, governando condutas sustentáveis.

O *arquivo ecopolítica* se abre em vários acessos a serem complementados, mas jamais deletados. Trazer a produção da verdade, ainda que desassossegue cânones, pode ser negligenciado, mas não admite o ostracismo. Impõe-se como um arquivo parresiasta no combate pela verdade. O *arquivo ecopolítica* enfrenta os baixos começos da comunicação contínua e computacional, buscando suas referências e relações, desassujeitando a busca pela palavra-chave em favor da emergência do acontecimento pelos combates entre as forças. O *arquivo ecopolítica* revira a história política para dissolver oposições e dicotomias captando seus fluxos nas instantaneidades e, portanto, repletos de intensidades que situam semelhanças estranhas e diferenças uniformes e radicais.

O *arquivo ecopolítica* absorve a biopolítica para indicar metamorfoses e desdobramentos de uma sociedade disciplinar fundada na extração de energias economicamente úteis e politicamente dóceis em uma sociedade de controle de extração de energias inteligentes, participativas e moderadas. Daí o embate atual entre conduta resiliente e atitude de resistências, entre uma nova política e a antipolítica, entre o *cidadão-polícia* e o revoltado. O *arquivo ecopolítica* tem um interesse sim, o de tornar possível cartografar a interceptação da racionalidade neoliberal. A crítica não se destina aos outros, mas ao modo como nos governamos monitorados pela crença no Estado como categoria do entendimento.

A pesquisa na internet nos leva a documentos oficiais, situações prévias e posteriores, comentários, artigos, os vários PDFs disponibilizados, sites que remetem a outras constatações mas, principalmente, colocam-nos diante de derivas, e de volta aos livros, às artes, à literatura. Somos navegadores que desconhecem o ponto de ancoragem, mas que nele chegam sem se assustar, como andarilhos, que não almejam sedentarizar. Outras navegações se anunciam depois da aportagem. Estão tranquilos pois naquele ponto também está o refúgio de piratas. Talvez por isso, não se trata de encontrar o paraíso, mas de aportar com os olhos no céu, localizar o monitoramento celestial e compreender como transitar.

Meninos e meninas, hoje, olham para o céu e veem além das estrelas cadentes, os satélites. Sabem onde está Vênus, olham as constelações com telescópios, recorrem ao computador para verem o "nascimento da Terra", como ela transita no universo e simulações de exoplanetas, ouvem rumores na Terra e ainda podem se livrar da escuta. A escola não é mais a mesma, também se democratizou, está governada por didáticas artísticas, é da comunidade, e suas famílias heterodoxas são orquestradas por direitos. Dentre eles, estarão outros indisciplinados, revoltados a chocalhar seus colegas medicalizados.

O povo virou população pela economia política e pela estatística; pela biopolítica, conformou-se em uma massa. Os divíduos de hoje caminharão resilientes, até quando? Outros vivem nessa sociedade, que está morrendo e que almeja rejuvenescer, experimentando o devir criança.

O meio e o ambiente

Paris, 12 de dezembro 2015. Salão da Conferência das Nações Unidas sobre o Clima, a 21ª Conferências das Partes — COP 21. O presidente do evento bateu na mesa do palco do grande auditório um pequeno martelo de cabeça de borracha verde em formato de uma folha. Encerraram-se os questionamentos. Ao som abafado da martelada, seguiram-se aplausos esfuziantes, lágrimas de alegria e brados diversos.

Os 193 países-membros da ONU, somados à Nova Zelândia e às ilhas Cook e Niue, associados da Convenção Quadro das Nações Unidas sobre Mudanças Climáticas (United Nations Framework Convention on Climate Change — UNFCC), comprometeram-se a adotar medidas para a contenção do aquecimento do planeta. Mantiveram a meta de que a temperatura média da Terra ficaria abaixo da elevação de 2° C ao longo do século XXI, a partir dos níveis pré-industriais estabelecidos em torno das condições meteorológicas de 1750[1]. Concordaram que os esforços do governo de cada Estado seriam para limitar o aumento de temperatura a 1,5° C, tido como um índice seguro para se controlar "os piores efeitos das mudanças climáticas"[2].

Os países desenvolvidos se comprometeram a conservar a posição de redução em todos os setores da economia, e os países em desenvolvimento a pelo menos mitigar os efeitos de emissões, caso fosse impossível coibi-las. Para essa adaptação à meta acordada, os países em desenvolvimento terão um aporte financeiro de cerca de 100 bilhões de dólares anuais vindo dos países considerados desenvolvidos, item cuja difícil discussão quase impediu o consenso. Espera-se que o atual acordo entre em vigor em 2020, data do encerramento da validade do Protocolo de Kyoto, o primeiro tratado internacional para reduzir a emissão de gases do efeito estufa, lançado em 1997, na 3ª Conferência das Partes — COP-3, no Japão. Nesse acordo anterior

---

1. "Os termos *pré-industrial* e *industrial* se referem, de uma maneira um tanto arbitrária, a períodos antes e depois de 1750, respectivamente" (IPCC, 2013: 1456).

2. Acordo de Paris. Historic Paris Agreement on Climate Change. Em <*https://bit.ly/2B5lHXS*>.

sobre o clima não se previam metas de redução de emissão para os países em desenvolvimento, mas, a partir de agora, todos os países membros da ONU estão comprometidos na consecução do objetivo, estabelecendo-se revisões a cada cinco anos, mediante relatórios atualizados e planos de ação dos signatários. Já não se distingue mais países desenvolvidos de países subdesenvolvidos ou em desenvolvimento.

As metas de Paris parecem modestas, além disso, não foram estabelecidos prazos para sua efetivação. No entanto, entusiasmado, o presidente dos EUA Barack Obama postou no Twitter horas depois do evento: "isto é enorme: quase todos os países no mundo acabam de assinar o acordo de Paris sobre mudanças climáticas – graças à liderança dos Estados Unidos"[3]. Liderança tardia no tema, pois os EUA demoraram para assinar o Protocolo de Kyoto, ainda em vigor, e até então não o ratificaram. Contudo, é inquestionável que a adesão do governo estadunidense ao acordo contribuiu para a celebração do consenso planetário a respeito da atmosfera do planeta como alvo de ações que enfrentem efeitos deletérios de atividades humanas. O Secretário Geral da ONU, Ban Ki-Moon, comentou na ocasião: "entramos em uma nova era de cooperação global para a humanidade enfrentar uma das questões das mais complexas. Pela primeira vez, todos os países do mundo se comprometeram a reduzir as emissões, reforçar a resiliência e unir-se na causa comum de tomar medidas climáticas conjuntas"[4].

Nesse momento, importa menos a definição das ações que decorrerão do acordo do que a união e o compromisso dos Estados em cooperar na prevenção das alterações na atmosfera da Terra, recomendada por cientistas de diversas nacionalidades dos grupos de trabalho do Painel Internacional sobre Mudança Climática (Intergovernmental Panel on Climate Change – IPCC)[5] e em artigos científicos divulgados on-line[6]. Considera-se que as alterações de temperatura impactam o regime dos ventos, os níveis de umidade do solo, a circulação das correntes marítimas dos oceanos, as espécies vivas e, consequentemente, a vida humana no planeta. Desde a fundação do IPCC em 1988, a questão da mudança climática ampliou seu escopo: de um problema ambiental restrito às ações do órgão da ONU voltado ao meio

3. "Obama diz que acordo não é perfeito, mas é ambicioso". Em <*https://glo.bo/1Npl1u0*>.
4. Historic Paris Agreement on Climate Change, op. cit.
5. "Working Groups". <*https://www.ipcc.ch/working-groups/*>.
6. "For most vulnerable, 1.5°C warming limit is critical: above it, climate impacts rise rapidly". <*https://www.ipcc.ch/sr15/* >.

ambiente, o Programa das Nações Unidas para o Meio Ambiente-PNUMA (United Nations Environmental Program — UNEP), o tema clima consolidou a presença no debate sobre a segurança planetária. Na Conferência das Nações Unidas sobre o Meio Ambiente e Desenvolvimento — CNUMAD (United Nations Conference on Environment and Development — UNCED), realizada no Rio de Janeiro em 1992, conhecida também como ECO-92, com a assinatura dos Estados participantes, estabeleceu-se a base institucional para acordos climáticos de alcance planetário: a Convenção - Quadro sobre Mudança Climática[7]. Antes disso, em relação à proteção da atmosfera do planeta, havia o Protocolo de Montreal de 1987[8], ainda em vigor, destinado a regular e coibir o uso de substâncias que destroem a camada de ozônio que envolve o planeta e o protege dos raios ultravioletas do Sol. O protocolo contou com ratificação de todos os Estados membros da ONU, tornando-se o primeiro acordo da instituição com adesão total. Além disso, durante esses anos as medidas de substituição de carbofluorcarboneto-CFC — composto gasoso presente em aerossóis e refrigeradores responsável em parte pela destruição da camada de ozônio da Terra — fizeram com que ela se recuperasse parcialmente[9]. Essa vitória de um acordo internacional sobre um tema de abrangência planetária, a camada de ozônio da atmosfera da Terra, passa a ser uma referência para a eficácia das ações da ONU nas questões ambientais.

2015, tempo da ação global para as pessoas e o planeta. Sob esse slogan, em 26 de setembro de 2015, em Nova Iorque, durante a Assembleia Geral, e ao mesmo tempo em que se comemorava os seus 70 anos, as Nações Unidas lançaram e aprovaram uma nova agenda com dezessete objetivos a serem cumpridas no período de 2016 até 2030, são os Objetivos de Desenvolvimento Sustentável (ODS). O Papa Francisco abriu essa Assembleia da ONU com um discurso que reiterou a posição ética da Santa Sé[10] acerca do cuidado com o meio ambiente associado à garantia de uma vida digna ao pobre[11].

---

7. Convenção Quadro sobre a Mudança do Clima. Em <*https://bit.ly/1J6dkLl*>.

8. Protocolo de Montreal. Em <*https://bit.ly/2HfQe9Y*>.

9. "Camada de Ozônio estará recuperada até 2050, diz a ONU". Em <*https://bit.ly/2UZi0w7*>.

10. A Santa Sé, desde 1957, integra a ONU como observadora. A partir de 1964, tem o status de Estado não membro e observador permanente das Nações Unidas e de outras instituições do sistema como FAO, UNESCO, PNUMA.

11. "Discurso do Santo Padre em visita às Nações Unidas", Nova Iorque, 25 de setembro de 2015. Em <*https://bit.ly/2QGNYP9*>.

Cada um dos 17 ODS conta com um detalhamento de metas secundárias, somando 169, que passam a ser referências para a elaboração de planos e programas de governo em cada Estado, com ou sem auxílio financeiro de fundos transnacionais e bancos de fomento, e serão acompanhados pelos órgãos do sistema ONU por meio de prestação de contas, relatórios e produção de dados ao longo de quinze anos. São eles:

Objetivo 1. Acabar com a pobreza em todas as suas formas, em todos os lugares;

Objetivo 2. Acabar com a fome, alcançar a segurança alimentar e melhoria da nutrição e promover a agricultura sustentável;

Objetivo 3. Assegurar uma vida saudável e promover o bem-estar para todos, em todas as idades;

Objetivo 4. Assegurar a educação inclusiva e equitativa de qualidade, e promover oportunidades de aprendizagem ao longo da vida para todos;

Objetivo 5. Alcançar a igualdade de gênero e empoderar todas as mulheres e meninas;

Objetivo 6. Assegurar a disponibilidade e gestão sustentável da água e o saneamento para todos;

Objetivo 7. Assegurar a todos o acesso confiável, sustentável, moderno e a preço acessível à energia;

Objetivo 8. Promover o crescimento econômico sustentado, inclusivo e sustentável, emprego pleno e produtivo e trabalho decente para todos;

Objetivo 9. Construir infraestruturas resilientes, promover a industrialização inclusiva e sustentável e fomentar a inovação;

Objetivo 10. Reduzir a desigualdade dentro dos países e entre eles;

Objetivo 11. Tornar as cidades e os assentamentos humanos inclusivos, seguros, resilientes e sustentáveis;

Objetivo 12. Assegurar padrões de produção e de consumo sustentáveis;

Objetivo 13. Tomar medidas urgentes para combater a mudança do clima e os seus impactos (reconhecendo que a Convenção Quadro das Nações Unidas sobre Mudança do Clima é o fórum internacional intergovernamental para negociar a resposta global à mudança do clima);

Objetivo 14. Conservar e usar sustentavelmente os oceanos, os mares e os recursos marinhos para o desenvolvimento sustentável;

Objetivo 15. Proteger, recuperar e promover o uso sustentável dos ecossistemas terrestres, gerir de forma sustentável as florestas, combater a desertificação, deter e reverter a degradação da terra e deter a perda de biodiversidade;

Objetivo 16. Promover sociedades pacíficas e inclusivas para o desenvolvimento sustentável, proporcionar o acesso à justiça para todos e construir instituições eficazes, responsáveis e inclusivas em todos os níveis;

Objetivo 17. Fortalecer os meios de implementação e revitalizar a parceria global para o desenvolvimento sustentável[12].

A noção de desenvolvimento sustentável preconizada para o planeta por meio dessas metas afirma a conservação do ambiente planetário para a manutenção da vida humana, na qual o crescimento econômico deverá ocorrer conjuntamente com o desenvolvimento social, abrangendo a promoção de direitos, da segurança e da proteção do meio ambiente, aqui entendido como suporte natural e também artificial em interação com a população humana. Os objetivos diretamente ligados às questões ecológicas (interação população humana e meio natural) são os de número 6 (água doce), 7 (energia e suas fontes), 13 (clima), 14 (oceanos e recursos marinhos), 15 (ecossistemas terrestres: solo, biodiversidade) e parte do Objetivo 2 referente à agricultura, dentro do contexto de uma gestão dos recursos naturais em escala global.

O lançamento dessa nova agenda, a Agenda 2030, seguiu-se após o anúncio do cumprimento dos Objetivos de Desenvolvimento do Milênio (ODM) no período entre 2000 e 2015. Os ODM compuseram o projeto que orientou a reestruturação dos propósitos da ONU, suas agências e órgãos no ano 2000. Foram oito grandes objetivos, "*8 jeitos de mudar o mundo*"[13], cada qual com algumas metas detalhadas a serem alcançadas pelos países em desenvolvimento até 2015: 1) redução da pobreza; 2) ensino básico universal; 3) igualdade de gênero e autonomia das mulheres; 4) redução da mortalidade infantil; 5) a saúde materna e da gestante; 6) combate a malária, AIDS e outras doenças; 7) sustentabilidade ambiental; 8) estabelecimento de parcerias mundiais para o desenvolvimento. Apenas o Objetivo 7 tratava especificamente do meio ambiente, contando com quatro metas específicas: desenvolvimento sustentável e reversão da perda de recursos; proteção da biodiversidade; acesso à água potável e ao esgotamento sanitário; e melhoria de bairros degradados[14]. Foram avaliados, periodicamente, o grau de obtenção de cada uma das metas de cada objetivo e a adequação dos resultados.

Em setembro de 2010, a Assembleia Anual das Nações Unidas, reunida para avaliar e fomentar a consecução das Metas do Milênio, solicitou ao Se-

---

12. Transformando Nosso Mundo: a Agenda 2030 para o Desenvolvimento Sustentável. Em <*https://bit.ly/1Po5zlk*>.

13. "8 jeitos de mudar o mundo". Em <*https://bit.ly/2VgGWy5*>.

14. O detalhamento das metas do Objetivo 7 com os resultados das ações estão descritos em: <*https://bit.ly/2T4WoNh*>. No Brasil: <*https://bit.ly/2EztKQf*>.

cretário Geral um projeto para as etapas de aplicação da Agenda de Desenvolvimento da ONU para depois de 2015, denominado Keeping the Promise: United to Achieve the Milleniun Goals[15]. Em 2011, foi criada a Força Tarefa do Sistema ONU (United Nations System Task Team)[16] para a agenda de desenvolvimento após 2015, sob a liderança do Conselho Econômico e Social da ONU (Economic and Social Council — ECOSOC). Elaborou-se o rascunho do documento *O Futuro que queremos,* cuja versão final foi aprovada durante a Conferência das Nações Unidas sobre Desenvolvimento Sustentável (United Nations Conference on Sustainable Development — UNCSD), em 2012. A Conferência, também sediada no Rio de Janeiro, ficou conhecida como Rio+20, por ter sido realizada vinte anos depois da ECO-92, durante a qual se estabeleceu a sustentabilidade como a conexão entre o desenvolvimento econômico e o meio ambiente por meio de uma agenda socioambiental e econômica (*Agenda 21*), visando o novo século. Por sua vez, o documento de 2012 consolidou definitivamente o desenvolvimento sustentável como o conceito a nortear os programas de desenvolvimento do sistema ONU para o futuro.

A renovação das metas planetárias mantém e distende os ODM colocando-os em um programa amplo em termos sustentáveis, no qual a erradicação da pobreza permanece em primeiro lugar. Os novos objetivos se interligam pelo fortalecimento da chamada governança internacional, o conjunto de instituições e normas para gerir o planeta, que os conecta como interdependentes e responsáveis para a promoção do desenvolvimento (Veiga, 2013). A resiliência, a inclusão, a educação, regulamentações e presença do Estado, assim como a harmonização de conflitos, a conservação e o chamado "uso eficiente" dos recursos naturais são considerados meios fundamentais para a realização da igualdade social e do equilíbrio entre economia capitalista e conservação do planeta, cernes do ideal da sustentabilidade.

Os ODS são metas aplicáveis a todos a países, diferentemente dos ODM, que foram destinados especificamente aos países em desenvolvimento. A proposta atual situou a erradicação da pobreza como condição indispensável para a promoção do desenvolvimento sustentável e indicou que os países em desenvolvimento necessitam de recursos extras para atingir as

---

15. Keeping the promise: united to achieve the Millennium Development Goals. Em <*https://bit.ly/1qfGa0H*>.

16. UN System Task Team. Em <*https://bit.ly/1csWp4X*>.

metas. O processo de implantação dos objetivos conta também com uma institucionalização mais eficaz de mecanismos de participação dos grupos de interesse denominados Major Groups e dos stakeholders, denominados pela sigla MGOS (Major Groups e outros Stakeholders) que inclui consultas on-line[17]. Reiterou-se o compromisso de uma parceria global para a mobilização de recursos necessários, com a participação da sociedade civil, governos, setor privado e ONU.

Março de 2015, Sendai, Japão, Terceira Conferência Mundial das Nações Unidas sobre a Redução dos Riscos de Desastres (Third United Nations World Conference on Disaster Risk Reduction). Depois de três anos de estudos e consultas, concluiu-se o Marco de Sendai para a Redução de Risco de Desastres para o período de 2015–2030[18], aprovado em junho de 2015 pela ONU. Este documento renova e amplia as ações do Marco de Hyogo sobre o mesmo tema, cuja abrangência se encerrara em 2015[19]. O marco atual faz uma avaliação dos resultados de Hyogo e estabelece novas metas. A prioridade permanece em torno de medidas para mitigação dos efeitos destrutivos nas populações humanas de fenômenos naturais ou daqueles resultantes de ações antrópicas conectadas com eventos naturais, envolvendo não apenas os Estados, mas a "comunidade internacional", além da população local. O novo marco diferencia-se do anterior ao propor ações para uma prevenção mais efetiva e redução dos efeitos de desastres, agora incluindo os de pequena escala, aliada a um compromisso mais estreito para uma cooperação entre os Estados nacionais e um foco maior na promoção da resiliência nas comunidades envolvidas. Estabelecem-se quatro prioridades: compreensão dos riscos de desastres; fortalecimento da governança dos riscos de desastres para uma gestão melhor; investimento na redução dos riscos de desastres para incrementar a resiliência[20]; ampliação da preparação para casos de desastres para dar uma resposta eficaz e melhor na recuperação, reabilitação e reconstrução[21].

---

17. Quadro de Monitoramento e Indicadores para os Objetivos Sustentáveis. O relatório esteve em consulta pública on-line em 2014 e no início de 2015. Em <*https://bit.ly/2EFNdj2*>.

18. Marco de Sendai para a Redução de Riscos de Desastres. Em <*https://bit.ly/2kAF2Gw*>.

19. Marco de Ação de Hyogo. Em <*https://bit.ly/2HhbLPp*>.

20. Na terminologia da ONU, *resiliência* seria a "capacidade de um sistema, comunidade ou sociedade expostos a uma ameaça para resistir, absorver, adaptar-se e recuperar-se de seus efeitos de maneira oportuna e eficaz, que inclui a preservação e a restauração de suas estruturas e funções básicas". Cf. <*https://bit.ly/2RdbaE4*>.

21. Artigo 20 do Marco de Sendai.

No início do terceiro milênio, o ano de 2015 caracterizou-se pela renovação de programas da ONU em torno da promoção da sustentabilidade como pedra de toque do desenvolvimento socioeconômico em todos os continentes, da gestão da atmosfera, do clima da Terra e dos riscos dos desastres no globo, e do investimento na resiliência das populações e do planeta. Estes programas recentes procedem de acordos, debates, conferências, encontros e relatórios agregados pela noção de meio ambiente, construída, gradualmente, a partir da segunda metade do século passado. O meio ambiente desdobrou-se em diversos fluxos de uma governamentalidade planetária à qual ajudou a conformar reunindo e unindo elementos heterogêneos e, por vezes, disparatados. Enquanto estratégia de respostas e equacionamento de conflitos e disputas que surgiram no século passado, referentes à segurança e à manutenção da vida no planeta, o funcionamento do termo meio ambiente demarca umas das ultrapassagens da biopolítica para a ecopolítica.

No Brasil, seguindo as definições canônicas fixadas internacionalmente, o termo meio ambiente aparece definido pela Lei 6.938 que instituiu a Política Nacional de Meio Ambiente em 1981, como "o conjunto de condições, leis, influências e interações de ordem física, química e biológica, que permite, abriga e rege a vida em todas as formas"[22]. As expressões *meio ambiente*, em português, *medio ambiente*, em espanhol, e *medi ambient*, em catalão, traduzem *environnement*, palavra em francês existente pelo menos desde o século XIII com o sentido inicial de *contorno, circunvizinhança*[23], e que no século XIX passou para o inglês gerando *environment*, com o mesmo sentido. A língua francesa conta também com a palavra *milieu* (em português, *meio*) e a locução *milieu ambiant*, pouco utilizada no francês atual. A locução *meio ambiente* não consiste em pleonasmo, pois há uma distinção de sentido entre as palavras *meio* e *ambiente*, apesar delas se apresentarem como sinônimos em dicionários comuns. *Meio* veio do latim *medium*, empregado na física newtoniana do século XVII, como o agente que intermedeia e transmite influências de uma coisa a outra. Com uma conotação mecânica, *medium* assinalava a distância da ação de um corpo sobre o outro e relacionava-se com a circulação: os movimentos dos corpos e mútuas interferências (Spitzer, 1942: 37–38). *Ambiente* derivou

22. Artigo 3º, item I; Lei Federal nº 6.938 de 31 de agosto de 1981. Em: <*https://bit.ly/1GGqn14*>.

23. Environnement: <*http://www.cnrtl.fr/etymologie/environnement*>.
Environ: <*http://www.cnrtl.fr/etymologie/environ*>.

do latim *ambiens* (o que circunda), e foi ganhando o sentido de um espaço amplo que envolve algo, uma atmosfera, entorno ou um clima psicológico e moral (Ibidem: 01). O linguista austríaco e professor de literatura nos EUA, Leo Spitzer (1887–1960), publicou em 1942 um estudo sobre o uso das expressões *ambiente* e *meio* e as transformações de seus significados e usos desde o latim, especialmente na literatura, mas sem deixar de comentar as devidas aplicações na ciência biológica e social durante a passagem para o século XX. Reconhecia que as duas palavras atravessaram os séculos e contextos diversos sem se separarem demais, mas mantendo distinções entre os respectivos sentidos (Ibidem: 02). *Meio* dizia respeito a um lugar mais definido; *ambiente* tinha uma conotação de atmosfera, às vezes emanando de um meio (Ibidem: 188). A História Natural empregou o termo meio (*milieu)* nos séculos XVIII e XIX, como o "conjunto de circunstâncias externas das quais dependem um organismo" (Ibidem: 177), acepção que apareceu também na sociologia com Augusto Comte. O naturalista Saint Hilaire chegou a usar *milieu-ambiant* (Ibidem: 174). Havia os adeptos de um determinismo do *meio* geográfico, predominantemente do clima e da paisagem, no caráter das populações. Na arte, escritores como Balzac e Emile Zola, inspirados pelo cientificismo da época, colocavam personagens em *meios* que impulsionavam suas ações. Muitas vezes, na literatura, a referência ao *ambiente* fornecia "um escape dentro de uma poética mais vaga e imponderável: a antítese do meio determinante" (Ibidem: 191).

A noção de meio (*milieu*) como um espaço no qual pode se inscrever uma série de eventos aleatórios, mas também permitindo um planejamento de seus elementos e um cálculo de prováveis acontecimentos, foi se constituindo ao longo do século XVIII, na Europa ocidental. A noção ultrapassou seu sentido de uma distância entre elementos físicos e recebeu injunções de sentido político como um espaço passível de intervenção programada, relacionado com a circulação de mercadorias, pessoas e efeitos capitalistas. Antes mesmo da palavra *meio* ser utilizada para designar parte do alvo dessas técnicas de governo que incluem intervenções em edifícios, ruas, localização de atividades, vegetação, regime hidrográfico das cidades, Foucault situava: o "esquema técnico dessa noção, (...) a estrutura pragmática que a desenha antecipadamente estava presente na maneira com que os urbanistas tentavam pensar e modificar o espaço urbano. Os dispositivos de segurança trabalham, criam, organizam, planejam um meio antes mesmo da noção ter sido formada e isolada" (2008: 28).

Para se chegar à emergência histórico-política do conceito de população, o novo alvo de um exercício específico de poder, o *meio* faria parte das técnicas de governo, marcadas pelo controle das condutas e pela prevenção de ameaças à vida social. A partir do final do século XVIII, como mostrou Foucault, entre as "coisas" que se tornaram alvo da governamentalidade estavam o uso dos recursos na economia e o *meio*: a materialidade no interior da qual e *profundamente* ligados a ela existiam os múltiplos indivíduos que compunham a população humana. Mediante um meio construído, no qual se intervinha, atingia-se a "naturalidade da espécie humana" (Ibidem: 28) para governá-la por novas técnicas no âmbito da biopolítica (Ibidem: 29–30).

Nas definições de meio e de ambiente até metade do século passado não havia a conotação direta e necessária de *natureza*, a não ser que se acompanhassem do adjetivo "natural", ou aparecessem como noção de estudos biológicos. O *meio* referia-se com maior frequência ao *habitat* artificial da espécie humana, apesar do uso crescente pela História Natural e, posteriormente, pela Biologia e pela Ecologia, a ciência que trata da interação das espécies vivas entre si e com o meio físico, inicialmente da natureza. Na passagem de uma biopolítica para uma ecopolítica nos últimos 25 anos do século XX, busca-se o governo do planeta, por meio de, entre outras técnicas, intervenções no *meio ambiente*, cujo sentido paulatinamente se cristalizou em definições institucionais.

A partir de determinados eventos com efeitos que ultrapassavam as fronteiras nacionais, regimes de verdades e práticas foram se conjugando e se voltaram para a atmosfera e o espaço circundante, redefinindo as palavras *ambiente* e *meio*, reunindo-as numa mesma locução: *meio ambiente*, conforme a língua, ou fechando seu significado em uma única palavra, como *environment* (inglês), *environnement* (francês), ou acompanhada de um adjetivo, como no alemão em que *Umwelt* (meio), ao se referir à natureza e traduzir meio ambiente nas definições institucionais, recebe o adjetivo *natürlich*. O sentido foi inicialmente assimilado à natureza, em especial quando as ciências naturais e a ecologia transformaram *meio* e *ambiente* em conceitos e os utilizaram em pesquisas e experiências.

Na segunda metade do século XX, houve um momento para o qual confluíram vertentes discursivas de proveniências diversas que, ao se reunirem sob uma mesma noção, *meio ambiente*, buscavam enfrentar conflitos e efeitos de acontecimentos díspares que ameaçavam a segurança do planeta, apesar de diretamente não implicarem guerras e tampouco corrida armamentista.

A Conferência das Nações Unidas para o Meio Ambiente Humano (United Nations Conference on the Human Environment), realizada em Estocolmo em 1972, pode ser considerada como o evento espetacular que marca o direcionamento da governamentalidade planetária pela noção de meio ambiente. Desde a fundação da ONU em 1945, foi esta Conferência um dos primeiros eventos a reunir grande número de participantes: 113 Estados, incluindo a Santa Sé, de um total de 132 membros. A URSS e alguns países europeus do Leste, como a Tchecoslováquia, a Bulgária, a Hungria, a Polônia e a Albânia, boicotaram o evento, apesar da URSS participar dos encontros preparatórios. Nessas reuniões de 1970 e 1971, ocorreram efetivos debates, não apenas sobre a proteção do meio ambiente, mas sobre desenvolvimento econômico, demografia, gestão de recursos planetários e maneiras de institucionalizar a cooperação entre as nações em assuntos que atravessavam fronteiras nacionais.

A recomendação para que a ONU realizasse uma conferência referente aos "problemas do meio ambiente (*milieu*) humano"[24] decorreu de uma iniciativa em 1968 do ECOSOC, órgão da ONU voltado para o desenvolvimento dos países membros. A motivação inicial do Conselho procedeu de relatórios resultantes de estudos e encontros promovidos por outros órgãos da ONU sobre saúde humana, desenvolvimento econômico, fertilidade dos solos, degradação dos ecossistemas, além de um pedido direto do governo sueco ao Secretário da ONU para convocar um debate internacional sobre os problemas ambientais[25]. A discussão sobre poluição industrial entrara na pauta sueca devido às constantes chuvas ácidas no país, resultantes da poluição das indústrias da Europa ocidental, especialmente da Alemanha. A sugestão foi indiretamente reforçada pelas nascentes discussões de especialistas fora do sistema da ONU sobre a necessidade de limites ao crescimento econômico global em um período em que as Nações Unidas elaboravam programas e conferências para incrementar o desenvolvimento de países pobres e estimular o comércio internacional. Em dezembro, a recomendação do Conselho foi acatada pela ONU e a Conferência marcada para 1972, contando com a Suécia como sede do evento.

24. Resolução 1346, 45° Sessão ECOSOC: <*https://bit.ly/2Jhca6T*>.

25. Histórico da Declaração de Estocolmo: <*https://bit.ly/2Fhy6N1*>.

Os temas que se uniram neste primeiro grande encontro em torno da noção de meio ambiente podem ser agrupados em quatro vertentes básicas (as três primeiras aqui mostradas basicamente por relatórios e encontros dentro do sistema da ONU).

A primeira vertente envolvia a saúde pública e o saneamento, composta de questões ligadas aos efeitos da poluição resultantes de atividades econômicas na saúde humana. Um relatório da Organização Mundial da Saúde — OMS (World Health Organization - WHO)[26], órgão da ONU então presidido pelo médico brasileiro Marcelo Candau, foi publicado em 1968. Detalhava os efeitos de substâncias poluentes nos seres humanos e causou grande impacto em outras agências da ONU. Novas doenças eram arroladas como resultantes de um meio poluído, não apenas por esgotos, resíduos sólidos ou efluentes industriais, mas por gases particulados e outros elementos pouco conhecidos que atingiam o corpo humano ou impregnavam a cadeia alimentar dos ecossistemas.

Nos anos 1960, livros e estudos sobre o tema meio ambiente serviram de referência para informações divulgadas na mídia, a qual na época consistia em jornais, rádio, televisão, cinejornal e revistas ilustradas. Alguns livros sobre a contaminação ambiental ganharam destaque e foram muito divulgados em todos os continentes, como *A Primavera Silenciosa*, de 1962, de Rachel Carson, sobre os efeitos de organoclorados e pesticidas não apenas em humanos, mas também nos ambientes ecológicos. O silêncio a que se refere o livro de Carson seria principalmente resultado da morte de pássaros nas áreas rurais dos EUA sob a ação de pesticidas, deixando de anunciar a primavera, fato registrado com frequência desde a década de 1950 (Carson, 1969: 113). Segundo a biógrafa da autora, Linda Lear: "[Rachel Carson] escreveu um livro revolucionário nos termos do que era aceitável para uma classe média emergindo da letargia da afluência do pós-guerra e a despertou para suas esquecidas responsabilidades" (Lear, 1997: 45). Além disso, os efeitos da radioatividade, desastres ambientais como o naufrágio e vazamento de óleo do navio Torrey Canyon, na Grã-Bretanha, e casos extremos de poluição, como a contaminação por mercúrio na baía de Minamata, no Japão, eram amplamente divulgados pelos meios de comunicação, mobilizando pessoas e despertando uma sensibilidade mais aguda para o meio ambiente.

---

26. World Health Organization. *Technical Report Series n° 406. Research into Environmental Pollution.* Genebra: WHO, 1968, <*https://bit.ly/2FnezKj*>.

A segunda vertente seria a da natureza na perspectiva ecológica, como interação de espécies vivas entre si e com o meio físico, e os modos específicos e eficientes de protegê-la e gerenciá-la. A conservação da biosfera entrava na agenda de intervenções de organismos internacionais do pós-guerra porque a perda e a degradação de ecossistemas se aceleraram em função de ações antrópicas. Uma das soluções encontradas, a preservação de parte dos ecossistemas em santuários intocados se mostrou insuficiente, e muitas vezes, inviável, por razões econômicas e mesmo jurídicas, pois envolvia a propriedade. Além disso, muitas doenças causadas pela contaminação e poluição atingiam indiretamente os seres humanos, em ambientes deteriorados. Em 1968, a Organização das Nações Unidas para a Educação, a Ciência e a Cultura (United Nations Educational, Scientific and Cultural Organization – UNESCO) organizou a Conferência da Biosfera, em Paris[27], com o objetivo de montar uma base científica de alto nível para o uso racional e a conservação dos recursos naturais, marcando a entrada na política internacional do termo biosfera — a porção do planeta onde ocorre a vida, envolvendo a crosta terrestre, a atmosfera e as águas. "A Conferência foi palco de um alerta da comunidade científica internacional aos governos do mundo. Chamou atenção para o nível de criticidade ambiental que o planeta experimentava"[28]. Entre os resultados da reunião, destaca-se a criação pela UNESCO, em 1971, de uma estrutura institucional para estudos e atuação para o estabelecimento de reservas da biosfera em vários locais do planeta: o Programa Homem e a Biosfera (Man and Biosphere – MAB), assegurando a preservação de algumas áreas e a conservação racional de biomas identificados como importantes[29]. Na Conferência de Paris, "a preservação da natureza sob forma de santuários é abandonada em prol da conservação pela qual se visa a melhoria das qualidades humanas" (Acot, 1990: 167).

O termo biosfera foi divulgado em 1926, pelo geoquímico russo Vladimir Vernadsky (1863–1945). Foi uma das primeiras descrições da Terra como um planeta esférico, autorregulado no espaço sideral, interagindo

27. Conferência da Biosfera: <*https://bit.ly/2vVoZer*>.

28. Reserva da Biosfera da Mata Atlântica. Caderno nº 2, p. 28: <*https://bit.ly/2VFuitV*>.

29. Preservação se refere à proteção integral de uma área, proibindo ocupação e uso humanos e evitando a predação por espécies invasoras. Conservação implica uso racional, ou seja, balizado pelo conhecimento técnico e científico de modo a manter os recursos dentro de sua capacidade de suportar as atividades humanas sem se degradarem, ou seja, sem se alterarem de modo irreversível.

com forças cósmicas: o sol, partículas, a energia gravitacional dos elementos do chamado universo. A biosfera também seria "tanto criação do Sol quanto produto dos processos da Terra" (Alker Jr; Haas, 1993: 141). Para Vernadsky, "o homem se esquece, em um sentido prático, que ele e toda humanidade, da qual não pode ser separado, está inevitavelmente ligado à biosfera (...). Na realidade nenhum organismo vivo encontra-se em uma circunstância livre sobre a Terra. (...) Todos esses organismos são constantes e inextrincavelmente ligados — antes de tudo por sua alimentação e respiração — com o meio ambiente material e energético ao redor deles. Fora disso, não podem existir em condições naturais" (Vernadsky apud Young, 2012: 160). O uso do conceito em um encontro do sistema ONU demonstra a disseminação crescente da imagem Terra como uma unidade.

Antes da Conferência de Paris, em 1949, em seus primeiros anos, a ONU já se ocupara da questão da conservação e uso dos recursos naturais e da ecologia, mediante discussão entre técnicos e cientistas. Duas conferências de cunho científico aconteceram em Lake Sucess, Nova Iorque. A primeira, Conferência Científica da ONU sobre Conservação e Uso dos Recursos (United Nations Scientific Conference on Conservation and Utilizations of Resources - UNSCCUR)[30], resultou de iniciativa conjunta da ONU, UNESCO, OMS e Organização Internacional do Trabalho — OIT (International Labour Organization — ILO). Teve um caráter de fórum de discussões e trocas de experiências e pesquisas envolvendo representantes de 49 países. A segunda, a Conferência Técnica Internacional para a proteção da Natureza[31], foi organizada apenas pela UNESCO, com a participação de representantes de 39 países, e girou em torno da educação e ecologia humana (McCormick, 1992: 53). Ambas não tinham força institucional para sugerir acordos internacionais nem mesmo recomendações, porém, sua realização, quase simultaneamente, destaca a especificidade dos recursos naturais como alvo possível de políticas transnacionais e a necessidade de estudos científicos e avaliações financeiras para melhor administrá-los. Suas agendas foram retomadas apenas vinte anos depois, na Conferência da Biosfera, em Paris, e a mobilização em torno desse evento e de seus resultados institucionais impressionaram o ECOSOC sobre a relevância do tema.

---

30. Proceedings of the United Nations Scientific Conference, vol. I (1949): <*https://bit.ly/2D14mSt*>.

31. International Technical Conference on the Protection of Nature (1949): <*https://bit.ly/2H4T6Zj*>.

A terceira vertente trata da economia e da gestão dos recursos naturais para o chamado desenvolvimento econômico. Em dezembro de 1961, as Nações Unidas declararam que a década de 1960 seria a década do desenvolvimento[32]. O programa Conferências das Nações Unidas sobre Comércio e Desenvolvimento (United Nations Conferences on Trade and Development – UNCTDA), estabelecido em 1964, buscava responder às demandas de Estados em desenvolvimento por acordos comerciais e por auxílios financeiros. Os Estados do bloco socialista participavam dos encontros e se incluíam na economia global, principalmente mediante o comércio. Nas discussões para o estabelecimento de uma Segunda Década do Desenvolvimento, avaliou-se que as expectativas não foram respondidas e as metas necessitavam ser reformuladas e ampliadas[33]. Havia um empenho das Nações Unidas na promoção do crescimento econômico global, considerado como um desdobramento da Carta das Nações Unidas de 1945 e o "caminho essencial para a paz e a justiça"[34]. O propósito do desenvolvimento seria o de "prover a todas as pessoas oportunidades crescentes para uma vida melhor", incluindo acesso a saúde, educação, nutrição, bem-estar social e moradia, atenção especial à criança e proteção ao meio ambiente. Entre outros itens, as metas propunham a participação dos jovens e a integração das mulheres nos "esforços para o desenvolvimento"[35].

Fora do âmbito do sistema das Nações Unidas, porém, a discussão sobre a economia mundial contava com alguns questionamentos sobre a pertinência de crescimento econômico. Em 1968, na Itália, o alto executivo e consultor das empresas italianas Fiat e Olivetti, Aurelio Peccei, reuniu um grupo de industriais, cientistas, políticos e outros interessados para discutir os rumos econômicos da humanidade e buscar soluções inovadoras para os problemas a serem diagnosticados no encontro. Fundou-se o Clube de Roma, um grupo de empresários, diplomatas e outras personalidades dispostos a interferir nas decisões planetárias e existente até hoje[36]. Nas reuniões iniciais elaborou-se o Projeto sobre a Condição da Humanidade, cujo objetivo era examinar a 'problemática mundial', na qual

---

32. Resolution 1710 (XVI), 19 de dezembro de 1961: <*https://bit.ly/2ACYVr4*>.

33. The Yearbook of the United Nations 1968, Chapter II, The UN Development Decade: <*https://bit.ly/2CZ35ez*>.

34. Resolução da 25ª Assembleia da ONU nº 2626 (XXV) International Development Strategy for the Second United Nations Development Decade (1970): <*https://bit.ly/28xAg1f*>.

35. Ver Artigo 18 da Resolução nº 2626 (XXV) de 1970.

36. Clube de Roma: <*http://www.clubofrome.org/*>.

se incluíam pobreza, desemprego, poluição, crescimento urbano desordenado, desemprego, inflação, "perda da confiança nas instituições, alienação da juventude, rejeição de valores tradicionais" (Watts in Meadows et al., 1972: 12).

O final da década de 1960, principalmente *1968*, foi de amplas manifestações de protesto nas ruas de grandes cidades do planeta, especialmente levadas adiante por jovens, inclusive no chamado bloco socialista. Questionava-se com veemência as guerras, em especial a do Vietnã, que envolvia os EUA; as instituições e seus valores conservadores na família, escola, manicômios, exércitos entre outros; nas relações hierárquicas rígidas; as ditaduras; as relações desiguais de trabalho sob a propriedade; a tecnologia; o consumismo e/ou escassez; a destruição avassaladora da natureza; e expunha-se uma reviravolta nos valores, nos estilos de vida e no regime da propriedade. Encontros como o do Clube de Roma buscavam entender e responder, imediatamente, à convulsão anunciada pelos protestos e, no caso desse grupo de empresários capitalistas, avaliar a crise no aspecto econômico e nos seus reflexos morais.

Para a compreensão do conjunto e da interação dos fatores dentro do Projeto sobre a Condição da Humanidade, o Clube de Roma propôs o desenvolvimento de um modelo matemático para o diagnóstico e o prognóstico de cenários futuros da produção econômica planetária. Contou com o apoio de profissionais do Massachussetts Institute of Technology – MIT na elaboração desse modelo, cujo resultado foi o livro *Os limites ao crescimento*, de Denis Meadows e equipe, publicado em 1972. Concluiu-se que o planeta não suportaria o crescimento populacional, caso fosse mantido o ritmo corrente da economia. O aumento da população pressionava a utilização dos recursos naturais e energéticos e levava ao aumento da poluição e da degradação do ambiente natural ou artificial para condições que dificultariam as atividades humanas. A poluição do meio ambiente entrou nas discussões econômicas como uma "externalidade" do chamado sistema produtivo que acabava por produzir efeitos deletérios. Diagnosticado o problema, concluiu-se que "é possível alterar essas tendências de crescimento e chegar a uma condição de estabilidade ecológica e econômica que fosse sustentável por muito tempo no futuro" (Meadows et al., 1972: 24). A data de lançamento do livro coincidiu com a realização da primeira Conferência Mundial, em Estocolmo, e isso pode ter contribuido para o tom mais otimista da conclusão. No entanto, a proposta para se atingir a chamada "estabilidade ecológica e econômica sustentável" consistia em uma desaceleração do crescimento econômico associada ao controle demográfico.

Outro tema em debate, corroborado pelas conclusões do Clube de Roma, foi especificamente o limite dos recursos do planeta para suportar a vida humana em um futuro próximo. Muitos estudos focavam o problema do crescimento da população numa chave malthusiana, apontando o controle da natalidade como a solução para os problemas do globo, inclusive da poluição, como apresentado no livro *A bomba populacional*, de Paul Ehrlich, publicado nos Estados Unidos, em 1968. No mesmo período, em um breve artigo, "A tragédia dos Comuns" (Hardin, 1968), o biólogo Garret Hardin introduziu na questão do crescimento da população os chamados 'bens comuns' da humanidade: oceanos, estoques de peixes em alto mar, florestas, ar, os quais, sendo de acesso comum e não sujeitos a se tornarem propriedade privada, eram utilizados sem limites e regras compulsórias. A questão seria a de encontrar maneiras para se moderar esse uso, o que era dificultado, novamente, pela alta taxa de natalidade no planeta. *Como legislar a temperança?* — perguntou o autor. Segundo Hardin, para refrear o uso exaustivo dos bens comuns causado pela superpopulação, seria necessária uma coerção não simplesmente proibicionista, mas moral, com ou sem respaldo em normas administrativas, propiciando condutas com um forte apelo à responsabilidade social. "Liberdade é o reconhecimento da necessidade. O papel da educação seria de revelar a todos a necessidade de abandonar a liberdade para se reproduzir. Somente assim poderemos colocar um fim a este aspecto da tragédia dos comuns" (Ibidem: 1248).

A pobreza e a fome apareceram também na discussão como efeitos de uma deterioração do meio ambiente. Constatou-se que o predomínio de solos poucos férteis piora com a falta de ações para coibir usos predatórios, muitas vezes causados pela própria população miserável. Um mapa dos solos do planeta estava em confecção, sob a responsabilidade da Organização das Nações Unidas para Alimentação e Agricultura (Food and Agriculture Organization of the United Nations – FAO) desde os anos 1950, e tinha a América do Sul como ponto de partida. Em 1961, esse mapeamento tornou-se um projeto conjunto com a UNESCO[37], buscando-se uma avaliação detalhada da fertilidade das terras dos continentes associada às condições efetivas de seu uso na agricultura. Esboços dos resultados preliminares foram divulgados e apontavam para uma escassez de áreas

37. FAO/UNESCO Soil Map of the World. South America: <*https://bit.ly/2D14WiV*>.

com solos férteis e suas fragilidades, gerando preocupações nos orgãos da ONU voltados para o desenvolvimento e corroborando a necessidade de um encontro entre os países membros para discutir a questão relativa ao meio ambiente humano.

Uma quarta vertente, que também alertou o sistema ONU sobre a importância crescente do tema, foi a mobilização social e política em torno do meio ambiente, do uso dos recursos naturais e dos efeitos da poluição. Nos anos 1960, configurou-se uma grande desconfiança na tecnologia e na ciência de ponta como poderes que afastaram a humanidade de modos de vida harmônicos e equilibrados. "Materialismo, tecnologia, poder, lucro e crescimento eram caracterizados como símbolos do que havia de pior na sociedade ocidental e como ameaças ao meio ambiente [...] O movimento hippie do final dos anos 60 encarnou a escola moral e anti-establishment do ambientalismo nos EUA, em que o retorno às áreas virgens e à natureza era o único caminho para manter os valores da terra num mundo materialista" (McCormick, 1992: 77). As experiências do poeta e naturalista Henry David Thoreau ao encontrar a liberdade na natureza selvagem (*wilderness*) e de outros preservacionistas estadunidenses do século XIX foram redescobertas e engrossaram a discussão sobre a verdade da defesa da natureza. As questões referentes à destruição do meio ambiente, junto à revalorização da natureza, entraram na agenda das mobilizações do período.

A percepção real de habitar não mais um local, uma região, uma cidade, e sim um planeta aumentou com a divulgação de fotos da Terra tiradas do espaço e das declarações, até singelas, de astronautas. A questão da sensibilização ao meio adquire um peso grande na mobilização em torno de questões consideradas ambientais. Muitos efeitos da contaminação ambiental não facilmente identificados, muitas vezes surgem em longo prazo, e dependem da divulgação científica que, ao mostrar novas evidências, adquire um papel disseminador nas mobilizações ambientais que escapavam de mero sentimento. Ainda que as mobilizações lançassem mão de um apelo emocional, o conhecimento científico não apenas facilitava o foco para uma reivindicação fundamentada como permitia que se discutisse um rol de soluções. Havia uma ênfase grande em "conscientizar" sobre a questão ambiental, situar aspectos de difícil percepção ao cidadão comum, fazer do perigo genérico de um planeta que se degrada um problema a ser equacionado no quintal de cada residência. A ecologia tornou-se o setor do conhecimento científico que mais se aproximou dos ativistas que defendiam a natureza[38].

A palavra ecologia pareceu pela primeira vez em uma nota de rodapé de uma obra monumental, publicada em 1866, *Morfologia Geral dos Organismos*, do biólogo alemão Ernst Haeckel (1834–1919), definida como "totalidade da ciência das relações do organismo com o meio, compreendendo, no sentido lato, todas as condições de existência" (Acot, 1990: 27). O biólogo alemão cunhou este e outros conhecidos e utilizados neologismos no decorrer de seus trabalhos, entre eles *phylum*, *ontogenesis* e *phylogenia*. Para formar a expressão ecologia, *Œcologie*, foram unidas duas palavras gregas: *oikos*, casa, habitat, e *logos*, estudo, razão. Contudo, Haeckel nunca pesquisou o que denominou ecologia; seus temas de investigação eram morfologia e metamorfoses dos organismos, sem enfatizar o meio em que estes nasciam e cresciam. Ele cunhou a palavra, mas a prática desse conhecimento envolvendo seres vivos e o meio percorria vários outros autores e outras expressões. Um termo que concorria com ecologia era *biocenose*, mas seu sentido pendia apenas para a relação dos seres vivos entre si, enquanto que a ecologia tratava da relação dos seres entre si e com o meio. Outras noções procuravam dar conta da especificidade desse tipo de estudo e estavam em circulação no ambiente das ciências da época: etologia (termo utilizado por Saint-Hilaire), hexicologia (noção de Mivart), mesologia (noção de Bertillon) (Drouin, 1993: 88).

A palavra *ecologia* serviu para renomear a chamada geografia das plantas (noção do naturalista Humbolt) ou geobotânica. Em 1895, o termo *ecologia* apareceu destacado no título de um estudo de Eugen Warming, geobotânico de Copenhagen, que lhe deu um sentido conceitual mais preciso. Ele dividiu a geobotânica em florística e ecológica. A primeira compila flores, divide a terra em zonas florísticas, estudando a extensão das espécies; a geobotânica ecológica tem outro propósito, nas palavras de Warming, em *Lehrbuch der Œkologishen Pflanzengeographie*[39]: "ela nos ensina como as plantas e as comunidades vegetais ajustam suas formas e seu comportamento aos fatores do seu meio efetivamente atuante, tais

38. Há uma distinção entre ambientalismo e ecologismo, na qual os ecologistas aparecem como mais contundentes e os ambientalistas mais aptos a se integrarem ao sistema. Entretanto, aqui não será sugerida tal distinção, pois além de divergências na nomenclatura conforme a língua e o teor da reivindicação, isso pouco auxilia a análise do ativismo referente ao meio ambiente.

39. Traduzido para o inglês em 1909, com o título *Œcology of Plants*. Cf. Drouin, 1993: 21.

como a quantidade de calor, de luz, de alimentação e de água que se acham disponíveis" (Warming apud Acot, 1990: 32). Nos EUA, um pouco mais tarde, surgiu a *ecologia dinâmica*, interessada nas sucessões vegetais, introduzindo o fator tempo na análise dos *habitats*. Os animais foram incluídos levando as comunidades vivas a serem consideradas um sistema, inclusive com a possibilidade de previsões. A ecologia designou um ramo de estudos sobre a vida em que, de modo geral, as espécies isoladas deixaram de ser o alvo central das pesquisas. Os minerais e seus elementos químicos — os fatores abióticos desse fluxo de trocas — foram considerados parte constitutiva dos diversos *ecossistemas*, termo cunhado em 1935 pelo botânico e pioneiro da ecologia inglesa Arthur Tansley. Com a ecologia, investiga-se o que ocorre entre as espécies através das trocas energéticas da cadeia alimentar.

"A 'era da ecologia' começou no deserto dos arredores de Alamogordo, Novo México, em 16 de julho de 1945, com uma ofuscante bola de fogo e um intumescente cogumelo formado por uma nuvem de gases radioativos" (Worster, 1994: 342), afirmou o historiador do ambientalismo D. Worster. Menos de um mês depois, dois cogumelos semelhantes destroem Hiroshima e Nagasaki, no Japão. Lançadas por estadunidenses, as *bombas da paz* encerraram definitivamente a II Guerra Mundial, que já terminara na Europa. Os efeitos radioativos no ambiente ainda eram praticamente desconhecidos. Experiências e testes posteriores com explosões atômicas demonstraram a impossibilidade de um controle desses efeitos que se espalhavam pela atmosfera do planeta e impregnavam o ambiente. Segundo Worster, esse momento marcou uma problematização, envolvendo inclusive a opinião pública, sobre os limites da ciência. O otimismo em relação à tecnologia arrefeceu, seria como se o "lado escuro do Iluminismo" tivesse enfim se manifestado, não só com as horríveis mortes, mas com a liberação mortal de forças naturais impossíveis de serem detidas (Ibidem: 343). Essa questão também serviu de referência para a revolta de jovens dos anos 1960 contra a tecnologia e aspectos artificiais da vida humana e os fez valorizarem o saber ecológico. Sendo uma ciência com rigor e prestígio para produzir verdades, a ecologia nesse momento foi evocada como força capaz de limitar a racionalidade do Estado e a própria ciência moderna, que, com a justificativa legítima de soberania em destruir um inimigo, ameaçou um bem comum e vital para a humanidade, o planeta. Sob esta ameaça à vida, "uma nova consciência moral denominada ambientalismo começou a tomar forma com o propósito de usar as descobertas da ecologia para restringir o uso da ciência moderna baseada no poder sobre a natureza" (Ibidem: 343–344).

Contudo, a era atômica fomentou os estudos ecológicos de ponta, especialmente nos EUA. As agências nucleares que realizavam testes financiavam pesquisas para que se avaliassem os efeitos da radioatividade nos seres vivos (Hagen, 1992: 100–121). Investigações detalhadas sobre o alcance das contaminações também serviram para se compreender os movimentos da energia e de materiais através dos elementos vivos em interação com o meio. Eugene Odum foi um dos pioneiros do uso de marcadores radioativos para estudar a cadeia alimentar, o fluxo de nutrientes e os animais (Mongillo; Booth, 2001: 205).

O conceito de ecossistema tornou-se central em uma nova ecologia, apresentada no livro *Fundamentos da Ecologia,* dos irmãos Eugene e Howard Odum, publicado pela primeira vez em 1953, com edições revistas e ampliadas em 1959 e 1971. Para os autores, "o princípio do ecossistema é o mais fundamental e importante princípio subjacente à conservação" (Odum apud Hagen, 1992: 139). Essa nova ecologia trouxe um otimismo em relação à tecnologia derivada desses saberes que apontavam para uma efetiva engenharia ecológica: "os seres humanos poderiam aprender valiosas lições da natureza, mas esse conhecimento também permitiria aos humanos intervir, manipular os ecossistemas naturais e criar artificiais" (Hagen, 1992: 139). O discurso ecológico contém e alimenta um "ethos gerencial" (*managerial ethos*) (Worster, 1994: 139). As verdades ecológicas produzidas pela ciência explicam os processos da natureza, e também trazem subsídios às intervenções, ao manejo e ao gerenciamento de seus elementos, possibilitando equacionamentos de efeitos de catástrofes e ações de prevenção, monitoramento da dinâmica dos ecossistemas e mitigação de impactos de atividades humanas.

Presente nas ciências biológicas, o conceito de ecologia foi incorporado à sociologia para dar conta de questões urbanas, alvo das pesquisas da Escola de Chicago, desde os estudos pioneiros de Robert Park no início do século XX. A cidade foi vista como uma natureza, *habitat* da espécie humana, para a qual a visão sistêmica trazida pela abordagem ecológica contribuiu para a compreensão do meio urbano, que incluía desde os elementos materiais até os "temperamentos morais" de seus habitantes. Os fluxos de transporte e comunicação, "linhas de bonde e telefones, jornais e publicidade, construções de aço e elevadores — na verdade todas as coisas que tendem a ocasionar a um mesmo tempo maior mobilidade e maior concentração de populações urbanas — são fatores primários da organização ecológica das cidades" (Park, 1967: 30). A abordagem serviu para descrições mais sistêmicas da vida nas cidades e para projetos de intervenção visando corrigir problemas e equacionar conflitos, mas não se afastou das analogias procedentes do século XIX entre sociedade e organismo vivo. Entretanto, a ecologia urbana instrumentalizou, mais especificamente, a imbricação entre população e meio em *ambientes*, que podem ser analisados por si e, consequentemente, podem ser alvo de intervenções com resultados no comportamento das espécies, no caso da ecologia humana, individual ou socialmente.

Há uma relação estreita entre os variados ativismos voltados para a defesa de aspectos pontuais da natureza e a criação e fortalecimento de instituições e regulamentos. Para as reivindicações serem implantadas da maneira como são exigidas, faz-se necessária a atuação de uma autoridade e, em geral, cabe ao Estado tal função. As respostas institucionais ocorrem na forma normativa e punitiva. Os ativistas lutavam e lutam para serem atendidos pelos governos de algum modo e, por vezes, exigem a mediação do Estado em alguma disputa. Além da força dos movimentos ambientais, que aumentavam em número, causas e visibilidade global a partir dos anos 1960, as instituições jurídico-políticas voltadas a atender as reivindicações por uma gestão mais ecológica passaram a ser criadas e aprimoradas com maior frequência. Nos EUA, "a partir do final dos anos 1960, tinham sido redefinidos em termos 'ambientais' os embates contra as condições inadequadas do saneamento, de contaminação química de locais de moradia e trabalho e de disposição indevida de lixo tóxico e perigoso" (Acserald et al., 2009: 17).

A resposta institucional do governo estadunidense aos problemas surgidos pelas atividades humanas e à pressão das manifestações foi a aprovação, em 1969, da Lei de Política Ambiental Nacional (National Environmental Policy Act), e a criação da Agência Federal de Proteção Ambiental (Environmental Protection Agency – EPA), ligada à Presidência da República, em 1970 (McCormick, 1992: 136–137), tendo como atribuições: controle da poluição mediante o licenciamento de atividades potencialmente danosas às condições do meio ambiente; monitoramento, pelo qual se certifica a qualidade do meio ambiente pelo registro de indicadores pertinentes;

cumprimento das medidas mitigadoras e do grau de controle de impactos exigidas pelo licenciamento[40].

Ao mesmo tempo, estudos mostraram que a distribuição espacial de riscos e acidentes ambientais era socialmente desigual, e que os territórios de concentração de minorias raciais ou de baixa renda eram os locais de maior incidência de ações de impacto e de insuficiência de medidas de controle e proteção. Surgiu nos EUA o movimento denominado Justiça Ambiental, pressionando o governo para que elaborasse políticas mais distributivas e igualitárias, unindo em sua prática reivindicatória as lutas ambientais e os direitos civis. Esse modelo espalhou-se pelo planeta[41], e pressionou para que as reivindicações ambientais fizessem parte de programas de defesa de direitos e qualidade de vida, além de realizar estudos sobre conflitos e as populações envolvidas[42].

Porém, essa produção de verdades gerou também o seu reverso complementar: o "ecologismo dos pobres, ativismo de mulheres e homens pobres ameaçados pela perda dos recursos naturais e dos serviços ambientais de que necessitam para sobreviver" (Martínez-Alier, 2012: 170). Dois exemplos são emblemáticos de resistências diretas às forças que obstruíam seus modos de vida. Na Índia, nas nascentes do Ganges, em 1973, liderado por mulheres, um grupo de camponeses abraçou (*chipko*) as árvores de sua aldeia que haviam sido leiloadas pelo governo para uma empresa de raquetes de tênis. Com o enfrentamento corpo a corpo, conseguiram manter a floresta, da qual dependiam, e serviram de referência para outras lutas semelhantes, formando o Movimento Chipko. No Brasil, os seringueiros do Acre, ao terem suas terras passadas para fazendeiros que derrubavam e queimavam a floresta, defenderam-nas por meio do que ficou conhecido como *empate*. Homens, mulheres e crianças andavam pela mata de mãos dadas, desafiando os madeireiros e fazendeiros. O primeiro episódio ocorreu em 1976, e o movimento logo ficou internacionalmente conhecido devido à figura emblemática de Chico Mendes. Ambos os movimentos não eram propriamente ecológicos, mas foram assimilados às lutas ambientais tradicionais devido à defesa do meio onde realizavam suas atividades.

A partir dos anos 1970, quando "o meio ambiente se torna objeto de políticas públicas, enquanto medidas jurídicas e instituições se multipli-

---

40. EPA: <*https://www3.epa.gov/*>.

41. No Brasil: <*https://redejusticaambiental.wordpress.com/*>.

42. Mapa de Conflitos envolvendo Injustiça Ambiental e Saúde no Brasil: <*http://mapadeconflitos.ensp.fiocruz.br/*>.

cam nos níveis nacional e internacional" (Le Preste, 2005: 166), surgiu o neologismo *ecopolítica,* unindo dois substantivos: *ecologia* e *política.* Sob um mesmo conceito reuniram-se as políticas que envolviam assuntos referentes a esse novo objeto de intervenção: o *meio ambiente,* no plano internacional. Segundo Philippe Le Prestre, o uso pioneiro do termo *ecopolítica* coubera a Dennis Pirages, professor de política da Universidade de Maryland, nos EUA, "para designar relações políticas no âmbito da proteção do meio ambiente e dos seus recursos", em 1978 (Ibidem: 19). O termo fora utilizado anteriormente por Karl Deutsch, em uma publicação da UNESCO, para nomear um campo emergente tanto de estudos científicos quanto de ação: a *ecopolítica,* o conjunto de intervenções, decisões políticas relativas ao *sistema ecossocial,* que consiste no resultado da interação entre o sistema social e o ecossistema (Deutsch, 1977: 13). Como tal interação ultrapassa fronteiras dos Estados-nação, Deutsch apontava para o aumento da importância de atores e instituições internacionais e transnacionais em processos de mudanças, sem deixar de lado possíveis novas atribuições dos governos dos Estados nacionais (Ibidem: 16).

Alguns autores fazem uma distinção entre *ecologia política* e *ecopolítica.* Philippe Le Preste, por exemplo, define ecologia política como a "doutrina que se articula sobre a crítica da sociedade industrial com a pretensão de oferecer, sobre essa base, um projeto global de sociedade, comparável e suscetível de oposição às duas grandes ideologias da era industrial: o liberalismo e o socialismo" (Le Preste, 2005: 19). Refere-se "a uma ideologia ou programa político empenhados em influenciar as políticas públicas, ou seja, a conquistar o poder" (Ibidem: 129). A ecologia política seria a propulsora do ativismo ecológico e da crítica ao capitalismo, colocado em questão pela percepção relativa à finitude dos recursos.

Por sua vez, a *ecopolítica* se manifesta na mudança nas relações internacionais, a qual, segundo Dennis Pirages, decorre da consideração de "preocupações ecopolíticas e novos assuntos correlatos como acesso a recursos naturais, novos tipos de alavancagem econômica em temas internacionais, adequação de suprimento alimentar para o mundo futuro, questões de justiça social e direitos humanos, novos problemas de desenvolvimento econômico para os países menos desenvolvidos e uma equânime e eficiente distribuição de recursos mundiais" (Pirages, 1978: IX). O sentido de ecopolítica reforça a chamada governança ambiental global, em que que todo um conjunto de normas e regulamentos decididos multilateralmente e disseminados em níveis locais tem como alvo o planeta. Para

Le Prestre, "o meio ambiente se tornou rapidamente a matriz das novas relações internacionais. (...) A dinâmica da ecopolítica indica a ordem internacional para a qual se encaminham as sociedades humanas (Le Preste, 2005: 471). (...) Mesmo os indiferentes às questões ambientais não podem ignorar as implicações [da ecopolítica] para a segurança interna e externa dos Estados e suas populações" (Ibidem: 481).

Os ativismos em torno de temas ligados à natureza e ao que posteriormente, nas últimas décadas do século passado, denominou-se *meio ambiente* se iniciaram como pressões para respostas a problemas específicos e segmentados. Algumas das primeiras e efetivas ações de preservação jurídico-institucional da natureza surgiram em países que se industrializavam com rapidez. Paisagens e modos de vida se alteravam, devido à chamada "Revolução Industrial e Agrária", iniciada na transição do século XVIII para o XIX[43], especialmente na Inglaterra, na França e nos EUA. A indústria crescia simultaneamente à concentração e à redefinição da propriedade de terras, de novas técnicas agrícolas com a decorrente expulsão de parte das gentes que tinha seu sustento e modo de vida em torno da agricultura. Nos EUA, especialmente durante o século XIX, também havia um processo de ocupação de migrantes agricultores em vastas áreas a oeste, terras indígenas e as subtraídas do México, compostas de grandes regiões naturais ainda preservadas da ação predatória humana.

Os rumos do chamado "progresso" mereceram desconfiança entre alguns cientistas já no século XIX devido aos problemas gerados pela rápida urbanização de locais onde se instalaram as fábricas. O ambiente artificial das cidades passou a manifestar aspectos insalubres que não dependiam mais de miasmas provenientes de pântanos ou má circulação de ar, mas de chaminés de fábricas, de efluentes de processos industriais lançados em corpos d'água e do crescimento populacional, pela natalidade e migração, sem uma correspondente infraestrutura de saneamento e moradia. Em 1852, o químico escocês Robert Angus avaliou o pH de chuvas que afetavam negativamente a vegetação na cidade de Manchester, na Inglaterra, e cunhou o termo "chuva ácida", tema investigado a fundo e alvo de ações internacionais 120 anos depois. O chamado *efeito estufa* causado pelo dióxido de carbono, por sua vez, foi estudado com mais detalhe pelo

---

43. *Revolução Industrial* foi termo inicialmente divulgado pelo historiador britânico Arnold Toynbee para se referir às mudanças sociais advindas do capitalismo, em *Lectures on The Industrial Revolution in England* (1884): <*https://bit.ly/2FgKInH*>.

sueco Arrhenius em 1896. A primeira legislação de controle de gases na atmosfera foi a lei de Alcalis (*Alkali Act*), promulgada na Inglaterra em 1863 para coibir a emissão de ácido clorídrico das indústrias químicas de ponta. Reclamações de moradores dos arredores dessas fábricas se aliavam a laudos dos médicos que tratavam dessa população e de estudos científicos dos químicos que conheciam bem esses gases. Os efeitos da industrialização eram tratados de modo indelével no âmbito das políticas de saúde pública e de manutenção da salubridade do meio.

Para mitigar as condições das cidades britânicas surgiram entidades de apoio à construção de parques urbanos e jardins públicos, e uma das primeiras foi a londrina Common, Foot Paths, Open Spaces Preservation Society, em 1865. Começavam a aparecer as organizações não estatais reunidas em torno de um tema hoje denominado ambiental (Mc Cormick, 1992: 34). A história natural e outras ciências da natureza progrediram nesse período, em função do crescimento industrial que exigia novas técnicas produtivas desenvolvidas pela aplicação dos conhecimentos da física e química. As primeiras propostas de gestão de áreas naturais e recursos da natureza, portanto, resultaram das ações de associações de estudiosos e cientistas.

No início do século XIX, a percepção de artistas levou também a questionamentos a respeito da destruição de paisagens e modos de vida locais para a ampliação da economia capitalista industrial. Atribuiu-se aos movimentos estéticos da época, reunidos sob a rubrica de Romantismo, uma valorização da natureza como um "sistema simétrico e bem-composto", capaz de restaurar a harmonia dos seres humanos. "Embora houvesse diversas visões sobre a natureza (...) — visões mecanicistas, visões biológicas, visões orgânicas, visões físicas (usando todo tipo de metáforas) —, o refrão era sempre o mesmo: Senhora Natureza, Mãe Natureza, os cordões da natureza que nos seguram e dos quais não devemos nos separar" (Berlin, 2015: 121). Na Inglaterra, em 1810, o poeta W. Wordsworth escreveu um guia de visitação à região dos lagos na Cumbria, no norte do país, destinado a "pessoas de gosto e sentimentos em relação à paisagem", no qual descreve o local como "uma espécie de propriedade nacional na qual há o direito e o interesse de cada homem que tem olhos para perceber e um coração para desfrutar" (apud McCormick, 1992: 17). Na Escócia, em 1828, o poeta Thomas Carlyle (1795–1881) cunhou o termo *environment* a partir da palavra *environ* do francês arcaico, para traduzir a palavra alemã *Umgebung* (arredores, ambiente) em um texto de W. Goethe (Jessop, 2012). Passou a utilizar o termo em diversos ensaios sobre filosofia e literatura, buscando novas relações entre o ser humano, a paisagem natural e as atmosferas morais que suscitavam, contrapondo-se a uma visão mecanicista da vida humana e à guerra contra a Natureza (Adam Rome *apud* Jessop: 718).

Nos Estados Unidos, no século XIX, a preocupação com o meio recaia nos ambientes das áreas naturais intocadas pelos civilizados, não tanto sobre o tema poluição ou exigências de saneamento. A concepção de natureza intocada orientou as políticas de preservação de áreas especiais que se efetivavam mediante a criação de parques e reservas naturais pelos governos. Em 1832, o pintor estadunidense George Catlin (1796–1872) sugeriu que os indígenas americanos do seu país fossem preservados "por alguma grande política governamental, em sua primitiva beleza e *wilderness* dentro de um parque magnífico. (...) Que bela e emocionante espécie para a América preservar e exibir para ser vista por cidadãos refinados e pelo mundo nas eras futuras! Um parque da nação, contendo homens e feras, todos no frescor selvagem de sua beleza natural" (Catlin, 1841: 261–262). Com objetivo expresso de preservação de uma paisagem natural de "beleza cênica", surgiu em 1872 o primeiro parque nacional, Yellowstone, em Wyoming. Anos depois, graças à iniciativa do preservacionista estadunidense John Muir (1838–1914), foi criado o Parque Nacional de Yosemite, a primeira reserva conscientemente designada à proteção de áreas virgens, que abrangia não apenas o vale de grande beleza, mas áreas do entorno. Em 1892, em defesa da Sierra Nevada, na Califórnia, John Muir e seus discípulos (Fox, 1981) criaram a associação Sierra Club, uma pioneira organização de defesa da natureza. Ao longo do século XX, ampliou seu escopo para questões ambientais como os recursos energéticos e permanece atuante até hoje[44].

No Brasil, em 1876, inspirado pela criação de parques nacionais como Yellowstone, André Rebouças, engenheiro preto do Império brasileiro, propôs a criação de dois parques nacionais, um em Sete Quedas e outro na Ilha no Bananal, consolidando o efeito da divulgação internacional da política de criação de áreas preservadas pelos Estados nacionais. Entretanto, seus projetos não foram implantados. O primeiro parque nacional de preservação integral só viria a ser institucionalizado em Itatiaia, no Rio de Janeiro, pelo Decreto nº 1.713 de 1937, no governo provisório de Getúlio Vargas.

---

44. <*http://www.sierraclub.org/index.asp*>.

A relação conflituosa das atividades humanas com a natureza foi tratada pelo estaduninense George Perkins Marsh (1801–1882) em *Man and Nature*, publicado em 1864 e reeditado com alterações em 1873, com o título *The Earth as Modified by Human Action*. Ao longo de extensos capítulos, o autor procurou demonstrar a destruição da fauna, das paisagens, dos solos e a formação de desertos; a devastação das florestas; a alterações dos regimes hidrológicos, fluviais e estuarinos pelos humanos desde o início da história a ponto de ameaçar tornar a Terra inabitável em um futuro breve. "O homem é um agente perturbador em qualquer lugar. Onde ele fixa o pé, a harmonia da natureza se transforma em discórdia" (Marsh, 1907: 46). Seus argumentos corroboraram iniciativas de proteção de elementos naturais e também de pesquisas sobre o uso desses recursos. Ao mesmo tempo, Marsh procurou encontrar ações que mostrassem possibilidades de restauração de danos, como a construção de diques para impedir assoreamento de cursos d'água ou ações de reflorestamento (Ibidem: 55–56). Ao publicar a edição revisada de seu livro, considerou o trabalho do geógrafo anarquista francês Elisée Reclus (1830–1905), *A Terra*, então recém-publicado em inglês, como um estudo complementar ao seu. "[Reclus] se ocupou com os efeitos conservacionistas e restauradores da atividade humana, e não as destrutivas; elaborou um quadro atraente e encorajador das influências aperfeiçoadoras da ação do homem e das compensações pelas quais ele, consciente ou inconscientemente, faz as pazes com a degradação que ele produziu no meio [medium] em que habita" (Ibidem: 3).

Élisée Reclus publicou dezenas de livros e artigos, tanto sobre a geografia quanto os resultantes de sua prática anarquista. Em um de seus textos, "O sentimento da natureza nas sociedades modernas", investigou a atração e os sentimentos das pessoas em relação à natureza, e concluiu que estes decorreriam da percepção humana ativada pelos estímulos sensoriais do contato com os elementos naturais, aquém dos conceitos e do intelecto (Reclus, 1866). Estudava a natureza aliada à vida humana, pois a humanidade era um dos fenômenos da Terra. "A geografia reclusiana caracteriza-se pela descrição da produção social do espaço e pela análise das relações entre as sociedades e o quadro físico e biológico em dimensões, simultaneamente, espaciais e temporais. A vida e a natureza coincidem, para além do orgânico, pelo movimento constante" (Carneiro, 2011: 105). A relação de Reclus com a natureza ultrapassava o utilitarismo que nela busca recursos para atividades econômicas ou uma contemplação visando transcendê-la. Consiste em uma relação física, sensorial, entre o seu corpo e os corpos dos elementos de seu meio. Em relação a uma experiência dentro de um riacho, Reclus comentou: "Parece-me que me tornei de fato parte do meio que me envolve, eu me sinto um com as ervas flutuantes, com o saibro movente sobre o fundo, com a correnteza que faz oscilar meu corpo... Todo esse mundo exterior é real?" (Reclus apud Carneiro, 2011: 106).

Com atitudes em relação à natureza semelhantes às de Reclus, o escritor e naturalista libertário estadunidense David Henry Thoreau (1817–1862) buscava também uma relação de intimidade física com os elementos naturais. "Suas excursões científicas (...) mantinham essa busca por um contato sensual, por um visceral senso de pertencimento à terra e a seu círculo de organismos" (Worster, 1994: 78). Enquanto pesquisador naturalista, desejava ser "natureza examinando natureza" (Ibidem: 78). Todavia, ao contrário de Reclus que não recusava interferir na natureza para facilitar vida humana, Thoreau voltava-se para a natureza selvagem (*wilderness*), e nela encontrava uma experiência de liberdade.

Nos EUA, em relação à proteção da natureza, ao lado do preservacionismo, cujo expoente foi John Muir, inspirado na filosofia de Ralph Waldo Emerson e nas ações de Thoreau, havia os conservacionistas, como Gilford Pinchot, que propunham a *conservação* dos elementos naturais. Esta tendência se define pelas propostas de um uso planejado de recursos, especialmente dos florestais, inspirado na escola alemã de manejo florestal. Pinchot tinha bom trânsito no governo de T. Roosevelt (presidente dos EUA de 1901 ao início de 1909) e entre suas propostas estava a convocação de um encontro entre países para discutir a conservação de recursos naturais a ser realizada em 1909, em Haia, cidade holandesa que no início do século XX sediava a primeira corte permanente para equacionar conflitos internacionais. Houve adesão de dezenas de Estados para a realização do encontro, mas o projeto acabou cancelado com a posse de W. H. Taft, o novo presidente dos EUA (McCormick, 1992: 34).

Parques nacionais de um lado e, de outro lado, mitigação de condições insalubres fizeram a gestão de recursos naturais, água, ar, solo e territórios entrar na pauta das responsabilidades dos governos e do Estado nacional desde os séculos XVIII e XIX. Essas intervenções no meio faziam parte das técnicas de governo da população descritas por Foucault, que, em geral, compunham-se de leis e regulamentos envolvendo a natureza e os *habitats* humanos em territórios nacionais. Porém, já se notava que os efeitos de atividades econômicas ultrapassavam as fronteiras dos Estados-nações, reforçando o papel dos Estados nas negociações com populações de áreas fronteiriças. As organizações de proteção à fauna e à flora, capitaneadas ou não por naturalistas ou "amantes da natureza", logravam influenciar governos e propor normativas e acordos internacionais multilaterais quando o assunto ultrapassava as fronteiras nacionais. Estas primeiras Convenções e Tratados envolviam animais, em especial aves, além de mar, rios de fronteiras e o transporte de vegetais, como mudas e sementes.

Em 1868, em Viena, a questão de proteção de pássaros selvagens úteis à agricultura fora tema de um encontro de naturalistas alemães que propuseram elaborar um grande acordo internacional para a proteção de animais e que fosse também útil ao manejo florestal e à agricultura. Em 1902, assinou-se a Convenção Europeia para a Proteção de Pássaros Úteis à Agricultura[45]. A profusão de sociedades de ornitólogos e de amantes de pássaros reunidos em um Comitê Internacional de Ornitologia colaborou para que finalmente essa convenção fosse assinada, e suas técnicas de manejo dos pássaros são usadas até hoje (Sands, 2003: 27). No entanto, apenas as aves insetívoras foram consideradas 'boas' para serem protegidas, posto que úteis ao combate de pragas nos campos cultivados; as aves de rapina não obtiveram menção à proteção. Porém, em 1950, uma nova Convenção Internacional para a Proteção das Aves veio a ser assinada em Paris, substituindo a de 1902, antecedida pela bem-sucedida Conferência sobre a Proteção a Aves Aquáticas Migratórias, em 1927, em Genebra. Enfim, coube a esses cientistas as mais efetivas políticas internacionais de defesa da fauna no começo do século passado: "todo progresso que possa ter se realizado na cooperação internacional durante os anos de entreguerras coube aos ornitólogos" (McCormick, 1992: 40).

Os Estados europeus ampliavam sua soberania em colônias na Ásia e na África, e as questões envolvendo a fauna e flora locais começaram a repercutir nas metrópoles. Em 1903, foi fundada a organização internacional Sociedade para a Preservação da Fauna Selvagem do Império, para estimular a proteção da fauna nas colônias inglesas, alvo de caça indiscriminada. Na passagem do século, pode-se citar a Convenção para a Preservação de Animais, Pássaros e Peixes da África, ou Convenção de Londres[46], assinada em Londres pela Grã-Bretanha, França, Portugal, Itália, Bélgica e Alemanha, e cujo objetivo era controlar a exploração de marfim,

45. Em espanhol: <*https://bit.ly/2CakvDe*>.
46. <*https://bit.ly/2PYIWKi*>.

peles e a caça esportiva nas colônias. O propósito do documento nunca foi levado adiante, mas marcou um dos primeiros acordos internacionais sobre a chamada *natureza.* Apenas mais tarde, em 1933, houve um acordo mais efetivo, com a Convenção de Londres para a Preservação da Fauna e Flora em seu Estado Natural[47]. Este tratado reuniu preservacionistas, cientistas e governos e foi ratificado, aos poucos, pela maioria dos Estados coloniais, visando uma proteção mais efetiva do que o estabelecido no tratado de 1900, pois se programou a criação de áreas protegidas nas colônias e "estabeleceu-se o precedente de organizações não governamentais desempenhando um papel técnico consultivo em iniciativas desse tipo" (McCormick, 1992: 37).

A questão dos recursos hídricos de fronteiras também foi alvo de convenções multilaterais. Em 1906, foi assinado um dos primeiros acordos bilaterais na América do Norte acerca de questões do uso dos recursos hídricos em comum, a Convenção entre México e EUA sobre a distribuição das águas do Rio Grande para irrigação[48]. Três anos depois, surgiu outro pioneiro acordo bilateral, o Tratado das Águas Fronteiriças entre a Grã-Bretanha (no interesse do Canadá) e os Estados Unidos da América.

Em 1909, Paris sediou o Congresso Internacional para a Proteção da Paisagem[49]. Um dos objetivos era o de "encontrar as melhores maneiras de proteger as fontes mundiais de energia natural, as florestas, as minas d'água, os lagos, os rios e de fazer um inventário de todos os recursos naturais indispensáveis à vida econômica de cada país"[50]. Nessa reunião propôs-se a criação de um organismo internacional, a Federação Internacional de todas as Sociedades para a Preservação das Riquezas naturais e regionais. Em 1913, em Berna, 17 países assinaram o Ato de Fundação da Comissão Consultiva para a Proteção Internacional da Natureza (Estados Unidos, Alemanha, Argentina, Áustria, Hungria, Bélgica, Dinamarca, Espanha, França, Grã-Bretanha, Itália, Noruega, Países Baixos, Portugal, Rússia, Suécia e Suíça[51]), resultado dos esforços de Paul Sarasin, naturalista suíço, que incorporou a proposta do Congresso Internacional de Paris para se formar uma federação. Entre as primeiras ações estava programada a

---

47. <*https://bit.ly/2CZ4eT7*>.

48. <*https://bit.ly/2C9J2bt*>.

49. Congrès International pour la Protetion des Paysages: <*https://bit.ly/2M1JpJQ*>.

50. Ibidem: 72.

51. Andreas Kley. "Die Weltnaturschutzkonferenz 1913 in Bern". Em alemão: <*https://bit.ly/2LGy8Sz*>.

realização de uma grande conferência sobre a caça à baleia, o comércio internacional de peles e de plumagens, e a proteção aos pássaros migratórios (Ibidem: 39). A eclosão da I Guerra Mundial cancelou os encontros previstos para a consolidação desse órgão que acabou dissolvido.

Entretanto, em 1923, Paris sediou o 1° Congresso Internacional sobre a Proteção da Flora, da Fauna e dos Panoramas e Monumentos Naturais, considerando-se a ação da pesca e da caça em pequena escala, e se elaborou uma lista de animais em extinção acompanhada de propostas de reserva para protegê-los. O segundo Congresso Internacional sobre Proteção da Natureza aconteceu em 1931, em Paris, onde foram apresentadas iniciativas voltadas à defesa da natureza, destacando-se a preservação de espaços de beleza cênica e de proteção à fauna e flora (Franco, 2002).

Quando os EUA se recuperavam da crise mundial de 1929 por meio do *New Deal* (Novo Acordo), que contava com políticas sociais ao lado de planos de reestruturação da economia, o presidente F. Roosevelt, sobrinho de T. Roosevelt, aproximou-se, em 1933, dos conservacionistas ligados a Pinchot e providenciou várias medidas econômicas com uso planejado de recursos naturais, inclusive a de encaminhamento de desempregados para o manejo florestal e para ações de combate à erosão do solo.

Entre 1934 e 1937, ocorreu uma grande catástrofe ambiental nas Planícies estadunidenses: o *Dust Bowl* (caldeirão de pó), acentuado pela exploração agrícola que desconsiderou as características ambientais do local. Tempestades de areia e tornados tornaram o solo ainda mais seco e erodido, levaram poeira até grandes cidades, e o país chegou a necessitar importar trigo. Nessa época, a corrente conservacionista entrou em evidência e se voltou para uma "perspectiva ecológica mais abrangente e coordenada" (McCormick, 1992: 39). A desertificação dessas grandes áreas agrícolas alertou para um processo similar que se iniciara na África Oriental com a exploração colonial e favoreceu algumas medidas de prevenção (Ibidem: 39).

Devido a seu aspecto de alcance transterritorial, mesmo que incipiente, estes primeiros regulamentos contribuíram para a construção da noção de meio ambiente planetário. Os pássaros, as bacias hidrográficas, a fauna marinha e o próprio mar não se circunscrevem a fronteiras. As proposições para protegê-los respondem a problemas que também atravessam limites nacionais: na passagem do século XIX para o XX, havia a moda de uso de plumas e peles exóticas nos trajes elegantes da burguesia europeia e seus imitadores pelos cinco continentes; a contaminação do mar por efluentes de navios de qualquer bandeira; a pesca predatória diminuindo os estoques da fauna marinha, com destaque para o bacalhau e as baleias. Associações científicas ou mesmo de "amantes da natureza" de países diversos mantinham contatos mediante intercâmbio de publicações e viagens, e passaram a tomar iniciativas para a formulação das primeiras proposições transterritoriais de defesa da fauna, da flora e das paisagens naturais. As propostas de ações de proteção podiam resultar de encontros nacionais ou internacionais de especialistas ou de leigos envolvidos com a temática, mas dependiam da força coercitiva do Estado para se efetivarem internamente ou da negociação internacional mediante a prática da diplomacia.

No Brasil, o primeiro grande encontro sobre o tema da proteção à natureza ocorreu em abril de 1934. Foi a Primeira Conferência Brasileira da Proteção à Natureza, por iniciativa da Sociedade dos Amigos das Árvores e contando com amplo apoio do Museu Nacional do Rio de Janeiro – MNRJ. Seus organizadores, como Alberto Sampaio, botânico do MNRJ, acompanhavam os encontros internacionais presencialmente e mediante o acesso a publicações especializadas (Franco; Drummond, 2009: 108). A Conferência tinha duas concepções: a preservacionista se propunha a criar áreas protegidas, e a conservacionista enfatizava as práticas de manejo das florestas desenvolvidas na Alemanha desde o século XIX. Ambas as posições coexistiam no Brasil e convergiram para um projeto comum: a preservação das florestas se relacionava à produção agrícola e à proteção dos solos agricultáveis.

A proteção à natureza era justificada dentro de um projeto mais amplo de sociedade em que as riquezas naturais e a paisagem nativa eram fontes da própria nacionalidade. A formação de uma nação na clave do romantismo do século XIX dependia, também, do reconhecimento do ambiente natural na história de um povo. A partir da Independência em 1822, a formação institucional da nação brasileira incorporou esse ideário valorizando uma "paisagem nacional", ao mesmo tempo em que as atividades econômicas baseadas na agricultura de exportação destruíam a Mata Atlântica, nativa do sul e sudeste do Brasil. A Conferência de 1934 tinha uma intenção de "articular os ideais românticos de natureza e nacionalidade (...) com uma abordagem racionalista, segundo a qual tanto o mundo natural, como o próprio povo poderiam ser 'melhorados' por meio do aprendizado de uma ciência universal e de comparação com outros povos" (Ibidem: 59). Essa 'melhora' viria pela promulgação de leis a serem cumpridas pela autoridade de um Estado intervencionista.

Os protetores da natureza brasileiros tomaram as ideias do pensador político autoritário Alberto Torres (1865–1917) em *A organização nacional* (1914) e *O problema nacional brasileiro* (2002) como um programa de ação, que equacionava "as preocupações com o mundo natural e a questão da construção da nação e da identidade nacional" (Ibidem: 39), mediante o Estado considerado como a instituição capaz de organizar a sociedade em nome dos interesses coletivos e cuja defesa justificava o necessário uso da força. Entretanto, o cumprimento da lei deveria ser também resultado da educação e do esclarecimento à população, mobilizando a opinião pública para a defesa do patrimônio natural da nacionalidade brasileira. Segundo seu presidente, Leôncio Corrêa, a Sociedade dos Amigos das Árvores fora "fundada por patriotas, e queria ser a sentinela vigilante do nosso ameaçado patrimônio florestal" (Ibidem: 44). No ano da Conferência fora promulgado pelo Governo Provisório de Getúlio Vargas o Decreto nº 23.793[52], do qual surgiu o primeiro Código Florestal brasileiro, cuja elaboração contou com estudos e propostas desses cientistas afinados com as correntes conservacionistas da Europa e América do Norte. Em um de seus livros dos anos 1930, Alberto Sampaio, o "amigo da árvore", elogiou a Milícia Florestal, um dos braços armados do dirigente fascista italiano Benito Mussolini, criada em 1926: "o senhor Mussolini (...) tomou a si impulsionar a proteção à natureza em seu país, e, reconhecendo a necessidade de rígida disciplina e continuidade, militarizou o serviço florestal italiano e deu-lhe um chefe general" (Sampaio apud Franco; Drummond, 2009: 77).

O regime fascista italiano não foi o único a defender a natureza de seu país com disciplina e constância. Na Alemanha, o nacional-socialismo promulgou a Lei do Reich de Proteção à Natureza (*Reichsnaturschutzgesetz* – RNG), em 1935, resultante de alguns anos de elaboração dos conservacionistas alemães ainda na República de Weimar. Os defensores da natureza germânica encontraram sob o nazismo a força para proteger os animais e as florestas, além de apoio à agricultura de pequenos proprietários (Radkau, 2008: 261–265), e não se preocuparam em avaliar os desdobramentos dessa aliança: "o conservacionismo alemão agiu baseado em uma filosofia política extremamente simples: 'não há problemas em qualquer disposição legal e qualquer aliança com o regime nazista, desde que ajude nossa causa!'"(Uekoetter, 2006: 16).

52. Decreto nº 23.793, de 23 de janeiro de 1934: <*https://bit.ly/2SLTSvo*>.

A natureza defendida pela legislação nazista consistia na natureza da paisagem *germânica*, símbolo de uma raça ancestral, a raça ariana, que o regime purificaria ainda mais eliminando outros povos, especialmente os judeus, do território alemão que se alargava pelas ações bélicas da guerra declarada em 1939 (Ferry, 2009). Apenas no final do século XX é que se investigaria mais sistematicamente a intersecção entre uma política nacional de proteção à natureza e um regime assombroso como o nazismo, responsável pela morte de milhões de pessoas em campos de concentração e de extermínio, em batalhas e massacres (Brüggemeier et al., 2005). Estas pesquisas se motivaram também pela frequente referência ao autoritarismo nazista por parte de opositores ao ativismo ecológico nas últimas décadas, especialmente o que preconizava a retirada de pessoas de áreas protegidas e penalidades crescentes para os recém-criados "crimes ambientais"[53], exigindo investigações detalhadas e precisas desse conservacionismo sob o nazismo, em geral, empreendidas por pesquisadores alemães de um recente campo de estudos: a história ambiental.

O nazismo, para Foucault, "é o desenvolvimento até o paroxismo dos mecanismos de poder novos que haviam sido introduzidos desde o século XVIII. Não há Estado mais disciplinar do que o regime nazista; tampouco há Estado onde as regulamentações biológicas sejam adotadas de uma maneira mais densa e mais insistente. Poder disciplinar, biopoder: tudo isso percorreu, sustentou a muque a sociedade nazista (assunção do biológico, da procriação, da hereditariedade; assunção também da doença, dos acidentes). Não há sociedade mais disciplinar e mais previdenciária do que a que foi implantada, ou em todo caso projetada, pelos nazistas. (...) ao mesmo tempo em que se tinha essa sociedade universalmente previdenciária (...) [se tinha] o desencadeamento mais completo do poder assassino, do velho poder soberano de matar" (Foucault, 1999: 301–310). A legislação de defesa da natureza da Alemanha nazista demonstra ao extremo uma política voltada para dentro de um projeto de nação, o qual desencadeou um conflito global que só se encerrou com a explosão de bombas H., massacrando a população de duas cidades no Japão.

Durante os anos de guerra, os mais importantes acordos referentes à proteção da natureza selvagem, não circunscrita às fronteiras, foram

53. No início dos anos 1990, surgira uma expressão relativamente popular na França: "*écolos fachos*" que ilustra a tendência. Cf. "Les écolos fachos". *Actuel*. Octobre 1991, nº 10, pp. 8–20.

celebrados no continente americano: o Tratado sobre Aves Aquáticas Migratórias, de 1937, assinado entre EUA, Canadá e México, e principalmente a Convenção da Proteção da Natureza e Preservação da Vida Selvagem no Hemisfério Ocidental[54], aberta para assinatura na União Pan-Americana em Washington, em 12 de outubro de 1940, e assinada por Brasil, Colômbia, Equador, Bolívia, Cuba, El Salvador, Nicarágua, Peru, Estados Unidos, Haiti, Venezuela, Trinidad Tobago, Suriname, Panamá, Guatemala, Paraguai, República Dominicana, Costa Rica, Argentina, Uruguai, México e Chile. Os objetivos dessa Convenção eram: preservar da extinção todas as espécies e gêneros da flora e fauna nativas da América; e preservar áreas de beleza extraordinária, de formações geológicas raras ou de valor histórico ou científico. Os países contratantes se comprometiam a criar áreas protegidas, além de leis e regulamentos internos de proteção da fauna e flora, e as informações e estudos científicos resultantes dessas ações de proteção deveriam ser compartilhados entre os signatários.

Em 1941, depois de um litígio de 17 anos, saiu a sentença no caso da Fundição de Trail. Instalada no Canadá desde 1896, a fábrica lançava efluentes nos cursos d'água atingindo estadunidenses, na maioria agricultores, que se organizaram e fizeram com que o governo submetesse o caso a um Tribunal Arbitral, em 1925. Esse caso registra a primeira decisão da jurisdição internacional relativa ao meio ambiente, "que declara um Estado não ter o direito de usar o seu território, ou permitir o seu uso de modo a que emissões gasosas causem prejuízo no território alheio ou nas propriedades das pessoas que nele se encontrem" (Antonio Neto, 2009), e se tornou uma referência para o Direito Internacional Ambiental.

Até o final dos anos 1960, a noção de meio ambiente, conforme hoje utilizada, praticamente não existia. Os sentidos de *meio* e de *ambiente* e da locução *meio ambiente* dispersavam-se em alusões a atmosferas morais, habitats de espécies vivas, à geografia de ecossistemas, locais específicos. O minucioso artigo de Spitzer publicado em 1942 não permite uma previsão inequívoca de que, em menos de trinta anos, os termos *meio* e *ambiente* se conjugariam para abarcar a economia, a biosfera e as demais questões pontuais que se agruparam sob a égide de Conferências internacionais, gerando novas instituições e recomendando novas condutas das pessoas e de grupos sociais em um âmbito planetário.

---

54. Em português: <*https://bit.ly/2JksOxw*>.

Foram dispersos os trajetos até se chegar ao Acordo de Paris sobre o clima. As práticas e os juízos acerca da natureza, seus animais, vegetação, rios e mares e suas situações decorrentes da industrialização e colonizações vieram de organizações da sociedade civil, cientistas, inovadores estudos sobre ecologia, artistas e escritores marcados pelo romantismo, atenção com comércio de sementes, relações em zonas fronteiriças, defesa de paisagens imperturbáveis, argumentações sobre a necessidade de parques nacionais, que procedem do século XIX e chegam ao XX.

A questão se torna cada vez mais internacional, as defesas da natureza chegam a ser militarizadas e a funcionar para o racismo de Estado do nazismo, fazendo com que as conferências internacionais ganhem importância. Com os testes com energia atômica, constata-se que não se estava somente no campo da paz pelo fim das guerras. Estudos, pesquisas, reuniões, organizações da sociedade civil, empresários, ativistas e políticos confluem para questionamentos sobre os usos da natureza e sua equivocada dissociação ou subordinação ao humano.

A ONU emerge como centro catalizador e irradiador de discussões visando um consenso ambiental, e neste trajeto, aos poucos, chega-se à sustentabilidade como meta comum dos Estados, assim como o tema do clima foi responsável por conectar as variadas sugestões de preservacionistas e conservacionistas e a sociologia absorve a noção de ambiente para designar espaços diferenciados no meio urbano.

O meio ambiente se configura como dispositivo; a ecopolítica começa a ser uma designação para onde se destinam as sociedades humanas com segurança, envolvendo transterritorialidades, populações e uma concepção de vida relacionada ao universo.

O dispositivo meio ambiente

O ano de 1945 marca a destruição de Hiroshima e Nagasaki por duas bombas de Hidrogênio lançadas pelos EUA, em agosto, e o encerramento da II Guerra Mundial. Iniciou-se, desde então, uma nova configuração das forças internacionais, e o tema da segurança global se impôs. Surgiu a Organização das Nações Unidas – ONU, pela qual foram programadas as ações de reconstrução de guerra na Europa pelo Plano Marshall, ao mesmo tempo em que se formava o bloco comunista nos países do Leste europeu.

Além da ONU, outros órgãos internacionais ligados a ela são criados, entre eles a Organização Mundial de Saúde – OMS e a UNESCO. Nas Nações Unidas predominavam, especialmente no Conselho Econômico Social – ECOSOC, os temas do desenvolvimento econômico e da aplicação da tecnologia de ponta na utilização desses recursos. A prioridade das agências internacionais era reabilitar o mundo no pós-guerra e combater a fome mediante o crescimento da produção e fornecimento de alimentos, assunto já pautado pela extinta Liga das Nações. A agência criada para tratar da fome dentro de um amplo planejamento foi a FAO (Food and Agriculture Organization of the United Nations). Os assuntos relativos ao que hoje se define como meio ambiente — mar, fauna marinha, fauna, vegetação —, que estavam sob a égide de tratados entre países, parcialmente multilaterais, mediados ou não pela Liga das Nações, foram assimilados pelo sistema da ONU.

Durante a década que se seguiu ao fim da guerra, o mundo político se dividiu em dois blocos, um liderado pelo capitalismo estadunidense, outro pelo socialismo soviético, em conflito não diretamente bélico. A ONU abarcava membros dos dois grupos no Conselho de Segurança e muitos dos seus esforços se concentraram em equacionar a tensão entre eles para a manutenção da segurança do planeta, evitando-se uma possível e devastadora nova guerra mundial.

No interior do sistema da ONU, nos anos 1960, dois conjuntos de tratados envolveram temas inéditos com probabilidade de afetar a continuidade da vida humana. Um destes conjuntos se refere, obviamente, ao uso bélico da energia nuclear. Apesar da desconfiança de parte da opinião pública mundial, os testes nucleares a céu aberto continuaram até a década de 1960, trazendo contaminação radioativa, espalhada pelo vento a locais distantes da explosão. A ameaça da radioatividade tornou-se real por meio da comprovação científica de seus efeitos, para além das evidências inscritas nos corpos dos afetados pelas explosões, ambas amplamente divulgadas. Nesse sentido, o Tratado de Proibição Parcial de Testes Nucleares, de 1963, por iniciativa de União Soviética, Grã-Bretanha e Estados Unidos, é considerado o acordo internacional pioneiro em que a segurança mundial associada ao meio ambiente tornou-se objetivo prioritário (McCormick, 1992: 19). O destaque recaiu sobre um desarmamento genérico, quando o objetivo era procurar encerrar a contaminação do ambiente humano pela radioatividade. Em 1968, com o Tratado da Não Proliferação de Armas Nucleares[1], assinado pelo Brasil em 1998, os signatários que não tinham ainda produzido bombas atômicas se comprometiam a não fabricá-las, além de permitirem inspeções periódicas da Agência Internacional de Energia Atômica.

O assunto permaneceu gerando discussões sobre a desigualdade entre os países. Com o pretexto de desenvolver fontes de energia, muitos Estados deixavam transparecer a suspeita de estarem criando a bomba, como ocorre, por exemplo, em relação à Coréia do Norte, que, de fato, recentemente realizou testes nucleares. No caso do Brasil, a questão está revestida de decisões que envolvem sigilo militar, como o Acordo Brasil-Alemanha, firmado durante a ditadura civil-militar para a construção das Usinas de Angra e o projeto Aramar em São Paulo (CEDI, s/d), culminando na relutância em assinar um Protocolo Adicional do Tratado. A energia nuclear não saiu da pauta da defesa nacional. No documento Estratégia Nacional de Defesa, de 2008, aparece um motivo da demora brasileira em assinar um protocolo adicional mais restritivo do Tratado de Não Proliferação de Armas Nucleares: "O Brasil zelará por manter abertas as vias de acesso ao desenvolvimento de suas tecnologias de energia nuclear. Não aderirá a acréscimos ao Tratado de Não-Proliferação de Armas Nucleares destinados a ampliar as restrições do Tratado sem que as potências nucleares tenham avançado na premissa central do Tratado: seu próprio desarmamento nuclear" (Azevedo, 2010). A questão específica dos testes nucleares

1. <*https://bit.ly/2vUK60f*>.

é, enfim, regida pelo Tratado de Interdição Completa de Testes Nucleares, de 1996, que proíbe explosões nucleares sob qualquer finalidade ou lugar. Contudo, por não ter sido ratificado por todos os Estados, este Tratado não entrou em funcionamento[2].

O outro conjunto se refere ao espaço exterior. Em 1959, a União Soviética acelerou seu programa espacial e procurou criar uma era de otimismo ao lançar o primeiro satélite em órbita, o Sputnik, e, dois anos depois, em 1961, o primeiro homem no espaço: Yuri Gágarin. Os comentários desse primeiro astronauta sobre a beleza do planeta Terra foram divulgados como uma mensagem de paz e humanismo, enquanto o uso do espaço exterior passou a ser realidade. A preocupação em garantir o uso do espaço "para o benefício da humanidade" já era anterior ao lançamento do Sputnik. Em 1958, a ONU[3] criou o Comitê do Uso Pacífico do Espaço Exterior, para estabelecer a cooperação entre os Estados no assunto[4]. Como resultado das atividades do Comitê, apareceu o Tratado do Espaço Exterior ou Tratado sobre os Princípios que Governam as Atividades dos Estados na Exploração e Uso do Espaço Exterior, Incluindo a Lua e Outros Corpos Celestes[5], em 1967, considerado o marco na legislação internacional.

O tratado proíbe que qualquer Estado reivindique a posse de corpos celestes, pois estes pertencem a toda humanidade, e proíbe armas nucleares e de destruição em massa na órbita da terra. A ameaça do uso de armas de destruição em massa, inclusive a partir do espaço sideral, contrastava com a imagem pacífica, cooperativa e humanista que os astronautas tentavam transmitir. Em final de 1968, a espaçonave estadunidense Apollo 8 saiu da órbita da Terra e deu a volta na Lua. As primeiras fotos da Terra flutuando no espaço foram divulgadas em revistas e televisão obtendo grande repercussão. Os astronautas da Apollo 11 pisaram na lua em 1969, deixando no solo lunar pegadas, uma bandeira dos EUA e a frase em uma placa de metal: "aqui os homens do planeta Terra puseram pela primeira vez os pés na Lua. Julho de 1969 DC. Viemos em paz em nome de toda a humanidade"[6].

Radioatividade e espaço sideral alimentaram a noção de meio ambiente ao mostrarem a abrangência do humano e ao fazê-lo componente

2. Comprehensive Nuclear Test-Ban Treaty. <*https://bit.ly/2VVTi3d*>.
3. Texto da resolução: <*https://bit.ly/2Fk4Jtp*>.
4. Committee on the Peaceful Uses of Outer Space: <*https://bit.ly/2SLqk15*>.
5. Em espanhol: <*https://bit.ly/1WHrFFF*>.
6. Biografia de Neil Armstrong: <*http://www.imdb.com/name/nm0035842/bio*>.

de um ambiente planetário. As questões de segurança se mesclaram às questões ambientais planetárias nessa fase inicial de construção da noção de meio ambiente. Devido à força das verdades ecológicas em torno da conservação da vida, consolidou-se uma associação mais forte entre meio ambiente e a noção de natureza, reforçando-se a necessidade de evitar ou, ao menos, minimizar ameaças ao planeta por meio de ações de manutenção ou restauração de seus aspectos naturais. Portanto, conservar o meio ambiente mediante instituições cada vez mais abrangentes surgiu, inicialmente, como resposta a crescentes sentimentos de medo e de insegurança produzidos por catástrofes e desastres, pela ameaça de guerras nucleares, pelos efeitos deletérios da poluição, fatos amplamente divulgados por uma mídia que atingia todos os continentes em meados do século XX.

A proposta do ECOSOC de organizar um encontro para comentar os problemas relativos ao meio ambiente, caracterizados como decorrentes de "catástrofe" ecológica, procede não apenas de denúncias acerca de uma "crise ambiental", mas de insatisfações e pressões de autoridades de países pobres em relação ao protecionismo ou ausência de incentivos a eles em relação à produção e ao comércio global. A incorporação de novos países-membros no sistema, incluindo muitas ex-colônias europeias, acarretou conflitos no interior do sistema ONU, envolvendo "o acirrado antagonismo entre protecionistas e desenvolvimentistas" em questões relativas às regras comerciais e econômicas (Amorim, 2015: 117). Havia uma crítica contundente às propostas de colocar limites malthusianos ao crescimento e ao ambientalismo que predominavam entre os especialistas das nações industrializadas. Discutidas apenas em seus ambientes, as propostas de *crescimento zero* ensejavam medidas drásticas de intervenção dos governos nos rumos do desenvolvimento econômico e causavam desconfiança nos dirigentes dos países chamados subdesenvolvidos ou em desenvolvimento. O tema do limite de crescimento não entrara na ONU, que se mantinha preocupada em elaborar programas para o desenvolvimento das trocas comerciais e a cooperação entre os países. Anunciavam-se revisões.

O tema do desenvolvimento econômico era central na ONU nos anos 1950, e a década de 1960 foi por ela declarada a Década do Desenvolvimento. Os esforços para equacionar a desigualdade entre economias envolveram novas instituições, destacando-se, em 1964, a Primeira Conferência das Nações Unidas para o Comércio e Desenvolvimento (United Nations Conference on Trade and Development – UNTACD), programada para reuniões quadrienais. Mesmo assim, a perspectiva de uma discussão sobre o uso dos recursos naturais e a poluição provocou desagrados na maioria dos Estados-membros da ONU. Quando a Conferência Ambiental foi sugerida, imediatamente foi vista como uma iniciativa de Estados desenvolvidos, no sentido de coibir o crescimento dos demais, revestida do pretexto de se encontrar medidas contra a chamada deterioração do ambiente e a poluição. Os Estados membros buscavam evitar que, a pretexto de controle da poluição e defesa da natureza, empresas poluidoras deixassem de se ampliar em seus territórios, ou que investimentos fossem bloqueados. Tratava-se de percorrer o labirinto.

Cogitou-se que fossem estabelecidos programas de ação para equacionar tais problemas, mediante a cooperação internacional. Para organizar o encontro em 1972, em Estocolmo, o Secretário das Nações Unidas, U Thant, nomeou Maurice Strong, biólogo de formação, empresário canadense do setor de petróleo e colaborador assíduo da instituição com eficácia, até ser convidado a assumir, vinte anos depois, a Conferência Rio 92. No primeiro momento, Strong trabalhou para obter a adesão das economias industrializadas a participarem da Conferência, ao mesmo tempo em que visitou dezenas de países considerados não desenvolvidos buscando reunir autoridades locais para assegurar debates em reuniões preparatórias e na Conferência, sublinhando não haver discussão fechada e decisões acordadas previamente.

Na primavera de 1971, em Founex, nos arredores de Genebra, ocorreu um seminário para debater as questões do desenvolvimento econômico com a presença de 27 especialistas de várias nações[7]. O representante do Brasil foi o diplomata Miguel Ozório de Almeida, que posteriormente veio a ser o chefe da delegação brasileira em Estocolmo. A posição brasileira nesse encontro inicialmente foi de confronto ao defender o programa de crescimento econômico traçado pelo governo civil-militar do país. Evocando a soberania dos Estados nacionais sobre seus recursos naturais, estabelecida inclusive por uma Resolução da ONU de 1962 para atender os novos Estados das ex-colônias[8], a representação brasileira se manifestou contra qualquer medida de controle das atividades econômicas por injunções internacionais recorrendo ao princípio da soberania nacional. Porém, não deixou de aludir à criação de medidas financeiras de apoio por parte de países ricos às ações de proteção ambiental em países pobres.

---

7. Relatórios de Founex: <*http://www.mauricestrong.net/*>.
8. Resolução 1.8003 da XVII Assembleia Geral da ONU, de 14 de dezembro de 1962.

O Encontro de Founex foi uma prévia do que ocorreria em Estocolmo, quando transpareceu o conflito Norte-Sul relativo ao chamado desenvolvimento e com o Brasil se mantendo crítico às tentativas de imposições de limites ao crescimento. Os seminários preparatórios da Conferência, enfim, marcaram a inclusão no tema 'meio ambiente' — não apenas questões ecológicas ou efeitos de poluição na saúde humana — trazendo problemas como fome, miséria, más condições de habitações, saneamento, doenças. "A noção de meio ambiente se complementou com questões sociais. A noção de meio incluiu algumas questões que, um século antes, estariam restritas ao que se concebia como população" (Carneiro, 2012: 9).

Outra medida para organizar o encontro em Estocolmo foi solicitar um estudo preparatório a ser discutido na reunião. Dessa iniciativa resultou o livro *Uma terra somente*, de Barbara Ward e René Dubos (1972), preparado com o auxílio de 152 consultores de todos os continentes. O objetivo principal do livro era apresentar a Terra como um patrimônio comum da Humanidade, com a finalidade de sensibilizar cada um para uma consciência e possíveis soluções. Barbara Ward cunhou, em 1965, a expressão "espaçonave terra", amplamente utilizada na época para assinalar a percepção do *habitat* comum da humanidade: o planeta. Na Introdução, ela comenta: "a Humanidade agora está espalhada sobre toda superfície do globo (...) aprender a manejá-lo inteligentemente é um imperativo urgente. O Homem deve aceitar a responsabilidade de administração da Terra. A palavra administração implica, naturalmente, governo para o bem comum. (...) na prática, a responsabilidade da ONU na Conferência era claramente a de definir o que deveria ser feito para manter a Terra como um lugar adequado para a vida humana, não somente agora, mas para as gerações futuras" (Ward; Dubos, 1972: 20–21).

Entre 5 e 12 de junho de 1972, em Estocolmo, ocorreu a Primeira Conferência das Nações Unidas sobre o Meio Ambiente Humano, com representantes de 113 países, incluindo a China, mais 250 organizações não-governamentais e representantes de outros organismos da ONU. As discussões foram acirradas, apesar das reuniões prévias em Founex e Nova Iorque, e giraram em torno da relação entre desenvolvimento econômico e deterioração ambiental, tema pela primeira vez destacado na agenda internacional, como um explícito conflito entre os chamados Primeiro e Terceiro Mundos. Estados e sociedades civis organizadas compuseram sob a gestão da ONU, com base em estudos preparatórios de consulta e sugestões, o primeiro grande encontro voltado a equacionar uma governamentalidade planetária. A ecopolítica começava a ser visível.

Entre os Estados-membros não desenvolvidos da ONU e fora do bloco socialista, o temor de um incentivo ao estancamento do crescimento da economia, como sugerido por estudos sobre a capacidade de suporte do planeta, contribuiu para que o tema específico da pobreza entrasse com destaque nessa primeira Conferência Ambiental e se tornasse parte da questão do meio ambiente humano como problema a ser equacionado. Tensões sobre a questão do desenvolvimento que não foram resolvidas em outras reuniões da ONU retornaram em Estocolmo agregadas à questão do meio ambiente. Na plenária do Encontro, o discurso de Indira Gandhi, único chefe de Estado presente além do Primeiro Ministro sueco, foi emblemático e posteriormente citado com regularidade: "por um lado, os ricos olham com desconfiança nossa contínua pobreza, por outro, eles nos advertem contra os seus próprios métodos. Não queremos empobrecer o ambiente ainda mais, mas não podemos esquecer por um momento a pobreza sombria de um grande número de pessoas. Não são a pobreza e a necessidade os maiores poluidores?"[9].

Houve consenso em torno da afirmação de que a "pobreza é a pior poluição", alertando para os perigos de se limitar o crescimento de países pobres. O Papa Paulo VI enviou uma mensagem para a abertura da Conferência, elogiando este "primeiro gesto de cooperação mundial". Dentre os pontos principais da sua mensagem, destacavam-se a ênfase no meio ambiente como patrimônio da humanidade, que não deve dele se apropriar de modo egoísta; a importância do tema do desenvolvimento, que serviu de orientação central à Conferência, na busca não só de um "equilíbrio ecológico", mas também de um "equilíbrio entre países industrializados e a periferia"; e a reiteração de que "a miséria é a pior poluição"[10], com base na atuação da Igreja da época junto aos pobres.

A Conferência produziu a Declaração sobre o Meio Ambiente Humano[11], uma asseveração de princípios de comportamentos e responsabilidades sobre as questões ambientais. A declaração contempla os 26 prin-

---

9. Discurso de Indira Gandhi na Conferência de Estocolmo em 1972: <*https://bit.ly/2H4yWhZ*>.

10. Não há versão oficial em português, apenas em espanhol, inglês e francês. Em espanhol: "Mensaje de su Santidad D. Pablo VI a la Conferencia de las Naciones Unidas sobre el Medio Ambiente": <*https://bit.ly/2SLrOZd*>.

11. Declaração de Estocolmo sobre o meio ambiente humano: <*https://bit.ly/1pzmvwg*>.

cípios agrupados em cinco blocos: 1) os recursos naturais deveriam ser conservados, a capacidade da terra de produzir recursos renováveis deveria ser mantida e os recursos não renováveis deveriam ser compartilhados; 2) o desenvolvimento e a preocupação ambiental deveriam andar juntos e os países desenvolvidos deveriam ajudar os não desenvolvidos a implantarem políticas de proteção ambiental; 3) cada país deveria estabelecer seus padrões de gestão ambiental, explorar seus recursos sem prejudicar ou colocar em perigos outros países, e contar com a cooperação internacional na questão do meio ambiente; 4) a poluição não excederia a capacidade do meio ambiente de se recuperar, e a poluição dos mares deveria ser evitada; 5) ciência, educação, tecnologia e pesquisa deveriam ser utilizadas para a proteção ambiental (McCormick, 1992: 110).

A Declaração de Estocolmo veio a ser equivalente ou mesmo uma ampliação da Declaração Universal dos Direitos Humanos da ONU (Soares, 1995: 82) ao incluir entre os direitos fundamentais de cada um o acesso a um meio ambiente de qualidade. O primeiro princípio afirma: "o homem tem o direito fundamental à liberdade, à igualdade e ao desfrute de condições de vida adequadas em um meio ambiente de qualidade tal que lhe permita levar uma vida digna e gozar de bem-estar, tendo a solene obrigação de proteger e melhorar o meio ambiente para as gerações presentes e futuras"[12]. Nesta Declaração, o meio ambiente humano é definido tanto como o natural quanto o artificial: "o homem é ao mesmo tempo obra e construtor do meio ambiente que o cerca (...). Os dois aspectos do meio ambiente humano, o natural e o artificial, são essenciais para o bem-estar do homem e para o gozo dos direitos humanos fundamentais, inclusive o direito à vida"[13].

Outro resultado formal de Estocolmo 72 foi um Plano de Ação que convocava os governos, as organizações internacionais e, principalmente, os diversos órgãos das Nações Unidas, como FAO, UNESCO e OMS, a cooperarem na busca de soluções para uma série de problemas agrupados como ambientais. Houve o compromisso de que o tema *meio ambiente* entraria oficialmente na agenda de cada país integrante do encontro.

O plano compunha-se de três grandes grupos de ação: um programa global de avaliação ambiental, denominado Earthwatch (Vigilância da Terra) que previa a avaliação e a revisão das condições ambientais, a pes-

12. Ibidem.
13. Ibidem.

quisa, o monitoramento e o intercâmbio de informações; um programa de gestão ambiental que incluía a definição de metas e o planejamento, consultas internacionais e acordos; e por fim, medidas para apoiar as ações nacionais e internacionais de gestão e avaliação mediante troca de informações, financiamento, cooperação internacional, educação e treinamento[14]. O Plano de Ação contava com 109 recomendações distintas, cada uma detalhada em itens. Metade tratava de conservação de recursos naturais, e o restante cobria temas como assentamentos humanos, rurais e urbanos; poluição, desenvolvimento e meio ambiente, educação e informação (McCormick, 1992: 110–111). Tais recomendações, direta ou indiretamente, dialogavam com convenções, tratados e programas da ONU e de órgãos do sistema, referentes à biosfera, saúde humana, pobreza, recursos da natureza e assentamentos humanos. Essas práticas se agruparam, mas nem todos os assuntos que hoje possuem interfaces com o meio ambiente estiveram contemplados ou registrados nos documentos da Conferência.

O Plano de Ação ainda previa a criação de um órgão da ONU voltado para o meio ambiente no seu aspecto mais ecológico, os recursos naturais, estimulando a coordenação do Plano de Ação de Estocolmo articulado a outros programas que poderiam surgir. Em 1972, foi criado o Programa das Nações Unidas para o Meio Ambiente – PNUMA, com sede em Nairobi, capital do Quênia, cabendo-lhe implementar o Plano de Ação e o programa de vigilância Earthwatch, rede planejada para pesquisar, monitorar e avaliar as tendências e processos do meio ambiente, identificando riscos ambientais e situação de recursos naturais. No entanto, como o PNUMA fora concebido sem um orçamento condizente com as tarefas a ele destinadas e sem poderes executivos para implantá-las em seus primeiros anos, teve sua consolidação dificultada.

Ao longo da sua história política, marcada pelo ponto de inflexão do acontecimento Conferência de Estocolmo, o meio ambiente incorporou em sua definição e às ações levadas adiante em seu nome instituições, filosofias, planejamentos territoriais, conhecimentos científicos, comportamentos, paisagens, emoções e afetos; abrigou em sua definição elementos heterogêneos como saúde humana e fauna; reorientou e forneceu outras dimensões aos elementos que agregou sob a promessa de salvação da vida e de segurança do planeta.

---

14. Report of the United Nations Conference on Human Environment. June, 1972: <*http://www.un-documents.net/aconf48-14r1.pdf*>.

A noção de meio ambiente passou a funcionar a partir de *1968* como um *dispositivo*, no sentido inaugurado por Michel Foucault. Um dispositivo promove conexões entre elementos heterogêneos, oferece um novo campo de racionalidades, um novo campo de verdades e qualificação de saberes, e principalmente se conforma como uma estratégia que responde a uma urgência (Foucault, 2001: 299). Um dispositivo programa o que deve ser percebido e o que deve ser qualificado como verdade, atualiza-se a qualquer momento, *aperfeiçoando-se* para cumprir outras funções e adaptando-se a novas e velozes exigências.

Uma vez consolidado o *dispositivo meio ambiente*, tornou-se possível a análise sobre o redimensionamento de questões segmentadas ou dispersas, não apenas referentes aos temas trabalhados pelos órgãos da ONU ou por setores dos governos dos Estados, mas também aqueles produzidos por organizações não governamentais, algumas de alcance internacional, como a União Internacional para a Conservação da Natureza – UICN (International Union for Conservation of Nature and Natural Resources – IUCN), Friends of the Earth e World Wildlife Fund – WWF. O encontro de Estocolmo proporcionou às ONGs conectarem-se aos temas comuns e a ganharem força na produção da verdade. Apesar de não terem tido voz nas reuniões plenárias, as ONGs realizaram reuniões paralelas durante o evento, uma prática inovadora que desembocou na institucionalização da participação desses grupos pelo sistema ONU, favorecendo a criação de outras organizações transnacionais, como o Greenpeace, e inúmeras repercussões em organizações locais. Voltadas para a defesa do meio ambiente, passaram a participar mais ativamente nas políticas de governos de Estados que, por sua vez, passaram, em graus diversos, a se adequar ao acordado na Conferência, criando legislações e normas internas para a questão ambiental.

A gestão de temas antes deixados a critério dos empresários passou a ser alvo de ações conjuntas, como, por exemplo, o trânsito de lixo tóxico e produtos perigosos pelo planeta, regulado em 1989 pela Convenção da Basileia[15]. Além disso, o *dispositivo meio ambiente* comporá com o Direito Internacional, posto que a Conferência de Estocolmo passou a ser considerada o marco do início do direito ambiental internacional (Amorim, 2015: 118). O *dispositivo meio ambiente* abarca organizações, Estados, legislações, normas, conduções de condutas esperadas, variações em regulamentações, regulações orquestradas, situação de espaços, etnias e povos,

---

15. Convenção da Basiléia: <*https://bit.ly/2LkapXY*>.

programáticas científicas e educacionais, um domínio, uma palavra, inúmeros programas que atravessam populações e divíduos, formas de educar e cuidar do planeta degradado, visando melhorias e o futuro das gerações, a conduta de cada um. O *dispositivo meio ambiente* expressa a governança sob as relações compartilhadas a respeito do humano conectado à natureza.

À parte da crise econômica mundial reconhecida em 1973 com o aumento dos preços do petróleo em quase 300%, agravada por uma mudança cambial e desaceleração da produção, o assunto ambiental reconfigurou sua capacidade de mobilizar e outras propostas se aglutinaram ao dispositivo. A Declaração de Cocoyoc, de 1974, resultado de um evento no México organizado pelo PNUMA e pela UNTACD, mostra uma avaliação das ações da ONU e a busca por soluções: "trinta anos se passaram desde que a assinatura da Carta das Nações Unidas lançou o esforço para estabelecer uma nova ordem internacional. Hoje, esta ordem atingiu um ponto crítico. As esperanças de criar uma vida melhor para toda a família humana têm sido amplamente frustradas. (...) Pelo contrário, mais pessoas estão com fome, doentes, sem abrigo e analfabetos hoje, do que quando a ONU se configurou. Ao mesmo tempo, novas e inesperadas preocupações começaram a escurecer as perspectivas internacionais. A degradação ambiental e a crescente pressão sobre os recursos levantam a questão de saber se os 'limites externos' da integridade física do planeta não poderiam estar em risco. Partindo do pressuposto de uma ordem econômica internacional mais justa, alguns dos problemas da má distribuição de recursos e uso do espaço poderiam ser tratados por uma alteração na geografia industrial do mundo. (...) O ideal que buscamos é um mundo cooperativo harmonizado em que cada parte é um centro, vivendo às próprias custas, em parceria com a natureza e em solidariedade com as gerações futuras"[16].

A crise econômica, principalmente financeira, forneceu mudanças nas políticas e na gestão dos recursos naturais no planeta, ao mesmo tempo em que diminuiu a oferta de recursos para a proteção ambiental. O desafio à conservação do planeta passou a ser o de equacionar os desdobramentos da recessão econômica agregada ao aumento dos desastres e catástrofes com efeitos mortíferos de difícil solução: o acidente nuclear da usina estadunidense Three Miles Island, em 1979; o vazamento de gás mortal em Bhopal, na Índia, e o incêndio na Vila Socó, em Cubatão, Brasil, ambos

16. Symposium on Patterns of Resource Use, Environment and Development Strategies. Declaração de Cocoyoc: <*https://bit.ly/2Rj02qd*>.

em 1984; a explosão do reator nuclear de Tchernóbil, na Ucrânia, em 1986; a contaminação por Césio 137 proveniente do lixo radiativo do Instituto Goiano de Radioterapia, Brasil, em 1987. Os conflitos em torno dos temas que estavam sendo reunidos pelo *dispositivo meio ambiente* aumentaram e a perspectiva do esgotamento dos recursos continuava na pauta dos governos, em pequena e em grande escala. Apesar disso, o encontro de Estocolmo estimulou em muitos locais a criação de normas ou leis, mesmo que incipientes, de defesa de aspectos do meio ambiente, acirrando disputas.

Foi neste momento de reconfiguração do sistema econômico mundial que o reflexo no Brasil, em linhas gerais, repercutiu na desaceleração do processo de crescimento econômico, também conhecido como "milagre brasileiro". Entretanto, algumas ações para evitar ou ao menos controlar os efeitos da poluição que já afetavam cidades industrializadas passaram a ser colocadas em funcionamento, ao menos nos locais de maior concentração industrial. Em 28 de fevereiro de 1967, o Decreto-Lei nº 303 definia o conceito de poluição e criava o Conselho Nacional de Controle da Poluição; pela primeira vez, o termo "meio-ambiente" aparece em um texto legal brasileiro de abrangência nacional[17]. Na mesma data, criava-se a Política Nacional de Saneamento pelo Decreto-Lei nº 248, legislação revogada meses depois pela nova Política Nacional de Saneamento[18]. Nesta são incluídos ações e o controle da poluição industrial (Bursztyn; Persegona, 2008: 193), ainda circunscritos no âmbito da engenharia sanitária e da saúde, sem "campo ambiental" institucionalizado.

Nos Estado de São Paulo, fundada em 1968, a Companhia de Tecnologia de Saneamento – CETESB incorporou a Superintendência de Saneamento Ambiental – SUSAM, vinculada à Secretaria da Saúde, e estava encarregada de controlar e monitorar a poluição e seus efeitos. Anteriormente, a SUSAM absorvera a Comissão Intermunicipal de Controle da Poluição das Águas e do Ar – CICPAA que atuava, desde 1960, nos municípios de Santo André, São Bernardo do Campo, São Caetano do Sul e Mauá, cidades de concentração industrial da Grande São Paulo[19].

O Brasil teve uma atuação importante nas discussões da Conferência de Estocolmo, levando uma posição de defesa do desenvolvimentismo

---

17. Decreto-Lei nº 303, de 28 de fevereiro de 1967: <*https://bit.ly/2TESZ7W*>.

18. Lei nº 1538, de 26 de setembro de 1967: <*https://bit.ly/2TESZ7W*>.

19. <*https://bit.ly/2REAHq9*>. Atualmente a CETESB denomina-se Companhia Ambiental do Estado de São Paulo e está vinculada à Secretaria de Estado de Meio Ambiente.

confrontando uma proposta mais preservacionista do meio natural. No entanto, cumpriu as recomendações do encontro. Em 1973, criou-se a Secretaria Especial do Meio Ambiente, ligada à Presidência da República, tendo como secretário o ambientalista Paulo Nogueira Neto, criador, em 1958, da Fundação Brasileira de Conservação da Natureza – FBCN. Em sua gestão, o Brasil aderiu ao Programa da UNESCO: Homem e Biosfera (MAB) e comprometeu-se em criar áreas de reserva para cada bioma (Bursztyn; Persegona, 2008: 163–164). Em 1975, promulgaram-se leis de controle da poluição em nível federal, acompanhando a experiência de unidades da federação industrializadas, como São Paulo, Minas Gerais, Rio de Janeiro, e se previam planos de ação e exigências de controle e monitoramento de efluentes, além de definição de áreas críticas de poluição do país[20].

No ano de 1981, ainda durante a ditadura civil-militar, promulgou-se a Lei nº 6.938, vigente até hoje com alterações, que criou o Sistema Nacional de Meio Ambiente – SISNAMA e a Política Nacional de Meio Ambiente – PNMA[21]. Entre outras medidas, exigiu-se estudos de impacto ambiental para o licenciamento de empreendimentos que acarretam alterações no meio ambiente. Previu-se a participação de representantes da sociedade civil, em decisões e consultas sobre a gestão e licenciamento no Conselho Nacional de Meio Ambiente – CONAMA e, por isso, foi considerada "uma iniciativa profundamente transformadora no que diz respeito ao papel do Estado e da organização do Poder Executivo para a sua aplicação, à medida que com ela se introduzem, pela primeira vez no Brasil, mecanismos de gestão colegiada e participativa" (Carvalho, 2008: 261). A mesma estrutura de licenciamento e participação da sociedade civil começaram a ser reproduzidas nos níveis estaduais e municipais em órgãos integrantes do SISNAMA (Bursztyn; Pessegona, 2008: 187–189). O estabelecimento da Política Nacional de Meio Ambiente, afinada com a nascente "governança ambiental global", consolida o funcionamento do *dispositivo meio ambiente* no Brasil, reunindo temas e instituições dispersas, como ecossistemas, desenvolvimento socioeconômico, uso racional do solo, subsolo, água e ar. A efetivação dessa política ocorreu gradativamente, mas com a Constituição Federal de 1988 acelerou-se a criação de projetos e instituições que favoreceram sua implantação.

---

20. Decreto-Lei nº 1413, de 1975: <*https://bit.ly/2H8OLUL*>.
Decreto nº 76389, de 1975: <*https://bit.ly/2snwEQB*>.
21. Lei Federal nº 6.938, de 31 de agosto de 1981: <*https://bit.ly/1GGqn14*>.

O tema ambiental entrou também na vida político-partidária em vários locais do planeta, focando os aspectos referentes à natureza e recursos, pois outros temas que compunham a noção de meio ambiente das últimas décadas, como saneamento, pobreza e saúde, já eram objetos de muitas propostas parlamentares e de gestão governamental. Na França, as lutas ecológicas engrossaram os protestos em 1968, introduzindo na pauta de discussões de grupos radicais da esquerda francesa os temas ambientais como o dos efeitos da poluição industrial e a destruição de paisagens naturais. No final da década de 1970, os ecologistas se mobilizaram para discutir a fonte nuclear da matriz energética da França e buscar meios de impedir novas usinas. O assunto se disseminou para outros setores sociais e a luta contra a energia nuclear se tornou uma questão relativa à organização institucional dos movimentos ambientais, não apenas na França. Os movimentos ecológicos se organizaram e chegaram a apoiar um candidato com uma pauta ecologista, René Dumont, à presidência da república da França nas eleições de 1974, fato inédito até então.

A ecologia não seria apenas um ramo das ciências naturais, em sentido amplo funcionaria como a "crítica global e radical do modo de produção industrial" (Dupuy, 1980: 27–36). Tal crítica pode ser conservadora e retrógrada, mas também pode fazer acionar práticas de contestação ao capitalismo, ao modelo industrial e ao Estado. Conforme declara um adepto da *ecologia política*: "queremos um capitalismo ecológico ou aproveitaremos a crise ecológica para instaurar outra lógica social onde 'o livre desenvolvimento de todos seria ao mesmo tempo o fim e a condição do livre desenvolvimento de cada um?'"(Ibidem).

O filósofo francês Michel Serres mostra dois sentidos da ecologia:

> 1. O sentido de uma disciplina científica dedicada ao estudo dos conjuntos mais ou menos numerosos e seres vivos interagindo com o meio. [...]
> 2. O sentido ideológico e político de uma doutrina, variável segundo os diversos autores e grupos, visando à proteção do meio ambiente (Serres, 2006).

Assim como a ecologia, o ativista ecológico teria também uma dupla face: a do cientista e a do militante. O dilema a ser enfrentado seria o de encontrar meios para lutar pelo equilíbrio natural, regido por leis independentes do homem, e ao mesmo tempo o de combater pela liberdade humana (Dupuy, 1980: 15–16). Em todo caso, "por meio da crítica ecológica, pode-se atacar o modo de produção capitalista e socialista, enquanto formas agressivas e predatórias de viver, redimensionar as formas de participação política que afastam dos processos decisórios; questionar as maneiras de consumir e a própria ativação perpétua de um consumo desenfreado, e, por último, pensar as relações com as novas tecnologias e suas implicações para o indivíduo e meio ambiente. As formas que essa crítica toma para um ou outro formulador é que se diferencia: ela pode ir desde uma visão holística de mundo, (...), indicar possibilidades e necessidades de reformas políticas, até apontar para a derrubada definitiva do Estado e do sistema capitalista" (Augusto, 2012: 80–81).

Na Alemanha ocidental, grupos alternativos ao estilo de vida e ao sistema político e econômico criaram o Partido Verde, em janeiro de 1980, em busca de uma nova sociedade pela via parlamentar. Meses antes, não formalizados ainda como partido, mas como Outra Associação Política os Verdes (Sonstige Politische Vereinigung die Grunen)[22], convidaram o artista plástico Joseph Beuys a se candidatar ao Parlamento Europeu (Stachelhaus, 1994: 13) em sua primeira eleição direta. O partido surgiu em um momento de protestos contra a política alemã e contra a presença de militares e instalações bélicas estadunidenses. O tema ecológico, para seus defensores, ultrapassava a luta de classes e divisões sociais, associava-se ao pacifismo para se voltar à salvação do planeta, *habitat* da humanidade, ou, no caso, pelo menos do ambiente circundante dos ativistas. Beuys foi um dos artistas mais atuantes da Alemanha pós-guerra, sua arte não se apartava de ações de cunho político, e ele se tornou um expoente dos movimentos alternativos, questionando os partidos e a democracia representativa em busca de um "terceiro caminho" (Beuys, 2010: 49–55). Em 1971, em Ação no Pântano (*Aktion im Moor*), mergulhou em um pântano em Zuider Zee, na orla holandesa, ameaçado de ser drenado (Stachelhaus, 1994: 134). Em 1972, uma ação denominada Vencer finalmente a ditadura dos Partidos (*Überwindet endlich die Parteienditaktur*) consistia em varrer, junto com simpatizantes da causa, uma floresta em Grafenberg, na Baviera, ameaçada de corte para dar lugar a quadras de tênis. "Todos falam em proteger o meio-ambiente, mas ninguém age", declarou Beuys na ocasião (Ibidem: 102).

Em 1983, com propostas pacifistas e ecológicas, elegeram-se muitos representantes do Partido Verde para o Parlamento alemão. O nome de Beuys fora cortado da lista dos candidatos pelos próprios fundadores do

22. Na Alemanha era possível se candidatar em eleições sem vínculos a partidos institucionalizados.

Partido Verde já em 1980 (Ibidem: 104). Anos depois, o partido compôs com outros em coalizão de governo, tomou decisões convencionais e perdeu sua força inovadora[23]. As utopias partidárias verdes se espalharam pelo planeta, mas o sucesso no legislativo passou a depender de coalizões e, às vezes, de um fugaz bom momento circunstancial.

No Brasil, em 1986, em um inicial momento da redemocratização após a ditadura civil-militar e preparação para se elaborar uma nova Constituição, fundou-se o Partido Verde, com Fernando Gabeira. Além de abordar a questão ecológica, o PV se propunha a lutar por formas alternativas de vida, pela autonomia e liberdade e por uma sociedade cada vez mais descentralizada. Durante os seus anos iniciais, o PV participou da constituinte como colaborador do grupo ambientalista. Contribuiu para a realização do Fórum Global 92, reunindo ONGs de todos continentes durante a ECO-92, ao conseguir a aprovação de uma verba governamental da prefeitura para o evento mediante uma lei de incentivos fiscais, conhecida por Lei Sirkis, proposta por Alfredo Sirkis, ex-guerrilheiro urbano e vereador do PV do Rio de Janeiro. Em 2010, o PV lançou a candidatura para a Presidência da República de Marina Silva, que viera dos seringais extrativistas do Acre com Chico Mendes e fora Ministra do Meio Ambiente no governo Lula da Silva. Marina Silva saiu do PV em 2011 e tentou fundar um movimento que denominou "transpartidário". No entanto, para entrar na disputa pelo governo foi necessário adaptar-se à estrutura partidária, de onde surgiu a Rede de Sustentabilidade, ou simplesmente Rede, que se propõe afinada com a questão do desenvolvimento sustentável[24].

As pautas e os programas de quase todos os partidos, inclusive os denominados *conservadores*, contam agora com questões ambientais e ecológicas, tendência que se espalhou por todos os continentes. Não se governa nem se propõe um estilo de governo sem que se tenha ao menos algumas propostas para gestão de aspectos ambientais. Um partido especializado em meio ambiente, portanto, tende a ter sua força dissolvida porquanto o próprio dispositivo se expandiu e agregou outras injunções, como desenvolvimento, direitos e participação da sociedade civil. Os parti-

---

23. "Há 30 anos, o Partido Verde chegava ao Parlamento da Alemanha": <*https://bit.ly/2Co59vd*>.

24. Em 2014, a Rede não conseguiu credenciar-se a tempo como um partido e Marina Silva se filiou ao PSB, tornando-se vice do candidato presidencial pelo PSB Eduardo Campos. Com a morte deste em um acidente, assumiu a candidatura à Presidência e obteve 21,32% dos votos válidos, mas não logrou passar para o segundo turno.

dos mais afeitos às causas ecológicas buscam, então, inovar nas formas de arregimentação de seguidores, garantindo-lhes que poderão efetivamente decidir nas escolhas partidárias visando o governo.

Nos primeiros anos de sua criação, o Programa das Nações Unidas para o Meio Ambiente – PNUMA realizou uma série de estudos ecológicos e econômicos, destacando-se, em 1980, a Estratégia Mundial para a Conservação (World Conservation Strategy: living resources conservation for a sustainable development)[25], junto com a UICN e a WWF, com sugestões para a Terceira Década do Desenvolvimento da ONU. Nesse documento aparece o uso pioneiro da expressão "desenvolvimento sustentável" como meta a ser alcançada pela conservação da natureza. O desenvolvimento econômico deveria considerar a "capacidade de suporte" dos ecossistemas utilizados. "A noção de sustentabilidade ou de durabilidade se origina de teorizações e práticas ecológicas que tentam analisar a evolução temporal de recursos naturais, tomando por base a sua persistência, manutenção ou capacidade de retorno a um presumido estado de equilíbrio, após algum tipo de perturbação" (Raynaut et al., 2000: 74).

Dez anos depois de Estocolmo, na sede do PNUMA, em Nairobi, elaborou-se a Declaração de Nairobi, avaliando a pouca repercussão do Plano de Ação de Estocolmo 72 e conclamando esforços para seu fortalecimento, "para que o legado do nosso pequeno planeta às gerações futuras seja feito em condições que garantam uma vida digna a todos os seres humanos"[26]. Em outubro do mesmo ano, a ONU adotou em Assembleia Geral a Carta Mundial da Natureza, composta de 24 artigos que abordam três temas: os princípios gerais para a defesa dos ecossistemas; as ações para integrar desenvolvimento econômico à natureza; e, por fim, o apelo à incorporação desses princípios e ações por cada Estado-membro da ONU. Dentre os tópicos do arrazoado da Carta, destaca-se: "cada forma de vida é única, merecendo respeito independente de seu valor para o homem e, para conceder a outro organismo tal reconhecimento, o homem deve estar guiado por um código de ação moral". O último artigo afirma que "cada pessoa tem o dever de agir de acordo com as disposições desta presente Carta, agindo individualmente, associada a outros ou através da participação no processo político. Cada pessoa deve se esforçar em garantir que os objeti-

25. World Conservation Strategy: living resources conservation for a sustainable development (1980). <*https://bit.ly/2HizDlO*>.

26. Nairobi Declaration: <*https://bit.ly/2Lj2ExR*>. Em português: Tamanes (1983).

vos e exigências desta carta sejam cumpridos"[27]. Dois pontos sobressaem nesse documento: o reforço ao aspecto ecológico do meio ambiente e a ênfase na conduta moral que deve balizar a relação de cada um com a natureza, convocando todos à participação e à adequação de condutas.

Nos anos 1980, ao lado das manifestações políticas da sociedade civil e do sucesso do meio ambiente como alvo de ações de gerenciamento dos Estados, o impasse entre a proteção ao meio-ambiente e o desenvolvimento econômico permanecia oscilante nas Nações Unidas e não se vislumbrava uma resolução consensual, nem mesmo entre os órgãos do sistema. Em 1983, em um documento da Assembleia Geral intitulado Process of preparation of the Environmental Perspective to the Year 2000 and Beyond[28], a ONU proporcionou as bases para a formação de um grupo fora dos órgãos instituídos de seu sistema, com tarefa e prazos definidos. A Comissão Mundial de Meio-Ambiente e Desenvolvimento (World Comission on Environment and Development – WCED), presidida pela ex-Primeira Ministra da Noruega, Gro Brundtland, contava entre os membros efetivos da Comissão com Paulo Nogueira Neto, ambientalista, ex-secretário do Meio Ambiente no Brasil de 1974 a 1986, durante os governos de Ernesto Geisel e João Figueiredo[29]. A elaboração do relatório teve por base consultas, reuniões deliberativas e audiências públicas em várias cidades e continentes; no Brasil ocorreram duas: uma em Brasília e outra em São Paulo, ambas em 1985 (Brundtland et al., 1988). Foram quatro anos de consultas e seminários com representantes, técnicos e diplomatas de todos os países membros da ONU e das principais ONGs internacionais. A desigualdade social planetária e a consequente pobreza da maior parte da população foram diagnosticadas e associadas ao esgotamento dos recursos naturais.

Como resposta específica às questões envolvendo meio ambiente e economia, diagnosticadas durante o processo de organização da Conferência de Estocolmo, Maurice Strong e o economista Ignacy Sachs cunharam o termo *ecodesenvolvimento*. Definiu-se uma trajetória de crescimento econômico adequado ao Terceiro Mundo em que as atividades produtivas se realizariam com mínima alteração ambiental. O *ecodesenvolvimento* comportaria uma forma de crescimento que investiria nas soluções específicas de problemas particulares, considerando dados ecológicos e culturais

---

27. World Chart of Nature: <*https://bit.ly/2sjPs3i*>.

28. Process of preparation of the Environmental Perspective to the Year 2000 and Beyond: <*https://bit.ly/1Id5dO4*>.

29. Paulo Nogueira Neto: biografia resumida. <*https://bit.ly/2RiXFUm*>.

locais assim como as necessidades das pessoas envolvidas, tanto as imediatas quanto as de longo prazo (Sachs, 1986: 18). No entanto, ao discutir soluções de longo alcance para o impasse proteção ambiental e desenvolvimento econômico, o *ecodesenvolvimento* se revelou insuficiente por depender das especificidades locais sem possibilidades de se tornar um modelo aplicável a todos, além de não apresentar consistência necessária para se tornar uma solução genérica para o impasse enfrentado pelo sistema ONU. O conceito foi abandonado pelos seus autores. Maurice Strong foi membro efetivo da WCED e abriu caminho para um discurso que se coadunasse com a esperada abrangência global.

O termo "sustentável", definindo a "capacidade de suporte do ecossistema" e a "harmonia possível entre elementos inter-relacionados no meio ambiente humano", fora citado de passagem no relatório do Clube de Roma, como resultado de uma "condição de estabilidade ecológica e que fosse sustentável por muito tempo no futuro" (Meadows, 1972: 24) e empregado no relatório World Conservation Strategy, do PNUMA. Em 1977, Dennis Pirages utilizou o conceito de *crescimento sustentável* (*sustainable growth*) como meta de um novo 'desenho social' e novas instituições para uma era pós-industrial na qual a escassez de petróleo como fonte de energia traria uma desaceleração do crescimento. Para ele, "uma sociedade sustentável seria aquela cujo crescimento futuro poderia ser indefinidamente sustentado pelos recursos energéticos disponíveis" (Pirages, 1977: 18). No entanto, prossegue o autor, como cada fonte alternativa de energia tem custos socioeconômicos específicos, o desenho de uma nova sociedade, uma sociedade sustentável, dependeria das escolhas das fontes de energia a serem feitas considerando seus impactos e efeitos a longo prazo.

Pirages foi um dos colaboradores do relatório encomendado pelo presidente estadunidense Jimmy Carter ao Conselho de Qualidade Ambiental, órgão ligado à presidência, e criado pela Lei de Política Ambiental Nacional de 1970, publicado em 1980 como *The Global 2000 Report to the President: entering the twenty-first century*[30]. O relatório visava orientar as políticas interna e externa dos EUA. Contava com a metodologia e técnicos graduados que elaboraram o relatório do Clube de Roma em 1972, inclusive D. Meadows. Para promover "o desenvolvimento econômico sustentável, junto com proteção ambiental, gerenciamento de recursos e planejamento

---

30. *Global 2000 Study Statement on the Report to the President* (1980): <*https://bit.ly/2VII66U*>.

familiar", os quais seriam "essenciais"[31], o governo estadunidense se propunha a ampliar a colaboração com outros países, desenvolvidos ou não[32]. As conclusões reafirmaram o lugar-comum das pressões populacionais como fator decisivo nas previsões catastróficas para o futuro: "se as tendências atuais se mantiverem, o mundo em 2000 será mais populoso, mais poluído, e mais vulnerável a rupturas do que hoje"[33].

O esquema para a utilização dos recursos naturais sem prejuízos para as gerações futuras já estava delineado desde as primeiras constatações dos limites da natureza, discutidas ainda que não exaustivamente desde o século XIX. Os preservacionistas levavam em conta o futuro ao proteger a natureza em *santuários*; os conservacionistas defendiam um uso prudente, e até baseado na ciência, dos recursos naturais pensando também no futuro. Lamentava-se a destruição de uma paisagem em nome da impossibilidade de usufruir de seus benefícios em momentos posteriores. As mobilizações de naturalistas e os ativistas ecológicos do século XX procuraram olhar para o meio ambiente visando um bem comum que não desaparecesse pouco tempo adiante. O desenho estava pronto, só não recebera um nome válido e consensual para se disseminar pelo planeta.

A Comissão Mundial de Meio-Ambiente e Desenvolvimento procurou evitar a "reiteração de problemas e tendências que já tinham sido bem contemplados pelo Global 2000 e outros relatórios" (McCormick, 1992: 189). Foram selecionadas as questões decisivas do impasse, que se conectaram pelo funcionamento do *dispositivo meio ambiente.* Energia, assentamentos urbanos, indústria, ecossistemas, população, segurança alimentar, relações internacionais, gestão dos bens comuns (oceanos, espaço sideral, clima) foram debatidos em audiências públicas e conferências locais em várias cidades e continentes envolvendo uma extensa lista de organizações e indivíduos[34].

Ao final das discussões, consultas e relatórios, bateu-se o martelo na locução *desenvolvimento sustentável* como resposta ao impasse, tornando-o

---

31. *The Global 2000 Report to the President: entering the twenty-first century*, v. I (volume síntese), p. IV. <*https://bit.ly/2VIJhDm*>.

32. Entretanto, o presidente que suscedeu Carter, Ronald Reagan cortou boa parte do orçamento dos programas ambientais e deixou o tema em segundo plano (McComick, 1992: 139).

33. *The Global 2000 Report to the President: entering the twenty-first century*, v. I (v. síntese), p. 1.

34. Ver o anexo com os agradecimentos a mais de 900 pessoas e instituições em WCED, 1987: 366–387.

meta estratégica para atuação em várias frentes: ambiental, social, econômica e, especialmente, política. Em 1987, publicou-se o documento Nosso futuro comum, ou Relatório Brundtland, harmonizando desenvolvimentistas econômicos e conservacionistas ambientais em um mesmo diapasão: o estímulo institucional e planetário a um crescimento econômico que não esgotasse os recursos naturais para as gerações futuras: o *desenvolvimento sustentável*. A desigualdade social planetária e a consequente pobreza da maior parte da população foram diagnosticadas e relacionadas ao esgotamento dos recursos naturais e, principalmente, aos seus incipientes gerenciamentos que impediam a união harmônica entre meio ambiente e desenvolvimento. O impasse entre crescer e conservar o ambiente foi equacionado com o consenso em torno do *desenvolvimento sustentável*, fundado em três pilares: desenvolvimento econômico, desenvolvimento social e proteção ambiental. A partir daí, não haveria mais o perigo de incentivos a políticas de limite ao crescimento, tampouco a aposta na desaceleração econômica; os recursos poderiam ser usados e o lucro, crescer, desde que se mantivesse a *sustentabilidade*, mediante a qual "o desenvolvimento satisfaz as necessidades presentes, sem comprometer a capacidade das gerações futuras de suprir suas próprias necessidades" (WCED, 1987: 8).

A meta de um desenvolvimento socioeconômico sustentável mediante a conservação dos recursos para as futuras gerações foi a resposta imediata e conveniente aos problemas planetários reunidos nos desdobramentos produzidos pelo *dispositivo meio ambiente*. A noção de sustentabilidade redefiniu as ações da ONU, não apenas as relativas às questões ambientais, mas suas principais propostas sociais econômicas, pautadas pelo aperfeiçoamento de uma "governança planetária", por meio do conjunto de instituições e normas voltadas para a gestão do planeta. Redimensionou a noção corrente da atividade econômica e do relacionamento do humano com o seu meio, tanto natural quanto o resultante de suas atividades. A relação homem-meio passou a ser considerada a grande questão a ser encaminhada, inclusive no que tange à pobreza e à fome, deixando para o plano secundário, ou de revestimento, o equacionamento como a restauração das relações hierárquicas e desiguais entre as pessoas.

O socialismo presente em alguns países da Europa começou a desaparecer com o marco emblemático da queda do muro de Berlim em 1989, que arruinou utopias de transformação social e econômica mediante a concretização desse regime político-econômico. Com o alargamento do crescimento pelas modulações capitalistas, a sustentabilidade tornou-se o mais abrangente e consensual programa global para alcançar a "salvação da vida humana no planeta", utilizando-se aqui termos difundidos pela divulgação do programa, transitando por várias composições econômicas sob a governança capitaneada pela racionalidade neoliberal.

Uma das resoluções do Relatório Brundtland fora programar uma grande Conferência sobre meio ambiente e desenvolvimento, aprovada na Assembleia Geral da ONU de 1989. Por iniciativa do Itamaraty, no governo Sarney, o Brasil se ofereceu para sediar o evento convocado para 1992. O intuito era o de melhorar a imagem internacional do país que vinha se deteriorando nas questões ambientais e sociais (Lago, 2007: 151). Todavia, semanas depois do anúncio do Brasil como candidato a sediar o encontro da ONU, o líder dos extrativistas da borracha do Acre, Chico Mendes, conhecido internacionalmente como respeitável expoente ambiental, seria assassinado a mando de fazendeiros locais. Divulgavam-se em todos os continentes as notícias e imagens das queimadas e do desmatamento na Amazônia, assim como a perseguição aos indígenas e extrativistas.

O Relatório Brundtland norteou novas preocupações ambientais, e a poluição e outros problemas mais localizados deixaram de ser o alvo principal das propostas e das intervenções dando lugar à mudança climática e à biodiversidade, temas mais abrangentes (Ibidem: 146–147). O anúncio da Conferência da ONU para 1992 mobilizou a comunidade internacional em torno da questão de uma "governança global para preservar a vida na Terra", enfatizando a necessidade de uma imediata e efetiva "mudança de comportamento" dos Estados, das organizações internacionais, das empresas e dos indivíduos para uma chamada "sociedade civil planetária".

A conferência ocorreu em junho, no Rio de Janeiro, com a presença de 172 países, representados por aproximadamente 10.000 participantes, incluindo 116 chefes de Estado. Ao mesmo tempo, vários outros encontros sobre o assunto foram realizados na mesma semana, como o Fórum Global de ONGs de todos os continentes e um encontro de empresários. Além de relatórios e manifestos produzidos nesses diversos encontros, cinco documentos importantes foram assinados pelos chefes de Estado:

1. Declaração do Rio sobre Meio Ambiente e Desenvolvimento[35];

35. Declaração do Rio sobre Meio Ambiente e Desenvolvimento. <*https://bit.ly/2JnAR1B*>.

2. Agenda 21, conjunto de recomendações para se atingir o desenvolvimento sustentável, visando o próximo século[36], cabendo a cada país elaborar seus próprios planos a partir das recomendações e implantar a sua própria Agenda;

3. Princípios das Florestas[37], uma primeira tentativa de obter um consenso planetário sobre o uso sustentável das florestas, com a garantia aos Estados do direito soberano de usá-las de acordo com suas necessidades de desenvolvimento;

4. Convenção-Quadro sobre Mudança do Clima[38] (*United Nations Framework Convention on Climate Change* – UNFCC), com o suporte científico do Intergovernamental Panel of Climate Change – IPCC, fundado em 1988 por iniciativa do PNUMA, e da qual resultou, em 1997, o Protocolo de Kyoto, com estratégias de combate ao efeito estufa e mudanças climáticas em geral;

5. Convenção-Quadro sobre Diversidade Biológica[39], com o objetivo de preservação da diversidade biológica e uso sustentável do patrimônio genético.

Entretanto, apenas em 2010, em uma Conferência das Partes (COP), em Nagoya, foi estabelecido um Protocolo sobre o tema, dando início, com apoio administrativo do PNUMA, à criação de uma plataforma nos moldes do IPCC: a Plataforma Intergovernamental para a Biodiversidade e Serviços Ecossistêmicos (Intergovernamental Plataform on Biodiversity and Ecosystem Services – IPBES).[40]

---

36. *Agenda 21* (United Nations): <*https://bit.ly/1EjqrTs*>.
37. Declaração oficial de princípios sem força jurídica obrigatória para um consenso mundial sobre a gestão, conservação e desenvolvimento sustentável de todos os tipos de florestas: <*https://bit.ly/2jVu1mU*>.
38. Convenção-Quadro sobre Mudança do Clima. <*https://bit.ly/1J6dkLl*>.
39. Convenção sobre Diversidade Biológica: <*https://bit.ly/2FktgyD*>.
40. <*http://www.ipbes.net/*>.

A Agenda 21 consiste em um extenso Plano de Ação com centenas de propostas, a ser replicado pelo planeta. No Preâmbulo do documento base, conclama-se a união consensual de todos para o desenvolvimento sustentável: "a integração das preocupações ambientais e de desenvolvimento e uma maior atenção a isso levará à satisfação das necessidades básicas, a melhores padrões de vida para todos, a ecossistemas mais protegidos e gerenciados e a um futuro mais seguro e próspero. Nenhuma nação pode conseguir isso por conta própria, mas juntos podemos, em uma parceria global para o desenvolvimento sustentável. (...) A Agenda 21 aborda os problemas prementes de hoje e também visa preparar o mundo para os desafios do próximo século. Ela reflete um consenso global e compromisso político do mais alto nível sobre a cooperação para o desenvolvimento e meio ambiente"[41].

No Brasil, desde o final dos anos 1990 e início do novo milênio, a sustentabilidade organizada pela Agenda 21 consta da pauta do governo brasileiro. "A Agenda 21 não é apenas um documento. Nem é um receituário mágico, com fórmulas para resolver todos os problemas ambientais e sociais. É um processo de participação em que a sociedade, os governos, os setores econômicos e sociais sentam-se à mesa para diagnosticar os problemas, entender os conflitos envolvidos e pactuar formas de resolvê-los, de modo a construir o que tem sido chamado de sustentabilidade ampliada e progressiva" (Novaes, s/d: 5).

A partir de 1996, ocorreram sucessivas consultas coordenadas pela Comissão de Políticas de Desenvolvimento Sustentável e da Agenda 21 Nacional (CPDS), chegando-se a uma agenda própria que orientou diversos programas de governo nos níveis municipal, estadual e federal, pela qual a sustentabilidade aparece em quatro dimensões: ambiental, social, econômica e político institucional, cada uma com suas metas, contempladas nos programas. As metas básicas da Agenda brasileira, de acordo com as consultas junto à população e afinadas com as resoluções internacionais, consistiram em:

Dimensão Ambiental

1. *Uso sustentável, conservação e proteção dos recursos naturais.*
2. *Ordenamento territorial.*

---

41. *Agenda 21.* Preâmbulo (documento-base em inglês): <*https://bit.ly/1EjqrTs*>.

3. Manejo adequado dos resíduos, efluentes, das substâncias tóxicas e radioativas.
4. Manejo sustentável da biotecnologia.

Dimensão Social

5. Medidas de redução das desigualdades e de combate à pobreza.
6. Proteção e promoção das condições de saúde humana e seguridade social.
7. Promoção da educação e cultura, para a sustentabilidade.
8. Proteção e promoção dos grupos estratégicos da sociedade.[42]

Dimensão Econômica

9. Transformação produtiva e mudança dos padrões de consumo.
10. Inserção econômica competitiva.
11. Geração de emprego e renda, reforma agrária e urbana.
12. Dinâmica demográfica e sustentabilidade.

Dimensão Político-Institucional

13. Integração entre desenvolvimento e meio ambiente na tomada de decisões.
14. Descentralização para o desenvolvimento sustentável.
15. Democratização das decisões e fortalecimento do papel dos parceiros do desenvolvimento sustentável.
16. Cooperação, coordenação e fortalecimento da ação institucional.
17. Instrumentos de regulação.

Informação e conhecimento

18. Desenvolvimento tecnológico e cooperação, difusão e transferência de tecnologia
19. Geração, absorção, adaptação e inovação do conhecimento.
20. Informação para a tomada de decisão.
21. Promoção da capacitação e conscientização para a sustentabilidade[43].

Além disso, em todos os estados, seria possível criar Agendas 21 locais, para territórios e setores definidos: municípios, bairros, comunidades, escolas, associações. Para isso, no Brasil, divulgou-se também o "Passo-a-Passo da Agenda 21 Local, que propõe um roteiro organizado em seis etapas: mobilizar para sensibilizar governo e sociedade; criar um Fórum de Agenda 21 Local; elaborar um diagnóstico participativo; e elaborar, implementar, monitorar e avaliar um plano local de desenvolvimento sustentável"[44]. Depois do ano 2000, os programas dessas agendas locais se integraram ou

42. Nesse item estariam as questões de gênero e de grupos étnicos e tradicionais.

43. *Agenda 21 brasileira.* Resultado da Consulta Nacional. 2ª edição: <*https://bit.ly/2VNDKvw*>.

44. *Agenda 21*: <*https://bit.ly/2pj8o1D*>.

buscaram se integrar à consecução dos Objetivos do Milênio[45]. As metas gerais foram incorporadas ao Plano Plurianual 2004–2007 e a outras iniciativas dos governos brasileiro subsequentes.

No limiar do terceiro milênio, o ano 2000 marcou novas institucionalizações e uma reorganização dos encaminhamentos de políticas planetárias. A Cúpula do Milênio da ONU, por meio do Programa das Nações Unidas para o Desenvolvimento – PNUD, reuniu as propostas apresentadas por seus membros e, com a presença de 189 Estados, lançou a Declaração do Milênio. Oito Objetivos de Desenvolvimento do Milênio foram definidos, resultantes de debates e estudos realizados em uma serie de conferências[46] para "estabelecer o que deve fazer parte da agenda de desenvolvimento. Isso foi necessário, pois se chegou à conclusão de que a pobreza estava aumentando e que a falta de recursos não era a única explicação para tanto"[47]. O trabalho técnico de unificação das propostas foi realizado pelo Secretariado das Nações Unidas, em conjunto com o Fundo Monetário Internacional – FMI, a Organização para a Cooperação e o Desenvolvimento Econômico – OCDE e o Banco Mundial. A presença de entidades financiadoras garantia os meios concretos para a consecução das metas, divulgadas como uma "verdade mundial" mobilizando esforços de todos. Esse ano ficou marcado também por iniciativas para se concretizar a Agenda 21 e associá-la às metas preconizadas pela Declaração do Milênio e, com isso, organizar a Conferência da ONU, em 2002, sobre Desenvolvimento Sustentável (World Summit on Sustainable Development – WSSD), em Joanesburgo. Nesta conferência, a tônica recaiu nas medidas de combate à pobreza, e um dos instrumentos jurídico políticos internacionais para garantir isso mediante cooperação entre nações seria cumprir as Metas do Milênio e implantar a Agenda 21 no planeta.

Ainda em 2000, a UNESCO divulgou a Carta da Terra, propondo "uma visão compartilhada de valores básicos para proporcionar um fundamento ético à comunidade mundial emergente"[48]. O documento começara a ser debatido durante a ECO-92 para se estabelecer o código de uma ética uni-

---

45. "Agenda 21 e os Objetivos do Milênio": <*https://bit.ly/2CcsGio*>.

46. As conferências referiam-se à questão do desenvolvimento econômico, em relação à educação, crianças, juventude, mulheres, destacando-se a Conferência do Cairo (IPCD) de 1994, sobre população e desenvolvimento; a Cúpula Mundial de Desenvolvimento Social, de 1996, em Copenhagen; além da ECO-92.

47. "Introdução aos Objetivos do Milênio". <*https://bit.ly/2HhhaWU*>.

48. Carta da Terra. Preâmbulo. <*https://bit.ly/1CWXHV0*>.

versal de conduta dos povos em direção a um mundo sustentável, mas o seu esboço não obteve consenso na ocasião, dando lugar à Declaração do Rio. Duas organizações não-governamentais internacionais assumiram, inicialmente, a continuidade das discussões da Carta: a Cruz Verde Internacional, presidida por Mikhail Gorbachev, e o Conselho da Terra, apoiado pelo governo holandês. Durante o Fórum Rio+5 criou-se a Comissão Carta da Terra, que envolveu 46 países e 100 mil pessoas pelo planeta para a elaboração do texto final (Boff, 2004: 59). A versão final da Carta da Terra conta com 16 princípios, pelos quais se distribuem 77 recomendações, visando a sustentabilidade, "através dos quais a conduta de todos os indivíduos, organizações, empresas, governos, e instituições transnacionais será guiada e avaliada"[49], reunidas em quatro temas: 1) respeitar e cuidar da comunidade de vida; 2) integridade ecológica, 3) justiça social e econômica e 4) democracia, não violência e paz. As 77 recomendações preconizam ações contempladas em outros documentos da ONU, como por exemplo, erradicar a pobreza, garantir os direitos das mulheres e das meninas, impedir a poluição, eliminar armas nucleares. Para chegar a uma sociedade sustentável mediante a viabilização dessas metas, "é imperativo que nós, os povos da Terra, declaremos nossa responsabilidade uns para com os outros, com a grande comunidade da vida, e com as futuras gerações"[50].

O planeta aparece na Carta da Terra como uma entidade viva, ameaçada, propositalmente ressoando a *hipótese de Gaia* do químico e ambientalista James Lovelock (para quem a Terra seria um ser vivo autônomo), e também a "crença ancestral dos povos pela qual a Terra é a Grande Mãe" (Ibidem: 60). Nesse sentido, há uma conclamação a todos os habitantes da "Terra Nosso Lar" para uma mudança de comportamento, de hábitos, de modos de vida. Imediatamente após sua divulgação, enquanto expressão de uma tomada de "consciência ecológica", houve diversos programas em escolas e outras instituições de todos os continentes para discuti-la e fazer com que o cuidado – "a relação amorosa com a realidade para além dos interesses de uso" – fosse o "valor principal de uma ética ecológico-social-espiritual" (Ibidem: 63–64). A ética consolidada pela Carta apresenta-se como ecumênica e valeria para todos os habitantes do planeta, de todas as religiões e culturas, contemplando uma espiritualidade laica voltada para o cuidado amoroso. Ao mesmo tempo, aspira se tornar

49. Carta da Terra. Responsabilidade Universal.
50. Carta da Terra. Preâmbulo.

uma lei dura (*hard law*) com poder de coerção punitiva, pois seu objetivo, a salvação da humanidade, a justifica.

A Carta da Terra ainda espera o reconhecimento pela Assembleia da ONU para ganhar o mesmo valor da Declaração dos Direitos Humanos, "inicialmente como lei branda (*soft law*) e depois como lei de referência mundial, em nome da qual os violadores da dignidade da Terra poderão ser levados aos tribunais" (Ibidem: 59). Apesar de programas de educação ambiental e outras iniciativas que exaustivamente disseminam o conteúdo da Carta, avalia-se que seus princípios não estão sendo colocados em prática e que as transformações pessoal e social necessárias para efetivá-los não ocorrem conforme esperado[51].

Sobre a questão ética em relação ao meio ambiente, a Igreja Católica se manifestou explicitamente, em 2015, com a Encíclica Laudato Si', elaborada pelo Papa Francisco (2015). A Santa Sé, o alto comando da Igreja que exerce sua soberania sobre o Vaticano e personifica no âmbito jurídico-político um sujeito de direito internacional, sempre esteve próxima do sistema ONU e participou de todas as conferências ambientais, contribuindo principalmente para que a questão da pobreza fizesse parte das ações para proteção do ambiente do planeta, e insistindo na necessidade de mudança de hábitos e na transformação de um estilo de vida marcado pelo desperdício e interesses imediatos. O Papa João Paulo II já explicitara essa transformação como sendo uma *conversão ecológica*, o que foi retomado com mais clareza pelo papa atual. Ao reconhecer haver uma maior conscientização e uma sincera preocupação com o planeta, Francisco recoloca a *conversão ecológica* como um assunto do cristianismo hoje: "para o cristão, a crise ecológica traz a necessidade de 'uma profunda conversão interior', uma reorientação efetiva da conduta consigo mesmo, com a natureza, com os outros enquanto consequência do encontro com Cristo" (Carneiro, 2015: 63). Essa transformação decorreria de uma experiência interior poderosa como a fé: "com efeito, não é possível empenhar-se em coisas grandes apenas com doutrinas, sem uma mística que nos anima" (Papa Francisco, 2015: §216).

O *dispositivo meio ambiente* também incorporou tanto o combate à pobreza quanto o cuidado com a criação divina e possibilitou uma desejável *conversão* em direção a uma ecologia integral. Redimensionam-se ques-

---

51. RSE e Carta da Terra: dois movimentos para a transformação. <*https://bit.ly/2M1C0Kq*>.

tões como as mudanças climáticas, a perda da biodiversidade e propostas de desenvolvimento sustentável, "levando-as para dentro do coração de cada cristão que as recebe como tarefa para cumprir a vontade de Deus" (Carneiro, 2015: 65).

O *dispositivo meio ambiente* não tem um caráter estático, não consiste em um conceito, mas funciona como um foco de conexões de forças e produção de verdades que programam as sensações e orientam comportamentos alinhados com as instituições que gera. Produzem-se novos objetos e se redimensionam ou redirecionam o curso dos elementos que aglutina. O movimento ambientalista ampliou seu escopo com o dispositivo para o qual confluíram temas como direitos civis, desenvolvimento econômico, questões de gênero. Mobilizações e associações esparsas em torno de temas disparatados — como ações de defesa de árvores de um bairro, protesto contra energia nuclear, contra lixões, abaixo-assinado pela implantação de ciclovias —, ao longo dos anos, agruparam-se como lutas e reivindicações *ambientais*, entram na pauta de reuniões *ambientais*. Os ativistas de todos esses temas se tornaram *ambientalistas* ou *ecologistas*, estes quando os assuntos envolvem ecossistemas, e os movimentos pelos direitos civis incorporaram reivindicações *ambientais* como parte da cidadania que defendem.

Desde a preparação da Conferência de Estocolmo, exercita-se uma dinâmica nova de participação da chamada sociedade civil no sistema ONU, com associações ambientalistas e empresariais de outros setores sociais organizando encontros paralelos para influir direta ou indiretamente nas decisões. Na Carta das Nações Unidas de 1945, no capítulo referente às atribuições e ao funcionamento do ECOSOC (artigo 71), previa-se a possibilidade deste órgão consultar organizações não governamentais em assuntos de suas respectivas competências[52]. Em 1968, o ECOSOC especificou com detalhes as relações consultivas entre o sistema ONU e as organizações sociais, abrindo maior espaço para essa interação[53].

Durante a Conferência Rio-92, o envolvimento desses grupos sistematizou e ampliou as aproximações. As questões reunidas sob a égide da temática ambiental ganharam mais visibilidade e apoio de vários setores sociais, acarretando aumento de grupos de pressão e uma maior diversidade de demandas por novas instituições. As várias associações presentes

---

52. Carta de las Naciones Unidas de 1945: <*https://bit.ly/2FjFZl5*>.
53. Resolução 1296 (XLIV) 1968: <*https://bit.ly/2siODrz*>.

nas atividades que compunham a ECO-92, em especial a Conferência dos Povos, em paralelo ao evento diplomático oficial entre os Estados, organizaram-se por seus interesses. Passaram a ser reconhecidas institucionalmente como Major Groups, definidos em nove setores pela Agenda 21 "como os principais canais pelos quais uma ampla participação seria facilitada em atividades das Nações Unidas relacionadas ao desenvolvimento sustentável"[54]. Os noves grupos são: mulheres; crianças e jovens; povos indígenas; organizações não governamentais; autoridades locais; trabalhadores e sindicalistas; industriais e empresários de negócios; comunidade científica; e agricultores. Os grupos majoritários comportariam os grupos de interesse (stakeholders) principais e essa divisão, na ocasião, correspondeu às associações presentes, respondendo a uma demanda imediata da movimentação ambientalista e reivindicações de grupos sociais durante a Eco-92.

Os encontros e conferências atuais das Nações Unidas, e não apenas as estritamente ambientais, incluem a presença de Major Groups por meio de representantes e organizações que se cadastram no sistema ONU para participarem dos grupos de discussão e dos próprios encontros. Esta prática tende a se estender com maior formalidade para os governos locais para que estes gerenciem as questões ambientais e as ações de incremento da sustentabilidade, levando em conta a população por meio de representantes. No entanto, ao longo das discussões no âmbito do sistema ONU, outros grupos de interesse (stakeholders), não diretamente ligados aos nove grupos oficializados, passaram a atuar e participar, como os portadores de deficiência física que ganharam o estatuto de "outro importante grupo de interesse" na Conferência Mundial da ONU sobre Redução dos Riscos de Desastres, em Sendai, Japão, em 2015[55]. No conjunto todos esses stakeholders que orbitam em torno do sistema ONU passaram a ser denominados MGoSs (Major Groups and other stakeholders). Não estão necessariamente limitados por fronteiras nacionais, mas se vinculam transterritorialmente por seus interesses específicos.

Ao contrário do que muitas vezes se argumenta contra a atuação dos MGoSs, Felix Dodds[56], um dos organizadores da Conferência das Nações

54. Major Groups and other stakeholders. <*https://bit.ly/2E4Mbva*>.

55. <*https://bit.ly/2RFGXhh*>.

56. Felix Dodds foi diretor do Fórum dos stakeholders para um futuro sustentável, com sede em Londres no período de 1992–2012. Esta instituição foi formada como um comitê nacional do PNUMA no Reino Unido e desde o ano 2000 tem atuado na interface da

Unidas sobre Meio Ambiente e Desenvolvimento, no Rio de Janeiro, em 1992, e articulador do Fórum dos Stakeholders para o encontro Rio+20, declarou que eles não estão basicamente "contra isso ou aquilo". Há uma aposta no crescimento de espaços pelos quais os MGoSs podem cooperar com os governos e exercer um "papel mais proativo" nas decisões e, ao mesmo tempo, fazer com que os governos funcionem como facilitadores na implementação destas escolhas (Dodds; Strauss, 2012: 245). Dodds declarou que nos vinte anos que separam os encontros no Rio ocorreu a "transição de uma democracia madisoniana (ou representativa) para uma democracia jeffersoniana (ou participativa), e agora estamos entrando em um período de democracia por, de e com stakeholders. A *democracia stakeholder* é a ideia de que envolver todos os participantes em cada nível resultará na tomada de decisões mais fundamentadas. Significa que estes stakeholders se sentirão mais donos dos resultados e serão mais ativos na implementação das políticas. (...) Em um momento de crescente desilusão com os governos, a *democracia stakeholder* oferece uma plataforma que pode ajudar fornecer aos governos a força moral e política para enfrentar as difíceis decisões que precisam ser tomadas agora e no futuro próximo para assegurar a viabilidade, a equitabilidade e a sustentabilidade da vida nesse planeta" (Ibidem: 232). A proposta de Dodds para efetivar essa nova democracia seria a de uma maior abertura do sistema ONU à participação dos MGoSs, incentivando a mais ampla participação da chamada sociedade civil planetária nas decisões dos órgãos internacionais, trazendo novas práticas de governo. As reuniões para debater os meios para efetivar a implantação dos Objetivos de Desenvolvimento Sustentável incluíram essa participação mediante reuniões de representantes dos stakeholders cadastrados ou diretamente nos sites dos projetos[57].

A quais "urgências" e demandas o *dispositivo meio ambiente* construiu-se como resposta nas últimas décadas? Em seus começos, em torno das prévias à Conferência de Estocolmo e como efeito do acontecimento *1968*, o dispositivo respondeu a um cenário catastrófico no planeta, derivado do crescimento econômico planejado pelo capitalismo com as medidas de reconstrução do pós-II Guerra Mundial. Novos Estados se formaram

---

"sociedade civil organizada" e seus múltiplos grupos de interesse (stakeholders) e as Nações Unidas (<*http://www.stakeholderforum.org*>). Atualmente, Dodds é consultor independente (<*http://www.felixdodds.net/aboutfelix*>).

57. *Retreat on the preparation for the 2016 session of the High Level Political Forum Report of representatives of the MGoS*: <*https://bit.ly/1Yncr5Q*>.

com a descolonização, abrindo oportunidades de novos negócios, levando à ameaça de uma maior crise ecológica. No contexto de crise capitalista do início dos anos 1970, o *dispositivo meio ambiente* se compôs, reuniu os elementos heterogêneos que se amalgamaram com a ecologia e a natureza, constituindo-se assim como um novo objeto abrangendo o planeta. Nesse contexto de crescimento econômico e de alertas de uma crise ambiental planetária, os primeiros princípios da Declaração de Estocolmo de 1972 reafirmaram a melhoria do ambiente e a preservação dos recursos naturais como necessárias para as gerações atuais e futuras. As intervenções planejadas se dariam diretamente no meio ambiente ou em atividades humanas, incluindo-se as econômicas, para que o meio fosse conservado.

O sistema ONU procurava retomar seus ideais de mundo harmônico e seguro, porém, tinha que aprender a equacionar as disputas internas entre os vários setores. O impasse interno da ONU começou a ser ultrapassado quando, em 1987, a Comissão Mundial sobre o Meio Ambiente e o Desenvolvimento direcionou as ações para o desenvolvimento sustentável. O meio ambiente retornou ao centro da cena da governança global com uma meta: a sustentabilidade do planeta. O desenvolvimento voltou a ser o principal objetivo para o planeta com o auxílio do sistema ONU conectado à conservação do meio ambiente, visando consolidar-se como sustentável.

Um novo itinerário se traça no qual os Estados, apartados da chamada Guerra Fria e sintonizados com a racionalidade neoliberal, com ênfase na participação inteligente e inovadora, exercitam práticas democráticas, ainda que regimes políticos não democráticos permaneçam. Entretanto, os Estados são concordes com o sistema ONU em função de uma governança global sustentável, o que supõe produção de conexões principalmente com mobilizações alternativas, como a Cúpula dos Povos na Rio+20. Importa trazer todos para os variados fluxos de modo resiliente, praticando-se sustentáveis e dinamizando o *dispositivo meio ambiente.*

Há um consenso em torno da salvação do planeta e a promoção genérica do bem-estar humano, sem o qual um planeta "salvo" não teria sentido. O *dispositivo meio ambiente* tem facilitado a convergência de interesses. O Acordo de Paris foi assinado por todos os países membros nas Nações Unidas, da Coreia do Norte aos EUA. O mesmo sucesso não acontece, por exemplo, em tentativas de tratados sobre desarmamento ou em questões dos direitos humanos, tampouco em discussões sobre relações comerciais, como demonstra o constante impasse em que se encontra a Rodada Doha, processo de discussão encabeçado pela Organização Mundial do Comércio sobre o fim dos protecionismos comerciais entre as nações[58].

Não pode haver proteção ambiental sem que se considere o desenvolvimento, esse é o outro lado da Declaração do Rio de 1992. O princípio 4 declara que: "para alcançar o desenvolvimento sustentável, a proteção ambiental constituirá parte integrante do processo de desenvolvimento e não pode ser considerada isoladamente deste"[59]. Para as próximas décadas do milênio se prevê uma fusão entre proteção e desenvolvimento (desenvolvimento sustentável), temperada pela construção da resiliência, que se anuncia permanente com detalhados projetos de melhorias, crescentes bancos de dados e minuciosos monitoramentos das etapas de aplicação dos programas e de seus resultados. Espera-se a propagação caudalosa de fluxos consensuais em torno do desenvolvimento sustentável distribuído por setores e temas, detalhados nas 169 metas dos ODS.

Comparando-se os Objetivos de Desenvolvimento Sustentável com as metas da Agenda 21, assinala-se a confluência de temas: combater a pobreza, diminuir as desigualdades, assegurar a educação, promover a paz e a inclusão, entre outras metas. Uma diferença de base é a proveniência dos dois documentos. A Agenda 21 foi elaborada no âmbito de uma conferência ambiental, a ECO-92, enquanto que os ODSs formam o grande programa das Nações Unidas envolvendo todo sistema e todos os Estados-membros. Ambos procuram, porém, efetivar o desenvolvimento econômico capitalista com proteção ao meio ambiente, marca da sustentabilidade; ambos têm o planeta como alvo e ambos expressam as interfaces diplomáticas como prática recomendável e preponderante.

Em alguns objetivos, introduziu-se no documento ODS uma noção citada na Agenda 21 básica aprovada na Conferência ECO-92: *resiliência*[60]. Segundo a ONU, "resiliência significa a capacidade de resistir ou de ressurgir de um choque. A resiliência de uma comunidade a possíveis eventos que resultam de uma ameaça se determina pelo grau dos recursos necessários que possui e da capacidade de se organizar tanto antes quanto durante os momentos de urgência"[61]. Resiliência é a capacidade de se adaptar e se reorganizar frente a impactos e forças destrutivas, inicialmente descrita pela física. O uso pioneiro do conceito em ecologia foi um estudo sobre

58. Rodada Doha: <*https://bit.ly/2J73RXr*>.
59. Declaração do Rio sobre Meio Ambiente e Desenvolvimento. <*https://bit.ly/2JnAR1B*>.
60. Na versão brasileira da *Agenda 21*, aprovada em 2004, não há referências à *resiliência*.
61. Verbete *Resiliência*. <*https://bit.ly/2HWULiQ*>.

estabilidade dos ecossistemas, *Resilience and stability of ecological systems*, publicado em 1973, pelo ecólogo canadense Stanley Holling, reconhecido atualmente como a maior autoridade dessa teoria[62]. A partir de 1997, data da fundação da revista Conservation Ecology, por Holling, renomeada em 2003, como Ecology and Society: a jornal of integrative science for resilience and sustainability[63], o uso do conceito e seus efeitos começaram a ser disseminados.

Na versão base da Agenda 21, elaborada em 1992, a resiliência apareceu como uma qualidade dos ecossistemas do planeta a ser preservada. Caberia ao conhecimento científico "fornecer uma maior compreensão dos solos, da terra, dos oceanos, da atmosfera e sua conexão com a água; nutrientes, os ciclos biogeoquímicos e energia, todos os fluxos que fazem parte do sistema Terra. Isso é essencial para uma estimativa mais acurada da capacidade de suporte da Terra e de sua resiliência às tensões produzidas pelas atividades humanas"[64]. Há duas premissas que marcam a entrada da resiliência na problemática ambiental: a primeira é que não se pode separar sistema natural do humano, e a outra, que as respostas dos ecossistemas ao uso humano e os efeitos dessa interação, embora não previsíveis, podem ser gerenciados.

Trinta anos após o impacto da publicação de *Limites do Crescimento*, resultado dos estudos promovidos pelo Clube de Roma, Donella Meadows e equipe reavaliam as conclusões e introduzem a necessidade de se considerar a resiliência do sistema que suporta a população humana (Meadows, 2004: 49). Para medir a pressão sobre a resiliência do planeta e estabelecer ações de mitigação para se atingir a sustentabilidade, os autores apontam para o monitoramento da pegada ecológica (*ecological footprint*), termo que alude aos rastros que a humanidade deixa na Terra com indicadores referentes ao consumo de recursos, como ar, água e solo. A ONG World

---

62. Stanley Holling e Lance Gunderson estão diretamente vinculados ao Stockholm Resilience Centre advances research on the governance of social-ecological systems with a special emphasis on resilience – the ability to deal with change and continue to develop (<*https://bit.ly/2SLWVDP*>). Este centro mostra-se como referência para o planeta e a marca de suas pesquisas estabelece relação direta entre resiliência, sustentabilidade e empreendedorismo.

63. <*http://www.ecologyandsociety.org/index.php*>.

64. United Nations Conference on Environment & Development. Rio de Janeiro, 1992. *AGENDA 21* (inglês), § 35.2 (Não há numeração de páginas no documento citado). <*https://bit.ly/1EjqrTs*>.

Wildlife Fund — WWF[65] realiza e publica estudos sobre as condições dos recursos planetários com essa metodologia, reunidos no relatório bianual Living Planet Report. Não apenas governos e organizações, mas também cada pessoa pode avaliar o grau de sua "pegada ecológica" e orientar *pari passu* o comportamento para colaborar com o que se estabeleceu para um planeta sustentável.[66]

No entanto, foi durante a Conferência Mundial sobre o Desenvolvimento Sustentável de Joanesburgo, em 2002, que a resiliência ganhou destaque nas discussões ambientais da ONU. O governo sueco contribuiu com um relatório elaborado da teoria com pesquisas recentes e estudos de casos sobre o gerenciamento ambiental em um mundo em transformação, cujos resultados apontaram a conexão estreita entre resiliência, diversidade e sustentabilidade dos sistemas socioambientais (Folke et al., 2002). A resiliência apresenta-se como uma qualidade de objetos, sistemas e pessoas que lhes garante a sustentabilidade e que deve ser gerenciada e fortalecida, ou mesmo construída. Notou-se que a sustentabilidade não é alcançada pela promoção de um equilíbrio estático, mas pela capacitação em se adaptar a situações em constante transformação. O funcionamento do sistema se mantém, mas sem deixar de ter suas capacidades e limites testados e as inovações promovidas. Um efetivo desenvolvimento sustentável seria possibilitado com o fortalecimento ou construção da resiliência das pessoas e do ambiente capacitando-os a se adaptarem ao inesperado.

O sentido geral de resiliência, a capacidade de adaptação de um ecossistema às pressões sem se degradar, serve de base à sustentabilidade e possibilita avaliações dos efeitos atribuídos às chamadas ações humanas. A teoria da resiliência no gerenciamento do meio ambiente é colocada em prática pela gestão e governança adaptativas que permitem tanto evitar configurações indesejáveis que destruam o sistema quanto conhecer os pontos de resiliência dos sistemas para fortalecê-los. A noção de resiliência traz o deslocamento de uma visão da natureza e da sociedade baseada em um equilíbrio estrutural para uma posição relativa baseada no movimento e no dinamismo, a qual enfatiza relações não lineares entre elementos em constante mudança dentro do sistema, enfrentando descontinuidades e incertezas trazidas por choques e impactos, repercutindo conflitos, mas tendo por alvo encontrar uma situação de estável harmonia.

---

65. <*http://wwf.panda.org/*>.
66. "Calcule sua pegada ecológica". <*https://bit.ly/2vx1TuS*>.

Para as discussões da Rio+20, em 2012, o Secretário Geral da ONU organizou um documento intitulado Povos resilientes, Planeta Resiliente: um futuro digno de escolha, com 65 recomendações dirigidas aos governos dos Estados-membros. "O desenvolvimento sustentável não é uma meta, mas um processo dinâmico de adaptação, aprendizagem e ação. Trata-se de reconhecer, compreender e atuar nas interconexões — especialmente aquelas entre a economia, a sociedade e o meio ambiente natural. (...) Já houve progresso, mas ele não tem sido nem rápido nem profundo o suficiente e a necessidade de uma ação de maior alcance está se tornando cada vez mais urgente"[67]. As recomendações se concentram em três grupos de ações: 1) qualificar as pessoas para escolhas sustentáveis assegurando-se "os direitos humanos, a satisfação de necessidades básicas e a resiliência humana", 2) trabalhar para uma economia sustentável, e principalmente, 3) fortalecer a governança institucional para o desenvolvimento sustentável[68]. A resiliência seria construída pelos Estados por duas vias: mecanismos de proteção social (recomendação 24) e redução dos riscos de desastres (recomendação 26)[69].

O termo resiliência apareceu também no documento final da Conferência das Nações Unidas para o Desenvolvimento Sustentável de 2012, *O futuro que queremos*[70], como uma capacidade dos ecossistemas e da população, mediante medidas de proteção social, dos ambientes urbanos, e de enfrentamento dos desastres. Ambos documentos forneceram subsídios para a elaboração de uma nova agenda para o planeta: a Agenda 2030 e os Objetivos de Desenvolvimento Sustentável.

No preâmbulo da Agenda 2030 estabeleceu-se um compromisso: "Todos os países e todos os grupos interessados [stakeholders], atuando em parceria colaborativa, implementarão este plano. Estamos decididos a libertar a raça humana da tirania da pobreza e da privação e a sanar e proteger o nosso planeta. Estamos determinados a tomar medidas ousadas e transformadoras que se necessitam urgentemente para pôr o mundo em um caminho sustentável e resiliente. Ao embarcarmos nessa jornada cole-

67. Povos Resilientes, Planeta Resiliente: um Futuro Digno de Escolha, p. 9. <*https://bit.ly/2E7TXEm*>.

68. Ibidem: 47.

69. Ibidem: 72–76.

70. *O futuro que queremos*. <*https://bit.ly/2RmS9js*>.

tiva, comprometemo-nos a não deixar ninguém para trás"[71]. A imagem de um planeta como um ambiente a ser *sanado* da degradação e da miséria visando sua melhoria mediante um gerenciamento *coletivo e colaborativo* foi possibilitada pela paulatina construção e funcionamento do *dispositivo meio ambiente* enquanto ponto de conexão de elementos dispersos e de pacificação de conflitos entre eles.

A resiliência apresenta duplo aspecto, como qualidade de objetos e pessoas que promovem a sustentabilidade dos sistemas socioambientais e também como qualidade a ser gerenciada e construída em objetos e pessoas. Um efetivo desenvolvimento sustentável é possibilitado, portanto, com a construção de condutas resilientes de pessoas e, por conseguinte, do ambiente por meio de capacitação para estes se adaptarem ao inesperado com risco calculável para conter rupturas. Resiliência não se confunde com a sustentabilidade, esta é uma meta a ser atingida, mas surge como um atributo que precisa ser estudado, protegido e estimulado, como uma qualidade *adquirida* das coisas e gentes que as faz se adaptarem às mudanças climáticas, inclusive às catástrofes naturais e a outras denominadas situações de risco. A capacidade de suporte de um ecossistema pode ser trabalhada visando fortalecer a resiliência desses locais e, com isso, possibilitar um uso mais eficiente, um desenvolvimento *melhor*. Protege-se o ambiente por meio da promoção da resiliência para que catástrofes e pressões, climáticas ou não, sejam enfrentadas e equacionadas sem a perda de sua qualidade, destinada a futuras gerações.

O *dispositivo meio ambiente* colocou a humanidade em um mesmo patamar de risco, de algum modo unificando-a como habitante de "uma só Terra"; e, simultaneamente, promoveu soluções para a segurança do planeta, considerado o ambiente em que ocorre a vida.

---

71. *Transformando Nosso Mundo: a Agenda 2030 para o Desenvolvimento Sustentável*, p. 1. <*https://bit.ly/2PESKsy*>.

Segurança planetária

Europa centro-ocidental, período que se convencionou designar como final da Idade Média e início da Era Moderna. Entre os séculos XIV e XVII, foi de intensa transformação nos campos político, militar, cultural e econômico. A dinamização das atividades produtivas e comerciais foi, ao mesmo tempo, instigadora e provocada pelo fortalecimento de cidades de vocação mercantil e de importantes associações entre poderes políticos e econômicos voltadas ao controle territorial e à busca de novos mercados e fontes de produtos cobiçados. O crescimento da circulação pelos mares e rios interiores foi potencializado pelas navegações pela costa africana que prepararam, no final do século XV, a chegada à Índia e, imediatamente depois, a travessia do Atlântico.

Os modos medievais de pensar, de ver o mundo e o cosmo, de classificar e de se apropriar do território e suas riquezas, assim como das populações e suas forças, foram fortemente abalados, pressionando para a modificação de antigas modalidades de governo de coisas, espaços e pessoas. Interessado em analisar genealogicamente como emergem e se redimensionam as práticas de governo, Michel Foucault voltou-se àquele momento histórico, perscrutando proveniências de uma nova razão governamental que se cristalizou nos séculos seguintes até o despontar da biopolítica das populações, já na passagem do século XVIII para o século XIX. Assim, no curso *Segurança, Território, População*, apresentando no *Collège de France* entre janeiro e abril de 1978, Foucault dedicou-se a identificar e analisar aquilo que reputou como uma *nova arte de governar*, formulada nos finais da Idade Média, que "tinha sua própria razão, sua própria racionalidade, sua própria *ratio*" (2008: 383).

Essa nova *racionalidade de governo* afirmou-se diante de outras modalidades concorrentes, principalmente a fragmentação político-militar feudal e os projetos de unificação do espaço europeu que remetiam à memória do Império Romano, depois herdada pelo universalismo da Igreja Católica, e que permaneceria no imaginário político europeu do Iluminismo em diante. Essa nova racionalidade — consagrada no discurso jurídico-político como "Razão de Estado" — despontou como um conjunto tático que combinava elementos do poder político centralizado proveniente da experiência romana sem, no entanto, reconfigurar um novo *imperium* sobre toda a Europa.

Foucault (2008) recuperou, então, os Tratados de Westfália, assinados nas cidades de Münster e Osnabrück no ano de 1648 e que colocaram fim à Guerra dos Trinta Anos, compreendendo-os como um acontecimento em meio à emergência dessa nova razão governamental. Tais acordos instituíram uma inédita e precária forma de equilíbrio demográfico, econômico, militar e territorial entre unidades políticas que simultaneamente manifestavam o projeto de não se submeter a qualquer poder político exterior ou universal, combinado com a meta de se afirmar como fontes únicas de autoridade política dentro de um território delimitado.

A negação dos príncipes modernos de se sujeitar a qualquer outro poder se explicava pelo fato de cada novo Estado considerar-se "seu próprio fim", subordinado apenas "a si mesmo" (Foucault, 2008: 389). Para Foucault, como todas essas novas unidades soberanas buscavam o mesmo fim — subsistir e crescer — num espaço geográfico limitado, a competição e as fricções entre elas seriam inevitáveis. Desse modo, a Europa moderna emergiu como um "espaço de concorrência" (Ibidem: 389) e de tensa relação entre unidades assemelhadas com objetivos semelhantes, num estado de inter-relações supostamente estático, sem mudanças nas disputas das relações entre Estados, mas também, sem escatologia ou fim diante do despontar de um possível "novo Império" a unificar todos os povos europeus.

O problema central para cada Estado seria, então, como permitir que cada unidade soberana não apenas sobrevivesse, mas também crescesse, sem que essa busca por aumento de riqueza e poder militar levasse ao fim do novo sistema de Estados pelo retorno do *princípio imperial*. Daí a importância dos Tratados de Westfália, pois foram eles que encontraram na mencionada fórmula do equilíbrio ou balança de poder, um modo de produzir um *efeito de segurança* gerado, precisamente, pela semelhança do poderio material de uma aristocracia de Estados, ao redor dos quais orbitariam pequenos Estados satélites. Essa situação de equilíbrio instituiria uma *previsibilidade* na ação dos grandes Estados e, ao menos temporariamente, serviria como estímulo dissuasório, ou seja, não incentivaria que um Estado atacasse outro rival em condições de resistir ou, até mesmo, de vencer uma guerra.

A atenção de Michel Foucault aos Tratados de 1648 não o fez tomar esses documentos como o fazem as teorias tradicionais das Relações Internacionais. As tradições realista e liberal nas RI entendem os acordos de Westfália como o momento de instauração ou de *origem* das relações internacionais. De modo distinto, Foucault compreendeu Westfália como um momento de *emergência* de uma nova Razão de Estado e de um *sistema geral de segurança entre os Estados* vinculado à afirmação dessa própria razão governamental.

Esse sistema não seria natural, tampouco estático, mas um tenso, precário e historicamente constituído equilíbrio de Estados em um "espaço internacional" emergente. Ademais, Foucault indicou que não se poderia analisar a formação dos Estados Modernos europeus focando apenas nos processos internos de concentração de poder ou, inversamente, reduzindo-se a análise apenas ao plano externo representado pelas celebrações de tratados e de equilíbrios de poder entre os príncipes. Para Foucault, a segurança de cada nova unidade soberana dependeu da acoplagem entre dois ambientes de segurança, um interno e outro externo, em co-constituição.

Essa articulação foi necessária para enfrentar o desafio de governar a tensão interna entre crescimento das forças econômicas e a maximização das riquezas humanas e materiais dos reinos sem que isso provocasse desequilíbrios entre grupos sociais e regiões que abalassem a própria existência do Estado. No entanto, esse equacionamento interno não seria possível sem garantir alguma proteção com relação a ataques e agressões de outros Estados. Segundo Foucault, para gerir esses dois ambientes de segurança, os Estados modernos e a emergente Razão de Estado elaboraram dois dispositivos irmanados: o *diplomático-militar*, voltado para a o exterior, e o *de polícia*, visando o interior de cada Estado.

O componente *diplomático* do dispositivo diplomático-militar foi constituído pela produção de um sofisticado aparato de representação oficial dos príncipes gerido por funcionários especializados — os diplomatas — instruídos para falar pelo soberano em negociações junto a outros representantes estatais e, ao mesmo tempo, capazes de informar os seus príncipes sobre as forças e capacidades econômicas e militares dos demais Estados. De forma distinta das antigas missões diplomáticas medievais — efêmeras e destinadas a solucionar problemas pontuais ou a selar alianças circunstanciais, a diplomacia moderna possibilitou que os príncipes se comunicassem constantemente e conseguissem informações a respeito da força e vigor dos seus concorrentes. Esses dois elementos foram importantes para que os grandes Estados pudessem manter certa equiparação das suas capacidades militares (pois cientes do aumento da força militar de seus rivais), além de planejar, no plano interno, ações e incentivos para setores produtivos visando a autossuficiência e a possibilidade de exportar de modo a acumular ouro (seguindo um dos princípios do mercantilismo).

O componente *diplomático* foi complementado pelo *militar*, baseado numa "nova economia das armas" que, para Foucault (2002) foi fundamental para garantir a autoridade dos novos monarcas sobre seu próprio reino e para confrontar seus novos competidores no espaço europeu. Os novos exércitos régios, de dispendiosa manutenção, exigiram uma reformulação do aparato tributário dos emergentes reinos modernos, levando a uma capacidade ampliada de controlar e extorquir riqueza da população. Ao mesmo tempo, o desenvolvimento de novas tecnologias bélicas — como as armas de fogo e artilharia — provocaram modificações no treinamento e habilidades de soldados, novos problemas para o deslocamento de tropas e seus armamentos e uma redimensionada arquitetura militar capaz de resistir aos tiros de canhão e às táticas de cerco (Keegan, 2002).

Em suma, quando voltado para as relações com outros Estados, o dispositivo militar foi, antes de tudo, destinado a dissuadir Estados concorrentes a atacar para, somente então, ser um elemento agressivo diante da possibilidade de conquistar vantagens pela violência. Assim, a relação entre *diplomacia* e *força militar* foi estabelecida como um "complexo político-militar absolutamente necessário à constituição desse equilíbrio europeu como mecanismo de segurança" (Foucault, 2008: 409) no qual a *guerra* passou a ser uma política de Estado aplicada em relação aos "interesses" da Razão de Estado.

O complemento interno do dispositivo diplomático-militar foi o *dispositivo de polícia*. Segundo Foucault, o conceito de "polícia" designou, a partir do século XVII, "o conjunto de meios pelos quais seria possível fazer as forças do Estado crescerem, mantendo ao mesmo tempo a boa ordem desse Estado" (2002: 421). Assim, "polícia" seria o conjunto de técnicas e de cálculos que permitiriam o difícil equacionamento entre o crescimento interno das forças do Estado (a dinâmica interna das forças) e a ordem geral desse Estado.

O objetivo das técnicas de "polícia" visava a "assegurar o esplendor do Estado" e a "felicidade de todos os cidadãos" (Ibidem: 422), fazendo "da felicidade dos homens a utilidade [e a própria força] do Estado" (Ibidem: 439). Para tanto, foram desenvolvidos novas técnicas e saberes, como a *estatística*, a "ciência do Estado", voltados para calcular e medir as "forças constitutivas do Estado" (Ibidem: 424). Conhecer para regulamentar; regulamentar como prática de governo. Por isso, um dos alvos da "polícia" foi conhecer as capacidades e habilidades dos súditos de modo a produzir regulamentos sobre como e onde empregá-las e melhor organizá-las para seu benefício individual e do reino.

Evitar a escassez de alimentos, por exemplo, foi preocupação das técnicas do dispositivo de polícia, pois significava, ao mesmo tempo, promover a saúde física para o trabalho e inibir revoltas e sublevações. Desse modo, o *dispositivo de polícia* foi "o conjunto de intervenções e meios que garantem que viver, melhor que viver, coexistir, será efetivamente útil à constituição, ao aumento das forças do Estado" (Foucault, 2008: 438). O conceito de "polícia" começou a ser superado apenas com a crítica dos economistas fisiocratas que, a partir do século XVIII, procuraram demonstrar que a ênfase na busca de produção a baixos preços para um lucro no comércio exterior não aumentava o retorno financeiro ao camponês, devendo haver uma regulação de preços pelo mercado e não pela intervenção estatal. Os fisiocratas acreditavam que uma *regulação natural* regeria tanto a produção e oferta de grãos quanto o aumento ou decréscimo das populações, levando ao equilíbrio entre ambos.

A crítica fisiocrata coincide historicamente com a emergência do que Foucault caracterizou como "problema político das populações", concentradas em número cada vez maior nas cidades europeias do início da Revolução Industrial, em finais do século XVIII. A identificação desse problema levou à emergência de uma nova governamentalidade que ele denominou como a biopolítica das populações (Foucault, 2003). A partir de então, "polícia" deixou de ser esse dispositivo de regulamentação geral da vida do Estado, passando a ser apenas o braço armado dos Estados voltados para dentro das fronteiras políticas: modalidade de exército menos poderoso em suas capacidades bélicas e destinado a controlar populações desarmadas ou quase, enquanto os exércitos e marinhas de guerra continuavam com recursos mais expressivos para possíveis guerras interestatais. Portanto, com a entrada do século XIX, o "dispositivo de polícia" teria se redimensionado em biopolítica das populações, enquanto o dispositivo diplomático-militar, voltado para o plano exterior, continuava com suas práticas e objetivos.

Na aula de 22 de março de 1978, ao comentar como se consolidou o sistema de Estados do início da Era Moderna, Foucault afirmou que "a Europa como região geográfica de Estados múltiplos, sem unidade, mas com desnível entre pequenos e grandes, tendo com o resto do mundo uma relação de utilização, de colonização, de dominação (...) é a realidade histórica de que ainda não saímos. É isso que é a Europa" (2008: 400). Como desdobramento dessa reflexão, Foucault afirmará, duas semanas depois, na aula de 29 de março, que apesar das diferenças importantes no modo como cada Estado organizou seu dispositivo de polícia, as formas de articulação dos dispositivos diplomático-militares foram "compartilhadas" entre os Estados europeus e, depois deles, universalizadas no sistema internacional a partir da adoção global do modelo europeu de Estado, seguindo os processos de independência nas Américas, nos séculos XVIII e XIX, e na África e Ásia na segunda metade do século XX.

No plano doméstico, segundo Foucault, as táticas governamentais sofreram transformações ainda mais significativas com a emergência da biopolítica sobrepondo-se à Razão de Estado das sociedades de soberania e, já a partir dos anos 1970, com o despontar de uma outra governamentalidade — a neoliberal — que Foucault começava a observar e problematizar (em especial, a partir do seu curso de 1979, *O nascimento da biopolítica*). No entanto, ainda em 1978, Foucault nota as modificações nas práticas de governamentalização do Estado, mas afirma que a lógica do equilíbrio de poder num sistema de competição, apesar de não ser mais exclusivamente europeu, tendo abarcado todo o globo, continuaria a ser "a realidade histórica de que ainda não saímos" (Foucault, 2008: 476).

Se é possível aceitar que, em linhas gerais, o dispositivo diplomático-militar tenha passado mais ou menos inalterado pelos redimensionamentos da razão governamental no plano interno aos Estados entre os séculos XVII e XX, talvez não o seja mais a partir de todas as alterações na dinâmica das relações políticas e econômicas mundiais, principalmente aquelas ocorridas ou aceleradas a partir da II Guerra Mundial.

A análise dos novos problemas de segurança, dos redimensionamentos jurídico-políticos nacionais e internacionais e da emergência de novas formas de violência para além das guerras entre Estados evidenciam uma transformação no sistema de segurança no plano global. Os modos pelos quais os Estados em suas coalizões novas ou atualizadas, em parceria com dimensões locais e globais de empresas e ativismos na chamada sociedade civil, passam a gerenciar a segurança do planeta não prescindem das instituições inauguradas pelos Estados Modernos e operadas pelo dispositivo diplomático-militar. No entanto, há um importante redimensionamento de práticas de segurança e táticas de governo das "inseguranças" que não respeitam os limites das fronteiras nacionais e as distinções entre "dentro" e "fora" tão caras às teorias das Relações Internacionais.

Na ecopolítica não está mais em jogo o governo dos Estados de modo isolado, preocupados com a gestão de suas populações e territórios. Do mesmo modo, alteram-se as práticas para a segurança do Estado, do conjunto de Estado no globo, do próprio planeta e do entorno sideral como "espaço comum" da Humanidade. Enfim, a preocupação em governar não desaparece, mas se redimensiona em programas para a gestão do planeta com seus recursos, novas e antigas ameaças à paz e à ordem política e econômica, com suas inteligências produtivas, sua circulação de produtos e seus espaços com populações aproveitáveis e não aproveitáveis pelo capitalismo global.

Desse modo, as táticas para o governo do planeta acionam um novo dispositivo de segurança voltado para o globo e seu entorno, utilizando as tecnologias computo-informacionais e as tecnologias de rastreamento e monitoramento por satélites para mapear, demarcar e regular fluxos transterritoriais. Garantir a segurança do planeta significa, então, manejar ou gerir "ameaças" de modo a contê-las, direcioná-las, manejá-las. Essa *gestão das ameaças* faz parte, então, de um emergente governo transterritorial das violências e das práticas individuais e coletivas, vivas e circulantes nos fluxos eletrônicos e nos espaços terrestres.

A guerra é a saúde do Estado.
Randolph Bourne.

Noite de 16 de janeiro de 1991. Em pronunciamento na televisão, o então presidente dos Estados Unidos, George H. W. Bush, anunciou o início de uma grande operação militar, a *Desert Storm* (Tempestade no Deserto), liderada por seu país em coalizão com outros sete Estados, dentre os quais se destacavam aliados da Organização do Tratado do Atlântico

Norte (OTAN), como o Reino Unido, França e Canadá[1]. O objetivo da ação era expulsar as tropas iraquianas que ocupavam o Kuwait desde agosto de 1990.

Na TV, Bush afirmou que o que estava "em jogo era muito mais que um país pequeno [o Kuwait]; mas uma grande ideia: uma nova ordem mundial, na qual diversas nações se unem em torno de uma causa comum visando às aspirações universais da humanidade – paz e segurança, liberdade e o Estado de direito [*rule of law*]" (Bush, 1991: 01).

A nova ordem mundial seria aquela que despontava com o enfraquecimento das tensões próprias da Guerra Fria, com a debilidade e o iminente desmonte do projeto socialista de Estado defendido pela URSS. Nessa "nova ordem", a invasão de um país por outro não seria mais tolerável e os Estados, coligados na ONU, ficavam, a um só tempo, obrigados e habilitados a agir em nome da paz e da segurança internacional.

Esses dois elementos, "paz" e "segurança" internacionais, são as bases sobre as quais foi alicerçado o próprio direito internacional que emergiu da II Guerra Mundial. O preâmbulo da Carta de São Francisco, assinada em junho de 1945 e que marca a fundação da ONU, traz precisamente essas duas expressões como o duplo fundamental sobre o qual seria constituída uma *ordem* planetária articulada para evitar o "flagelo da guerra"[2]. Bush, ao evocá-los, fazia mais do que simplesmente justificar uma mobilização militar. Estava em jogo afirmar uma nova lógica para gerir o planeta, na qual o antagonismo entre capitalismo e socialismo estaria superado diante da vitória política, ideológica, militar e econômica do primeiro sobre o segundo. A "libertação do Kuwait", portanto, marcaria o surgimento de novas correlações de força no planeta, nas quais teriam triunfado a democracia liberal, como regime político, e capitalismo globalizado como sistema econômico.

A Operação Tempestade no Deserto foi, de fato, inédita. Pela primeira vez na história, o sistema de "segurança coletiva" foi colocado em prática. Previsto no direito internacional desde o Pacto da Liga das Nações, firmado em 1919, e incorporado à Carta de São Francisco, esse princípio fez parte do redimensionamento da noção de *guerra justa* (*jus ad bellum*, o direito de recorrer à guerra) presente num momento histórico marcado

---

1. Os outros Estados que enviaram tropas e/ou equipamentos militares foram Itália, Austrália, Nova Zelândia e Argentina.

2. Carta das Nações Unidas. Preâmbulo. <*https://nacoesunidas.org/carta/*>.

pelas duas guerras mundiais e pela superação de uma ordem europeia diante da emergência dos EUA como potência mundial. Com proveniências nas recomendações para a paz perpétua, elaboradas pelo filósofo prussiano Immanuel Kant, ainda no século XVIII, o princípio da "segurança coletiva" compreende que num sistema regido por compromissos universais de autonomia jurídico-política, a violação da soberania de um Estado mobilizaria a ação concertada de todos os demais para reparar a agressão, punir o agressor e manter a ordem mundial pactuada (Dinstein, 2004; Herz, Hoffmann e Tabak, 2015).

A ativação desse recurso foi bloqueada desde que o Conselho de Segurança da ONU foi efetivamente paralisado após a cristalização do enfrentamento entre a URSS e os EUA. Esse embate, que marca a chamada Guerra Fria, não se seguiu imediatamente ao final da II Guerra e à celebração de pactos entre potências aliadas diante da derrota dos Estados do Eixo (Alemanha, Japão e Itália). A divisão do planeta em grandes esferas de influência, tendo a Europa como espaço inicial de disputa, ganhou impulso com a explosão da primeira bomba atômica pela URSS, em 1948, e com a assinatura do Tratado do Atlântico Norte, em 1949, criando a OTAN como aliança militar liderada pelos EUA contra a potencial ameaça soviética.

O Conselho de Segurança foi instituído na ONU como o centro de decisões sobre os temas de "paz e segurança" regido pela regra do consenso entre os cinco membros permanentes — EUA, URSS, França, Reino Unido e China — representando os Estados vencedores do segundo conflito mundial. O envolvimento maior da ONU e de seus Estados-membros em questões de segurança internacional, como, por exemplo, a decisão sobre uma intervenção coletiva em um conflito específico, precisaria ao menos de discordância explícita (o "veto") de um desses membros. Por isso, a rivalidade entre estadunidenses e soviéticos fez do Conselho de Segurança um órgão praticamente inoperante diante das maiores "crises de segurança" e guerras, como o conflito no Vietnã, de finais dos anos 1950 até princípios dos anos 1970, ou do Afeganistão, entre 1979 e 1989, respectivamente, datas da invasão e da retirada militar soviética.

No entanto, no momento em que George H. W. Bush anunciou a intervenção militar no Kuwait, a URSS não vetou a decisão, permitindo que uma resolução fosse aprovada e conferindo, diante do direito internacional, legalidade e legitimidade à coalizão. Eram tempos de acirramento da crise política, econômica e social pela qual passava a URSS, indicando o esgotamento do seu modelo político relacionado à economia planificada dependente do mercado internacional capitalista. Nesse contexto, após meses de sanções econômicas e reprimendas diplomáticas contra o Iraque, o Conselho de Segurança, sem a oposição de chineses e soviéticos, aprovou a Resolução 678 de 29 de novembro de 1990, que estabeleceu o dia 15 de janeiro de 1991 como prazo final para que o Iraque desocupasse o Kuwait. Se isso não acontecesse, estava autorizado o "uso de todos os meios necessários" para implementar as decisões do Conselho, jargão diplomático utilizado para designar a permissão para utilizar força militar. O prazo chegou, o Estado comandado por Saddam Hussein não acatou o que a ONU lhe impôs e, no dia seguinte, Bush fez seu famoso pronunciamento televisivo.

O sucesso militar da Tempestade no Deserto foi estrondoso. Em pouco mais de um mês, mísseis teleguiados lançados de navios de guerra e submarinos nucleares, caças supersônicos e invisíveis, blindados computadorizados e soldados com treinamento e equipamentos de última geração fizeram as precárias tropas iraquianas retroceder a Bagdá. A guerra foi transmitida ao vivo pelo canal de televisão a cabo estadunidense CNN e por demais agências internacionais, enquanto outras imagens de vídeo, filmadas desde os aviões militares ou das ogivas dos mísseis, mostravam alvos na mira e explosões supostamente precisas.

A chamada Guerra do Golfo foi celebrada pela coalizão vitoriosa como a prova de como seriam as guerras da "nova ordem mundial": precisas, pontuais, com alvos bem delimitados atingidos por bombardeios "cirúrgicos", legalmente autorizadas pela ONU e moralmente legitimadas em nome da defesa da "liberdade", da "paz" e da "segurança" *para todos.* A mudança das formas de governar as relações entre Estados anunciada pelo presidente estadunidense Thomas Woodrow Wilson, ainda em 1918, quando da sua defesa de uma Liga da Nações como foro para superar a lógica da guerra como instrumento da política exterior dos Estados, parecia, então, ter finalmente se realizado entre os escombros iraquianos, os corpos no deserto e as imagens apocalípticas de poços de petróleo incendiados com suas imensas colunas negras de fumaça.

Naquele momento, a euforia da "nova ordem mundial" se espraiou nos discursos acadêmicos. Ganharam destaque obras como *O fim da História e o último Homem,* livro do cientista político estadunidense Francis Fukuyama, publicado em 1992, em que se defende o argumento de que a vitória ideológica e material da democracia liberal capitalista anunciava a "paz perpétua" para o mundo. Para Fukuyama, à medida em que se universalizasse esse modelo, as novas democracias capitalistas colaborariam em harmonia. No entanto, guerras, como a do Golfo, seriam necessárias para enfrentar os Estados ou elites políticas que insistissem no autoritarismo político e no protecionismo econômico. Essa tese, portanto, não era nova, pois traduzia o projeto kantiano à luz do universalismo estadunidense (Doyle, 1983).

O novo "governo do mundo", enfim, seria *partilhado* por *todos* os povos – "*we the peoples of the United Nations*" ("Nós, os povos das Nações Unidas"), como registra o Preâmbulo da Carta da ONU. Uma projeção política e econômica de um mundo em que os "povos" estariam conectados pelas tecnologias de informação e de transporte produzidos e potencializados por um capitalismo globalizado, enquanto irmanados pela democracia liberal e pela observância do regime universal dos direitos humanos. Em termos de segurança, a "nova ordem mundial" parecia, então, superar a racionalidade da guerra entre Estados consolidada desde a formação dessas unidades políticas, na Europa entre os séculos XIV e XVII: a busca do "interesse nacional", traduzido em termos de sobrevivência do Estado e de ampliação das suas capacidades de poder, justificou historicamente o recurso à guerra desde que ele obedecesse a um cálculo utilitário de vantagens ou custos de uma campanha militar (Keegan, 2002). Essa lógica foi resumida, no início do século XIX, pela máxima do general prussiano e teórico da guerra Carl von Clausewitz, para quem a guerra era "o verdadeiro instrumento político, a continuação da interação política [*political intercourse*] por outros meios" (Clausewitz, 1976: 87).

Nesse sentido, a guerra de agressão foi entendida, praticada e legitimada como uma opção à qual os Estados poderiam recorrer se a possibilidade de vitória militar fosse crível. Assim foram a prática da guerra e o "*jus ad bellum*" no "sistema de segurança" governado pelo dispositivo diplomático-militar emergido na Europa, conforme a análise de Foucault (2008). Não é fortutito que a Prússia, de Kant e Clausewitz, e não a Inglaterra ou a França, tenha sido sublinhada por Foucault – quando ele estudava o nascimento da medicina social, neste caso em especial, a medicina de Estado em que ele se constitui, simultaneamente, como objeto e instrumento de conhecimento – tenha sido o primeiro modelo de "Estado Moderno" na Europa e para a Europa, e não por razões negativas como pretendem os teóricos da soberania de liberais a marxistas que depreendem "o poder" como uma dedução sinonímia do Estado ou este como originário da criação contratual que demarca sua origem gloriosa assim como a do próprio

Direito. No entanto, a "nova ordem" anunciada por Woodrow Wilson logo após a I Guerra Mundial foi adensada nos anos subsequentes, como indica a assinatura do Pacto Briand-Kellogg, em 1928, que exortou os Estados a nunca mais decidirem pela guerra de agressão, considerando apenas a possibilidade de ação militar de autodefesa (em caso de ataques estrangeiros) ou a coletiva, quando o princípio da segurança coletiva assim o exigisse. Essa premissa foi reafirmada na institucionalização da ONU e, para a literatura liberal, nos inícios dos anos 1990, teria, finalmente, se libertado para organizar o mundo segundo os princípios da "paz" e da "segurança".

As guerras entre Estados pareciam, então, com os dias contados frente à vitória moral com a ideia da "paz perpétua" ao modo estadunidense, ou seja, liberal, democrático e capitalista. As guerras pareciam, assim, condenadas às brumas violentas da História e uma nova "segurança mundial" foi vislumbrada como uma modalidade de gerenciamento diplomático e técnico — multilateral e partilhado —, militar quando necessário (mas mesmo assim, legalizado e coligado), de um destino comum e inevitável para a humanidade.

De um Trácio é agora o meu tão belo escudo.
Que havia eu de fazer? Perdi-o na floresta.
Mas salvei minha pele, no aceso da luta.
Sei bem onde comprar um escudo novo.

Arquíloco de Paros, Grécia, IV a.C.

Julho de 1995, Bósnia. Em meio às múltiplas violências que tomaram a Iugoslávia a partir de 1991, quando Eslovênia e Croácia declararam-se independentes do poder central em Belgrado, os acontecimentos na região bósnia de Sbrenica eclodiram. Em duas semanas, cerca de oito mil bósnios muçulmanos foram mortos por tropas militares bósnias cristãs ortodoxas e de origem sérvia, apoiadas por paramilitares sérvios. No início daquele mês, a invasão sérvia de Sbrenica havia levado milhares de bósnios muçulmanos a pedir proteção numa base de militares holandeses pertencentes à Missão das Nações Unidas na Bósnia-Herzegovina (UNMIBH). Após dias de cerco, isolados e sem conseguir autorização da ONU para que pudessem usar a força contra os sitiadores, os militares holandeses abriram os portões de sua base.

Ato contínuo, homens de todas as idades foram fuzilados e enterrados em covas coletivas, enquanto mulheres e crianças eram brutalizadas, violentadas sexualmente e assassinadas naquilo que foi designado pelo Tribunal Penal Internacional das Nações Unidas para a ex-Iugoslávia como o primeiro genocídio e o maior crime de guerra cometido na Europa desde a II Guerra Mundial (Gibbs, 2015). Essa corte foi instituída em Haia, Holanda, em 1993, especialmente para julgar os casos de violações de direitos humanos ocorridos nas guerras que eclodiram na Iugoslávia em fragmentação política, com base nos princípios e procedimentos previstos em documentos como a Declaração Universal dos Direitos Humanos e a Convenção para a Prevenção e Repressão ao Crime de Genocídio[3], ambos de 1948. Os eventos de Sbrenica acrescentaram elementos de horror a continuadas violências e conflitos que não cessaram apesar do anúncio triunfante da "nova ordem mundial".

Além dos Balcãs, guerras civis, genocídios e assassinatos em massa continuaram a acontecer na América Latina, na Ásia e na África, com destaque para os quase um milhão de mortos nos meses de enfrentamento, em 1994, entre tutsis e hutus em Ruanda. As guerras não acabaram, porém, tampouco pareciam coincidir com as definições consagradas no direito internacional e nas práticas diplomático-militares estabelecidas pelos Estados nacionais.

A Guerra do Golfo não foi uma mera "guerra entre Estados", como poucos anos antes tinham sido as entre Irã e Iraque (de 1980 a 1988) ou entre o Reino Unido e a Argentina (em 1982). Na guerra para a "libertação" do Kuwait, em 1991, a *justificativa moral e formal* não foi mais a do "interesse nacional", mas a da luta por valores universais (como a "liberdade política" e os "direitos dos povos à autodeterminação"). Ao mesmo tempo, formas de violência que emergiram durante a Guerra Fria, e principalmente desde os anos 1970, como modalidades de ilegalismos (com destaque para o narcotráfico) e novas práticas terroristas que não mais se limitavam à identificação nacional e que realizavam seus propósitos atravessando fronteiras políticas, começaram a despontar como "problemas de segurança", com variados matizes, para muitos Estados de todo o globo.

Se o parâmetro para decretar a "nova ordem mundial" era o fim das guerras interestatais, os motivos para celebração liberal se justificavam. Porém, um olhar mais atento para as dinâmicas das violências pôde captar

---

3. <*https://bit.ly/2RphvgT*>.

que as formas de embate e os modos de matar e morrer eram redimensionados para *além* e para *aquém* das fronteiras nacionais. Ficou mais evidente, a partir dos anos 1990, o descolamento entre a prática da violência e a pretensão de monopólio da coerção física pelos Estados com suas forças militares regulares. Todavia, esse deslocar-se das violências para além do Estado não surgiu de repente, pois desde o final da II Guerra Mundial, guerrilhas, grupos insurgentes, levantes populares, guerras de libertação nacional e movimentos revolucionários radicalizaram a afronta ao pretendido monopólio estatal, transtornando as tentativas de regulamentar a prática da guerra como jogo político entre os Estados e voltados apenas para os interesses estatais (Haydte, 1990; Rodrigues, 2010).

Não tardou para que os especialistas no campo das Relações Internacionais e dos Estudos Estratégicos e da Segurança Internacional passassem a criticar o prognóstico da "paz perpétua". Uma ampla literatura surgiu nesse período tendo como denominador comum, apesar dos conceitos, metodologias e princípios teóricos distintos, a identificação de "atores não-estatais" como "agentes de violência" que passavam a rivalizar ou, ao menos, serem localizados como "ameaças" pelos Estados nacionais (Buzan e Hansen, 2012). Os Estados e suas forças coercitivas não deixavam de existir e combater nesses novos e fluídos cenários, mas também se reconfiguravam diante de outras modalidades de enfrentamento.

No entanto, uma marca do que Mary Kaldor (2008) denominou "novas guerras", em contraposição às "antigas guerras" de tipo interestatal, seria, precisamente, a capacidade de deslocamento de grupos, guerrilhas e "células terroristas" conectados por laços e motivações que remetiam a renovados nacionalismos e "identidades étnicas" que articulavam levantes em Estados que se decompunham como unidades políticas centralizadas, como a Iugoslávia e a URSS. Kaldor (2008) e Hansen e Buzan (2012), alinhavando o argumento central dessa literatura, destacaram os chamados "atores não-estatais", com capacidade de ação e de trânsito *transnacionais*, como novos agentes de violência a gerar problemas de segurança para os Estados. No entanto, a emergência de modalidades de conflito para além e para aquém do Estado explicitou os limites das teorias de Relações Internacionais e dos Estudos Estratégicos para compreender o que aconteceu com a "guerra" na passagem do século XX para o XXI. Uma análise das proveniências dessas novas conflitividades nos leva ao mundo que emergiu das duas guerras mundiais.

Ambas as guerras, como indica sua designação, tiveram impacto global. Os campos de combate, principalmente na II Guerra Mundial, se estenderam dos mares do Pacífico Sul, à Europa, passando pelo Oceano Atlântico, o norte da África, o Oriente Médio e a Ásia continental e insular. No entanto, essas guerras ainda foram grandes conflitos mobilizados por Estados nacionais que colocaram em marcha uma articulação sem precedentes das atividades econômico-industriais com as mais variadas forças sociais no chamado "esforço de guerra". Tamanha mobilização fez com que as guerras mundiais fossem denominadas como "guerras totais" (Keegan, 2002). Nelas, apesar dos esforços dos Estados centrais a partir da segunda metade do século XIX em separar combatentes (os militares estatais) de não-combatentes (os civis), reservando direitos e cuidados humanitaristas para ambas as categorias, soldados e não soldados foram, na prática, reunidos pelo "esforço de guerra" como partes de uma mesma maquinaria voltada à guerra de proporções mundiais.

A emergência de uma combinação entre as figuras do combatente e do não-combatente anunciou, na prática das violências, os limites da definição da "guerra" como um assunto restrito do Estado e voltado apenas para o choque violento com outros Estados, com forças armadas regulares, normas humanitaristas e protocolos diplomático-militares. No plano tático, dos combates em si, tal separação também começou a ceder com a atuação de grupos guerrilheiros ou *partisans*, como a Resistência Francesa ou as milícias comunistas chefiadas por Tito na Iugoslávia, apoiando as forças militares Aliadas. No entanto, as guerras mundiais foram ainda, basicamente, conflitos entre Estados.

A emergência de forças não-estatais no período da chamada Guerra Fria respondeu a dinâmicas próprias das guerras revolucionárias e de libertação nacional e dos constrangimentos do equilíbrio nuclear entre Estados Unidos e URSS que impedia um embate direto entre as superpotências. Ainda assim, o número de "guerras civis" ou "conflitos domésticos" cresceu entre as décadas de 1950 e 1980, em tendência inversa à das guerras entre Estados (Pfetsch, 2003). As chamadas "guerras irregulares", todavia, reportavam-se ainda ao Estado, pois foram praticadas para resistir à invasão de um ou mais Estados visando a defender a "pátria", atacar um determinado regime a fim de ocupar o Estado, ou para destacar uma porção desse Estado com vistas a formar uma nova unidade política soberana. Exemplo do primeiro caso foram as forças vietcongues contra a presença estadunidense no Vietnã, entre o início dos anos 1960 até sua retirada total, em 1975. No segundo caso, há muitos exemplos entre as guerrilhas e grupos militantes revolucionários, como as Forças Armadas Revolucionárias da Colômbia, guerrilha ativa desde 1964, e as Brigadas Vermelhas, organização que praticou atentados em nome da revolução comunista na Itália entre 1969 e 1984. O terceiro campo contou com a atuação de grupos como o Pátria Basca e Liberdade (ETA), ativo entre 1959 e 2011 e que promoveu atentados contra o Estado espanhol visando a independência política do País Basco (norte da Espanha e sudoeste da França).

A partir dos anos 1990, discursos acadêmicos e diplomático-militares passaram a conectar modalidades de enfrentamento provenientes dos tempos da Guerra Fria com outras práticas que, se não eram propriamente novas, teriam ganhado destaque numa variedade de "novos alvos" e "novas ameaças" que passou a ocupar os planos estratégicos dos EUA e de seus aliados da OTAN, mobilizando acessoriamente os Estados sob a sua influência direta. Atividades ilícitas como o narcotráfico, que desde os anos 1970 acionavam programas militarizados de combate apoiados pelos EUA, foram enfatizados na agenda de segurança estadunidense para a América Latina e Ásia (Rodrigues, 2015), enquanto a "nova grande ameaça" do terrorismo fundamentalista islâmico encontrava respaldo naqueles mesmos discursos acadêmicos e diplomático-militares, acompanhando atentados atribuídos não mais a guerrilhas ou grupos revolucionários, mas a "redes terroristas", com destaque para a Al-Qaeda (Laqueur, 1996; Degenszajn, 2006).

No campo das Relações Internacionais, foi a chamada "teoria da securitização", primeiramente formulada e difundida por Buzan, Wæver e De Wilde (1998), que ganhou maior aceitação. O argumento básico dos autores é de que não haveria tema que fosse essencialmente um "problema de segurança", sendo cada questão identificada como "ameaça", uma construção que passava pela emissão de um discurso (um "ato de fala" ou "*speech act*") por um agente securitizador que nomearia algo como tal. Para os autores, os Estados aparecem como principal "agente securitizador". Para que o processo de securitização fosse completo, o discurso emitido precisaria ser aceito por uma audiência mais ampla, as forças presentes na sociedade civil, que, por compreender a "ameaça" como um perigo à própria existência do Estado e da sociedade, endossaria a tomada de medidas de segurança defendidas pelo Estado como *urgentes*, mesmo que implicassem na suspensão de direitos civis e outras garantias constitucionais de uma democracia liberal (Buzan, Wæver e De Wilde, 1998: 24).

Ainda que a "teoria da securitização" trabalhe para desnaturalizar o conceito de "segurança", indicando sua produção em meio à emissão e recepção de discursos, não há nela uma superação ou enfrentamento da perspectiva contratualista, pois não contraria a definição de "política" como o conjunto de relações limitadas às instituições estatais e às representações tradicionais (partidos e sindicatos, por exemplo) em contraste com o espaço de "ausência de política institucional" no plano internacional, sob a iminência constante da violência por não possuir um poder centralizado superior. Tampouco essa teoria deixa de entender o Estado como entidade que conecta e coloca em movimento as políticas de segurança.

Desse modo, a identificação de "novas ameaças", ou mesmo a constatação de que a identificação de ameaças é socialmente constituída, não impede que o "Estado" seja o conector final das políticas de segurança, seu principal "agente securitizador" e o fundamental objeto a ser protegido. Com isso, a distinção entre "dentro" e "fora", entre o "político" e o "não-político", entre "Estado" e "anarquia" continuam orientando as análises sobre a guerra ou conflitos contemporâneos. É preciso, então, um deslocamento de perspectiva para além da tradição contratualista na qual se inscrevem as teorias tradicionais das Relações Internacionais que permita compreender as relações de poder e de conflito que se organizam por uma nova governamentalidade que não é a da Razão de Estado, mas própria de uma ecopolítica do planeta.

Purificam-se manchando-se com outro sangue,
como se alguém, entrando na lama se lavasse.

Heráclito de Éfeso, séculos VI-V a.C.

Em obra recente, o filósofo francês Frédéric Gros (2009) voltou ao tema das guerras na contemporaneidade para concluir que elas teriam chegado ao seu fim. Para ele, as guerras como acontecimento militar de grandes proporções, mobilizando forças armadas e pautado por regras de direito público, cederam espaço ao que nomeia como "estados de violência".

Para o autor, as violências, genocídios, ilegalismos, guerras civis e massacres que despontaram com força nos anos 1990 não seriam "retornos à barbárie" ou supostas ameaças de um despontar de "estados de natureza" no sentido hobbesiano da "luta de todos contra todos" diante da ausência de um poder estatal forte e disciplinador. Uma noção de *barbárie* pressuporia, para Gros, a crença prévia na existência de um "contrato social" que, num momento histórico remoto reafirmado cotidiana e espontaneamente por todos e cada um, teria fundado o Estado como entidade capaz de manter a "paz civil".

Gros afirma que os "estados de violência" não são situações de selvageria, mas, ao contrário, constituem novas práticas de violência dotadas de racionalidades próprias vinculadas a uma "nova distribuição contemporânea das forças de destruição" (2009: 232) que alteraram os "princípios básicos de estruturação" (Ibidem: 229) da guerra. Esses princípios são quatro dimensões conectadas: *tempo, espaço, regulamentação* e *mobilização*.

No que diz respeito à dimensão tempo, os "estados de violência" são, para Gros, de duração indeterminada, pois não se sabe precisamente quando começam ou quando — e se — acabam. As formalidades de início e de conclusão dos conflitos armados entre Estados, com seus protocolos, cerimônias e formalidades, deixa de existir quando se trata de acontecimentos como a chamada "guerra ao terror", declarada pelos EUA após os atentados de 11 de setembro de 2001 e que levou à imediata invasão do Afeganistão. Naquele momento, o presidente George W. Bush ordenou uma ocupação militar que se prolongou indefinidamente, desdobrando-se com a presença de militares da OTAN. Naquele contexto, em 2003, o Iraque também foi invadido por coalizão militar liderada pelos EUA. A justificativa de impedir a produção de "armas de destruição em massa" (como armas químicas e bacteriológicas), ainda que infundada, levou a uma ocupação continuada, entre promessas de desmobilização por parte dos estadunidenses e tentativas sempre fracassadas de estabilização de um governo iraquiano. Diante de problemas tidos como de difícil solução pelos Estados interessados, como a sujeição das milícias e terroristas, as ocupações e violências prolongaram-se sem demarcações claras de início e término.

Demarcações também esmorecem na dimensão espacial dos "estados de violência". Nas guerras entre Estados, por mais extensos e variados que sejam os "cenários" ou as "frente de combate", é possível identificar onde os enfrentamentos acontecem. Nos "estados de violência" há a *desterritorialização* das violências que pode acontecer em qualquer parte do globo. Novamente, os atentados terroristas do chamado "fundamentalismo islâmico" mostram a grande mobilidade dos perpetradores dos ataques e a ampla variedade de alvos pelo planeta. O mesmo acontece para as forças estatais (individuais ou em coalizão) que enfrentam esses grupos: o rastreamento e a repressão ganham, igualmente, expressão planetária, sob a justificativa de combater um inimigo múltiplo e móvel.

Os "estados de violência" erodem, ao mesmo tempo, a regulamentação da guerra. O conjunto de tratados e compromissos celebrados desde o século XIX, articulando humanitarismo com regulação e gerenciamento da guerra, encontrou seu ápice nos pactos universais da Liga das Nações e da ONU, com capítulos que buscaram formalizar o *jus in bello* — a conduta na guerra — e o *jus ad bellum* — o direito do Estado (e apenas do Estado) de recorrer à guerra — que foi, como mencionado anteriormente, restrito aos casos da autodefesa estatal e da segurança coletiva.

Os grupos em confronto nos "estados de violência" não obedecem aos pactos internacionais ou às leis nacionais, pois não as reconhecem legítimas (como o caso dos terroristas do tipo Al Qaeda), ou porque atuam em diferenciados graus de ilegalidade (como as gangues de rua, milícias, máfias e organizações do narcotráfico). Do lado dos Estados, a defesa da legalidade tampouco é uma constante, como atestam a utilização da base estadunidense de Guantánamo, em Cuba, para a prisão de suspeitos de terrorismo que não estão sujeitos nem ao sistema legal dos EUA, nem aos compromissos do direito humanitário internacional (Degenszajn, 2006; Duarte, 2014).

Por fim, os "estados de violência" alteram os modos de convocação e mobilização para os conflitos. A "guerra pública", recurso de força dos Estados no choque com outros Estados, foi um dos pilares sobre os quais se constituiu o sistema de Estados soberanos na Europa entre os séculos XVI e XVIII (Foucault, 2008; Tilly, 1996). Nessas guerras, todo cidadão homem, numa certa faixa de idade (geralmente entre finais da adolescência e começo da maturidade) podia ser convocado a ingressar nas fileiras das forças armadas, ser treinado, disciplinado, uniformizado e enviado para uma frente de combate seguindo uma hierarquia clara e que se reportava a uma autoridade central.

Essa modalidade de guerra, historicamente, principiou com a formação dos exércitos estatais no início da Era Moderna, mas se cristalizou com a constituição dos exércitos nacionais a partir da Revolução Francesa, na passagem do século XVIII para o XIX (Keegan, 2002). Então, a convocação se universalizou, pois a guerra não seria mais em nome do príncipe, mas da "Nação", princípio transcendental a reunir todos os súditos de um Estado numa mesma noção de "comunidade nacional" (Anderson, 1991; Keegan, 2002). Além dos homens em idade de combater, as "guerras nacionais" passaram a mobilizar toda a sociedade. Assim, as necessidades de uma guerra da era do capitalismo industrial transformaram a todos em "combatentes": soldados na linha de frente, mulheres convocadas a trabalhar na indústria e homens fisicamente incapacitados para o combate, nas funções logísticas (Rodrigues, 2010).

Esse padrão se alterou, segundo Gros, nos "estados de violência". Hoje, os grupos em luta não são "agentes públicos", mas uma infinidade de "agentes privados", tanto legais quanto ilegais. São milícias, guerrilhas, grupos terroristas, máfias, organizações narcotraficantes; mas também, as empresas privadas de segurança que atuam numa zona de legalidade indefinida sendo convocadas para apoiar as ações dos militares estatais, fazendo a segurança dos agentes públicos de segurança (Singer, 2008; Hubac, 2005). Mesmo entre as forças armadas nacionais, principalmente nos Estados com maior capacidade militar, os modos de convocação se transformam, com maior ênfase às unidades militares de elite, com pessoal (homens e mulheres) altamente preparado para lidar com tecnologia de ponta e táticas especiais de combate, enquanto os corpos de militares menos capacitados diminuem de tamanho e atraem pessoas interessadas numa opção de carreira que lhes renda seguridade social ou cidadania, como no caso dos estrangeiros ilegais alistados nas forças armadas estadunidenses nesse início de século XXI (Kiras, 2010).

A reflexão de Gros sobre os "estados de violência" suscita uma análise sobre as variadas e simultâneas dimensões nas quais os enfrentamentos armados acontecem contemporaneamente. Os quatro elementos dos "estados de violência" remetem à continuada atuação de guerrilhas formadas durante a chamada Guerra Fria, mas que não encerraram suas atividades com o fim do conflito Leste-Oeste, ou ainda às diferentes modalidades de empresas privadas de segurança que operam numa zona tênue entre a legalidade e ilegalidade, sendo contratadas para atuar em regiões sob a ocupação militar de coalizões para fazer a segurança de negócios, ocupações militares e atividades diplomáticas. É o caso, por exemplo, da empresa de segurança privada estadunidense Blackwater, composta por ex-militares de vários países que foi contratada pelo governo de George W. Bush, nos anos iniciais da ocupação do Iraque, para fazer operações de segurança para diplomatas e acusada de assassinar indistintamente enquanto operou no país (Scahill, 2008).

Todavia, no âmbito desses grupos não-estatais, destaca-se a questão do chamado "terrorista fundamentalista islâmico", por ter sido ele o grande inimigo a ser securitizado desde 2001 pelas estratégias de defesa dos EUA e, por extensão, em maior ou menor grau, de todos os Estados do globo conectados aos seus interesses. Essa modalidade de terrorismo evidencia as quatro características do "estado de violência" conforme descritas por Gros (2009). Pensando precisamente sobre esses terrorismos é que se tornou possível ativar a noção de "transterritorial" a fim de analisar os grupos privados ou estatais, legais ou ilegais, individuais ou coligados em coalizões militares que transitam pelas dinâmicas e velozes vias da globalização econômica com seus meios computo-informacionais e facilidades logísticas (Passetti, 2007b).

Para compreender o trânsito global de empresas, dados, pessoas e produtos, a literatura sobre globalização consagrou o termo "transnacional" desde que, a partir dos anos 1970, estudos no campo do liberalismo nas Relações Internacionais definiram esse conjunto de relações, "com significante importância política que acontecem sem controle governamental" (Keohane; Nye, 1971: 330). Interessava, naquele momento, sustentar que, para além das relações entre Estados e seus aparatos militares e diplomáticos, uma nova dinâmica havia emergido, principalmente após a II Guerra Mundial, conectando economias nacionais, empresas, grupos de interesse, filiações identitárias e políticas que, mesmo ainda disciplinadas e condicionadas pelos Estados nacionais, acabavam por construir formas próprias de contato e cooperação para além das tradicionais relações diplomáticas.

A expressão "transnacional", no entanto, ainda toma o "nacional" como referência e, por extensão, o "estatal", uma vez que essas duas categorias foram plasmadas pelo pensamento político liberal a partir dos séculos XVIII e XIX (Rodrigues, 2013). Todavia, os fluxos que se dinamizaram a partir dos anos 1940, e as inovações tecnológicas que permitiram ampliar e desdobrar conectividades entre pessoas, empresas, Estados, grupos ilegais etc. vai além da referência exclusiva ao Estado, sua soberania e controle territorial, como sugeriu o filósofo francês Gilles Deleuze (1992) com as características próprias do que denominou "sociedades de controle". Nesse tempo histórico, para Deleuze, os Estados não são superados, mas reconfigurados diante de muitos fluxos conectados que tomam, por base e referências, novas formas de territorializar e desterritorializar práticas sociais, táticas políticas, conexões econômicas, formas de resistências.

O termo transterritorial para qualificar esses fluxos que perpassam fronteiras políticas, regiões e espaços pelo planeta (e até mesmo fora dele) sem ter o "nacional" ou o "estatal" como referenciais, decorre da análise dos terrorismos para indicar que a Al Qaeda, diferentemente de um grupo coeso e hierarquizado, apresentou-se como inovador porque potencializou as táticas de descentralização provenientes das lutas guerrilheiras e subversivas dos anos 1950, 1960 e 1970, projetando-as em escala planetária. Mais intensamente descentralizado, o "terrorismo fundamentalista" seria, de fato, uma multiplicidade de *terrorismos*, aproximados por um discurso geral partilhado, a interpretação radicalmente excludente do Corão e a reação violenta à influência e dominação ocidentais, mas desarticulados enquanto movimento coeso voltado a uma *libertação* nacional. Mais do que isso, inaugura uma nova forma de terrorismo como um programa capaz de produzir interfaces em qualquer lugar ou ocasião (Passetti, 2007b).

Assim, esses terrorismos se distinguem daqueles que abundaram durante o século XX porque acirram as características dos "estados de violência", mas, principalmente, porque rompem com o referencial "estatal/nacional". Analisando discursos como o de Osama bin Laden (2005) é possível notar que o "fundamentalismo" deveria lutar contra a presença de "infiéis" (judeus, cristãos e muçulmanos a eles aliados) no "Mundo Islâmico", em especial nas Terras Santas do Islã (nos atuais Estados de Israel, Iraque e Arábia Saudita). Bin Laden afirmava que sua luta era uma "vingança contra os perpetradores do mal, transgressores, criminosos e terroristas que aterrorizam os verdadeiros crentes" (2005: 120). Essa reação só cessaria quando os "[infiéis] se retirarem da Península Arábica e cessarem sua interferência na Palestina e em todo mundo islâmico" (Ibidem: 127).

Classificando seus inimigos também como "terroristas", Bin Laden não definia um projeto de Estado para isso que se poderia chamar aqui de um *programa de libertação religioso transterritorial*. As menções que fizeram Bin Laden e seus seguidores à formação de um grande Califado que se estenderia do Marrocos à Indonésia nunca foram precisadas, apesar da referência à volta de um padrão de governo político desenvolvido nas áreas de ocupação muçulmana no Oriente Médio, norte da África, sul e sudoeste asiático e Península Ibérica por muitos séculos, e encerrados com a ampliação europeia no século XIX (Rodrigues, 2014).

Dos terrorismos do século XIX à emergência do terrorismo transterritorial, eles foram, no entanto, majoritariamente referenciados ao Estado. Os revolucionários estatistas, como os de inspiração bolchevista e, posteriormente maoísta, organizaram grupos ilegais para atacar agentes e agências estatais, assim como instituições e indivíduos partícipes do regime político e sistema econômico capitalista (industriais, banqueiros, intelectuais etc.), visando abalar sua autoridade, incitar uma sublevação geral e tomar o poder de Estado. Foram muitos os grupos nessa chave, como as já citadas Brigadas Vermelhas, na Itália, e o Baader-Meinhof, na Alemanha dos anos 1970; além dos grupos da esquerda armada latino-americana, como o Movimento Revolucionário 8 de Outubro (MR-8) e a VAR-Palmares, no Brasil do final dos anos 1960 e começo dos 1970, os Montoneros, na Argentina, e Tupamaros, no Uruguai dos anos 1970, Movimento 19 de Abril (M-19) na Colômbia dos anos 1970 e 1980.

Os terrorismos nacionalistas como o Pátria Basca e Liberdade (ETA), na Espanha, e o Exército Republicano Irlandês (IRA), no Reino Unido, promoveram atentados para criar um novo Estado, no caso basco, ou para desmembrar parte de um para anexá-lo a outro, como o exemplo irlandês. A Frente de Libertação Nacional argelina, nos anos 1950 e princípio dos 1960, promoveu atentados contra alvos franceses, inovando nas técnicas de ação urbana e de organização em "células militantes", motivando o desenvolvimento de táticas repressivas por parte das forças armadas francesas que incluíam tortura e pressão psicológica e que foram, posteriormente, adotadas pelos regimes autoritários latino-americanos (Haydte, 1990). A partir do final dos anos 1960, a Organização para a Libertação da Palestina (OLP) adotou a luta armada no enfrentamento com Israel e anunciou uma mais intensa desterritorialização do terrorismo contemporâneo quando passou a atacar alvos israelenses ou conectados a Israel e aos EUA longe da Palestina, como, por exemplo, o atentando contra a delegação israelense nas Olimpíadas de Munique, Alemanha, em 1972, quando um dos dormitórios ocupados por atletas daquela nacionalidade foi invadido por cinco membros do Setembro Negro, grupo vinculado à OLP. Após tentativa de fuga, uma emboscada fracassada da força policial alemã levou à morte de todos os reféns e de três dos sequestradores.

Na história política contemporânea, a única prática terrorista que não teve o Estado como meta foi o chamado anarcoterrorismo que, na passagem do século XIX para o XX, mobilizou indivíduos e pequenos grupos na realização de atentados contra chefes de Estado e autoridades, além de representantes do grande capital, em seus espaços de trabalho e lazer. Diante da cerrada repressão que o movimento anarquista sofreu na Europa e nas Américas no final do século XIX, muitos decidiram pela ação violenta como meio de expor as fragilidades da sociedade burguesa e do aparato estatal que visavam superar (Passetti, 2007b; Rodrigues, 2014; Augusto, 2006).

De todo modo, os terrorismos preponderantes ao longo do século XX se reportaram ao Estado, ocupando espaços de luta relacionados aos territórios nacionais pelos quais lutavam ou contra os quais se opunham. O terrorismo fundamentalista islâmico refere-se vagamente a uma unidade política utópica — o Califado — mas inaugura práticas terroristas que remetem a uma luta desterritorializada, que visa alvos ocidentais ou de aliados em todas as partes do planeta. A "guerra ao terror", por sua vez, também, se desterritorializa, levando à formação de coalizões militares voltadas à ocupação de espaços usados para treinamento ou como refúgio para terroristas. Essa guerra desterritorializada, no entanto, vai além, ao redimensionar práticas de controle e vigilância nas mais ínfimas situações cotidianas: rastreamento de mensagens eletrônicas, quebras de sigilos e senhas, prisões sem mandado legal, buscas e apreensões, vasculha e revista de corpos e objetos, entre outras formas de governo sobre as condutas.

Se o terrorismo conecta espaços e fluxos sem ter o Estado como referência básica, seria possível defini-lo como "transterritorial". Essa noção pode ser estendida aos ilegalismos que perpassam fronteiras e acoplam diferentes espaços. O narcotráfico, por exemplo, não é um "fenômeno unitário", mas um negócio transterritorial de grandes proporções que conecta plantações ilegais, laboratórios clandestinos, empresas legais de fachada ou condicionadas ao tráfico ilegal (como companhias aéreas e marítimas), zonas urbanas em países pobres, guetos em países ricos, além de outras máfias e diferentes ilegalismos (como o tráfico de armas e de pessoas) posto que as drogas ilegais servem como moeda em muitos negócios ilegais (Rodrigues, 2016; Paley, 2014).

Por sua vez, as forças mobilizadas para combater o tráfico de drogas ilícitas combinam dimensões locais com transterritoriais, por conta dos acordos militares, financiamentos internacionais para aparelhar forças coercitivas, colaboração de agências de inteligência civil e militar. Não obstante, cada Estado acopla-se de um modo à "guerra contra as drogas", instituindo padrões repressivos próprios que rementem à história da proibição das drogas em cada país e às suas arraigadas práticas punitivas (Rodrigues, 2016). Assim, o impulso à repressão e ao envolvimento de militares no combate ao narcotráfico vem, desde os anos 1970, produzindo uma crescente indistinção entre competências, táticas e modos de ação das forças policiais e militares que promove, como será analisado adiante, a *militarização de forças policiais* concomitante à *policialização das forças armadas* de muitos países comprometidos com a "guerra às drogas" (Balko, 2013; Saint-Pierre, 2015; Graham, 2016).

Por ora, interessa destacar que os "estados de violência" são modalidades de conflito que não se desconectam do Estado, tampouco da possibilidade de novas edições de guerras entre Estados, mas que abalam a "lógica clausewitziana" da guerra em suas dimensões temporal, legal, espacial e de mobilização. Os "estados de violência" têm características transterritoriais que conectam ambientes de segurança que antes pareciam claramente separados entre "dentro" e "fora" dos Estados. O espaço internacional, ambiente no qual a guerra entre Estados pode acontecer, não é mais claramente distinguível dos denominados ambientes domésticos de segurança pois, entre eles, atravessam muitos grupos transterritoriais, como os do terrorismo fundamentalista e do narcotráfico. Se as guerras não terminaram diante de uma suposta vitória do modelo democrático-liberal, novos ou reconfigurados conflitos emergiram, acoplando espaços em disputa para além da lógica estatal e transnacional. Na sociedade de controle, as "ameaças" e "securitizações" se projetam no planeta e assumem fluidez transterritorial.

PLANETÁRIAS

Os "estados de violência" são acontecimentos violentos que se liberam dos limites jurídico-políticos e dos conceitos acadêmicos tradicionais das Relações Internacionais referentes à guerra e à segurança. Esses acontecimentos promovem uma acentuada securitização para além dos "temas clássicos" referenciados no Estado, como destacaram Buzan, Wæver e De Wilde (1998), mas vão além da identificação de "novas agendas de segurança". O próprio referencial estatal passou a ser questionado pela produção de noções de segurança voltadas não mais à segurança do Estado, ou de uma sociedade, com seu meio ambiente e suas questões econômicas demarcadas ou circunscritas ao Estado nacional.

No chamado período pós-Guerra Fria, o conceito de *segurança nacional* e, com ele, o de *segurança internacional* começaram a ser marcadamente modificados pela identificação de ameaças à segurança do planeta como um todo. Categorias a serem protegidas se destacaram da sujeição à segurança estatal, por meio da elaboração de novos discursos securitizantes vinculados a um emergente conjunto de táticas para o governo de tudo que está, vive ou circula no planeta Terra. Essas circulações não são mais tão-somente *transnacionais*, conectando agências subnacionais ou entidades privadas, menos ainda meramente *internacionais*, articulando Estados por meio de seus dispositivos diplomático-militares, mas *transterritoriais*, e sugerem o despontar de uma segurança planetária gerida por um novo dispositivo, o *diplomático-policial*.

Um dos principais e primeiros indicativos dessa transformação foi a elaboração do conceito de "segurança humana", pelo Programa das Nações Unidas para o Desenvolvimento – PNUD, nos seus relatórios *Human Development Report* dos anos 1993 e, principalmente, 1994. Esse conceito procurou deslocar o foco da segurança no Estado, passando-o para o indivíduo. O Homem, categoria universal definida e investida por uma plêiade de direitos, deveria ser o foco primordial da proteção, tanto contra a violência física, que os relatórios definem como "*freedom from fear*" (liberar-se do medo), quanto das privações em geral, "*freedom from want*" (liberar-se das carências) (Rodrigues, 2012b; Weiss, 2007). O documento do PNUD de 1993 afirma que "novos conceitos de segurança humana devem enfatizar a segurança das pessoas e não apenas das nações"[4], enquanto o relatório do ano seguinte desenvolveu esse princípio, demandando que os Estados-membros da ONU encontrassem "novas fundações [no conceito de] segurança humana, que assegure a segurança das pessoas através do desenvolvimento, e não pelas armas"[5].

Desse modo, na perspectiva do PNUD, o foco da segurança no planeta não deveria ser o do Estado, como objeto de referência primordial das políticas de defesa militar, mas as "pessoas", o ser humano como categoria ou sujeito de direito internacional. É interessante notar que os relatórios referem-se a "nações" ("*nations*") como sinônimo para Estado-nação e a "pessoas" ("*people*") como referência para os seres humanos, atribuindo, assim, uma designação universal próxima à de "povos" ("*peoples*") utilizada na Carta de São Francisco, tratado que institui a ONU em 1945[6]. Com isso, evitou-se vincular os indivíduos a cidadanias específicas, mantendo um princípio de pertencimento geral à espécie humana, sem distinção de fronteiras nacionais, enquanto a própria palavra "Estado" não é mencionada.

A definição da "segurança humana" propôs um deslocamento da própria existência, segurança e razão de ser dos Estados, condicionando-as à

---

4. Human Development Report 1993, p. 2. <*https://bit.ly/2bs9Mdj*>.

5. *Human Development Report 1994*, p. 6. <*https://bit.ly/1bnKsJR*>.

6. O preâmbulo da Carta de São Francisco começa com a exortação "Nós, os Povos das Nações Unidas..." ("We the Peoples of the United Nations..."). <*https://bit.ly/1PS7npG*>.

segurança do indivíduo que, por sua vez, indica um caminho específico vinculado ao respeito pelos direitos humanos. Desse modo, fica sugerida a necessidade da conformação e universalização de um modelo jurídico-político único, que seria a democracia liberal, capaz de institucionalizar e salvaguardar os direitos humanos. Nesse contexto, emergiram novos conceitos, instituições e normas no direito internacional que intervieram diretamente sobre uma tensão já existente na formulação dos grandes projetos universalistas do século XX cristalizados em torno da Liga das Nações e da ONU. Segundo Thomas Weiss (2007), essa tensão pode ser notada na delicada articulação entre *princípios westfalianos* (a configuração do mundo em Estados nacionais, o respeito à soberania, à autodeterminação dos povos e à não intervenção) e *princípios cosmopolitas* (valores universais, os direitos humanos, a paz entre os povos, o respeito ao direito internacional).

Essa tensão, no entanto, começou a ser reequacionada nos anos 1990, sendo o conceito de "segurança humana" seu ponto de clivagem. Isso porque o conceito soberania passou por uma requalificação nesse período pós-Guerra Fria deixando de ser formalmente "absoluta" (como nos moldes westfalianos), para ser *relativa* (Rodrigues, 2013). Mesmo que a prática da soberania tenha sido historicamente desigual, seu *status* jurídico-político, reafirmado na ONU, era o de igualdade e inviolabilidade (Krasner, 1999). Inaugurou-se na entrada do novo milênio a sua relativização formal. As proveniências mais remotas estão no conjunto das novidades introduzidas pelos direitos humanos e pela responsabilização de "criminosos de guerra" em Nuremberg e Tóquio, após a II Guerra Mundial, que, pela primeira vez, não responsabilizaram "Estados derrotados" pelas destruições da guerra, mas indivíduos que, durante o conflito, estiveram à frente do comando do Estado (Rodrigues, 2010). As proveniências mais imediatas, no entanto, estariam precisamente no contexto da formulação do conceito de *segurança humana*.

Naquele momento, o conceito de soberania passou a ser balizado pelo princípio de que "para ser legítima, a soberania deve demonstrar responsabilidade" (Deng et al., 1996: XVII). *Responsabilidade* voltada para os indivíduos compreendidos, simultaneamente, como "cidadãos" de um país e "sujeitos de direito internacional" ("cidadãos cosmopolitas"), ou seja, duplamente qualificados como sujeitos de direito, com primazia para o direito universal. Os conceitos de "soberania como responsabilidade" e "segurança humana" emergem no momento dos genocídios e violência étnica dos anos 1990 (Bósnia-Herzegovina, Ruanda, Kosovo) e ganham impulso diante dos problemas jurídico-políticos colocados pelas intervenções humanitárias, como ações militares destinadas a interromper violações dos direitos humanos por grupos em luta ou por Estados contra parcelas de suas populações.

Em especial, a intervenção de forças da OTAN no Kosovo com bombardeios aéreos, em 1999, foi um acontecimento importante para a revisão legal dos parâmetros jurídico-políticos da ONU. Isso aconteceu porque a justificativa para a ação militar foi "humanitária", pois as tropas sérvias foram acusadas de violar sistematicamente os direitos humanos dos kosovares, principalmente os de origem albanesa que clamavam por independência política com relação ao que restara da federação iugoslava sob o comando sérvio. As relações diplomático-militares no Conselho de Segurança da ONU foram marcadas pela oposição entre britânicos e estadunidenses de um lado, favoráveis a uma intervenção armada, e de russos de outro lado, aliados históricos dos sérvios e contrários à ação militar. Quando a missão se realiza, não pelos EUA ou pelo Reino Unido isoladamente, mas pela OTAN, confere aos ataques uma dimensão multilateral, ainda que ilegal do ponto de vista do direito internacional, pois não foram aprovados pelo Conselho de Segurança. Ainda assim, foram considerados *legítimos* pelos seus defensores, enquanto reação humanitarista às alegadas violações dos direitos humanos. O problema entre o que valeria mais, a soberania iugoslava ou os direitos humanos dos kosovares, explicitou a mencionada tensão entre princípios westfaliano e cosmopolita, provocando uma revisão das bases do direito internacional.

Essa revisão veio no mesmo ano de 1999, com a formação, autorizada pelo secretário geral da ONU, o ganês Kofi Annan, de uma comissão chamada International Comission on Intervention and State Sovereignty (ICISS), que reuniu diplomatas, profissionais do direito humanitário internacional, intelectuais e políticos para dois anos de reuniões que culminaram com a publicação do relatório *The Responsibility to Protect*[7] (R2P) (Evans, 2008).

O relatório apresentou o conceito de mesmo nome que pretendeu equacionar os dois polos de tensão expressos no próprio nome da Comissão Internacional: "soberania" e "intervenção". O princípio de R2P encaminhou, assim, uma proposta para recondicionar as relações entre soberania, segurança humana, segurança do Estado e segurança internacional

---

7. The Responsability to Protect: <*https://bit.ly/QGyWFS*>.

(Kenkel, 2010; Serrano, 2011). Seguindo a linha do conceito de "soberania como responsabilidade", a R2P reconhece que a soberania dos Estados deve ser respeitada, desde que os titulares do Estado salvaguardem os direitos humanos. Caso não o façam por incapacidade ou propositadamente, a "comunidade de Estados", reunida na ONU e sob a chancela do seu Conselho de Segurança, tem o dever de intervir (Evans, 2008).

Desse modo, a soberania não é desqualificada, mas ao contrário, *requalificada* ou adjetivada: objetiva-se modular uma definida forma de exercício do poder de governar pessoas, coisas e fluxos que siga parâmetros democrático-liberais e cosmopolitas. Nesse ponto estaria um dos elementos principais do emergente gerenciamento da segurança planetária: a R2P explicita o estabelecimento de um *padrão de conduta* para os Estados a ser defendido e, no limite, imposto a Estados com procedimentos de governo desviados do padrão universal. Esse padrão, por sua vez, emergiu de uma comissão composta não apenas por diplomatas, mas por eles e um conjunto de especialistas, acadêmicos e profissionais de ONGs que, por sua vez, ofereceu suas recomendações ao Secretário Geral da ONU, uma instância multilateral interestatal que, desde os anos 1990, vinha se abrindo às parcerias e à observação de "grupos da sociedade civil". Essa conexão entre a diplomacia estatal, os foros multilaterais e os agentes individuais ou não-governamentais deliberando sobre regras de alcance universal baseadas em princípios universais caracteriza a nova dimensão "diplomática" do dispositivo de segurança da ecopolítica. Em suma, na discussão em torno da R2P, a *prática diplomática* (na negociação, definição de consenso e redação de princípios universais) não ficou mais sob a exclusividade dos diplomatas, como durante a primazia do dispositivo diplomático-militar.

Está em jogo, portanto, a construção de regras, instituições e práticas que estabeleçam uma *conduta esperável* dos Estados e não somente deles, mas de todo "corpo social" (cidadãos, organizações civis, ONGs) e empresas, todos articulados em torno de um modelo político-econômico transterritorial único e inquestionável: os valores da democracia liberal. No entanto, do mesmo modo que o edifício jurídico-político da soberania não foi meramente substituído, mas reconfigurado, pela emergência da biopolítica no século XIX, o despontar da ecopolítica como conjunto de práticas para o governo do planeta não prescinde de elementos do dispositivo diplomático-militar, mas os redimensiona e atualiza. Os "estados de violência" e o caráter transterritorial dos fluxos que desafiam o funcionamento do capitalismo global e das instituições jurídico-políticas que lhes permitem fluir atualizam as formas de definir "ameaças", de "securitizá-las", assim como os meios para contê-las ou acomodá-las em níveis manejáveis. Nesse sentido, as intervenções humanitárias obedecem à mesma lógica das intervenções recomendadas pelos economistas neoliberais, ou seja, as ações emergenciais, capitaneadas pelo Estado (ou por coalizões) para gerenciar as inevitáveis crises econômicas, políticas e sociais provocadas pelas desigualdades inerentes ao capitalismo.

Os "estados de violência", produzidos ou acirrados nesse momento histórico, precisam, portanto, ser contidos, controlados, governados. Esse controle se dá com a prescrição de condutas universais que qualifica um Estado a jogar na economia global e a ser apoiado para tratar com as "ameaças" internas ou transterritoriais, que podem abalar sua autoridade, já bastante afetada pela sua própria inclusão nos fluxos da sociedade de controle. Assim, na ecopolítica do planeta, o governo dos ambientes de segurança "nacionais" e planetário se interconectam e interfecundam. Para além da discussão entre o "dentro" e o "fora" do Estado, as porosidades aumentam estabelecendo continuidades e comunicações constantes entre "ameaças" e, também, entre práticas de securitização.

Segundo Didier Bigo, "os conflitos contemporâneos não são mais majoritariamente guerras interestatais ou grandes revoluções [mas] múltiplas formas de conflito" (2010: 337) compatíveis com a noção de "estados de violência". Para o autor, existiria um "*continuum* conflitivo" (Ibidem: 336) que mescla práticas de violência dentro, fora e através das fronteiras estatais, conectando ambientes de segurança que anteriormente, na lógica westfaliana, estariam separados. Hoje, o terrorismo transterritorial, o narcotráfico, o tráfico de pessoas, o contrabando de produtos, entre outras atividades fluindo entre os canais legais e ilegais da economia global, atravessam fronteiras e articulam espaços domésticos e internacionais. Ao mesmo tempo, as iniciativas de construção de Estados nos moldes cosmopolitas, a partir de intervenções armadas humanitaristas e de operações de estabilização e produção de instituições, começam a dar forma a um "ambiente de segurança planetária". Assim, a dicotomia *dentro/fora* do discurso jurídico-político e das teorias das Relações Internacionais, que traduzem *dentro* como "ordem/paz" e *fora* como "guerra/caos", fica difícil de ser sustentada analiticamente (Walker, 2013). Os conflitos, traduzidos em múltiplos "estados de violência", atravessam e modelam os espaços políticos, produzindo securitizações, quer seja no designado campo doméstico, quer seja no ainda chamado de internacional.

As próprias noções de "nacional" e "internacional" são erodidas, ainda que não superadas, pois os ambientes de segurança se conectam em diferenciadas gradações e *continuums.* Em tempos de *fluxos transterritoriais* que incluem, também, grupos armados, terrorismos e organizações ilegais, regiões, segmentos de centros urbanos e imensidões desocupadas podem fazer parte de uma mesma série continuada, como, por exemplo, o narcotráfico articulando plantações ilícitas em regiões de difícil acesso, laboratórios clandestinos na selva, favelas com suas organizações ilegais de varejo das drogas ilegais e rotas transoceânicas controladas por distribuidores internacionais dessas substâncias. Não se trata, portanto, de indicar a existência de vínculos "internacionais", tampouco "transnacionais", pois não é mais o "Estado" ou o "nacional" que operam como referência. Os fluxos transterritoriais acionam outras conexões entre pessoas, produtos, dados eletrônicos. Nesses fluxos se atualizam os denominados conflitos, a definição de "ameaças", o que é definido como "ameaçado" e quais as formas de atacar, conter ou administrar essas "ameaças". Sobre a dimensão da *segurança internacional*, alterando-a e transformando-a, emerge a da *segurança planetária.*

O dispositivo diplomático-policial

Os meios pelos quais a segurança planetária é exercida combinam novas ou renovadas instituições de alcance regional ou global, com destaque para a ONU, atualizada sob a bandeira da proteção dos direitos humanos e da promoção da democracia. Junto à ONU, há organizações regionais de cunho econômico e comercial, mas também militar, que se responsabilizam pela gestão local e pela co-gestão dos problemas planetários, como a União Europeia. Países como o Brasil, no campo das chamadas "potências emergentes", são simultaneamente convocados e se voluntariam a participar dessa gestão do planeta que, mesmo sendo coletivamente articulada, não é igualitariamente colegiada. Assim, as hierarquias e centralidades se recompõem, enquanto populações tidas como perigosas porque resistentes ao capitalismo e à democracia liberal (como anarquistas e ativistas antiglobalização) ou porque provocadoras de pressões nos centros do capitalismo global (como os imigrantes ilegais e refugiados) são alvo de programas de contenção e aprisionamentos, mas também, são clientes de projetos de proteção aos direitos humanos e de promoção do chamado desenvolvimento do econômico e social.

Na ecopolítica do planeta emerge um novo dispositivo de segurança que denominamos *dispositivo diplomático-policial*. Nele, os elementos militares do dispositivo diplomático-militar não são completamente ultrapassados, mas redimensionados em novas modalidades de exercício da violência que conectam forças militares e policiais, coalizões militares de Estados sob mandatos diplomáticos multilaterais, conexões entre forças privadas legais (empresas de segurança) e ilegais (milícias, grupos terroristas, guerrilhas) em práticas de lutas que não respeitam as divisões jurídico-políticas das fronteiras nacionais. As formas de exercício da violência combinam-se, por sua vez, como uma atualizada *polícia das condutas* dividuais e estatais que se projeta globalmente, visando manter a segurança de todos e cada um num planeta governado por decisões diplomáticas tomadas em foros que procuram legitimidade democrática em valores universais e na participação de governos, ONGs, empresas, indivíduos.

O dispositivo de segurança na era da biopolítica das populações foi o diplomático-militar; na ecopolítica do planeta emerge o *diplomático-policial*. Acompanhando os redimensionamentos da guerra e a emergência de novas institucionalidades que visam gerir "ameaças" e "violências" no globo, será possível compreender como o governo do planeta produz, para além da divisão estanque entre "nacional" e "internacional" e do equilíbrio de poder entre Estados, novos "ambientes de segurança" na sociedade de controle?

Um dos conceitos que ativam novas práticas para o governo das condutas e da segurança planetária é o de Responsabilidade de Proteger que, após sua apresentação em 2001 recebeu severas críticas de países islâmicos e do antigo "Terceiro Mundo", como a Venezuela e a Argélia, que consideraram insuficientes as garantias de que o princípio não seria utilizado para encobrir intervenções militares e sanções financeiras e comerciais dos países do antigo "Primeiro Mundo", como os EUA e Estados na União Europeia, motivadas por seus interesses diplomático-militares e econômicos. Um dos principais argumentos dessa relutância foi a desconfiança de que o Conselho de Segurança, por ser controlado pelas cinco potências (EUA, Reino Unido, França, China e Rússia), autorizaria intervenções baseadas na R2P apenas quando seus interesses nacionais fossem beneficiados.

No entanto, a discussão em torno da R2P foi eclipsada pelos efeitos da chamada "guerra ao terror" lançada pelos EUA após os atentados de setembro de 2001 e que fizeram com que os debates na ONU se retivessem no problema da legalidade e legitimidade da invasão do Iraque pelos EUA, Reino Unido e aliados. Esses debates tomaram as sessões do Conselho de Segurança no segundo semestre de 2002, até que finalmente a invasão foi realizada, em março de 2003, à revelia de uma decisão daquela instância.

O tema da R2P, todavia, não foi abandonado, retornando nas sessões da Cúpula Mundial (World Summit)[1] da ONU, em outubro de 2005, evento revestido de importância especial pelo Secretário Geral Kofi Annan por comemorar os sessenta anos da organização, e no qual se esperava registrar mudanças importantes no seu funcionamento, com espaço renovado para a promoção dos direitos humanos, segurança humana e democracia. No documento produzido como resultado dessa Cúpula (Resolução

1. <*https://bit.ly/1fdGZOJ*>.

60/2005 da Assembleia Geral), dentre os muitos compromissos com metas para o desenvolvimento do planeta, figurou a aceitação da R2P como um dos princípios gerais da ONU, ou seja, como um valor norteador sem obrigatoriedade explícita.

Numa sessão específica sobre o tema, a Resolução afirma que "cada Estado tem a responsabilidade de proteger suas populações de genocídios, crimes de guerra, limpeza étnica e crimes contra a Humanidade" (Res. 60/2005, § 138). A "comunidade internacional", continua o documento, deve apoiar os Estados a alcançar esses objetivos, seguindo os procedimentos estabelecidos pela Carta da ONU e dando preferência aos meios "diplomáticos, humanitários e de outros meios pacíficos" (Res. 60/2005, § 139). No entanto, o compromisso dos Estados deve ir além, preparando-se para ações coletivas, apoiados por organizações regionais (como, por exemplo, a OTAN e a União Africana), para agir, sob o comando do Conselho de Segurança, sempre que "os meios pacíficos se mostrem inadequados e as autoridades nacionais explicitamente falhem na tarefa de proteger suas populações" (Ibidem). Para tanto, a Assembleia Geral assumiu formalmente que a R2P deveria orientar o monitoramento da conduta dos Estados, indicando, no § 138 da Resolução, a necessidade de instaurar mecanismos de acompanhamento constante da situação dos direitos humanos capazes de acionar alertas internacionais que deem publicidade a possíveis violações, possibilitando sanções ou medidas reparadoras. Esses mecanismos, chamados de *early warning* (alerta preventivo), são constituídos enquanto programas de monitoramento de países com sérias crises político-sociais ou que passam por períodos de transição pós-conflitos (como guerras civis e transições de autoritarismos para regimes democráticos).

A prática do *early warning* se dá pela conexão entre o trabalho de associações e ONGs locais, institutos de pesquisa locais e internacionais, ONGs internacionais, fundações internacionais financiadoras de projetos em direitos humanos, agências especializadas de organizações intergovernamentais (da própria ONU ou de organizações regionais) e agências dos Estados monitorados (secretarias, ministérios, conselhos). Essa rede de instituições produz relatórios, aceleram e promovem encontros de avaliação e recomendam políticas sociais e ajustes legais. Com isso, desde os mais altos níveis institucionais e normativos, no plano da ONU, por exemplo, passando pela colaboração intensa de ONGs, agências estatais e institutos de pesquisa privados e estatais, chega-se aos locais e situações mais pontuais nos países ou regiões consideradas "em crise", onde, por sua vez, organizações locais contribuem com dados e informações que ascendem na cadeia de intermediários até os mais elevados planos decisórios, influenciado na formulação de recomendações mais amplas e possivelmente replicáveis em outras partes do planeta. No sentido oposto, descendente, tais recomendações retornam capilarmente às regiões-alvo sendo exercitadas pelas organizações locais que, desse modo, colaboram tanto para a elaboração de modelos de conduta quanto para sua efetivação, e, horizontalmente, conectam gentes a todas elas.

Esse funcionamento previsto da R2P explicita uma das dimensões do funcionamento do *dispositivo diplomático-policial*, pois mostra a conexão entre "agentes" privados, estatais e intergovernamentais, que fazem circular informações, recomendações, propostas de reforma e práticas de governo das condutas em sentido *ascendente* — das localidades tidas como "problemáticas", "inseguras" ou em "crise" para as mais elevadas instâncias decisórias dos Estados e da ONU — e em sentido *descendente* — quando recomendações e políticas mais amplas são elaboradas tornando-se padrões de conduta que retornam à localidade com o intuito de remodelar costumes, práticas sociais e conectar partes. Desse modo, as técnicas diplomáticas da negociação, da representação de interesses e da busca de soluções por meio de concessões deixam de ser uma prática apenas entre os diplomatas a serviço dos Estados para se disseminar entre funcionários de ONGs, líderes comunitários, pesquisadores de institutos, missionários humanitaristas, burocratas de agências governamentais e intergovernamentais e o divíduo. Visa-se disseminar condutas para modular práticas não apenas dos divíduos nas localidades, aqueles a quem se destinam as políticas de proteção dos direitos humanos, mas também coordenar a conduta de agências estatais, ONGs, institutos de pesquisa etc. Todos se conectam numa mesma *confiança* nos procedimentos burocráticos, nos valores universais em jogo e na legitimidade das políticas e princípios produzidos nesse processo participativo no qual muitos colaboram para propor, elaborar, aplicar e monitorar normativas e padrões de conduta tolerantes. Eis a dimensão policial do dispositivo de segurança planetária: a produção de condutas em escala local, nacional, regional e global por meio da participação ativa de "agentes" privados, estatais e intergovernamentais em consonância com os divíduos, todos conectados pela circulação de informações, recomendações, controles e práticas em canais ascendentes, descendentes e horizontais.

O princípio da R2P, no entanto, não figurou sozinho naquele momento de reformulação da ONU. Das negociações preparatórias à Cúpula de 2005, e dos arranjos que dela se desdobraram, surgiram novos organismos vinculados à Assembleia Geral da ONU, como o Fundo para a Democracia (United Nations Democracy Fund, criado em julho de 2005)[2], a Comissão para a Construção da Paz (Peacebuilding Comission, instituída em dezembro de 2005)[3] e o Conselho de Direitos Humanos (United Nations Human Rights Council[4], implantado em março de 2006).

Dentre essas novas institucionalidades produzidas em 2005, destaca-se o Fundo para a Democracia, não por sua potencialmente maior efetividade diante dos demais, mas pela introdução de uma novidade importante em termos de governamentalidade planetária. Sua criação, apoiada pelo então presidente dos EUA, George W. Bush, incluiu a "promoção da democracia" como uma das bandeiras da ONU. Essa promoção está ausente da Carta de São Francisco, de 1945, que indicou a "paz e segurança internacionais" como meta da Organização e o "desenvolvimento" como meio, mas evitou o termo "democracia" diante das disputas entre os conceitos de democracia liberal, encabeçados pelos EUA, e de "democracia popular", defendidos pela URSS e demais países associados ao socialismo de Estado. Do ponto de vista formal, a ONU assumiu definitivamente que um determinado regime político, a democracia, deveria ser o modelo ideal de organização política de todos os povos e que, portanto, seria papel da Organização promovê-la mundialmente. O documento final da Cúpula de 2005 reservou espaço para confirmar a defesa da democracia numa seção imediatamente anterior àquela dedicada a R2P intitulada simplesmente "Democracy".

O texto procura desassociar a "democracia" de um padrão específico de regime, buscando evitar uma defesa explícita do modelo da democracia liberal de proveniência europeia e estadunidense, ajusta-se aos imperativos da racionalidade neoliberal que funciona por modulações nos diversos domínios. A Resolução registra que "a democracia é um valor universal baseado na livre expressão da vontade popular para determinar seus sistemas político, econômico, social e cultural, e sua participação em todos os aspectos de suas vidas" (Res. 60/2005, § 135). Na sequência, o parágrafo sustenta que "não há um modelo apenas de democracia" e que a "soberania

---

2. <*http://www.un.org/democracyfund/*>.
3. <*https://www.un.org/peacebuilding/*>.
4. <*http://www.ohchr.org/en/hrbodies/hrc/pages/hrcindex.aspx*>.

e a autodeterminação" devem ser respeitadas, mas ressalva que "democracia, desenvolvimento e respeito a todos os direitos humanos e liberdades fundamentais são interdependentes e se reforçam mutuamente" (Ibidem). Sabendo que os conceitos de "liberdades fundamentais" têm proveniência no pensamento liberal produzido na Europa ocidental entre os séculos XVI e XVIII e que, depois, foram encampados e difundidos pelos EUA a partir de finais do século XVIII, fica explicitada a tensão minimizada entre a defesa dos valores universais de corte liberal e cosmopolita e a tentativa de dissimular essa padronização forçada a partir de valores ocidentais com a lembrança ao particularismo, tanto por meio do respeito à soberania e autodeterminação, quanto pela sugestão de que pode haver mais modelos para a democracia que o liberal. A democracia encontra o espaço político renovado, conectado às práticas disseminadas nas empresas e na sociedade civil organizada.

A forma com que a democracia emerge como recomendação universal no discurso da ONU, em 2005, é uma indicação adicional da nova dimensão de "polícia das condutas" da emergente governamentalidade planetária: a determinação de um específico regime político serve de base para reforçar a produção de expectativas de que ele se dissemine como padrão de conduta para os Estados, mas não apenas, pois o princípio das "liberdades fundamentais" remete aos direitos de associação, de liberdade de expressão, de credo e, sobretudo, de garantias da propriedade privada que devem orientar movimentos sociais, partidos políticos, corporações privadas e, na base de tudo, os divíduos em suas condutas cotidianas. Quando reparamos na definição da democracia como ideal, meta e parâmetro de conduta (estatal, associativa, corporativa e dividual), é possível notar como passa a operar o *dispositivo diplomático-policial* ao disseminar padrões de conduta moduláveis a serem monitorados, promovidos e, no limite, impostos por táticas de governamentalidade planetária como a R2P.

Além das declarações formais nos documentos da ONU, a primeira vez que, historicamente, o conceito de R2P foi evocado se deu durante a crise na Líbia em 2011, instaurada pela sublevação de forças políticas contra o regime comandado por Muamar Kaddafi que levou o país a uma guerra civil. Em março daquele ano, o Conselho de Segurança da ONU aprovou a Resolução 1973[5], estabelecendo uma "zona de exclusão aérea" sobre o país que proibia a força aérea líbia de sobrevoar o próprio território. A

---

5. <*https://bit.ly/2JZen2Z*>.

justificativa para essa medida foram as acusações de que o governo de Kaddafi atacava sua própria população, qualificando-o como um violador do compromisso universal com a defesa dos direitos humanos (St. John, 2012).

A Resolução, em seu preâmbulo, afirma: "*Reiterando* a responsabilidade das autoridades líbias de proteger a população líbia e *reafirmando* que as partes armadas no conflito arcam com a responsabilidade primária de tomar todas as providências factíveis para assegurar a proteção de civis..." (Res. 1973/2011, p. 1; grifos no original). A consideração, somada a outras condenações iniciais com relação à violência no país, prepara o argumento a autorizar que "Estados Membros, tendo notificado o Secretário Geral, agindo isoladamente ou por meio de coalizões ou organizações regionais, e agindo em cooperação com o Secretário Geral, tomem todas as *medidas necessárias* (...) para *proteger civis* e áreas povoadas por civis que estejam sob ataque na República Árabe Jamahiriya Líbia, incluindo Benghazi, ainda que *excluindo a ocupação por força estrangeira* de qualquer forma e em qualquer parte do território líbio" (Res. 1973/2011: 3, grifos nossos).

O trecho é interessante para pensar a R2P como elemento de um emergente dispositivo de segurança planetário, pois é uma autorização pelo Conselho de Segurança da ONU para que uma ação armada (significado da expressão "todas as medidas necessárias") justifique-se por argumentos humanitaristas voltados a "proteger civis"; argumentos, portanto, universalistas e não particulares ao "interesse nacional" de qualquer Estado. Essa missão, por sua vez, poderia ser realizada por Estados individualmente, coalizões ou organizações regionais. Não ocorreu uma chancela para que um Estado ou uma aliança de Estados atacasse em nome de interesses geopolíticos clássicos ou visando garantir diretamente sua própria segurança. Os ataques que, em tese, visavam apartar as forças de Kaddafi e as milícias rebeldes das áreas civis, foram assumidos pela OTAN e se resumiram a bombardeios aéreos, respeitando a proibição para ocupação militar (Keating, 2013).

Essa proibição, vinculada ao estabelecimento da mencionada zona de exclusão aérea, teve um duplo propósito: de um lado, procurava evitar que a ação militar fosse acusada de violar a soberania líbia com fins de ocupação territorial; de outro lado, afinava-se ao princípio da "zero morte" que, desde tempos da primeira Guerra do Golfo, em 1991, fazia parte dos discursos diplomático-militares ocidentais centrados na ideia de que a alta tecnologia propiciava "ataques cirúrgicos" (precisos sobre alvos militares) e que os militares ocidentais não seriam colocados em situação de risco máximo (Press, 2001).

Guerra cirúrgica, ação pontual: a Resolução resume princípios da "intervenção" militar inerentes ao *dispositivo diplomático-policial*, pois baseados na legitimidade, no direito internacional e nas instituições multilaterais, a ser conduzida por coalizões de Estado e voltada ao gerenciamento de "crises" (como guerras civis, genocídios, violações dos direitos humanos). A ditatura de Kaddafi fora isolada entre os anos 1980 e 1990 diante de acusações de apoio ao terrorismo antiocidental. No entanto, a partir de finais dos anos 1990 houve uma reaproximação com Estados europeus por conta da privatização de suas empresas de extração de petróleo, pela contratação massiva de empresas de segurança privadas ocidentais e pela disposição daquele regime autoritário em colaborar para a contenção do fluxo de imigrantes ilegais africanos em direção à União Europeia. Não obstante, Kaddafi caiu novamente em descrédito diante das sublevações na África do Norte a partir de 2010, conhecidas como Primavera Árabe e que, começando na Tunísia e tendo um epicentro no Egito, registraram manifestações populares expressivas contra os regimes autoritários desses países, o que desencadeou diferentes graus de modificação nos arranjos político-institucionais entre tunisianos e egípcios e deflagrou violentos conflitos entre líbios e sírios (Hehir, 2013; Brancoli, 2014). No caso líbio em particular, os argumentos favoráveis à defesa dos direitos humanos preponderaram sobre o princípio westfaliano do respeito à soberania, desbloqueando o princípio cosmopolita favorável à "intervenção" que, do ponto de vista jurídico-político, encontrava chancela para ser evocado pelo fato da R2P ter sido incorporada ao conjunto de valores da ONU em 2005.

A consequência dos bombardeios militares promovidos pela Organização do Tratado do Atlântico Norte (OTAN) sobre a Líbia foi um desequilíbrio de forças entre as milícias mobilizadas contra Kaddafi e as forças militares a serviço do ditador, que culminou na sua captura e imediato assassinato em outubro de 2011, levando a um período no qual um novo governo, sob o beneplácito da União Europeia e dos Estados Unidos, começou a ser formado sem que a guerra civil pudesse ser interrompida (St. John, 2012).

Diante da morte de Kaddafi e do apoio de europeus e dos EUA à transição política na Líbia, houve uma reação de Estados contra o que foi interpretado como uma intervenção cuja motivação velada teria sido retirar o ditador do governo. A principal dessas reações veio pela manifestação do Brasil, quando sua delegação diplomática no Conselho de Segurança apresentou um breve documento intitulado Responsibility while Protecting: elements for the development and promotion of a concept (Responsabilidade ao Proteger: elementos para o desenvolvimento e promoção de um conceito)[6].

No documento, a diplomacia brasileira exigia mais clareza nos mandatos do Conselho para intervenções amparadas na R2P e defendia a construção de instrumentos de acompanhamento e avaliação internacionais de missões militares de caráter humanitário. Para a delegação brasileira, a "comunidade internacional [deveria] ser rigorosa nos esforços para esgotar todos os meios pacíficos para a proteção de civis sob a ameaça da violência"[7] antes que uma intervenção armada fosse autorizada. Se ela, por fim, viesse a ocorrer, deveria ser "limitada nos seus elementos legal, operacional e temporal"[8], causando a "menor violência e instabilidade possível"[9].

A preocupação externada pela diplomacia brasileira era a de que intervenções baseadas no R2P pudessem ocultar intenções geopolíticas sob a roupagem de humanitarismo (Rodrigues, 2013). Interessa destacar que o conceito de Responsabilidade ao Proteger (RwP) reconhece a legitimidade da R2P, mas indica a necessidade de elaborar meios para *monitorar a conduta* de quem intervém, de modo a manejar os "objetivos humanitários" e controlar os resultados posteriores no país ou região alvo. Dessa forma, o documento brasileiro encerra suas recomendações ao Conselho de Segurança defendendo que esse organismo garantisse instrumentos para "monitorar e acessar a maneira pela qual as resoluções [do próprio Conselho] são interpretadas e implementadas com vistas a garantir a responsabilidade ao proteger"[10].

Em suma, a RwP pleiteia o controle e monitoramento sobre a implementação da R2P, demandando a elaboração e aplicação de mecanismos para evitar *excessos* na conduta dos Estados que assumam a aplicação de resoluções do Conselho de Segurança baseadas nesse princípio. Os excessos seriam, principalmente, a produção de mais violações aos direitos humanos do que aquelas cometidas pelo regime político que se pretende coagir e inibir e, finalmente, a substituição de um regime por outro, ação que violaria o princípio da não-intervenção presente na Carta da ONU. Os

---

6. <*https://bit.ly/2D2ca67*>.

7. Responsibility while Protecting: elements for the development and promotion of a concept, item b.

8. Ibidem, item d.

9. Ibidem, item e.

10. Ibidem, item h.

debates provocados após a apresentação do conceito pelo Brasil levaram à elaboração de mais comissões de analistas, publicações acadêmicas e posicionamentos diplomáticos favoráveis ao estabelecimento de controles e limites para a R2P e outros, encampados principalmente pelos EUA, que consideraram uma tentativa de burocratizar tomadas de decisões em momentos emergenciais (Pattinson, 2016).

Nos limites dessa reflexão, aos propósitos do *dispositivo diplomático-policial*, interessa pensar a RwP para além da sua eficiência ou não como elemento de regulação legítima da R2P, mas em sua proposta de se constituir como um mecanismo de aperfeiçoamento que introduz um *sobregoverno*: diante da R2P como tentativa de introduzir padrões de condutas para os Estados que rompam com o compromisso de respeitar os direitos humanos. A RwP abre a possibilidade de que no Conselho de Segurança se constituam outros mecanismos destinados a monitorar os Estados que assumam a tarefa de intervir com base na R2P. Em suma, se a R2P é um princípio para a *polícia das condutas* dos Estados, a RwP serve à polícia das condutas de quem intervém para zelar pela conduta dos Estados. A R2P e a RwP são princípios que podem acionar táticas de governo e sobregoverno das condutas, explicitando as contínuas reformas institucionais que configuram uma das características principais da ecopolítica do planeta: a condição sempre inacabada das normas, práticas e instituições que demandam infindáveis ajustes e aperfeiçoamentos e que também dependem das repercussões entre os divíduos organizados na sociedade civil local.

Nota-se, aqui, outro importante elemento desse emergente dispositivo de segurança planetária que é o da produção de regulamentações voltadas à defesa de valores universais (os direitos humanos) que redunda na ação concertada da chamada "comunidade internacional" reunida na ONU e regida pelo Conselho de Segurança, agindo com o propósito declarado de impedir tais violações e de reprimir uma prática (ou uma conduta) do Estado violador, retificando-a pela força das armas ou das coerções econômico-comerciais. A RwP, por sua vez, seria um instrumento para monitorar a aplicação do princípio da R2P, inaugurando a articulação entre duas práticas de governo das condutas: uma sobre o Estado violador dos direitos humanos e outra sobre os Estados que a colocam em movimento.

Os meios de aplicação da R2P, conforme o relatório de 2001 que apresentou o princípio e o documento da Cúpula da ONU de 2005 que o incorporou à Organização, não são apenas os militares. O rol de opções coercitivas reconhece um espectro que está em conformidade com as sanções previstas na Carta de São Francisco e que vai das sanções econômicas aos embargos comerciais, tendo a intervenção militar como última opção (Evans, 2008). As opções são todas punitivas e têm como meta retificar a conduta de um Estado considerado, pelos membros do Conselho de Segurança, como desviados de seus compromissos internacionais. A intervenção militar é apenas a mais espetacular das punições previstas. Não obstante, sua possibilidade de aplicação, diante da incorporação da R2P em 2005 e do precedente na Resolução sobre a Líbia, em 2011, abriu espaço para a atualização da prática da guerra nas relações internacionais.

A R2P redimensiona formalmente o conceito de *guerra justa* (o *jus ad bellum*) pela terceira vez desde a formação do sistema de Estados modernos: do século XVI a inícios do século XX, cada Estado era formalmente livre para decidir recorrer à guerra, seguindo apenas um cálculo utilitário (aquele recomendado por Clausewitz) sobre as vantagens ou desvantagens de buscar a realização de seus "interesses nacionais" pela violência; no século XX, desde o Pacto da Liga das Nações, em 1919 (antecedido pelas primeiras conferências pacifistas desde finais do século XIX), passando pelo Pacto Briand-Kellogg de proscrição da guerra de agressão, de 1928, e chegando à Carta da ONU, em 1945, a *guerra justa* passou a ser apenas a de autodefesa e a de segurança coletiva. No início do século XXI, o *jus ad bellum* ganha um elemento a mais: o da intervenção humanitária, onde o princípio da R2P opera o conceito que articula moralidade/legitimidade e legalidade para a execução de operações militares. A soberania dos Estados, modulada a partir do respeito (ou não) aos direitos humanos, deixou de ser, ao menos formalmente, um anteparo a impedir sanções econômicas, comerciais e, no limite, militares.

A tensão entre "soberania" e "cosmopolitismo" chegou, então, a um ponto superior. Interessante, assim, reparar que o Brasil, com tradição diplomática associada ao não-intervencionismo, admite que haja intervenções humanitárias desde que controladas, gerenciadas, governadas por instrumentos exteriores operados pela ONU. Desse modo, as intervenções seriam aceitáveis pelos padrões da ONU que se alinham à tradição diplomática e às obrigações constitucionais brasileiras. Nesse sentido, o equacionamento para a tensão "soberania/cosmopolitismo" viria por um encaminhamento de novo tipo, próprio da ecopolítica: instâncias multilaterais e regras universais determinariam como, onde e quando intervir, enquanto instrumentos de monitoramento e avaliação acompanhariam as intervenções como uma *auditoria* ou uma *corregedoria*. As intervenções corretoras da conduta de Estados "degradados" de seus compromissos serão, também, monitoradas em nome do seu aperfeiçoamento e controle. Em todo caso, está sempre em jogo a retificação e produção de condutas esperadas, ou seja, uma *polícia das condutas* que também espera encontrar conexão em cada divíduo.

A partir do momento em que violações aos direitos humanos e os chamados "crimes contra a humanidade" são considerados ameaças à "paz e segurança internacionais" (expressão-chave da Carta de São Francisco, que instaura e rege a ONU), observa-se um amplo processo de securitização, conforme o conceito de Buzan, Wæver e De Wilde (1998): o "objeto de segurança" primordial, o que deve ser protegido, passa a ser nominalmente o "Homem", categoria universal, mas o Estado segue como entidade primordial, tanto para agir em nome da proteção do "Homem", quanto para ser retificado e resgatado para a "justa conduta", em uma ordem democrática e capitalista planetária. O conceito de segurança humana e os Human Development Report de 1993 e 1994, conforme exposto anteriormente, marcaram esse novo enfoque para a segurança estatal a partir da ênfase na proteção dos indivíduos e de seus direitos humanos. Por sua vez, o conceito de R2P veio para equacionar a segurança do Estado e das relações internacionais relacionando a proteção da soberania do Estado em conexão com a segurança do "ser humano".

As múltiplas securitizações (do meio ambiente, do Homem, da energia, dos alimentos etc.) não deveriam ocultar o fato de que se pretende construir um "ambiente de segurança planetário" para a preservação e disseminação de modalidades novas e antigas de poder político centralizado (o Estado, os consórcios de Estado, as alianças diplomático-militares, os acordos comerciais) e do regime de propriedade público-privado: "toda a descentralização provocada pelas novas relações de poder em fluxo [na ecopolítica] permanece vinculada a centralidades e às soberanias" (Passetti, 2011a: 135). Os Estados não são superados, tampouco a soberania é ultrapassada, mas ambos são redimensionados diante de novos problemas para o governo de pessoas, fluxos, produtos, "ameaças" transterritoriais, que são tanto grupos não-estatais como os do terrorismo transterritorial ou dos ilegalismos como o narcotráfico, até os contingentes de refugiados que se deslocam vindos de regiões em guerra ou que enfrentam graves situações de penúria climática ou crises econômicas.

Para governar essas "crises", que não mais se limitam às fronteiras dos Estados e tampouco implicam relações entre dois ou mais Estados, emerge um novo aspecto de uma governamentalidade planetária que combina *intervenções* — ações corretivas, pontuais, estratégicas — e ocupações territoriais mais ou menos abrangentes e duradouras, que transformam não só as ações militares chanceladas pela ONU, como o caráter das próprias missões de paz dessa organização que mudam de perfil, conectando-se de modo inédito com programas de segurança nacionais nos Estados a ela afiliados.

PACIFICAÇÕES

As características das missões de paz da ONU também mudaram significativamente com o final da chamada Guerra Fria. Segundo Hernández García (1994), o marco dessa mudança foi a formação de uma missão de acompanhamento da independência da Namíbia, em 1989. As missões até então tiveram como objetivo a interposição entre forças em luta (guerras civis, guerras de libertação nacional), de modo a permitir que o diálogo diplomático preponderasse. Os capacetes azuis, militares de países-membros oferecidos para compor cada missão, tinham mandatos limitados, amparados no Capítulo VI da Carta de São Francisco, podendo apenas defender-se de ataques sofridos, portanto, não tinham autorização para usar a força em nome da missão. A missão na Namíbia introduziu um elemento novo: não foi formada apenas para dar conta de uma guerra civil, mas para apoiar a construção de um novo Estado nos moldes democrático-liberais.

Entre o ano da missão na Namíbia e 1993, ano que antecede a apresentação do conceito de "segurança humana", o Conselho de Segurança da ONU aprovou dezesseis missões, igual número autorizado entre 1945 e 1989 (Hernández García, 1994: 150–151). O número das missões cresceu e seu escopo também: os processos de construção institucional passaram a caminhar ao lado do caráter propriamente militar de cada operação. Após os "desastres humanitários" da primeira metade da década de 1990, foram elaborados conceitos como o de "segurança humana" e emergiu a questão das intervenções humanitárias, assim como a discussão sobre a "passividade" ou "ativismo" das missões de paz. O debate passou a girar, então, sobre o "uso da força" pelas missões de paz, algo permitido pelo Capítulo VII da Carta da ONU, mas nunca colocado efetivamente em operação (Idem).

A mencionada intervenção da OTAN no Kosovo, em 1999, justificada por questões humanitárias, levou a uma revisão do papel da ONU e a consequente produção do conceito de R2P (Kenkel, 2010; Serrano, 2011; Rodrigues, 2013). Nesse mesmo movimento, esteve em discussão a autorização para uso da força pela ONU para "impor a paz". Segundo Kenkel, as forças de paz da ONU receberam, em 1999, "em Serra Leoa, pela primeira vez, a tarefa explícita de assegurar a proteção de civis" (Kenkel, 2010: 61), o que redundava, na prática diplomática, na possibilidade de usar a força contra grupos ou indivíduos considerados "hostis". Essa proveniência é importante para compreender um dos acontecimentos que indica a emergência do dispositivo de segurança planetária na ecopolítica: a formação da Missão das Nações Unidas para a Estabilização do Haiti – MINUSTAH.

A MINUSTAH foi autorizada em 2004, após um novo período de confrontação entre grupos fiéis ao presidente Jean-Bertrand Aristide e milícias opositoras que levaram à destituição de Aristide após uma ação de forças especiais militares estadunidenses que o retiraram do país. Desde 1989, ano das primeiras eleições democrático-liberais do país após a ditadura dos Duvalier (1954–86), a ONU havia autorizado três missões de acompanhamento eleitoral e ocupação temporária, acompanhando os períodos de mais intensa violência política no Haiti.

A nova missão, no entanto, trouxe inovações importantes. A primeira delas foi seu comando operacional dividido entre dois países latino-americanos (Chile, na face diplomática, e Brasil, na militar). A segunda inovação foi quanto à composição da maioria das forças militares de capacetes azuis sendo de países do Sul ou "em desenvolvimento" (maior contingente de brasileiros acompanhados de jordanianos, uruguaios, paraguaios, argentinos, guatemaltecos, nepaleses). A terceira foi a ação integrada de agências da ONU para o desenvolvimento e para a construção e reforma de instituições como o poder judiciário, o sistema penitenciário, a polícia nacional e a justiça eleitoral. A quarta voltou-se para o investimento público de Estados-membros da ONU e o aporte privado para a instalação de infraestrutura (portos, aeroportos, estradas, sistema de esgoto, iluminação pública), sob a justificativa de preparar o país para receber unidades produtivas. A quinta e última inovação foi a participação de ONGs de atuação internacional em atividades sociais e de fomento econômico, afinadas com o propósito de "(re)construir o país".

A missão no Haiti colocou em movimento um modelo de gestão baseado em *responsabilizar* e convocar à participação países chamados "emergentes", atribuindo-lhes o comando das operações diplomáticas e militares. Um destaque especial foi registrado pelo pronunciamento oficial brasileiro que, durante o governo de Lula da Silva (2003–2010), tomou a MINUSTAH como instrumento não só para projetar influência brasileira no cenário internacional (a fim de demonstrar sua capacidade para colaborar ativamente no desenvolvimento e gestão de crises), mas também como fluxo de aproximação entre países no contexto latino-americano e, especialmente na América do Sul.

Em suma, é possível afirmar que a MINUSTAH tem objetivos associados ao que a literatura liberal das Relações Internacionais caracteriza como "construção de Estados" ("*state-building*") (Fukuyama, 2005), entendida como parte fundamental da "construção da paz" ("*peace-building*"), cuja comissão especializada da ONU, como citado acima, foi inaugurada em 2005. Essa nova conformação é importante para compreender o *dispositivo diplomático-policial*, pois indica como as definições de "paz" e "segurança" assumem uma dimensão que vai além da mera cessação de violência física entre grupos em luta para encampar, também, dimensões de "desenvolvimento humano" associados à "segurança humana", tal como definidos nos Human Development Report de 1993 e 1994. Assim, "desenvolvimento humano sustentável", tal como definido pelo relatório Nosso Futuro Comum, de 1987, como a "capacidade de suprir as necessidades do presente sem comprometer a capacidade das futuras gerações de suprir as suas"[11], passaria a se conectar com "segurança humana", condicionando em conjunto a "segurança estatal" e, por extensão, a "segurança internacional", pois a estabilidade de um país ou região contribuiria para a estabilidade e segurança do sistema internacional como um todo. Estar em "paz", desse modo, seria viver sob o modelo de Estado democrático-liberal integrado aos fluxos do capitalismo global.

A MINUSTAH, nesse sentido, foi constituída como uma missão de amplo espectro, chamada de "missão multidimensional" (Kenkel, 2010) por ser destinada a ocupar, pacificar e promover a constituição de instituições acopláveis à dinâmica política, diplomática, militar e econômica planetária. O mandato da MINUSTAH, estabelecido pela Resolução 1542/2014 do Conselho de Segurança[12], conferiu às forças de paz um "mandato robusto", ou seja, a autorização para "atuar no processo de pacificação, reconstrução do país e proteção aos direitos humanos, ou seja, o uso da força não estava limitado à autodefesa" (Correa, 2014: 151). Com base nessa autorização, as tropas militares brasileiras receberam treinamento especial baseado

11. *Our Common Future*. <*https://bit.ly/1bZJgwk*>, p. 16.
12. <*https://bit.ly/2uDZNba*>.

em material da ONU e ministrado principalmente por meio do Centro de Operações de Paz do Exército Brasileiro[13], formalizado em 2004 precisamente para dar conta da formação dos batalhões destinados ao Haiti. Além de aulas sobre os fundamentos da ONU e seus princípios básicos (respeito aos direitos humanos, por exemplo), os militares foram instruídos em rudimentos de francês e *créole* (idioma mais falado no Haiti), informações sobre a história e situação política haitiana, além de (e principalmente) "táticas específicas de guerra urbana (...) e de alta interação com a população local" (Kenkel, 2010: 133).

O objetivo diplomático brasileiro, declarado pelo então presidente Lula da Silva e o ministro das Relações Exteriores Celso Amorim, era projetar o Brasil como agente diplomático-militar capaz de apoiar as novas missões da ONU, demonstrando a pertinência não só dessas novas missões, como da presença do Brasil como membro permanente do Conselho de Segurança (Correa, 2014; Kenkel, 2010). A ênfase brasileira na diplomacia multilateral teria suplantado, inclusive, as reticências jurídico-políticas levantadas pelo fato da MINUSTAH ser potencialmente considerada uma "intervenção", o que violaria o princípio constitucional e a tradição diplomática brasileira. No entanto, em outro sentido, seu caráter "solidário" e "multidimensional" estaria afeito ao discurso diplomático em que investiu o governo nos anos de Lula da Silva e que redundou na imagem de apoiador das relações solidárias com os países "em desenvolvimento", postura acoplável ao mais antigo e arraigado *ethos* pacifista e negociador da diplomacia brasileira.

A MINUSTAH é, em termos do *dispositivo diplomático-policial*, uma ampla iniciativa simultaneamente de *pacificação militar* — contenção de "instabilidades" consideradas empecilhos para a confirmação de um "ambiente seguro" para investimentos — e de *criação institucional* nos marcos da democracia liberal. Missões como esta não seriam mais "de paz" no sentido convencional, mas de *imposição e construção da paz*, pois visariam incorporar Estados sem conexões lucrativas com o capitalismo global ou que, por sua fragilidade, representassem ameaças à segurança da circulação de produtos e capital à própria segurança de outros Estados por serem considerados espaços seguros para terroristas, ilegalismos transterritoriais ou celeiro para doenças e levas de refugiados. Visando dar protagonismo às chamadas "potências emergentes" como o Brasil, essas novas missões

13. Para informações sobre o Centro de Operações de Paz no Exército Brasileiro – CCOPAB, ver <*https://bit.ly/2Mbpetb*>.

"multidimensionais" servem como vetores para disseminar instituições afeitas ao modelo da democracia liberal com a intenção de produzir, num futuro incerto, países "estáveis".

Está em jogo a produção de novas modalidades de governo de regiões, fluxos, conflitos, populações e espaços que atualizam metáforas teatrais que identificam os Estados e organizações internacionais, empresas e, até mesmo, movimentos sociais, como "atores" num "cenário" internacional, cumprindo "papéis" como protagonistas, antagonistas ou coadjuvantes. Como numa peça dramática, o "desempenho" dos "atores" corresponde a uma trama a partir da qual se "encenam" mudanças ou continuidades dentro de um espaço demarcado e limitado pelas próprias regras e rubricas do "texto". Assim, o discurso sobre o suposto aumento do protagonismo brasileiro, que elegeu a participação na MINUSTAH como uma meio para incrementar sua projeção internacional como "ator" relevante, acomoda a participação militar do Brasil na missão da ONU como uma *contribuição* para a pacificação e reconstrução do Haiti, evitando que se evidencie o componente político-estratégico de cogestão de um espaço e de uma população considerados problemáticos para a segurança regional, demandando uma ação de construção institucional.

O próprio conceito de "construção de Estados" sumariza esse objetivo amplo de modelar um país, com sociedade civil organizada, partidos políticos em funcionamento, instituições de Estado operacionais, polícia nacional formada no respeito aos direitos humanos, infraestrutura produtiva instalada, níveis mínimos de "desenvolvimento humano" alcançados, conectividade com a economia global efetivada e certa contenção e gerenciamento de ilegalismos. Em outras palavras, a MINUSTAH visa à *produção e manutenção de condutas* no Haiti, mas também dos Estados que dela fazem partes, condutas estas associadas à lógica democrático-liberal e voltadas à produção de "ambientes seguros" para o capitalismo global e pacificados enquanto espaços identificados seletivamente como vulneráveis para a disseminação de "ameaças" (terrorismos, tráficos, refugiados, desastres ambientais etc.).

A MINUSTAH, todavia, interessa ainda como tática no *dispositivo diplomático-policial* quando se analisa sua acoplagem a processos de securitização no Brasil. Sua principal conexão nesse campo está nos programas de *pacificação* implementados desde 2008 na cidade do Rio de Janeiro. A força de ocupação dos "complexos" de favelas do Alemão e da Penha, na Zona Norte do Rio de Janeiro, atuantes entre dezembro de 2010 e julho de 2012, e, posteriormente no Complexo da Maré (na mesma região), entre junho de 2014 e abril de 2015, contou com batalhões veteranos da MINUSTAH na condução de uma missão que guardou características muito próximas da realizada no Haiti.

A Força de Pacificação do Exército Brasileiro foi autorizada pelo presidente Lula da Silva em novembro de 2010 após solicitação do governador do Rio de Janeiro Sergio Cabral. Desde 2008, o governo do estado começara a ocupar favelas com a Polícia Militar, implementando o programa das Unidades de Polícia Pacificadora (UPPs). As invasões e ocupações de favelas no Rio de Janeiro não foram, todavia, uma inovação do governo Cabral; ao contrário, desde os anos 1990 multiplicaram-se os episódios de ocupação ou isolamento temporário de favelas, inclusive com a participação do Exército e dos Fuzileiros Navais (Marinha), durante eleições e realização de grandes eventos, como a ECO-92 e os Jogos Pan-Americanos de 2007 (Coimbra, 2001; Barreira e Botelho, 2013).

As incursões em favelas, por sua vez, já eram procedimento corrente da Polícia Militar, fazendo uso de soldados do Batalhão de Operações Especiais (BOPE), com treinamento militarizado, equipamentos de guerra e blindados de combate. No entanto, essas entradas visavam combater alguma facção narcotraficante ou restituir certo equilíbrio de forças entre facções em disputa territorial. A "inovação" das UPPs, inspiradas em programas semelhantes levados a cabo na Colômbia desde o final dos anos 1990, era ocupar, fixar bases policiais, manter o território.

O modelo UPP foi montado na combinação de táticas militares de ocupação territorial e modelos de policiamento comunitário ou de proximidade que, supostamente, instalariam uma nova relação entre moradores e policiais centrada no respeito aos direitos humanos e na cidadania. A conformação espacial das UPPs foi seguindo os contornos econômicos e turísticos do Rio de Janeiro. Desde a primeira delas, no Morro Dona Marta, em Botafogo, Zona Sul, as UPPs foram instaladas nas favelas do centro da cidade (zona financeira, porto e centro administrativo), Zona Sul (bairros turísticos e de classe média e burguesia), na chamada Grande Tijuca (início da Zona Norte e ligação com Barra da Tijuca e Alto da Boa Vista, bairros de classe média e burguesia). Em 2010, faltava ao Programa das UPPs consolidar o controle sobre a entrada do Rio de Janeiro: a Avenida Brasil e a Linha Vermelha (conexão com a Rodovia Dutra e com o aeroporto internacional).

Os complexos do Alemão e da Penha, ocupados por grupos vinculados à organização ilegal Comando Vermelho, eram considerados de difícil controle pelo fato de serem labirintos de vielas, com milhares de habitantes espalhados por grande área, de ocupação principalmente horizontal (diferentemente da maioria das favelas da Zona Sul, contidas pelo recorte geológico dos morros). Após ataques a ônibus e veículos, entre setembro e outubro de 2010, atribuídos ao Comando Vermelho, o governo estadual solicitou apoio federal para a ocupação do Alemão. Essa solicitação era legalmente viável porque o governo federal havia publicado a Lei Complementar 136/2010[14], em agosto de 2010, que regulamentava o dispositivo constitucional da "Garantia da Lei e Ordem" que regia os casos em que as Forças Armadas poderiam ser convocadas a atuar em missões de segurança pública (Rodrigues, 2012a).

A inclusão desse dispositivo no Art. 144 da Constituição de 1988 foi, à época da Assembleia Constituinte, muito conturbada e discutida em meio a debates sobre qual seria o papel das Forças Armadas após a ditadura civil-militar. Segundo Hunter (1997), durante o processo de redação da nova Constituição houve grande pressão do estamento militar para que o texto mantivesse intacta a possibilidade de intervenções militares em nome da manutenção da ordem e das instituições. O primeiro esboço geral da Constituição, no entanto, não previa o controle do Exército sobre as Polícias Militares, deixando-as sob a autoridade dos governos estaduais. Como indica Hunter (1997), houve uma significativa reação do generalato que levou a uma solução de consenso, deixando o comando das Polícias Militares a cargo de coronéis da PM indicados pelos governadores, mas preservando uma relação de subordinação das PM com o Exército enquanto força auxiliar em caso de graves conturbações à ordem interna ou de situação de guerra externa. Não obstante, a regulamentação de como os governos estaduais poderiam solicitar a atuação das Forças Armadas ficou para decisão futura.

Essa regulamentação veio com a citada Lei Complementar 136/2010, sendo antes apenas esboçada, em 1999, no governo de Fernando Henrique Cardoso. O decreto do governo de Lula da Silva reunia decisões tomadas no seu primeiro mandato que foram, gradualmente, aumentando a possibilidade de o governo federal utilizar as Forças Armadas em missões repressivas e policiais no território brasileiro. A primeira delas foi a chamada Lei

14. <*https://bit.ly/2FkzjTZ*>.

do Abate, prevista pela primeira vez na reforma do Código Aeronáutico de 1986[15], emendada em 1998[16], mas apenas regulamentada em 2004. Essa decisão autorizou o presidente a ordenar a derrubada de aeronaves suspeitas que invadissem o espaço aéreo nacional (Feitosa e Pinheiro, 2012). Na sequência, sucessivas decisões do governo federal conferiram poder de polícia às Forças Armadas na fronteira e nas águas territoriais brasileiras, o que significa a chancela para dar voz de prisão aos suspeitos e apreender veículos (Rodrigues, 2012a). Com a lei de agosto de 2010, foram estabelecidos os procedimentos legais para que os governadores solicitassem apoio federal para operações de segurança pública, o que abriu a possibilidade de uso das Forças Armadas, da Polícia Rodoviária Federal, da Polícia Federal, da Agência Brasileira de Inteligência (ABIN) e da Força Nacional.

Quanto às Forças Armadas, a lei impõe os padrões de conduta esperados dos militares e especifica que cada missão terá um território e uma temporalidade definidos (Idem). Foi significativo, no entanto, que durante os períodos em que as intervenções federais durassem, a autoridade sobre o território delimitado ficasse em mãos de generais do Exército que se revezariam no comando das Forças, respondendo diretamente ao Ministro da Defesa e ao Presidente da República.

A missão da Força de Pacificação no Alemão e na Penha recebeu o codinome de Operação Arcanjo e foi organizada em fases de aproximadamente três meses, seguindo o padrão de revezamento de tropas praticado pelas missões de paz da ONU. O primeiro contingente a entrar nas favelas, o Batalhão de Paraquedistas lotado no Rio de Janeiro, fora treinado e havia atuado na pacificação de favelas em Porto Príncipe, capital do Haiti. Nos vinte meses de Operação Arcanjo, batalhões de veteranos do Haiti passaram pelas favelas, alternando com batalhões sem essa experiência prévia. Uma análise das "Regras de Engajamento" da Força de Pacificação, documento que estabelece objetivos, base jurídica, procedimentos operacionais e conduta tática, e das "*Rules of Engagement*" da MINUSTAH[17], indica muitas semelhanças e trechos traduzidos diretamente. Dentre as semelhanças, há a autorização para agir preventivamente interceptando, prendendo ou respondendo com fogo à ação ou ataque de "elementos hostis" (Rodrigues, 2012a). O objetivo geral das operações também se aproxima, na medida

15. <*https://bit.ly/2skBbU5*>.

16. <*https://bit.ly/2M55nM1*>.

17. No site da ONU dedicado à MINUSTAH, encontra-se a série de documentos e relatórios que dão embasamento jurídico-político à missão.

em que ambas visam criar um espaço de controle do Estado — no caso do Haiti, das forças multilaterais na ausência de forças estatais competentes — para que cheguem serviços públicos e privados e as metas mais gerais de "desenvolvimento humano" sejam atingidas.

Nesse contexto, o uso do termo "pacificação" deve ser analisado. Uma das proveniências do termo é militar, e significa a ocupação e controle sobre determinado território e sua população (Kenkel, 2010). Portanto, seu uso militar redunda em conquista militar e imposição da ordem do vencedor que faz cessar os combates diante da superioridade de sua força física. No caso brasileiro, todavia, o termo tem antigas proveniências na sua história política. Segundo Gomes (2014) são quatro as principais: a primeira se refere às pacificações das revoltas regionais que eclodiram desde a independência do Brasil, em 1822, até a vitória sobre a secessão republicana no Sul, em 1845. Um dos líderes militares da vitória na Guerra dos Farrapos, o Duque de Caxias, ganhou o epíteto "O Pacificador", tornando-se patrono do Exército brasileiro e nome de uma alta comenda militar. A segunda proveniência está relacionada à pacificação das revoltas milenaristas (Canudos e Contestado), entre finais do século XIX e a segunda década do século XX, e às insubordinações militares ocorridas no período, com destaque para a Revolta da Armada (1891) e a da Chibata (1910). A terceira proveniência está na repressão a greves e manifestações políticas organizadas por movimentos de trabalhadores, principalmente anarquistas, nas décadas iniciais do século XX. A quarta e última, aos aldeamentos voltados à aculturação de populações indígenas no Brasil central e amazônico, principalmente pelo trabalho do marechal Cândido Rondon, fundador e primeiro diretor do Serviço de Proteção ao Índio — SPI, criado em 1910 — e desenvolvido seguindo seu programa de integração nacional pela via da conexão física dos sertões brasileiros ao litoral e do assistencialismo humanitarista.

A expressão "pacificação", desse modo, faria parte do *ethos* e da missão autoatribuída pelos militares brasileiros, em especial o Exército, como força civilizadora e reguladora da estabilidade política e social do país. Essa mesma atribuição esteve presente no golpe liderado por Getúlio Vargas contra a oligarquia da Velha República em 1930, depois no autogolpe do Estado Novo, em 1937, ressurgindo no golpe de 1964 e na ditadura que dali despontou para reaparecer uma vez mais nos mencionados debates sobre o papel das Forças Armadas com o retorno da democracia formal nos anos 1980. O chamado "mito da excepcionalidade do Exército" (Figueiredo, 1980), ou seja, a crença na sua superioridade diante das disputas político-ideológicas e na sua ligação direta com a pátria e a nacionalidade, ressurge em argumentos favoráveis à atuação das Forças Armadas em missões de pacificação de favelas (Lima, 2012). Nesse caso, as Forças Armadas seriam convocadas para *intervir* em sérios problemas de segurança pública que não conseguiriam ser solucionados pelas polícias estaduais.

A Força de Pacificação conduziu, ao longo do primeiro semestre de 2012, uma transição para que bases de UPP fossem instaladas e, gradativamente, substituíssem os postos do Exército. Em abril de 2014, cerca de dois meses antes do início da Copa do Mundo da FIFA, o Complexo da Maré, contíguo ao aeroporto internacional do Rio de Janeiro e ao primeiro trecho da Linha Vermelha, um conjunto de favelas vizinho aos do Alemão e da Penha, foi ocupado por uma segunda Força de Pacificação do Exército, com apoio de blindados da Marinha. Tendo como referência a mesma Lei Complementar 136/2010, com regulamento próprio e delimitação de funções e territórios, a Força de Pacificação na Maré obteve prorrogação de seu mandato, seguindo ativa após o término do torneio de futebol, terminando sua ocupação apenas em abril de 2015, após processo de transição para UPPs.

Associado ao Programa das UPPs, sob a responsabilidade do governo estadual, a prefeitura do Rio de Janeiro inaugurou, em 2009, um programa denominado UPP Social, voltado à introdução de aparelhos sociais (escolas, clínicas, postos de pronto atendimento) nas favelas pacificadas. Articulada às UPP e aos projetos da UPP Social proliferou a atuação de ONGs e fundações culturais patrocinadas por empresas ou institutos de empresas com projetos de ação social. Parte dessas ONGs é de atuação transterritorial como o Comitê da Cruz Vermelha Internacional, que testa no Brasil novas formas de atuação voltadas às chamadas zonas de conflito urbano "não declarado" (ou seja, que não são guerras civis ou guerras interestatais), ou são organizações brasileiras com experiência internacional, com destaque para a ONG Viva Rio, que atua há dez anos no Haiti e conecta, por exemplo, projetos de desarmamento em favelas haitianas a práticas desenvolvidas no Brasil (Hamman, 2015).

Interessa destacar aqui que o conceito de "pacificação de favelas" traz consigo a prática da *polícia das condutas* fomentada pela articulação entre ações estatais e privadas, com ativa participação de associações de moradores, que se motiva pelo objetivo de controlar os ilegalismos (como o narcotráfico e o oferecimento de serviços como TV a cabo, transporte e gás de cozinha), conter a violência explícita das disputas entre grupos narcotraficantes e milicianos e *integrar* as populações das favelas pelo consumo de bens e pela *participação cidadã* (eleições, eventos cívicos, atuação em programas de governança local, colaboração com a polícia para "combater a criminalidade"). Modulações de governo das condutas se instalam, assim, por meio da disseminação das práticas de delação e monitoramentos praticadas não apenas pelas forças estatais, mas pelos próprios cidadãos, portadores de direitos inacabados que consideram que seu *status* de cidadania depende da participação ativa como cogestores das táticas de governo (Augusto, 2013).

Assim, as técnicas do pastorado atualizadas pela biopolítica (Foucault, 1999) são alteradas pela articulação entre táticas governamentais agenciadas pelo Estado e outras colocadas em marcha por ONGs, fundações privadas, associações de bairro e cidadãos participativos que vigiam, monitoram, denunciam, colaboram com as práticas punitivas em nome da melhoria das condições de vida no bairro, na favela, no país, no mundo. Esse *pastorado horizontal* não prescinde das antigas táticas de governamentalidade, mas instaura novas modulações de governo de si e sobre si próprias da ecopolítica (Passetti, 2013).

A conexão entre as UPPs, a Força de Pacificação e a MINUSTAH situa como funciona o *dispositivo diplomático-policial*, produzindo práticas voltadas para a construção de "ambientes de segurança" que operam transterritorialmente de modo análogo e simultâneo, nos planos local e no ainda chamado de internacional. No caso da MINUSTAH, todo um país é alvo de uma grande missão chancelada e patrocinada pela ONU para conter e pacificar uma sociedade convulsionada pela violência política e decênios de autoritarismos, desigualdade social e invasões estrangeiras. O Haiti é tido como origem de fluxos de imigrantes ilegais (principalmente para os EUA e Canadá, mas agora, também, para o Brasil e depois para o Chile), espaço de trânsito para o narcotráfico em direção aos EUA, foco de doenças como a AIDS e de epidemias tropicais, além de ser terra arrasada do ponto de vista ambiental pela devastação ininterrupta do seu solo desde tempos coloniais. Esse país é contido e *pacificado* por uma missão que tem autorização para matar em nome da paz e da estabilidade e que combina ações militares com ações civis no campo diplomático e no campo privado, incluindo empresas e ONGs. Humanitarismo e lucratividades conectam-se na construção de um *ambiente de segurança*, ou seja, um *espaço modulável* (favelas, porções de cidades, regiões de um país, países inteiros) no qual populações, seus movimentos e suas dinâmicas política e econômicas, entre o legal e o ilegal, são gerenciadas por meio de técnicas que incluem a participação dos próprios governados, orientados por valores universais (direitos humanos, democracia liberal) em articulação com organizações internacionais e regionais, Estados, empresas e ONGs locais e estrangeiras.

Nas favelas cariocas, a pacificação pela Polícia Militar ou pelo Exército segue a lógica da militarização repressiva combinada com uma nova filantropia e novas formas de conexão e integração produtiva entre moradores das favelas e a economia capitalista global: grandes multinacionais e bancos financiam projetos sociais, em nome da formação de cidadãos e da produção de um futuro melhor e sustentável. A própria dimensão militar não é mais apenas repressiva. Ela se remodela como policiamento comunitário e formalmente atualiza a relação entre policiais militares e de militares com a população civil. Nesse sentido, *militarização* não poderia ser compreendida somente como *repressão*, mas sim, como uma composição de força letal autorizada e legitimada com serviços no campo da defesa civil e do fornecimento de infraestrutura básica balizados pelo respeito aos direitos humanos.

A própria distinção entre polícia e força militar fica mais difusa, como batalhões especiais como o BOPE que recebem treinamento nivelado ao das forças especiais militares de Estados como os EUA, França, Reino Unido e Israel e que operam armas de grosso calibre (fuzis, metralhadoras, submetralhadoras, lança-foguetes) e equipamentos com blindagem especial (com destaque para os "caveirões", blindados sobre rodas para invasão de favelas, e helicópteros blindados). Segundo Alves e Evanson (2013: 4), a "PM [fluminense] age mais como infantaria do Exército em missões de *search-and-destroy* [busca e destruição] do que como polícia, enquanto a tropa de elite do BOPE tem características de uma unidade blindada". Os autores, numa perspectiva liberal, indicam uma diferenciação entre a atuação que se esperaria da polícia (como força de controle social parametrada por critérios como os direitos humanos e a manutenção da ordem pública) e de forças armadas (como forças militares especializadas em combates para defesa do território e soberania). Mas o que interessa notar aqui de um ponto de vista analítico é que polícias e forças armadas convergem na ecopolítica do planeta como elementos de um dispositivo de segurança que alinhava funções repressivas, filantrópicas e de governo das condutas.

Essa militarização teria mais conexão com o que Graham (2016) denomina "militarismo urbano" que é o trânsito de tecnologias produzidas com finalidades militares (como o GPS, as câmeras de vigilância, os sensores infravermelhos, drones, sensores biométricos, cercas elétricas etc.) combinado com novos esquadrinhamentos do espaço urbano que conectam especulação imobiliária em zonas depauperadas ou decadentes, processos de gentrificação em favelas (especulação imobiliária que expulsa as populações mais pobres das áreas urbanas em "revitalização"), ampliação de zonas de investimento imobiliário e proliferação de condomínios fechados com sofisticados sistemas de segurança. Tecnologias de controle do espaço sideral passam a incidir diretamente sobre o controle dos fluxos de pessoas, com o georreferenciamento das regiões habitadas, o mapeamento do solo e do subsolo, o monitoramento do clima, dos focos de desmatamento, das ocupações urbanas irregulares, das zonas a serem controladas e ocupadas por programas sociais ou policiais em função de vulnerabilidades. Os controles, vigilâncias e monitoramentos voltam-se, assim, para o "governo de vulnerabilidades" que identificam "situações de risco" nas quais vivem crianças e jovens, populações miseráveis, bairros, favelas, cidade, e também regiões e países inteiros (Oliveira, 2011). Mapas de vulnerabilidades produzidos por monitoramentos de Estados, ONGs e organizações internacionais apoiam a seleção de populações e espaços sobre os quais deverão incidir políticas de contenção de conflitos latentes e misérias, desimpedindo a circulação de investimentos, produtos e forças produtivas. Nesse contexto, o uso das tecnologias computo-informacionais é de importância central.

Os controles computo-informacionais próprios da sociedade de controle (Passetti, 2003a) estão relacionados às tecnologias de transmissão de dados e monitoramento por satélites, fibras óticas e redes de computadores. Nas proveniências desses controles está a conquista do espaço sideral, iniciada por EUA e URSS no final dos anos 1950, que se atualiza hoje em exploração econômica, científica e político-militar do entorno da Terra, do sistema solar e além, com o envio das sondas intergalácticas. O Tratado sobre Espaço Exterior[18], de 1967, por exemplo, foi celebrado no auge da conhecida corrida espacial entre as superpotências e estabeleceu o espaço sideral como área aberta à livre exploração da humanidade. Esse discurso é similar ao dedicado à Antártida, cuja internacionalização, firmada em tratado da ONU de 1959[19], fia-se na igualdade de condições legais para a exploração de um território cuja concreta possibilidade de presença se restringe a poucos países com recursos financeiros, tecnológicos e militares.

---

18. <*https://bit.ly/2bYoiGl*>.
19. <*http://www.ats.aq/e/ats.htm*>.

O interesse desses tratados em internacionalizar e desmilitarizar o espaço sideral e a Antártida traz em comum o fato de que a exploração econômica, o monitoramento eletrônico e o desenvolvimento de pesquisas científicas são possíveis por conta de recursos tecnológicos e táticos de proveniência militar e contam com o chamado "uso dual" (simultaneamente "militar" e "civil"), como os que se disseminaram na vida cotidiana: telefonia celular, radares, câmeras de vigilância, aparelhos de micro-ondas, redes de computadores, utilização de senhas, códigos de acesso e leituras biométricas acionadas sempre em nome da maior segurança do usuário e das instituições estatais e privadas (Graham, 2010). Na ecopolítica, o uso "civil" e "militar" fica cada vez mais indistinto, na medida em que técnicas e práticas de governo das condutas se espraiam não apenas pelos dispositivos de segurança do Estado, mas também, pela combinação de forças estatais (policiais e militares), empresas privadas de segurança (compostas, em larga medida, de ex-militares e ex-policiais) e por iniciativas menos explícitas de monitoramento e controle por associações de moradores, institutos de pesquisa, agências especializadas de organizações internacionais em projetos locais (como as muitas ações do Programa das Nações Unidas da ONU) e ONGs (financiadas por empresas, fundações privadas, Estados, pela ONU) que coletam, analisam e fornecem dados para seus financiadores servindo de fontes para a elaboração de programas de segurança pública e para programas de investimento social, tudo em função do acesso democrático à comunicação, o que fortalece a continuidade dos controles na sociedade operando em relações verticais e horizontais.

Assim, esse "novo militarismo" não se confundiria mais com a ação exclusiva de militares das forças armadas dos Estados: as forças militares instituídas no processo de formação dos Estados Modernos, na passagem da Idade Média à Moderna (Foucault, 2008; Tilly, 1996; Keegan, 2002). Essas forças, associadas à guerra clausewitziana, são contemporaneamente atualizadas diante de novas emergências da violência que, lembrando Frédéric Gros (2009), não seriam mais a "guerra", mas múltiplos e diferenciados "estados de violência".

Nesse contexto, as forças repressivas estatais se reconfiguram, dando lugar a novas institucionalizações no exercício da violência. As forças armadas de Estados investem em tropas de elite, com uso intensivo de tecnologia e treinamento especializado, cuja proveniência vem dos *commandos* especiais britânicos e estadunidenses formados durante a II Guerra Mundial para executar operações secretas atrás das linhas inimigas e que não eram chanceladas pelo direito da guerra – praticando, portanto, atentados, assassinatos de personalidades etc. (Singer, 2008). Hoje, grupos especiais como os SEALS (*See, Air and Land*) da Marinha dos EUA atuam como tropas altamente treinadas e profissionalizadas, em contraste com as tropas regulares cada vez menos profissionais e compostas por voluntários que buscam remuneração ou benefícios como os vistos de permanência para estrangeiros, distribuídos aos imigrantes nos Estados Unidos (Owen, 2012). Foi um comando SEAL que invadiu o Paquistão, localizou e assassinou Osama bin Laden, em 2011.

No antigo "Terceiro Mundo" aconteceram outras atualizações. Na América Latina, em especial, a Doutrina de Segurança Hemisférica instituída pelos EUA no imediato pós-II Guerra Mundial estabeleceu que a defesa do continente contra eventuais ataques militares extrarregionais (soviéticos, notadamente) seria contraposta pelas forças armadas estadunidenses e que caberia aos militares latino-americanos e caribenhos combater os "inimigos internos" comunistas. Um conjunto de documentos firmou esse compromisso hemisférico, com destaque para o Tratado Interamericano de Assistência Recíproca – TIAR, de 1947[20], que instituiu o princípio de que todos os Estados do continente americano se apoiariam em caso de ataque por uma potência extrarregional, e a Carta de Bogotá, de 1948, que criou a Organização dos Estados Americanos[21].

Desde o esmorecimento da Guerra Fria, na segunda metade dos anos 1980, o discurso diplomático-militar estadunidense identificou os grupos narcotraficantes como a principal ameaça à segurança dos Estados e do continente como um todo (Rodrigues, 2006; 2012a). Na passagem para o século XXI, forças militares e batalhões especiais em Estados do "Sul" são financiados e preparados, principalmente pelos EUA e União Europeia, para *colaborar* com a "guerra ao terror" ou "guerra às drogas", enquanto tropas policiais em todo globo passam a receber treinamento e equipamentos militarizados, contando com suas próprias tropas de elite e aprofundando a indistinção entre forças armadas e forças policiais (Bayley e Perito, 2010; Balko, 2013; Graham, 2016).

Os "estados de violência" ensejam uma nova e multifacetada prática da *guerra justa*: contra o crime, contra o terrorismo, contra os genocídios, contra os "Estados falidos" ou os que violam os direitos humanos de seus

---

20. <*https://bit.ly/2Hg5TIu*>.
21. <*https://bit.ly/2JBMjpn*>.

cidadãos. Estabelece-se o "continuum conflitivo" descrito por Bigo (2010) que atravessa fronteiras, reforçando a conexão entre "dentro" e "fora" dos territórios nacionais (Walker, 2013) e que indica um dispositivo de segurança próprio à ecopolítica do planeta. Nesse contexto, há um crescente processo de *policialização das forças armadas* acompanhado da *militarização das polícias*. Assim, na sociedade de controle, o "inimigo exterior" da guerra clausewitziana (outro Estado com suas forças armadas regulares) e o "inimigo interno" da luta antissubversiva da Guerra Fria são redimensionados. Hoje, os Estados e os novos agenciamentos de poder centralizado (ONU e União Europeia, por exemplo), definem "inimigos transterritoriais" que combinam e alteram características dos "inimigos externos" e "internos", pois atravessam fronteiras nacionais, mantêm pontos de apoio e conexão dentro dos Estados e movimentam-se nos fluxos eletrônicos e de pessoas que são acelerados na contemporaneidade. São grupos e indivíduos de atuação transterritorial porque têm simultaneamente *expressão local* e *transfronteiriça*, com grande mobilidade e capacidade de se desterritorializar e se reterritorializar (Rodrigues, 2012c).

Desse modo, seria possível compreender conflitos como os agenciados contra o terrorismo transterritorial, o narcotráfico e suas conexões locais e distendidas no planeta como *guerras-em-fluxo*: embates transterritoriais que não são as "guerras interestatais", tampouco as "guerras civis" previstas no direito internacional humanitário como os confrontos entre grupos organizados dentro de um Estado, em torno da disputa pelo controle do Estado (Rodrigues, 2010). As guerras-fluxo não substituem as guerras entre Estados, não superam as guerras civis, mas articulam variados "estados de violência" que se conectam de forma transterritorial. Não interessa mais, então, discutir o "dentro" e o "fora" das fronteiras, pois esses fluxos articulam-se por meio de grupos que realizam suas atividades de forma transterritorial. As modalidades de securitização e as táticas de controle, monitoramento, gestão e combate que são elaboradas por Estados e consórcios de Estados assumem, também, expressões transterritoriais. A definição dos "inimigos internos" ganha dinâmica que reconfigura a definição da "política como guerra continuada por outros meios" (Foucault, 1999).

Para Michel Foucault (1999; 2013), as lutas a propósito do poder político e travadas pelo estabelecimento de uma dada ordem social levaram, na história moderna, a uma recondução permanente de uma guerra entre grupos sociais dominantes e grupos sociais sujeitados. Essa guerra foi mantida por meio de técnicas repressivas desenvolvidas pelos Estados

Modernos desde seus inícios e aperfeiçoadas com o desenvolvimento das táticas disciplinares e biopolíticas na passagem do século XVIII para o século XIX. Para Foucault (1999; 2013), diferentemente do que defendiam os autores contratualistas como Thomas Hobbes, a instituição do poder político não teria calado uma guerra primordial de todos contra todos, mas ativado uma guerra constante que se dá pelas instituições e em nome da paz civil. Para Foucault, desse modo, a política poderia também ser analisada em termos de uma guerra interna constante, ou seja, em termos de uma "guerra civil" permanente.

Essa "guerra civil" foi acionada e travada, para o filósofo, pela penalização ou pelo sistema penal. Em outras palavras, foi pela definição de "crime contra a sociedade" e, por conseguinte, da produção da categoria de criminoso como "aquele que rompe o pacto social" (Foucault, 2013: 34), que foi possível perpetrar essa guerra constante voltada para dentro do próprio território e sobre a própria população. Ao criminoso, segundo Foucault, é associada a figura da "hostilidade social", o que remete a Clausewitz e ao conceito de "intenção hostil" como atitude que define o "inimigo" (e que reaparece, usando termos semelhantes, nas Regras de Engajamento da MINUSTAH e das Forças de Pacificação no Rio).

Na biopolítica, o "inimigo externo" deixou de ser formalmente aceito quando da proibição da guerra de agressão, enquanto o "inimigo interno" seguiu alvo da criminalização e repressão quer fosse como *subversivo* ou como *criminoso comum* (sem vinculação direta com grupo ou ideias políticas). Na sociedade de controle, o criminoso de guerra se transforma em genocida (criminoso contra a Humanidade), o terrorista transforma-se, ao mesmo tempo, em criminoso contra o direito nacional e contra a ordem mundial, o narcotraficante é classificado como criminoso ao atentar contra a saúde pública, a segurança pública e a segurança nacional e internacional, ao passo que os tradicionais "criminosos" que atentam contra a propriedade privada e a vida individual seguem sendo assassinados pela polícia ou lotando prisões por todo o planeta.

As penalizações se desdobram em crimes contra o planeta (crimes ambientais) e contra a Humanidade, tanto no *ambiente planetário* (com os tratados internacionais e instituição do Tribunal Penal Internacional, criado em 1998), quanto nos *ambientes domésticos* (cada Estado) e *regionais* (como a União Europeia), nos quais "crimes" como genocídio e terrorismo são tipificados e incorporados às legislações locais, afinando normas internacionais e leis nacionais.

Nesse sentido, se para Foucault a "guerra civil" não foi abolida, mas instaurada pelo Estado, coexistindo com a "guerra exterior", em tempos de "estados de violência", a guerra atravessa fronteiras nacionais, como *guerras-fluxo*, conectando ambientes que os discursos jurídico-políticos ainda situam como *domésticos* e *internacionais*. Quando as definições de inimigos são atualizadas e se um conjunto de táticas instaura práticas de governo planetário, a guerra civil também se planetariza seguindo as novas governamentalidades em escala global. Em suma, na ecopolítica a guerra entre Estados cede espaço para distintas modulações de guerras-fluxo nas quais Estados e coalizões de Estados (na ONU, na OTAN, na União Europeia etc.) identificam "inimigos" dentro, fora e através de suas fronteiras, apontando-os como "ameaças", simultaneamente, à ordem política, social e econômica nos espaços nacionais e no plano global.

É nesse contexto que proliferam as práticas de securitização identificando "ameaças existenciais" não só ao Estado, mas a outros "bens" (como os direitos humanos e o meio ambiente). A produção incessante de "ameaças" e "inimigos", própria da política (Foucault, 1999), supera os limites da divisão estanque demarcada por fronteiras nacionais (o inimigo interno) e pelo "estado de natureza" internacional (o inimigo externo) para conectar "dentro" e "fora" num *continuum de segurança* que configura um ambiente planetário a ser gerido pelas táticas governamentais da ecopolítica.

A *segurança* desse ambiente planetário significa, assim, a *segurança dos fluxos produtivos e inteligentes pelo globo* compreendidos como os fluxos de comunicação eletrônica (mídias sociais, mídias alternativas, transmissão de dados de inteligência entre Estados e de gestão para empresas, novos serviços – legais e ilegais – oferecidos no mercado "virtual"), a transferência de capitais, os fluxos de transporte de produtos e pessoas, a abertura e liberalização de mercados, a garantia de segurança em pontos estratégicos como o Chifre da África, o Canal de Suez, o Cáucaso, o Estreito de Málaga, o Canal do Panamá; a *contenção de revoltas, levantes e guerras civis* em regiões estratégicas para o capitalismo global; a *contenção, ocupação e tutela de regiões ou governos* que apoiem ou não controlem a atuação de grupos do terrorismo transterritorial; a *contenção, ocupação ou tutela de países ou regiões* que não garantam a fixação de suas populações por conta de miséria extrema, violência "étnica" ou "religiosa" e destruição do meio ambiente; a *contenção e governo de bairros, periferias, favelas* em cidades-chave para o capitalismo global; o *controle sobre os fluxos transterritoriais de ilegalismos* de modo a garantir que se realizem para potencializar certas dinâmicas vitais ao capitalismo global, evitando excessos nos desequilíbrios econômico-financeiros e nas manifestações explícitas de violência; e a *ampliação das securitizações de temas globais* que trazem problemas para o governo das populações, fluxos e territórios, mas que são dificilmente equacionados isoladamente por cada Estado devido a sua expressão transterritorial, como a mudança climática, os fluxos migratórios, o provimento de energia e alimentos. Essas securitizações combinam ações individuais dos Estados e mobilizações coletivas no âmbito da ONU, com alianças militares e atuação de organizações regionais de segurança. Nos seus terminais locais, por sua vez, associações de moradores, ONGs e cidadãos colaboram com a produção de dados, acolhida de institutos e pesquisadores e participação na aplicação de políticas com as quais colaboraram na elaboração.

A biopolítica da população contou com seu dispositivo de segurança — o diplomático-militar —, que no plano interno combinou táticas disciplinares com estratégias de gestão da vida interessadas na produção de um adicional de vida a fim de produzir indivíduos úteis e dóceis, e no plano externo produziu efêmeros equilíbrios de poder agenciados pelas forças militares e pelo dispositivo diplomático dos Estados. Esses equilíbrios foram entrecortados por grandes guerras mundiais e atravessados por infindáveis guerras locais, guerras civis, levantes guerrilheiros e de libertação nacional. A biopolítica configurou-se como prática espacial, interna a cada Estado ainda que com crescentes e incessantes comunicações com outras práticas biopolíticas de outros Estados.

Na ecopolítica do planeta, as conflitividades próprias da biopolítica não desaparecem, mas são redimensionadas por questões de segurança de projeção global. O desafio de governar as condutas, propósito das práticas de poder agenciadas pelas centralidades de governo, alcançou outra magnitude com a dinamização geral dos fluxos transterritoriais da sociedade de controle. Na ecopolítica do planeta, um novo dispositivo de segurança emerge compondo com o conjunto geral das novas governamentalidades que visam o governo de fluxos, coisas, pessoas, inteligências no globo terrestre e no entorno sideral. Trata-se do *dispositivo diplomático-policial*. Das práticas mais ínfimas, no governo sobre as condutas individuais, até a conduta de Estados no ambiente global, o novo dispositivo não articula apenas táticas provenientes das centralidades políticas, mas agencia práticas de governo acionadas por indivíduos participativos, moderados e que se (auto) configuram como cidadãos-polícia, enquanto ativa modalidades planetárias para a gestão "confiável", "protocolada", "contra-protocolada" e "segura" para os fluxos de capital, dados eletrônicos, produtos e fluxos inteligentes.

AMBIENTES DE SEGURANÇA

Em entrevista concedida em 1977, Michel Foucault foi questionado sobre o que compreendia por "dispositivo" a partir da noção de "dispositivo da sexualidade" que acabava de apresentar no primeiro volume de *História da Sexualidade*, intitulado *A vontade de saber*. Ao responder a seu entrevistador, Foucault esboça uma definição que destaca alguns elementos. Em primeiro lugar, para o filósofo, dispositivo [*dispositif*] é "um conjunto absolutamente heterogêneo que implica discursos, instituições, estruturas arquitetônicas, decisões regulamentares, leis, medidas administrativas, enunciados científicos, proposições filosóficas, morais e filantrópicas [...] O dispositivo é ele mesmo a rede que se estabelece entre esses elementos" (1977a: 299). Logo depois, o filósofo complementa sua resposta afirmando que dispositivos se formam num dado momento histórico com "a função principal de responder a uma urgência", por isso, "o dispositivo tem uma função preponderantemente estratégica" (Ibidem). Apenas após sua formulação, sua emergência para responder a questões urgentes, é que o dispositivo ganha corpo, sofisticação, abre conexões com outras práticas, produzindo efeitos "positivo[s] ou negativo[s], pretendido[s] ou não" (Ibidem).

Assim, antes de serem formulados por uma "inteligência superior" que pretendesse constituir de propósito um grande mecanismo de dominação, os dispositivos surgem como respostas heterogêneas a problemas específicos, problemas políticos que desafiam as práticas de governo. Desse modo, é possível compreender o dispositivo diplomático-militar, produzido pelos Estados europeus entre os séculos XVI e XVII como um conjunto heterogêneo que combinou novas táticas militares associadas à tecnologia das armas de fogo, a constituição de grandes exércitos permanentes, a atualização das práticas diplomáticas que ganharam forma permanente estabelecendo relações ininterruptas entre os príncipes, a elaboração da estatística como saber do Estado voltado para inventariar, organizar e dispor as forças materiais dos reinos, a elaboração de uma filosofia política em torno do Estado interessada em justificar sua existência e sua necessidade para a manutenção da paz e da ordem interna ao reino.

Esse dispositivo produziu efeitos de equilíbrio de poder entre os Estados mais poderosos da Europa Moderna, constituindo-se, desse modo, como um mecanismo de e para a segurança dos Estados. Com ele, foi possível a cada príncipe lidar com certa previsibilidade nas ações e nas capacidades de poder dos Estados, movimentando-se para equiparar-se ao rival num ambiente aberto, pois não era organizado e disciplinado por uma força político-militar superior. Esse dispositivo funcionou nas relações de poder entre europeus e, depois do século XIX, entre as dezenas de novos Estados que foram surgindo do desmonte dos impérios coloniais ibéricos. No século XX, após as duas guerras mundiais, as poucas dezenas de Estados independentes que havia antes de 1914 foram multiplicadas atingindo mais de uma centena no início dos anos 1970. Cada um desses novos Estados emulou o modelo jurídico-político dos Estados Modernos europeus, suas antigas metrópoles coloniais, elaborando suas próprias versões do dispositivo diplomático-militar. No entanto, as relações internacionais já não eram as mesmas de quando os primeiros dispositivos diplomático-militares se conformaram na Europa.

A guerra entre Estados atingira seu ponto máximo com a incrível destruição das duas guerras mundiais, encerradas, em 1945, com a possibilidade real de um apocalipse nuclear. A conservação dos Estados, meta da política moderna, viu-se diante de situação paradoxal: as armadas mais poderosas já criadas poderiam estabelecer a segurança total daqueles que as possuíssem, mas também poderia anunciar sua completa eliminação; e não apenas a sua, mas a de todo planeta.

Além disso, o arranjo diplomático que emergiu das guerras mundiais introduziu elementos novos de universalidade e cosmopolitismo que se conectaram aos discursos da soberania e da autonomia jurídico-política de todos os povos: a fórmula westfaliana se universaliza com a ONU — organização formada por Estados e comandada pelos vitoriosos da II Guerra Mundial —, mas não se trata simplesmente da projeção da Europa do século XVII para o planeta como um todo. As transformações nas dinâmicas econômicas, políticas, tecnológicas e sociais apresentavam, em meados do século XX, novos desafios para o governo de pessoas, coisas e territórios. O capitalismo, de expressão planetária desde sua emergência, alcançou novas dimensões. Ao conectar todas as partes do globo, a produção de bens se planetarizou e a circulação de produtos e capital foi dinamizada pelos novos meios de comunicação e transporte. As modalidades de lutas acompanharam o descolamento das formas tradicionais de enfrentamento entre Estados legado pela Europa westfaliana. As energias guerreiras, que a busca do monopólio da coerção física procurou submeter à autoridade central do Estado, irromperam de diversas maneiras, nas guerrilhas de libertação nacional, nos terrorismos e nos grupos armados dedicados aos negócios ilegais acelerados pela globalização do capital e abertura dos mercados.

Os "estados de violência" emergiram voláteis e de difícil contenção pelos Estados com seus aparatos de segurança. Com velocidade crescente, os conflitos violentos começaram a se desassociar do enfrentamento entre Estados, com sua racionalidade, institucionalidade e códigos jurídicos. A guerra entre Estados foi codificada e mesmo proscrita por tratados, mas não deixou de existir diante dos choques entre Razões de Estado. No entanto, os grandes embates entre forças armadas passaram a ser cada vez menos frequentes do que os amorfos conflitos que despontaram dentro e através das fronteiras estatais. A separação jurídica, política e conceitual entre espaços "domésticos" supostamente pacificados pelo monopólio estatal da coerção física contraposto a um espaço "internacional" sem ordem e destinado a ser um eterno "estado de natureza" foi se confirmando como discurso caro aos estudos das Relações Internacionais, interessados que são em justificar, conservar e legitimar o Estado-Nação como única alternativa para a organização política dos povos. Mas mesmo os Estados encontraram outras formulações e arranjos jurídico-políticos e diplomático-militares para seguir no trabalho de conservar-se e governar.

A sociedade de controle colocou novos desafios para o exercício do poder desde as centralizações políticas. Então, uma nova governamentalidade, de expressão e alcance planetário, emergiu não como um "governo do mundo", instaurando um centro imperial, mas como a articulação de múltiplos dispositivos, como compreendidos por Foucault. Dentre esses dispositivos, o de segurança. Não mais a segurança dos Estados tal qual na Europa de princípios do que se convencionou chamar de era moderna, mas um redimensionado dispositivo que não abandona as táticas e mecanismos dos dispositivos diplomático-militares, mas os atualiza, modifica, recondiciona.

A dimensão "diplomática" do novo dispositivo transborda os limites da diplomacia dos embaixadores e das chancelarias estatais e se reconfigura, simultaneamente, em vários níveis. Em primeiro lugar, os próprios Estados produzem e investem em organizações multilaterais, foros para a produção de discursos de alcance universal, para a negociação de compromissos que estabeleçam balizas para o comportamento dos Estados. Nessas organizações, uma nova métrica dos comportamentos vai sendo moldada, desde as prescrições pacifistas impressas na Liga das Nações, nos anos 1920 e 1930, até a tensão entre cosmopolitismo e westfalianismo que modelou a ONU, a partir de 1945. A elaboração de códigos de conduta, contendo a previsão de meios para punir os Estados transgressores, elaborada a partir de 1945, com base em princípios universais, como os "direitos humanos", visando a "paz e segurança internacionais". A aplicação seletiva das regras previstas na Carta de São Francisco e em todo o conjunto de tratados celebrados desde então sob os auspícios da ONU, não fugiu à sobejamente conhecida seletividade de todo o direito nacional ou internacional formulado como "universal", mas aplicado sobre alguns em detrimento de outros. As relações de poder legislam, alertou o anarquista Pierre-Joseph Proudhon quando, ainda em meados do século XIX, afirmou que "o direito faz sua entrada no mundo através da força (...) o direito do mais forte (...) é o mais antigo de todos, o mais elementar e o mais indestrutível" (Proudhon, 2011: 42).

Liberados de crer na formulação do direito internacional, da constituição de organizações internacionais e das regulamentações sobre a guerra como emanações de um princípio metafísico e transcendental de "Justiça", permanecemos livres para compreender a produção das novas institucionalizações da ecopolítica do planeta em sua dimensão estratégica, ou seja, como respostas histórico-políticas interessadas em atualizar práticas para manter o governo sobre coisas, pessoas, espaços, ideias, produtos. Essas respostas se dão, hoje, em escala planetária e projetam suas táticas para o espaço sideral. São configurações heterogêneas de discursos, práticas, instituições que visam assegurar práticas de governo que já não se limitam aos territórios nacionais e às populações nacionais. Está em jogo o governo do planeta e, para tanto, constitui-se um novo dispositivo de segurança.

Esse dispositivo faz da "diplomacia" uma prática disseminada nos locais onde incidem as práticas de governo — favelas, bairros, comunidades, regiões, países — envolvendo cidadãos, associações de moradores, militantes políticos, agentes estatais, burocratas, filantropos, polícias e forças armadas, empresas de segurança: todos conectados a instâncias de representação e participação, contribuindo com suas experiências para a constituição de ambientes mais seguros para o exercício de seus muitos direitos. A diplomacia dos embaixadores articula-se, então, com a das delegações diplomáticas nas organizações internacionais e deles com as ONGs com assento nessas organizações que se conectam com fundações privadas que, por sua vez, são ouvidas por governos nacionais. A "diplomacia" está na prática de produzir acordos, confeccionar consensos, negociar as justas medidas e a satisfação das necessidades e demandas. Essa prática diplomática, por sua vez, é alimentada e, ao mesmo tempo, aciona práticas de polícia das condutas num movimento ascendente, descendente e horizontal: desde a favela até as cúpulas da ONU, uma cadeia de feixes conduz experiências, recomendações e conceitos, todos eles alinhavados por valores universais (direitos humanos, conservação ambiental, paz, desenvolvimento, democracia) que disciplinam a diversidade numa unidade múltipla.

A polícia das condutas está, assim, no cidadão local que sabe dos seus direitos e é assistido por ONGs locais financiadas por fundações internacionais e pelo seu próprio Estado (programas municipais, estaduais ou federais). Esses programas, por sua vez, acontecem em comunicação, conectando a *pacificação* de regiões (como o Darfur no Sudão) ou de países inteiros (como o Haiti), com o controle e a gestão de espaços urbanos como as favelas cariocas. Nesses programas, atuam forças estatais reconfiguradas — polícias recondicionadas por doutrinas de "policiamento cidadão" e forças armadas policializadas —, ONGs humanitaristas, fundações privadas voltadas à promoção de atividades culturais e de formação de capital humano, forças de segurança privadas contratadas por moradores, por empresas ou pelo Estado, associações de moradores chamadas a participar no governo dos seus próprios bairros e favelas, segundo a lógica da pacificação, além de milícias e grupos do chamado crime organizado que não deixam de existir, mas alteram práticas de modo a compor com as novas forças presentes nos seus antigos espaços. As práticas de segurança nos grandes ambientes planetários conectam-se, então, às mais locais táticas de controle.

Essas práticas e táticas, nas mais variadas dimensões, têm como elemento comum a busca pela constituição de *condutas*. No plano mundial, princípios como a R2P, as intervenções humanitárias e as missões de paz da ONU voltadas à estabilização e "construção de Estados" estabelecem modelos de conduta centrados na obediência aos direitos humanos e à democracia liberal com conectividade ao capitalismo globalizado. Em nome da "segurança humana", meios coligados de intervenção podem ser, então, acionados para corrigir desvios, reeducar regimes políticos, punir "criminosos de guerra", promover "revoluções democráticas", ocupar regiões sem governo (nos Estados ditos "frágeis" ou "falidos"), conter fluxos de refugiados e imigrantes, buscando reprimir seu movimento transterritorial ao mesmo tempo em que se procura cuidar, acolher e repatriar, contendo a degradação.

No plano local, as experiências de gestão de segurança conduzidas no plano global encontram ressonância e se retroalimentam, não sendo nítido quanto ou como uma missão como a MINUSTAH influencia ou é influenciada pelas UPPs e Forças de Pacificação. E vice-versa. A conduta esperada de cada cidadão na favela é similar à de cada cidadão haitiano, e os programas são aplicados, por vezes, pelas mesmas instituições privadas, estatais ou multilaterais.

Busca-se com o *dispositivo diplomático-policial* a produção de "ambientes seguros". Foucault, em anotação para a aula de 21 de março de 1978, em seu curso *Nascimento da biopolítica*, indicou que o pensamento liberal estadunidense, a partir dos anos 1970, e antes dele, o ordoliberalismo alemão, nos anos 1930 e 1940, formularam uma noção de "ambiente" segundo o princípio de que a "ação governamental" deveria limitar-se a manter as condições gerais de um espaço no qual os indivíduos — os agentes econômicos — pudessem jogar. Jamais intervir sobre a "mentalidade dos jogadores" (Foucault, 2008a: 304), mas apenas sobre o ambiente, estabelecendo marcos legais "bastante frouxos para que ele possa jogar", gerando "não uma individualização unificadora, identificadora, hierarquizante, mas uma ambientalidade aberta aos acasos e aos fenômenos transversais" (Ibidem). Um ambiente seguro para a livre iniciativa, limitando o papel do Estado ao de um operador de uma "tecnologia ambiental" (Ibidem).

O *dispositivo diplomático-policial* funciona como um operador de uma tecnologia — um conjunto de táticas, instituições e discursos — que visa produzir ambientes seguros para que os fluxos do capitalismo circulem e realizem suas lucratividades, para que resistências políticas a esses fluxos sejam contidas não apenas pela repressão e criminalizações (que seguem muito ativas), mas também pelos recondicionamentos e capturas de inteligências produtivas e potencialmente contestadoras em práticas participativas nas quais se exercitam as "diplomacias" contemporâneas. Tais ambientes, por sua vez, organizam-se e se tornam seguros pela participação ativa dos seus próprios moradores, articulados por direitos e por programas de inserção econômica e educação formal para permitir a inserção. Os "estados de violência" são combatidos ou acomodados por novos arranjos entre forças repressivas estatais, privadas ou coletivas (como a OTAN ou as missões da ONU) e o policiamento das condutas se exerce desde as mais altas instâncias das organizações internacionais até o morador da favela. A conexão entre "estados de violência" explicita o acontecimento de uma guerra-fluxo.

Trata-se de produzir precauções: os conflitos são evitados ao máximo, precisamente pela proliferação de direitos e pela difusão de protocolos, negociações, conferências, consultas públicas. Viver com cidadania, ou seja, com direitos e responsabilidades, significa, então, dominar minimamente *práticas diplomáticas*: saber negociar, contemporizar, cooperar e compor alianças. Esse comportamento, esperado tanto de Estados quanto de empresas, ONGs, das próprias organizações multilaterais e dos indivíduos, é o próprio estabelecimento de *condutas seguras*, pois previsíveis e acopláveis, exercitadas com moderação.

Por esse motivo, o dispositivo de segurança planetário que emerge na ecopolítica é um *dispositivo diplomático-policial*, pois associa a disseminação das técnicas de representação e negociação para além da dimensão diplomática do antigo dispositivo diplomático-militar analisado por Foucault, com o propósito de estabelecer e gerenciar condutas esperadas, um gerenciamento policial que redimensiona o antigo dispositivo de polícia. Agora, a *polícia* não é uma intervenção do Estado com o objetivo de controlar direta e detalhadamente todos os fluxos, atividades e condutas. A meta continua sendo *governar* — e, como definiu Foucault (1995), governar é "conduzir condutas" —, mas esse governo se dá contemporaneamente com a ativa participação de quem é governado, seja ele um indivíduo, um Estado ou coalizões de Estados.

A *polícia das condutas* se projeta no planeta e não tem um centro único de onde emane, ainda que reconduza a novas centralidades (Passetti, 2011a). Essas *centralidades sem centro* se unificam na condução das condutas e na adesão aos protocolos e táticas que as regem. Há um "ambiente de segurança" planetário que interconecta o local e o global, abalando as distinções entre "dentro" e "fora", tão caras à literatura das RI, mas que soçobram ante uma análise genealógica que mostra como as práticas políticas e as lutas em torno do governo das condutas não respeitam as divisões jurídico-políticas das fronteiras nacionais. A ecopolítica do planeta explicita não haver um espaço da política (dentro das fronteiras) confrontada com uma ausência da política no além-fronteiras das chamadas relações internacionais. O conjunto heterogêneo de táticas do *dispositivo diplomático-policial* visa produzir *ambientes* que não estão sujeitos a um "governo mundial", mas à conexão entre múltiplas táticas governamentais que procuram assegurar o governo do planeta.

O dispositivo monitoramento

Monitorar é verbo transitivo direto que, em sua definição dicionarizada, está relacionado à ação de vigilância, verificação e acompanhamento, de algo ou alguém visando um determinado fim. Não é o elemento central de uma ação, mas um meio específico que se coaduna com um alvo subsequente. Pode, também, qualificar um objeto ou uma pessoa, funcionando assim como substantivo masculino ou feminino: o monitor, a monitora. Nesta forma, ele também se apresenta com função auxiliar ou meio para um fim. Seja o monitor do computador — meio pelo qual se estabelece interface dos comandos emitidos diretamente pelo teclado —, seja o monitor de uma atividade educacional qualquer, que auxilia o professor ou o mestre, monitorar é uma ação que serve para controlar; o monitor é algo ou alguém que serve.

Hoje, o ato de monitorar se tornou tão ordinário quanto os monitores computo-informacionais presentes na vida das pessoas em seu cotidiano em diversos lugares e formatos: dos computadores pessoais e *smartphones* à robótica e aos monitores de circuitos internos de vigilância patrimonial em residências privadas, nas empresas e nas ruas, onde se dá a circulação de coisas e pessoas. Somos convocados a monitorar ininterruptamente, assim como somos monitorados de forma extensiva. Pessoas monitoram suas dietas como meio de obter ganhos estéticos e/ou de saúde, seguindo recomendações adaptadas a situações específicas, como o tratamento de uma doença, a moléstia a ser combatida, ou mesmo como forma de prevenir o aparecimento de complicações com a saúde no futuro. Há uma pretensão de antecipação verificável no ato de monitorar, de precaução antes mesmo de qualquer prevenção, por meio de práticas de monitoramento. Empresas monitoram suas atividades regulares como forma de atender exigências de legislações e/ou protocolos ambientais, bem como para controle contínuo de desempenho na produção, distribuição e descarte de rejeitos. Monitorar permite acompanhar uma atividade, conduta ou ambiente sem a necessidade de interferir em sua pretensa continuidade infinita.

O monitoramento pode ser preventivo (como esforço de antecipação de situações críticas), profilático (como orientador ou meio de administração de tratamentos ou modificador de condutas), regenerativo (como meio para se organizar a recomposição de uma forma desejada), ou as três coisas ao mesmo tempo. O ato de monitorar é a maneira pela qual se busca governar elementos e agentes variados, vivos e não vivos, naturais ou não, visíveis ou microscópicos em terra, mar e ar.

Os satélites governamentais monitoram regiões do planeta para acompanhar ou corrigir riscos ambientais, preocupados com a produtividade e, por conseguinte, com a saúde do planeta[1]. Funcionam para registrar e quantificar danos já causados, evitar que novos danos ocorram, e servem, eventualmente, como referência para punir quem provoca danos anunciados como ilegais e para selecionar áreas degradadas que necessitam de restauração. Não diferenciam urbano, rural e área de preservação, acompanhando pelo alto a extensão desses espaços. São também utilizados como forma de seguir atividades aceitas legalmente, mas que possuem risco ambiental virtual, como atividades extrativistas de recursos naturais orgânicos ou minerais. Também nesse caso, o monitoramento, por meio de satélites georeferenciados, mapeamentos biológicos de espécies ou de microrganismos, é preventivo, profilático e/ou restaurativo, ou os três ao mesmo tempo. Sua ação se define mais pela racionalidade específica e estratégica do ato de monitorar do que propriamente pelo uso do satélite ou qualquer equipamento de registro para constituição de bancos de dados.

A coleta de dados para um monitoramento ambiental, por exemplo, lança mão tanto de dados capturados do espaço por satélites quanto de dados coletados e fornecidos por pesquisadores e por agentes das comunidades locais a serem monitorados. O monitoramento não se resume ao impacto causado por uma tecnologia específica ou uso de determinados

---

1. O exemplo mais perene desta prática específica de monitoramento governamental no Brasil é o PRODES (Programa de Monitoramento da Floresta Amazônica Brasileira por Satélite), realizado pelo Ministério do Meio Ambiente em parceria com o Instituto de Pesquisas Espaciais (Inpe), do Ministério da Ciência e Tecnologia. Este programa funciona desde 1988 para "calcular as taxas anuais de desflorestamento, fazer projeções e produzir um banco de dados geográfico ao longo do tempo". A partir de 2004 ele foi complementado pelo DETER (Detecção de Desmatamento em Tempo Real), "que mapeia mensalmente as áreas de corte raso e de processo progressivo de desmatamento por degradação florestal. Trata-se de um levantamento ágil de identificação das áreas de alerta para as ações rápidas de controle de desmatamento". <*https://bit.ly/2AFhAmf*>.

equipamentos como satélites ou drones, mas trata-se de uma estratégica prática discursiva de coleta que produz meios variados para fins de governo.

De um ponto ao outro, monitorar é um fluxo, ato contínuo, não tem começo (ou não se funda num ato inaugural) nem fim (está sempre conectado ou em interface com um outro fluxo), por isso seu itinerário será sempre inacabado. E na condição de onda contínua, institui-se apenas como ação-meio em relação a um ambiente determinado. Não é um fim em si, mas serve a objetivos variados, reprogramáveis; é policresto, uma tecnologia de conduta que ao monitorar serve aos vários usos e a muitos objetivos condensados em um único objetivo estratégico por excelência: governar tudo o que é ou está vivo no planeta e aplicar penalizações sem a necessidade de deslocamento do ambiente em que se encontra o alvo dessa pena. É por meio do monitoramento que se recolhem informações para penalizar a céu aberto. Pune-se uma conduta sem interromper o fluxo de atividade ou de informação, podendo decidir, por meio de um cálculo de risco, pela necessidade ou não de retirada do alvo da penalização do ambiente monitorado. Monitorar é a tecnologia específica de distribuição horizontal e democratizada das penalizações a céu aberto voltadas para o bem do planeta. Pretende-se, com ele, intervir para melhorar o ambiente e modular os viventes que neles se encontram.

É possível descrever esse conjunto polimorfo dos monitoramentos como um dispositivo característico da sociedade de controle? A despeito de sua viabilização e desbloqueio possibilitado pelas tecnologias computo-informacionais, é pertinente pensar no monitoramento como uma tecnologia política específica das penalizações a céu aberto e da governamentalidade planetária própria da ecopolítica?

MUTAÇÕES

Quando Michel Foucault aponta para o panóptico de Jeremy Bentham como um dispositivo, salta aos seus olhos a pluralidade do uso, a multiplicidade funcional de tal obra arquitetônica, dessa máquina de vigilância que serve ao governo disciplinar. E é nas cartas escritas por Bentham na Rússia czarista (ou a Rússia branca, como ele a chamava) que Foucault encontrará a multifuncionalidade desse dispositivo da qual se gaba o próprio utilitarista inglês. Como está redigido no prefácio às cartas escritas a partir da observação dos experimentos de seu irmão, Samuel Bentham, e compiladas posteriormente: "a moral reformada; os encargos públicos aliviados; a economia assentada, como deve ser, sobre uma rocha; o nó górdio da Lei sobre os Pobres não cortado, mas desfeito — tudo por uma simples ideia de arquitetura!". E após expor as variadas aplicações da máquina de vigilância que projetou para uso público, trata de sublinhar sua substância: "um novo modo de garantir o poder da mente sobre a mente, em um grau nunca antes demonstrado; e em um grau igualmente incomparável, para quem assim o desejar, de garantia contra o exagero" (Bentham et al., 2008: 17). Trata-se, para Bentham, de uma máquina arquitetônica, com variadas funções de aplicabilidade, mas com uma substância bem definida: um meio de governo da mente de outrem capaz de produzir frugalidade, moderação; uma forma de combater os exageros, os desperdícios, a inutilidade. Uma máquina que serve e ensina a servir pela introjeção de valores morais e normas de conduta.

A noção de panóptico reaparece em diversos momentos de suas análises. É por meio da noção de "dispositivo" que Foucault refuta a hipótese, até então largamente utilizada e difundida pelas teorias críticas do poder político, de que o poder tinha como função principal inibir, conter, reprimir indivíduos e coletividades. Em seu capítulo sobre o método em *História da Sexualidade I. A vontade de saber* (Foucault, 1977a: 88–97), o filósofo, antes de expor sua tese sobre a biopolítica, não só descreve o poder como uma "determinada situação estratégica", como sublinha sua "positividade", ou seja, o exercício de poder na medida em que é capaz de incitar, suscitar, produzir valores e condutas em relação a algo, a alguém ou em relação a um conjunto determinado de pessoas e sobre suas ações. Se as tecnologias disciplinares para a produção de corpos úteis e dóceis correspondem à ativação do dispositivo de vigilância do panoptismo, o "fazer viver e deixar morrer" da gestão biopolítica da população passa pelo dispositivo da sexualidade como produtora da vida e das normas que a moldam. A norma, a capacidade de normalização, é a amálgama que liga disciplina e biopolítica, ou as relações individualizantes e totalizantes de poder e de governo no que se convencionou chamar de era moderna.

Esta breve retomada de características da analítica genealógica pretende demarcar um campo de entrada na mutação dos dispositivos. Não se trata de produzir analogias ou princípios de desenvolvimento, mas de demarcar mutações do dispositivo por meio de acoplamentos e redimensionamentos nas relações de poder e nas tecnologias de governo das condutas. Tecnologias de governo são tomadas aqui como um conjunto de técnicas, de saberes, de estratégias de poder. Não podem ser reduzidas a uma instituição específica, ideologia de grupo, classe ou casta ou a uma racionalidade científica; mas sim aos exercícios de poder polimorfos que encontram sua especificidade segundo os embates em que estão inseridos e segundo as forças historicamente dispostas (Cf. Foucault, 2008a).

A noção de dispositivo é alvo de variados usos e interpretações. Pretende-se, por uma questão de método, estancar a noção de dispositivo como elemento analítico-descritivo que dispõe forças em determinada situação estratégica de disputa e eventual embate. Evita-se, assim, o trato desta noção como conceito filosófico, seja enquanto linhas gerais de um diagrama do poder, conforme a interpretação de Gilles Deleuze (2015: 78–100), seja como forma de positividade capaz de operar processos de subjetivação e dessubjetivação, que guardam relações com a noção hegeliana de positividade religiosa, conforme a intepretação de Giorgio Agamben (2009: 25–51). Não se trata de refutar ou referendar tais intepretações, mas de deslocar o uso de uma formação conceitual para uma utilização analítico-descritiva das relações de poder como tecnologia de governo das condutas. O alvo é a mutação nas formas de vigilância dos corpos e das coletividades em uma sociedade disciplinar para as práticas modulares de monitoramento. E como toda mutação, guarda elementos de sua forma anterior.

Nomear o panóptico como um dispositivo disciplinar é colocá-lo além de uma máquina arquitetônica que possui uma multiplicidade de funções operando cálculos de sofrimento, numa polícia das identidades (Miller, 2008: 89–124). Mas, também, tomá-lo como um registro histórico-intelectual do autoritarismo fundante no capitalismo liberal, na figura do inspetor Bentham e sua utopia de transformação social pelo controle (Perrot, 2008: 125–170). Em *Vigiar e punir*, Foucault descreve o panóptico como um "dispositivo importante, pois automatiza e desindividualiza o poder". O panóptico se funda "numa certa distribuição concertada dos corpos, das superfícies, das luzes, dos olhares". Enfim, "uma máquina maravilhosa que, a partir dos desejos mais diversos, fabrica efeitos hegemônicos de poder" (Foucault, 1977: 167). Nesse sentido, certamente "é o diagrama de um mecanismo de poder", mas, sobretudo, "é na realidade uma figura de tecnologia política que se pode e se deve destacar de qualquer uso específico" (Ibidem: 170). Tecnologia política que desindividualiza e automatiza o exercício de poder, capaz de fabricar *efeitos* hegemônicos de poder e, por isso, referência para se registrar amplas transformações históricas, econômicas e políticas que darão forma à sociedade disciplinar. É, portanto, um dispositivo de governo que funciona como uma máquina de vigilância, mas que condensa, em seu projeto específico, um conjunto de práticas sociais, conceitos filosóficos, preceitos morais, uma gama de práticas discursivas que operam na produção de corpos úteis e dóceis.

Em um escrito de 1978, ainda sobre o dispositivo panóptico, Foucault sublinha que "o Panopticon é a utopia de uma sociedade e de um poder que é, no fundo, a sociedade que atualmente conhecemos — utopia que efetivamente se realizou. Vivemos em uma sociedade onde reina o panoptismo (...). Vigilância permanente sobre os indivíduos por alguém que exerce sobre eles um poder — mestre-escola, chefe de oficina, médico, psiquiatra, diretor de prisão — e que, enquanto exerce esse poder, tem a possibilidade tanto de vigiar quanto de constituir, sobre aqueles que vigia, a respeito deles, um saber" (Foucault, 2003: 87–88). Qualquer um que entre em uma escola, uma fábrica, um hospital, uma prisão, um hospital psiquiátrico ou um quartel não terá dificuldade em constatar essas afirmações de Foucault, sobretudo no momento em que foram escritas, ao final dos anos 1970. Vigilância constante e, por meio dela, coleta de informações para o funcionamento da norma (parâmetro de uma normalização dos indivíduos e da sociedade), para estabelecimento do que é normal ou anormal; para a constituição dos saberes sobre quem é o indivíduo perigoso que deve ser contido, encarcerado, reformado, curado e, no limite, eliminado, entregue à morte.

Nos dias de hoje, mesmo que essas tecnologias de vigilância prossigam operando nos espaços disciplinares austeros de reclusão ou em suas variantes, a figura do perigoso não se apagou. Está modulada e estratificada, virtualmente ampliada e democraticamente disposta e distribuída de maneira horizontal. E a vigilância, ainda que subsista como técnica de uma estratégia de poder que visa disciplina e extração de saberes, cede lugar aos monitoramentos, que operam por uma racionalidade diferente da disciplinar.

As tecnologias computo-informacionais não são apenas a ampliação da capacidade de vigilância, um dispositivo panóptico com maior capacidade do campo de ação e de amplitude de alcance, que responde aos mesmos objetivos políticos de vigilância (Gros, 2009). Para Gros, os estados de violência reordenam os dispositivos de segurança como "um princípio de regulação interna e contínuo" (Ibidem: 249). Dessa maneira, borra-se a figura do cidadão como correspondente ao sujeito de direito do Estado, que poderia se tornar alvo dos dispositivos de segurança ao assumir a face do perigo como delinquente, prostituta, revolucionário, criança indisciplinada ou anarquista, em favor de um vivente que deve ser assegurado pela pluralidade dos dispositivos de segurança em todo planeta face à exposição de suas vulnerabilidades: "o indivíduo vivo em lugar do sujeito de direito. Tomado em sua dimensão de vivente, o indivíduo tem menos direitos ou deveres do que pontos de vulnerabilidade a superar e capacidades de desenvolvimento a melhorar. Uma só comunidade de viventes integrados: *continuum* da segurança, do policial ao militar, *continuum* das ameaças, do risco alimentar ao risco terrorista, *continuum* da violência da catástrofe natural à guerra civil, *continuum* da intervenção, da agressão armada contra um Estado sacripanta ao socorro humanitário, *continuum* das vítimas, do refugiado à criança maltratada" (Ibidem: 247). Há, para Gros, uma ampliação da vigilância e uma diversificação dos alvos dos dispositivos de segurança, entretanto ele não situa as mutações em sua forma de atuação ou estratégia como tecnologia de governo.

Por sua vez, os estudos sobre o controle computo-informacional também costumam tratar a ingerência de governos e empresas sobre as informações das pessoas nos incontáveis bancos de dados de computadores, em especial nas chamadas nuvens, como práticas de vigilância. O caso Edward Snowden, o ex-consultor da Agência de Segurança Nacional (NSA), e os vazamentos viabilizados pelo jornalista australiano Julian Assange, no início dessa década, mostram isso. Apesar do imenso conhecimento técnico seletivo da coleta de dados e suas formas de tratamento para espionagem por meio de algoritmos que permitem buscas específicas, politicamente ainda tratam essas ações de governo de Estado e de empresas como ações de vigilância e militarização, tomando o monopólio das empresas e as tecnologias governamentais de coleta de dados, como uma forma outra de super-panóptico, capaz de esmiuçar o mais íntimo de cada cidadão onde quer que ele esteja.

Assange chegou a dizer em um programa de televisão no Brasil, de forma irônica, que um celular é um mecanismo de vigilância que também faz ligações e, em outra ocasião, que o aparato de coleta de dados dos governos faz com que cada cidadão tenha um militar embaixo de sua cama. Afirmações seguramente verdadeiras, mas que limitam a análise, pois, ao tratar politicamente as tecnologias computo-informacionais, esquece-se de lidar com a própria política como uma tecnologia que possui uma racionalidade específica em interface com as demais tecnologias. Nesse sentido, também, os monitoramentos não podem ser reduzidos às funções de um instrumento ou máquina. Seu clamor por "maior privacidade para os fracos e transparência para os poderosos" restringe as possibilidades de quebra com a forma de governo que corresponde a essa tecnologia política.

Mesmo que esse não seja seu objetivo político imediato, as ações de vazamentos de dados governamentais e a consequente busca de regulamentações, que visam proteger o cidadão comum da vigilância governamental e do monopólio empresarial, acabam alimentando o jogo de atualizações e refinamentos das formas de monitoramento contemporâneas. Por conseguinte, o caso Snowden e as intervenções públicas de Assange são constantemente reivindicados por grupos organizados da chamada sociedade civil, como marcos da necessidade de novas regulamentações governamentais sobre os usos dos bancos de dados. Em resposta ao *continuum* monitoramento de governos e empresas sobre a vida eletrônica dos cidadãos, reivindica-se maior controle social sobre essas ações. Os casos mais conhecidos desse embate são, no Brasil, as mobilizações bem-sucedidas para criação do Marco Civil da internet, e, nos EUA, o impedimento do projeto de lei no congresso que visava criar um Stop Online Piracy Act (pare com a pirataria on-line), conhecido como Sopa, e Protect IP Act (ato para proteção da propriedade intelectual), chamado de Pipa, campanha que também foi exitosa.

A importância do uso analítico-descritivo da noção de dispositivo em Michel Foucault endereça ao mapeamento da mutação do dispositivo de vigilância disciplinar em *dispositivo monitoramento* como tecnologia de governo das condutas na governamentalidade planetária da *ecopolítica.* Isso exige acompanhar seus deslocamentos estratégicos e as formas como respondem a efeitos imprevistos produzidos pelo funcionamento de um dispositivo específico. Segundo Foucault, "por um lado, processo de *sobredeterminação funcional*, pois cada efeito, positivo ou negativo, desejado ou não, estabelece uma relação de ressonância ou de contradição com os outros, e exige uma rearticulação, um reajustamento dos elementos heterogêneos que surgem dispersamente; por outro lado, processo de perpétuo preenchimento estratégico" (Foucault, 1979: 245, grifos do autor).

A mutação da sociedade disciplinar para a sociedade de controle refaz e compõe antigos itinerários em formas diversas. Os bancos de dados e os controles a céu aberto caracterizam-se menos pela sua infinidade eletrônica e mais pela sua inacabada ampliação, gerando um regime de dívida infinita e, assim, atualização constante. Esta dívida pode ser econômica, mas, sobretudo é moral e, portanto, política. Esta política conecta os viventes e não viventes aos programas (não só os computo-informacionais), atualizando as tecnologias de poder pastoral na produção de assujeitamentos e na constituição de uma vida policial, menos pelo seu traço repressivo e mais por suas buscas por práticas de zelo (cuidados, *cares*) variadas na produção de uma vida moderada. Neste sentido, não há mais uma vigilância sobre os que são classificados como potencialmente perigosos em vistas de uma normalização, mas uma *normalização do normal* (Passetti, 2004). É esta outra forma de normalização que opera na busca por segurança global que instala, assim, um quadro de suspeição e de cuidados generalizados. Não mais a vigilância contínua sobre os indivíduos construídos como perigosos e separados em espaços destinados para esse fim como forma destinados regenerá-los, mas o monitoramento modular de todos os ambientes para virtuais intervenções de restauro e produção constante de melhorias:

> A sociedade de controle é uma sociedade de segurança que se pauta num triângulo formado pela reafirmação da incerteza assentada no aperfeiçoamento do inacabado — característica marcante do trabalho intelectual —, pela confiança nos programas — de governo, organizações e computação — e pela tolerância como maneira de lidar com assimetrias e dissimetrias. Funda a era da democracia, da *convocação à participação* redimensionando a representação por uma pletora de direitos que suprimem os específicos direitos sociais, anteriormente conseguidos. Constrói-se uma vida em fluxos regidos segundo protocolos, uma vida diplomática em que não prepondera mais o Estado diante do exterior, mas em que se afirma o exterior organizado segundo o modelo estatal sobre o interior: era do cosmopolitismo, da hospitalidade aos assemelhados, da crença na paz perpétua, do empírico, da comparação, do pluralismo e do relativismo cultural. Nem Hegel, nem Marx, mas era de Kant (Ibidem: 154).

É diante de tamanho fluxo político comunicacional que se forma a algaravia indiscernível dos falantes e redatores. O poder pastoral, antes hierarquicamente disposto e muitas vezes representado pela figura geométrica de uma pirâmide em pé, opera de forma horizontalizada, distribuindo triangulações entre tolerância, segurança e confiança nos círculos concêntricos entrecortados e democráticos de governo. Essa imagem de projeção da horizontalidade produzida pelos monitoramentos borra a moderna distinção entre superfície e profundidade.

É uma projeção estratégica triangular de preenchimento de ambientes governados e funções hierarquicamente definidas muito semelhante aos contemporâneos esquemas táticos do chamado "futebol moderno", no qual as peças (leia-se jogadores) devem ser moduláveis a uma multiplicidade de situações para as quais os técnicos (leia-se comandantes), e suas equipes de auxiliares, procuram ter o maior controle possível da disputa exercendo o monitoramento de seus adversários, sobretudo, de seus comandados. Para isso, há uma variabilidade de equipamentos, desde mapas de calor (ao estilo militar contemporâneo) e ocupação do campo de jogo a GPS individualizados para registro de movimentação de jogadores; há uma racionalidade específica que depende principalmente da capacidade intelectual de jogadores e de técnicos, orientada sempre por metas ajustáveis e análises racionais de programas. A referência expositiva ao futebol não é metafórica, trata-se da projeção de características das tecnologias de governo por meio de uma das atividades mais praticadas no planeta e também um dos negócios mais rentáveis, que envolve fatores políticos, econômicos e sociais. Outro traço a ser ressaltado, nesse sentido, é a transformação da linguagem. Cada vez mais técnicos de equipes e jornalistas especializados abandonam as metáforas militares em favor de conceitos e recursos explicativos referentes à gestão, controle de riscos e cumprimento de metas, o que também é praticado em outras modalidades esportivas. O jogo físico, seja em termos individuais ou coletivos, cede espaço ao governo de inteligências. Mesmo a moldagem corporal passa a ser submetida aos monitoramentos médicos e otimização de recursos genéticos dos atletas. Isso somado ao governo de fatores externos da atividade fim, como gestão de imagem e cálculos de marketing que envolvem desde o corte de cabelo até jornadas de *media training*, das quais o sucesso do atleta (sempre medido em termos de ganho econômico e êxito midiático) está totalmente dependente.

Esta análise situa o interesse explícito nas práticas de resistências e produção de antipoderes e indica o abandono da concepção de poder em rede e da primazia das vigilâncias. Desvela, nas tecnologias de governo em fluxo, operacionalizadas pelos dispositivos de segurança, a produção — no trinômio segurança, tolerância e confiança — de uma inclusividade contínua e inacabada como institucionalizações, continuamente renovadas pela convocação à participação que opera os controles a céu aberto na distribuição de penalizações. Não reduz o monitoramento à função eletrônica das câmeras de circuito interno ou das tecnologias de informação e comunicação. Considera a produção de governo das condutas moderadas como *vida-polícia* na distribuição democrática do pastorado horizontalizado. Estas ações indicam os traços descritivos da constituição contemporânea do *dispositivo monitoramento*. Se há esgotamento do sujeito de direito, como colocado por Gros (2009), o vivente ainda é modulado no fluxo de negociações de minorias coordenadas pelas *elites secundárias*, que vão de lideranças indígenas às lideranças locais de comunidades e associações de bairro — situação na qual ocupa lugar estratégico o *intelectual modulador* (que oscila entre a figura do *ativista* e do *agente social*), e que no fluxo de produção imaterial da sociedade de controle abarca desde técnicos formados por centros universitários tidos como de segundo ou terceiro escalão, até intelectuais que garantem a sua sobrevivência e continuidade nos chamados centros de excelência ranqueados como prioritários pelas agências financiadoras (privadas e estatais), vinculando suas pesquisas a minorias específicas, como negros, indígenas, mulheres e demais variações inclusivas de participação política (Passetti, 2011a: 205–220). Assim, a figura do ativista local ou do agente social se condensa no *intelectual modulador* como a forma que toma o reformador na sociedade de controle. Essa configuração estratégica não apenas faz de cada vivente alvo e agente dos dispositivos de segurança, segundo o princípio interno regulador dos *estados de violência*, mas transforma cada vivente em agente dos monitoramentos, de maneira que "intelectuais e populações transitam como *portadores de liberdades* pelos monitoramentos que os dispõe como forças reativas atuantes neste *campo de concentração a céu aberto*" (Ibidem: 220).

Não está em jogo apenas o borramento do sujeito de direito, como mostra Fédéric Gros, e tampouco estamos lidando com a ampliação da capacidade de vigilância dos dispositivos de segurança para além das fronteiras do Estado-Nação. Uma outra racionalidade política se configura na transformação das tecnologias biopolíticas de controle da população: "esta é a sociedade dos conservadores moderados, articulados em fluxos que atraem empresas e seus empregados, ONGs, PPPs e OSCIPs e governos transterritoriais" (Passetti, 2007: 31). Considera-se, portanto, essas metamorfoses não apenas da sociedade disciplinar para uma sociedade de controle, mas também de uma política planetária que aponta para uma transformação da biopolítica em *ecopolítica*, na qual os cuidados com o planeta e o desejo de uma democracia global anunciam novas conformações dos governos das condutas numa *governamentalidade planetária*. A disciplina e seu dispositivo de vigilância agem sobre o corpo vivo moldando-o para extrair energias de sua condição de vivo; os monitoramentos, por sua vez, produzem ambientes móveis, moduláveis, e seu funcionamento se intensifica com as convocações à participação, produzindo condutas variadas e efeitos de governo sobre todos viventes e não viventes.

O *dispositivo monitoramento* é composto por práticas discursivas que se servem de postulados científicos para produzir e difundir valores morais, como a prática do bom governo. Forja condutas de zelo, acolhimento e intervenções violentas para produzir melhorias, refaz o campo da política como meio pelo qual se equaciona interesses individuais e coletivos, funda novas institucionalizações que produzem e monitoram ambientes governados e governáveis em busca de melhorias possíveis, elastifica e distende o jogo de representações pela participação em papéis móveis e plásticos como o do *ativista*, do *agente social* ou do *empresário responsável* (condensados na figura do *intelectual modulador*), enfim, anima a vida do *cidadão-polícia*, que cuida de si, dos outros e do ambiente em que vive. Responde à convocação contínua, no jogo governo-verdade, na gestão dos viventes que não mais se restringe ao conjunto da população, mas às interações dispostas horizontalmente e de forma hierárquica entre tudo que vive e respira no planeta, distribuindo penalizações a céu aberto sem prescindir dos espaços de confinamento, cuidados e responsabilizações de vidas dignas e autônomas, respondendo aos cálculos e metas da racionalidade neoliberal, que operam por medições de capacidades a serem investidas e virtualidades elásticas de perigo a serem contidas.

Essa é a mutação que ocorre no dispositivo de vigilância panóptico para formação do *dispositivo monitoramento*. Não se trata de ampliação e/ou diversificação do dispositivo de vigilância, e também não se relaciona diretamente com as mutações nos dispositivos de segurança, mas de uma reconfiguração estratégica das tecnologias de governo das condutas que se inscrevem num registro da *ecopolítica*, diversa das formas de regulação e regulamentação do governo da população próprios da biopolítica, sem se preocupar em buscar origens ou pontos de ruptura, e considerando que diversos aspectos tanto da disciplina quanto da biopolítica seguem operando ainda hoje. Trata-se de apresentar registros contemporâneos do funcionamento deste dispositivo.

PRÁTICAS DE MONITORAMENTO

O projeto técnico-social-arquitetônico de Jeremy Bentham, inspirado nos experimentos de seu irmão Samuel, engenheiro de profissão, foi um retumbante fracasso. Bentham arruinou quase toda a fortuna herdada do pai em tentativas de fazer vingar politicamente — via o parlamento inglês e com cópias do projeto traduzidas para o francês e apresentadas à assembleia francesa — essa panaceia social com pretensões que iam além dos muros dos cárceres (Bentham et al., 2008). Tal fracasso, amplamente registrado pela historiografia, não impediu que Michel Foucault localizasse nas cartas do projeto utilitarista a emergência de uma nova tecnologia política, de caráter disciplinar. Na mutação do dispositivo de vigilância em monitoramentos, duas proveniências são decisivas para emergência da sociedade de controle e da governamentalidade planetária: os acontecimentos em torno da II Guerra Mundial com as negociações de Estados após seu término e a emergência simultânea de tecnologias de informação e comunicação para compilação e armazenamento de dados em larga escala.

Ao escrever sobre a biopolítica, Foucault ressalta que essa tecnologia de poder, emergente no final do século XVIII, inverte a equação do poder soberano: em vez de fazer morrer e deixar viver, ela faz viver e deixa morrer. Para isto, era necessário um saber que pudesse exercer controle e estabelecer uma norma para a população. Mais do que isso, saberes que tornassem tangível o fator população. Medicina social, economia política e estatística darão coerência e convergência às artes de governar dispersas para formar uma ciência política como ciência do governo, com estratégias variadas para produzir uma vida regulada pelas normalizações e regida pelos direitos. Essa tecnologia encontrará seu paroxismo na Alemanha nazista, assim como a resposta ao que se classificou como atrocidades do excesso de poder do Estado com a formulação de direitos universais que vazam as fronteiras da nação e do nascimento para ligarem-se à condição do humano, apontando para uma cidadania planetária.

Desses direitos, celebrados pela Carta de São Francisco de 1945 e na Declaração Universal dos Direitos Humanos – DUDH de 1948, como fim da guerra entre as nações, derivam as inúmeras recomendações e normativas produzidas e geridas pela ONU, que terão como alvo tudo que é humano no planeta e, logo em seguida, tudo que é vivo e deve ser preservado para as futuras gerações. De um lado, a DUDH tem um caráter de reparação, mas, de outro lado, anuncia novas configurações do exercício do poder. Agora, uma ameaça passa a ser estendida a todo planeta e deve ser regulada a capacidade de Estados em destruir este planeta, exibida ao final da guerra pelas bombas nucleares. Se o Estado foi governamentalizado precisamente na emergência da biopolítica tendo os direitos como princípios regulatórios do poder estatal sobre os cidadãos, agora está em jogo uma governamentalidade planetária. Não há mais dentro e fora e abre-se caminho para as penalizações a céu aberto. Afinal, se há algo até hoje incrustado na cultura é a crença no castigo como educação, cultura e produção.

Outros saberes vão se constituindo para além da medicina social e dos dados estatísticos censitários restritos ao território nacional. Novamente é em meio aos acontecimentos da II Guerra Mundial que encontramos esses saberes capazes de exercer um controle tão extenso e a céu aberto. Segundo Uehara (2013: 17–87), os cartões perfurados para controle populacional censitários, utilizados já na década de 1910 para realização do censo nos EUA, foram importados pela Alemanha nazista que contratara a recém-criada empresa IBM para transferir tecnologia dos cartões perfurados criados por Hollerith para controle das entradas e mortes nos campos de concentração. Dessa inicial técnica de contagens modulares e úteis deriva a criação dos contemporâneos bancos de dados computo-informacionais. Conectados em redes, eles são capazes de cruzar, mesclar e compartilhar dados modulares de fluxos inteligentes em todo planeta, não apenas das populações, mas de todos os viventes e das áreas mais remotas, possibilitados pela tecnologia do pós-guerra, os mapeamentos via satélite.

A própria internet, como também mostra Uehara, foi desenvolvida como estratégia militar da nação que saiu vitoriosa militarmente da II Guerra Mundial para o compartilhamento de dados em larga escala. Campos de concentração, guerra e criação da internet, associados à Carta de São Francisco, abrem caminho para variabilidade de direitos e são proveniências decisivas para a mutação do dispositivo de vigilância em *dispositivo monitoramento*, compondo técnicas e saberes importantes para a limitação do controle disciplinar em espaços fechados e a operacionalização das modulações dos controles a céu aberto. Do ponto de vista do Estado, há uma elastificação das fronteiras que reconfigura os controles estatais sem prescindir da forma Estado como referencial dos direitos a serem garantidos aos humanos e do Estado como categoria do pensamento que organiza racionalmente a ação política de grupos ligados ou não a um Estado específico. A lógica do compartilhamento derivada dos computadores e da formação dos bancos de dados também se institui como prática política.

A história do matemático e criptoanalista Alan Turing deriva também do acontecimento II Guerra Mundial, que indica outras procedências dos monitoramentos. A história de Turing, que ficou mais conhecida após ser contada no cinema, registra a conduta dos serviços de inteligência em situação de guerra, durante a II Guerra Mundial, para decodificar as mensagens da marinha alemã — uma máquina para mensagens de guerra chamada "Enigma". Hoje é amplamente aceito que a máquina criada pela equipe de Turing, a "Hut 8", conseguiu desvendar os segredos do exército nazista, e que é um dos primeiros esforços que levaria à criação dos computadores — desde os primeiros, para uso militar, até os utilizados hoje. Além disso, é muito sugestivo, para além da máquina em si, o esforço político de um país que liderava a campanha militar dos Aliados na Europa contra o chamado "Eixo do Mal" para decodificar mensagens nazistas, o que contribuiria para a vitória do chamado "mundo livre". É de conhecimento público, também, que Gilles Deleuze (1992) localiza o ponto de virada de uma sociedade disciplinar para uma sociedade de controle nas transformações da II Guerra Mundial. De maneira diversa, mas no mesmo registro histórico, encontra-se a emergência da *ecopolítica* no lançamento das duas ogivas nucleares contra Hiroshima e Nagasaki (Passetti, 2003a: 19–53). Portanto, a criação dos computadores e o período do pós-II Guerra Mundial são proveniências marcantes na emergência do *dispositivo monitoramento*. Menos pelo chamado "progresso técnico-científico" e mais pelas transformações das tecnologias políticas de controle que ocorriam naquele momento, das quais, evidentemente, os computadores e seus bancos de dados compõem fluxos integrantes: promovem o controle através de fluxos inteligentes compartilháveis e não mais apenas os corpos são alvos individuais das disciplinas e da biopolítica como espécie.

Ironia dessa história é que o homem que ajudou a derrotar o horror nazista, que enviava para os campos de concentração e extermínio os classificados como anormais, foi entregue à morte no regime democrático parlamentar liberal por sua suposta anormalidade. Em 1952, Turing passou por um processo criminal no qual fora acusado de práticas homossexuais, um crime descrito no código penal inglês da época. Condenado, ele aceitou trocar a pena de prisão por um "tratamento" que envolvia administração de hormônios e castração química, que o levaria à morte em 1954. Apesar do perdão concedido pela Rainha Elizabeth II, em 2013, o governo inglês sustenta que Turing se suicidou, enquanto sua família alega que a morte foi um "acidente" decorrente da administração dos remédios. Importa, nesse caso, que Turing mesmo sendo decisivo para a vitória dos aliados, foi entregue à morte devido a sua identificação pelas técnicas políticas da época como anormal, um perigoso portador de uma utilidade excepcional em tempos de guerra; deveria ser afastado do convívio ou "curado" para ser digno de vida no chamado mundo livre (Leavitt, 2007). O projeto obsessivo de Turing foi um sucesso militar e de governo, mas não evitou sua ruína pessoal diante do governo das condutas.

Essas indicações de proveniências das mutações das tecnologias disciplinares de poder para novas forças, que configuram a sociedade de controle, permitem traçar as linhas que formam o *dispositivo monitoramento* e que disparam as práticas de penalização a céu aberto, ressaltando-se que interessa menos a máquina em si e mais o conjunto de ações, preceitos morais e filosóficos, práticas e formas de governo das condutas que se tornam possíveis a partir dela, suas tecnologias políticas. Para além dos saberes e tecnologias computo-informacionais há um conjunto de práticas ordinárias distribuídas segundo os imediatismos e preenchimentos estratégicos do dispositivo monitoramento.

As práticas de monitoramento são operacionalizadas por meio de um exercício horizontal do poder pastoral que caracteriza a democracia contemporânea, na qual todos são convocados a ser pastores laicos de si e dos outros, em busca do bem comum pela realização de seus interesses particulares e identitários. Essas práticas produzem processos modulares de subjetivação[2], um regime político de legalismo e institucionalizações, no qual as contestações são inscritas, de forma constante e inacabada, no campo das disputas políticas que distribui reconhecimentos aos que buscam protagonismo. Uma prática que se insinua na interface entre o *ativista* e o *agente social*, cumprindo o itinerário de indignação-participação responsável-autonomia, que exige uma conduta pacífica e zelosa, participativa, inovadora e *resiliente*. Deve-se atender às convocações admitindo as regras estabelecidas e buscar protagonismo para influir em suas modificações, que serão sempre inacabadas e insuficientes, formando um arco de governo que se retroalimenta nas formas democráticas de controle

---

2. Indicar, por meios de práticas ordinárias, as formações subjetivas produzidas no entrechoque dos monitoramentos não dever ser confundido com formas microscópicas que formalizam e institucionalizam em formas que poderiam ser nomeadas de macropolíticas. Aqui se trata de seguir, metodologicamente, uma indicação de Foucault a respeito das relações entre sujeito e poder, que produzem processos a um só tempo individualizantes e totalizantes. Segundo Foucault, "não se trata de negar a importância das instituições na organização das relações de poder. Mas de sugerir que é necessário, antes, analisar as instituições a partir das relações de poder, e não o inverso; e que o ponto de apoio fundamental destas, mesmo que elas incorporem e se cristalizem numa instituição, deve ser buscada aquém" (Foucault, 1995: 245).

monitoradas pela participação dentro e fora das instituições estatais, mas orientadas por uma forma-Estado.

A forma subjetiva mais imediata produzida pelas práticas de monitoramentos através das convocações à participação é a do *ativista*. Sua ação é, em geral, reativa, intermitente e inacabada, pois responde a uma determinada decisão governamental, e atua contra determinada política institucional. Por vezes, salta de uma "pauta" a outra na agenda e, não invariavelmente, traduz sua contestação em termos de reconhecimento na formalização de direitos que redundam em mais monitoramentos e penalizações. A prática mais comum é a de busca por criminalização de condutas, movida por movimentos de minorias, e a reivindicação de regulação estatal de certas práticas, movida por grupos ambientalistas ou associações civis voltadas para regulações econômicas e fiscalizações de gastos governamentais. Nesse sentido, o ativista é tomado aqui em seu sentido amplo, como o que participa de forma ativa de variados movimentos de contestação, reivindicação, protestos de rua e/ou, o que é mais comum, por meio das tecnologias computo-informacional, via redes sociais digitais e petições on-line dirigidas às autoridades. A figura do ativista é resultante das convocações à participação, e cumpre um preenchimento estratégico dos monitoramentos com as pautas do movimento (que podem ser entendidas como metas), atuando em ações de pressão, como manifestações de rua ou ações via tecnologias computo-informacionais. Esse ativista é o componente de enclaves pontuais como o sujeito que compõe o movimento e busca protagonismo, ou seja, participa do jogo político tentando ocupar, mesmo que de maneira efêmera, o centro da cena. A figura do ativista se faz de forma plástica e modular, nesse sentido ele pode tanto desviar desse roteiro reivindicativo e irromper em ações que afirmem uma recusa própria à *antipolítica*, quanto se metamorfosear em uma figura mais plasmada do *agente social*.

O *agente social* também está relacionado às convocações à participação e atua de forma reativa. No entanto, suas ações se realizam de forma menos intermitente. Está voltado, sobretudo, ao monitoramento de políticas já instituídas ou como fiscalizador do cumprimento de leis específicas ou tratados e convenções internacionais. A maior constância do *agente social* se deve ao fato de que ele também pode ser entendido como aquele que acumulou capital humano enquanto ativista e hoje vincula sua ação política à sua atividade profissional. Não que isso condicione sua existência, mas também por isso, seu ambiente mais característico são ONGs, Fundações e Institutos de defesa dos direitos humanos ou mesmo instâncias governamentais e na conexão entre uma e outra. Por essas características, pode-se situar como estratégica a definição de agente social de Amartya Sen: "o agente às vezes é empregado na literatura sobre economia e teoria dos jogos em referência a uma pessoa que está agindo em nome de outra (talvez sendo acionada por um 'mandante'), e cujas realizações devem ser avaliadas à luz dos objetivos de outra pessoa (o mandante). Estou usando o termo agente não nesse sentido, mas em sua acepção mais antiga — e 'mais grandiosa' — de alguém que age e ocasiona mudança e cujas realizações podem ser julgadas de acordo com seus próprios valores e objetivos, independente de as avaliarmos ou não também segundo algum critério externo" (2010: 34). A definição, ao valorizar o próprio envolvido na ação de governo, se aproxima da conduta produzida pelos monitoramentos. Ela foi preparada por um dos elaboradores do principal instrumento planetário de medição do desenvolvimento social e humano, o IDH (Índice de Desenvolvimento Humano), meio pelo qual, no âmbito da ONU, se produz RDH (Relatório de Desenvolvimento Humano), aplicado desde 1990 e um dos principais instrumentos das políticas voltadas para investimento em capital humano, que pontificam que "as pessoas são a verdadeira riqueza das nações". A efetividade discursiva dessa estratégia na qual atua o agente social é reafirmada pela noção de autonomia e busca do bem comum que a própria ONU ressalta em sua apresentação: "o Relatório de Desenvolvimento Humano (RDH) é reconhecido pelas Nações Unidas como um exercício intelectual independente e uma importante ferramenta para aumentar a conscientização sobre o desenvolvimento humano em todo o mundo. A publicação tem autonomia editorial garantida por uma resolução da Assembleia Geral das Nações Unidas"[3]. A evidente preocupação em mostrar independência de interesses específicos e de governos de Estado garante a fluidez das práticas.

Nesse jogo de participações, negociações e busca por protagonismo horizontalizado, cada um é *agente* de penalizações, sobre si e sobre os outros, atuando de formas variadas nos monitoramentos. Detalhe ínfimo e monumental: hoje o carcereiro passou a ser denominado de agente. Não é fortuito que a linguagem predominante é jurídica, seja em termos de sanções a serem aplicadas, seja em termos de ajuste circunstanciado ou mesmo recomendações e diretrizes baseadas em tratados internacionais.

---

3. PNUD. "O que é RDH": <*https://bit.ly/2jhiXyj*>.

Ao final, tudo acaba em algum tribunal, local ou internacional, e mesmo a racionalidade das ações, medida entre riscos, perdas e ganhos, segue uma linguagem punitiva. Um exemplo bem evidente é o reconhecimento pela Suprema Corte Estadunidense da união civil igualitária entre pessoas do mesmo sexo. O movimento gay estoura nos EUA, politiza-se, busca reconhecimento por meio de direitos e, finalmente, tem causa ganha diante do tribunal, quando sua potência de contestação já havia sido pacificada pela política. Essa lógica de judicialização não apenas amplia as penalizações como também forma, nas negociações colaborativas e compartilhadas dos monitoramentos, o sujeito caraterístico do *dispositivo monitoramento*: o *cidadão-polícia*. Conformado a situações em que buscam a melhoria dos ambientes em que vivem, agindo em função dos investimentos e ganhos possíveis, segundo um princípio de inteligibilidade econômica em consonância com a racionalidade neoliberal, suas ações compõem com a série planetária de investimentos monitorados que são guiados pela aferição de metas articuladas pelas elites principais e *secundárias* (Passetti, 2003a), traçando um amplo arco de governo que vai das ações mais ordinárias de contestação, passando por políticas nacionais, até tratados internacionais que agregam os direitos humanos, celebrados pela Carta de São Francisco de 1948, e a série de recomendações relativas aos cuidados sustentáveis com o planeta.

Nesse jogo se dá a captura de práticas com a descentralização das decisões, os processos de produção que se pretendem autogeridos, a valorização da liberdade individual e um maior nível de autonomia nas ações. A valorização das potencialidades e a flexibilização das formas de exercício de autoridade resultam de uma crítica contundente à rigidez das antigas vigilâncias, e formam as características dos controles e monitoramentos atuais. Pautadas na valorização da autonomia e nas potencialidades individuais associadas às novas tecnologias computo-informacionais, mesmo as práticas de contestação acabam se configurando e formatando o campo de disseminação da racionalidade neoliberal, como assinalado por Foucault (2008a). O *homo economicus*, referência na literatura do liberalismo clássico, redimensionado pelo neoliberalismo, apresenta-se como o empreendedor de si, o sujeito que joga no mercado com a sua liberdade, capaz de capitalizar suas potencialidades pelo autocontrole racional entre risco e segurança. Faz-se, com isso, tábula rasa do cidadão pleno de direitos e depositário de conquistas coletivas, sociais e políticas, metamorfoseando-o em *cidadão-polícia*. A sua liberdade de existir e de consumir é julgada pelas regras do mercado e regulada pelo monitoramento de direitos em suas comunidades pela forma de aplicação elástica da lei penal por meio da formação racional de um quadro jurídico estatal fiscalizador, que formata a nova forma de intervenção do Estado, muitas vezes solicitada pela ação de *ativistas* e *agentes sociais*.

A preponderância da racionalidade neoliberal, portanto, atravessa, simultaneamente, as tecnologias de governo e algumas práticas dos movimentos de contestação. Em ambos há uma recorrência à moldura jurídica capaz de arbitrar diante de interesses divergentes. No caso dos movimentos de contestação, ora se recorre à própria Constituição Federal de 1988 (nos casos específicos do Brasil), ora ao quadro jurídico planetário, seja como normativa específica relativa às minorias, seja, no limite, à própria DUDH — conduta que favorece a proliferação de penalizações, novas institucionalizações e busca por ativação reparadora de direitos para grupos minoritários, em grande medida produzidos pela busca de empoderamento como capacidade de autonomia e decisão. Esta leitura diverge de algumas pesquisas realizadas recentemente no Brasil, que identificam a predominância da racionalidade neoliberal, nos termos legados pela análise de Michel Foucault (2008a), como uma supressão da atividade política em favor de um governo despolitizado e puramente econômico (Cabanes; Georges; Rizek; Telles, 2011)[4]. Entretanto, há uma intensificação da gestão econômica dos viventes como princípio de inteligibilidade, a força de lei como princípio regulador e como meio da política contemporânea para a convocação à participação que inclui uma ampla variedade de objetos e móveis de governo: das pessoas ao ambiente e seus recursos a serem heterogestionados por meio de monitoramentos contínuos. Compreende-se heterogestão pela chave crítica de Pierre-Joseph Proudhon, como regime de gestão política e econômica que se opõe e impede a possibilidade de práticas mutualistas e federativas (Cf. Resende; Passetti, 1986), ou seja, práticas de ação direta e autogestão. Não há determinação de um sobre o outro, mas um jogo de trocas compartilhadas que produzem verdades e assujeitamentos. Não se trata apenas de um combate à dominação e à sujeição, mas de produzir compartilhamentos, dimensionando o amor à obediência, agora, também, por meio de judicializações.

4. Optou-se por essa referência por ser uma coletânea que congrega diversas pesquisas na área das Ciências Sociais que partem dessa hipótese que poderíamos chamar de crítica economicista à racionalidade neoliberal.

Há, nesta heterogestão econômica dos viventes, uma ativação e reativação da política como ciência do governo, conforme indicado por Foucault (2008a) e enquanto capacidade de condução das condutas do poder pastoral, agora funcionando de maneira horizontal não mais restrita à incorporação racional como biopolítica. Se a racionalidade neoliberal orienta para que o mercado (espaço econômico) seja o princípio de inteligibilidade da governamentalidade como governo das condutas, operando como ações sobre ações dentro de um quadro no qual se respeita as regras do jogo, é a política que comanda as ações *do* e *no* interior do jogo e da forma democrática para além dos princípios do regime político. Há uma outra forma de fazer e imaginar dos comandos políticos e das formas de participação que não se resumem às transformações meramente econômicas que correspondem às práticas de monitoramento como tecnologia política.

Os movimentos de contestação contemporâneos, iniciados com a mobilização *antiglobalização* de Seattle, em 1999, que nascem contra a propagação planetária do neoliberalismo, rompendo com a lógica de busca por reconhecimento pela conquista de direitos pela participação democrática, como mostra Richard J. F. Day (2005), são em parte capturados ou se afirmam em explícita recusa da política. A captura ocorre quando decidem compor, mesmo em enclaves pontuais ou temáticos, com os novos movimentos sociais (aqueles que lutam por direitos de minoria, como movimentos feministas ou de direitos civis), operando assim uma ativação de campos não tradicionalmente reconhecidos de atuação política. Ao aderirem à disputa ou mesmo engrossarem a luta por hegemonia, levam com eles temas e pessoas para esses campos, ampliando as práticas de governo até o limite em que emergem novas ou renovadas institucionalidades.

Esse é o itinerário que se estabelece para a constituição de uma *nova política*, afinada com a racionalidade neoliberal, porém construída a partir do campo político contestatório e mesmo retórico de oposição ao neoliberalismo. Dos atuais movimentos de rua procedentes do *movimento antiglobalização*, emergem tanto o *ingovernável*, que se expressa como *antipolítica*, quanto práticas capturadas pelas tecnologias de governo, que se expressam como *nova política*. É deste jogo que emergem tanto as novas formas de *convocação à participação*, ampliando o campo de atuação da política como ciência do governo, quanto a recusa em participar, recolocando a pertinência da *cultura libertária* como *antipolítica*.

Os monitoramentos operam, portanto, segundo a lógica da racionalidade neoliberal que operacionaliza um campo de cálculos racionais de riscos em busca da segurança, sob o pano de fundo da proliferação dos direitos, maior controle social do Estado e liberdade qualificada como desenvolvimento do capital humano sob a dominância de um aparelho de Estado que se orienta por tratados e protocolos internacionais. Nesse campo, capturam-se contestações antes mesmo delas oferecerem qualquer risco à ordem estabelecida.

O *dispositivo monitoramento* funciona por meio de reiterados investimentos na produção de relatórios capazes de medir e mensurar ações, em especial, as relacionadas com práticas violentas, como forma de monitorar as condutas, individuais ou institucionais, para acompanhamento e intervenção em favor do fortalecimento do Estado. Essas medições, expressas em bancos de dados georeferenciados, podem ser encontradas em relatórios anuais que alimentam e direcionam ações tanto de governos como da chamada sociedade civil organizada. No Brasil, destacam-se relatórios como o Mapa da Violência Brasil[5], produzido anualmente e que, em 2014, foi complementado pelo relatório Juventude Viva: os jovens do Brasil[6], ambos produzidos pelo governo federal. Mas há também relatórios de agências independentes, de atuação internacional, como o relatório anual da Human Rights Wacth (HRW) e o Relatório da Anistia Internacional[7]. Ambos, em 2015, trouxeram dados sobre a violência que clamavam por maior atuação do Estado e seus órgãos competentes, assim como sugeriram reformas institucionais como, por exemplo, a desmilitarização das polícias no Brasil.

Mapas como estes cumprem a função de monitorar tendências e orientar intervenções governamentais e de organizações internacionais, assim como da chamada sociedade civil, na medida em que são também produzidos em parcerias entre governos, agências internacionais e institutos universitários. Objetivam produzir moderação tanto do Estado e das suas instituições, quanto dos grupos políticos que atuam em meio à sociedade civil. Confirmam a relação de monitorar como produção de subjetividade moderada. O monitoramento é completado pela publicização dos dados e resultados que ativam o que se chama de opinião pública, expressa por meio da mídia, seja a grande mídia, sejam as redes sociais digitais, promovendo a vulgarização e a orientação dos resultados em direção à efetivação

5. <*http://www.mapadaviolencia.org.br/*>.
6. <*https://bit.ly/1o39IPb*>.
7. <*https://bit.ly/1Egcqdc*>.

de intervenções que vão da criação de leis à necessidade de programas sociais e/ou equipamentos de governo que por sua vez retroalimentam as novas ações de monitoramento.

Esses relatórios e mapas reúnem um conjunto de características vinculadas ao *dispositivo monitoramento* na medida em que fomentam a prática de acompanhamento contínuo de instituições, grupos políticos e pessoas, que produzem medições e mediações para aferição desses mesmos acompanhamentos. Por meio dos resultados, professam valores de "boa governança" e condutas governadas tais como responsabilidade e instrumentos de *accountability*; respeito, defesa de minorias, solidariedade, enfim, uma série de prescrições direcionadas às pessoas e às instituições voltadas para as metas de produção da *cultura de paz* – principal recomendação da ONU para o novo milênio. Os produtores desses relatórios são, no fluxo entre institutos e universidade, os *intelectuais moduladores* (Passetti, 2011a). É nesse campo que o *agente social*, em sua forma já profissionalizada, atua de maneira contínua e que, por vezes, tem na mobilização de *ativistas* uma linha auxiliar ou mesmo antagonista em disputa que funciona, ao final, como o duplo que reforça a importância social das questões levantadas em relatórios ou tornadas objetos de petições públicas.

No entanto, é na capilaridade mais macabra dos controles citadinos e de combate à violência, sobre o uso de drogas e pequenas incivilidades, que os monitoramentos se disseminam com capacidade inclusive de intervenções violentas autojustificadas, combinando repressão, acolhimento, cuidados médicos e ambientais. No Brasil, o uso de crack é considerado por governos e especialistas como uma epidemia. Ao seu redor, além do combate militar às drogas que ainda se orienta pela utopia de extinção do tráfico do qual se nutre, há também o gerenciamento disso que é qualificado como epidemia por meio de programas institucionais de redução de danos, em geral operados em regime de parceria público-privada. Assim, forma-se um conjunto amplo de programas de intervenção, projetos de leis e novas ações de monitoramento para a produção de condutas governadas, extraindo positividade política e produção de verdades até mesmo de corpos carcomidos pela miséria e que vagam pelas zonas mais execráveis da cidade. Programas como estes de combate ao crack mostram como ações de monitoramento vão muito além de seus alvos declarados.

No Brasil, um programa pioneiro de cuidados direcionados aos usuários de crack, os Consultórios de Rua no estado da Bahia[8], desdobra-se, em seguida, no programa federal Crack, é possível vencer, e chega a São Paulo, numa parceria entre administração municipal, estadual e federal, junto ao projeto Nova Luz[9]. O programa ambulatorial baiano foi tomado como referência nacional de tratamento contínuo e complementar à repressão policial ao tráfico, promovendo o controle a céu aberto dos usuários e um monitoramento contínuo das ruas e da circulação por elas, sob o pano de fundo dos cuidados médicos em práticas de redução de danos. Na cidade de São Paulo, onde os números de usuários são vistos como alarmantes, emerge um outro programa, entre 2013 e 2014, que também ganhará status de referência de programa de tratamento aos usuários de forma não repressiva e acolhedora, o programa De Braços Abertos[10]. Contando com grande aporte do governo federal do programa Crack, é possível vencer, a prefeitura de São Paulo combina internação, intervenções pontuais da Guarda Civil Metropolitana nos locais de concentração de uso e abrigo em hotéis deteriorados do centro da cidade, vinculados a serviços, como varrer as ruas, aos usuários que aderem ao programa.

Cunhados em uma retórica de erradicação e renovação, esses programas se sobrepõem e se retroalimentam no interior das práticas de monitoramentos como prognósticos do problema seguido pela aferição de metas e novas intervenções corretivas. Projetos como estes articulam vigilância eletrônica, com câmeras pelas ruas, saber psiquiátrico, por meio dos CAPS-AD (Centro de Atendimento Psicossocial – Álcool e Drogas), técnicos em ciências humanas, assistência social e religiosa, negociações com a polícia repressiva e os agentes dos ilegalismos, governança de agentes privados e estatais por meio de secretarias, conselhos locais e subprefeituras, e atuação de ONGs e institutos ligados aos *negócios sociais*[11]. Além do monitoramento como cuidado ao "público-alvo", produzindo responsabilidades sobre sua própria condição de assistido e carente, envolve a

8. Sobre a história dos Consultórios de Rua no estado da Bahia: <*https://bit.ly/2Fp5u4y*>.

9. Sobre o Programa Crack, é possível vencer, coordenado pelo Ministério da Justiça: <*https://bit.ly/2VwkWEx*>.

10. O programa De Braços Abertos da prefeitura da cidade de São Paulo foi instituído em janeiro de 2014 e elaborado pela Secretaria Municipal da Saúde. Está regulamentado pelo Decreto Municipal nº 55.067 de 28 de abril de 2014.

11. *Negócios sociais* ou *inclusive business* são ações sociais que pretendem produção de lucros e fomento de empreendedorismo social (Augusto, 2012a).

sua participação na aplicação e funcionamento dos programas, a partir do fomento do empreendedorismo como forma de restaurar e superar a assistência e a filantropia.

De forma complementar, os agentes privados, estatais e público-privados são formados *como* e *nas elites secundárias*, compondo uma série muito expressiva de trabalhadores certificados nas universidades com papel decisivo no desenvolvimento e aplicação destes programas. Desse modo, reitera-se como as práticas de monitoramento não se restringem ao uso de tecnologias computo-informacionais, mas também estão direcionadas à aplicação de tecnologias sociais[12] de contenção, acompanhamento e empreendedorismo como algo para além da assistência social direta.

Ademais, o funcionamento de programas como este reitera a lógica inacabada dos monitoramentos na sociedade de controle. Uma prática local ou um pequeno projeto citadino por tecnologia social suficiente pode se disseminar como programa a ser generalizado e até mesmo exportado. Monitorados por instrumentos de aferição de metas, esses programas nunca chegam ao seu termo, mas tampouco são abolidos, eles se renovam, mudam de nome ou são transferidos sempre com renovados planos de metas a serem cumpridos, e assim seguem inacabados sob constantes atualizações. A atenção especial às áreas de assistência à saúde e de formação e capacitação profissional confirmam, mais uma vez, a predominância da racionalidade neoliberal. Como ressalta um dos principais teóricos do capital humano, Theodore W. Shultz (1973), o Estado, segundo a racionalidade neoliberal, deve fomentar o capital humano investindo em saúde, educação, pesquisa de desenvolvimento e garantir, por meio dos dispositivos de segurança, a propriedade, em especial a propriedade intelectual. Nesse

---

12. O termo *tecnologias sociais* é aqui utilizado em sentido amplo, mas pode também ser tomado no sentido que é dado pelos agentes sociais que replicam essas tecnologias de contenção. Um exemplo é dado pela Fundação Banco do Brasil e pelo Instituto Polis, que definem tecnologia social como ações que "compreendem produtos, técnicas ou metodologias reaplicáveis, desenvolvidas na interação com a comunidade e que representem efetivas soluções de transformação social. É um conceito que remete para uma proposta inovadora de desenvolvimento, considerando a participação coletiva no processo de organização, desenvolvimento e implementação. Está baseado na disseminação de soluções para problemas voltados a demandas de alimentação, educação, energia, habitação, renda, recursos hídricos, saúde, meio ambiente, dentre outras. As Tecnologias Sociais podem aliar saber popular, organização social e conhecimento técnico-científico. Importa essencialmente que sejam efetivas e reaplicáveis, propiciando desenvolvimento social em escala". Fundação Banco do Brasil. "Tecnologia Social para superar a pobreza": <*https://bit.ly/2VDLW18*>.

sentido, não é fortuito que se fale em negócios sociais como uma forma de desenvolver patentes relacionadas a programas como estes. Além disso, explicita-se uma outra lógica de tratamento dos indesejáveis, da criança tida como vulnerável ou perigosa ao usuário de crack, em vez de retirá-los do convívio social. Estes programas permitem extrair o máximo de lucratividades políticas e econômicas diretas e indiretas, promovendo empregabilidades e docilidade política pela adesão participativa aos programas. Os refratários e tidos como irrecuperáveis são devolvidos à morte.

As práticas de monitoramento também podem ser verificadas em conceitos moduláveis de projetos urbanos que se pretendem benéficos às cidades, como o de cidades sustentáveis, resilientes ou inteligentes (*smartcities*[13]). Na construção de condições sustentáveis para cidades, combinam-se cuidados e produção constante de relatórios avaliativos, na mesma lógica de retroalimentação para melhorias vistas nos relatórios sobre violência. Os investimentos em sustentabilidade se orientam, segundo os relatórios de órgãos nacionais e internacionais[14], cada vez mais voltados para a produção de uma capacidade resiliente das cidades em relação às grandes catástrofes, sejam elas naturais ou sociais.

O discurso em torno da capacidade resiliente das cidades por parte das ações de governo e dos institutos voltados à sustentabilidade apareceu, inicialmente, em um documento produzido pelo Ministério da Defesa Civil voltado para atendimento de emergência às chamadas "catástrofes

---

13. O conceito de *smartcities* é relativamente novo, mas já conta com experiências em países da Ásia e em cidades da Alemanha. Entende-se por cidades inteligentes organizações urbanas com alta conectividade, programas de desenvolvimento sustentável e ampla rede de serviços, empregos, moradia e transportes de fácil acesso e modulação. O maior congresso sobre o assunto, *Smart City Expo World Congress* (<*http://www.smartcityexpo.com/en/*>), é realizado desde 2010 em Barcelona, e conta com mais de 9.000 visitantes, 400 cidades, 3.000 congressistas e mais de 160 empresas, na maioria de comunicação computo-informacional e construção civil. Entre os patrocinadores estão a IBM, Microsoft, Cisco Systems e Telefonica.

14. No Brasil, as principais conexões para promoção e gestão de cidades sustentáveis estão em torno da AVINA local (<*http://www.ecodesenvolvimento.org.br*>). Esta se conecta via o Programa Cidades Sustentáveis (<*http://www.cidadessustentaveis.org.br*>), realizado pelo Instituto ETHOS, à Rede Nossa São Paulo (<*www.nossasaopaulo.org.br*>) e à Rede Social Brasileira por Cidades Justas e Sustentáveis (<*http://rededecidades.ning.com*>). O programa e toda a rede de promoção recebem apoio da AVINA e do Instituto Grapyaú. Entretanto, a designação de "cidades resilientes" não aparece relacionada a nenhuma dessas organizações, apesar de estar anunciada como proposta destinada à construção de cidades capazes de absorver traumas e desastres naturais e sociais como área da Secretaria de Defesa Civil do Ministério da Integração. Defesa Civil. "Cidades resilientes". <*https://bit.ly/2E2lVBl*>.

naturais". Todavia, verificou-se, posteriormente, um forte investimento de institutos e agências internacionais, como o Instituto de Tecnologia de Massachusetts (MIT), dos EUA, em disseminar programas de monitoramento de catástrofes voltados à produção da capacidade resiliente de Estados em respostas a elas. E isso com especial atenção aos chamados países emergentes, na medida em que essa capacidade resiliente, ainda que se justifique pela resposta às catástrofes ambientais derivadas das alegadas mudanças climáticas, depende do alcance de metas socioambientais, em especial a redução da pobreza, orientada pelos ODM (Objetivos do Milênio) e hoje redimensionada como ODS (Objetivos do Desenvolvimento Sustentável). Também, nesse caso, os monitoramentos realizados por um conjunto variado de agentes são decisivos, tanto para os prognósticos, quanto para a implementação e acompanhamento de intervenções pontuais e/ou contínuas, em geral relacionadas à mudança de conduta de populações locais diante das alterações ambientais.

A resilência, que aparece neste caso, primeiramente, vinculada apenas à capacidade institucional de responder às situações das chamadas catástrofes ambientais, passa a ser uma conduta produzida, por meio de discursos educacionais e programas de intervenção especialmente voltados às pessoas e aos ambientes qualificados como vulneráveis — abrangendo desde ocupações de áreas de encostas aos aglomerados urbanos subnormais (favelas), objetivando a produção de condutas resilientes de comunidades ribeirinhas a moradores das periferias das grandes cidades. Quanto à questão ecológica, a ocorrência ou iminência de catástrofes ambientais se mostram como elemento catalizador poderoso capaz de empastelar diferenças e gerar uma comoção geral, produzindo um imediato consenso, com adesão e colaboração comuns, mesmo entre forças que se mostram inicialmente antagônicas. Aqui, o *cidadão-polícia* governa a sua conduta e a conduta dos outros com vistas à salvação do meio ambiente e do bem comum, convocado a ser copartícipe da gestão de catástrofes, seja um simples pescador, seja a empresa causadora da catástrofe. Nesse ponto, destaca-se a característica do *dispositivo monitoramento* como governo de si, dos outros e dos ambientes: um cuidado como controle e produção de condutas moderadas de monitoramento contínuo e atualização constante.

A produção de relatórios e seus correspondentes prognósticos derivam, de forma direta ou indireta, em intervenções estatais variadas, especialmente relacionadas à questão da violência. Destas intervenções diretamente relacionadas ao governo de Estado e como resposta aos diagnósticos realizados pelos mapas de violência, tomemos duas ações governamentais: uma do governo do estado e outra da prefeitura de São Paulo. Elas expõem as formas específicas de funcionamento da racionalidade neoliberal como operacionalização da produção de monitoramentos mútuos sempre considerando que estes, apesar de incluí-las, não se resumem às ações de vigilância eletrônica. Se entendidos apenas como ampliação tecno-científica de vigilância por meio de bancos de dados e câmeras de vigilância digitais, perde-se a dimensão da produção de condutas que os monitoramentos produzem, pois junto ao desenvolvimento tecnológico há o investimento em capital humano próprio da racionalidade neoliberal. Os relatórios aferem, orientam e estabelecem metas, mas pela produção de subjetividades afeitas aos controles e disponíveis às convocações à participação, produzem-se elementos decisivos para os monitoramentos. Deriva daí a importância, no campo dos investimentos em educação, como destacado a partir de Shultz (1973), a valorização de programas culturais que fomentam o que é genericamente nomeado como cultura popular, um campo tanto de restauração e produção de laços locais, quanto de investimentos em oportunidades de empreendedorismo de si.

A prefeitura da cidade de São Paulo mantém um Programa de Valorização de Iniciativas Culturais (VAI) que, conforme o seu edital, "apoia financeiramente, por meio de subsídio, atividades artístico-culturais, principalmente de jovens ou adultos de baixa renda e de regiões do Município desprovidas de recursos e equipamentos culturais, e objetiva estimular a criação, o acesso, a formação e a participação do pequeno produtor e criador no desenvolvimento cultural da cidade, promover a inclusão cultural e estimular dinâmicas culturais locais e a criação artística em geral"[15]. O enunciado do edital deixa clara a função restauradora do programa ao ter como objetivo a inclusão e estimular a criação cultural local. Isso produz um duplo efeito: de um lado, convoca os agentes locais a serem agentes sociais do próprio ambiente em que vivem, produzindo apreço ao local;

15. EDITAL Nº 10/2014/SMC-NFC – CHAMAMENTO DE PROJETOS DO PROGRAMA PARA A VALORIZAÇÃO I – VAI – 2015 – 12ª EDIÇÃO 2014-0.351.700-9. No caso do estado de São Paulo e em relação às chamadas "intervenções culturais", utiliza-se como referência o IVJ (Índice de Vulnerabilidade Juvenil) para localizar as áreas ditas mais carentes. Esse indicador, forjado no interior do projeto Fábrica de Cultura, da fundação SEADE, orientava a geografia de instalação dos antigos Telecentros da prefeitura, e agora funciona como instrumento para ações culturais e sociais. Sobre o índice e para visualização do mapa de vulnerabilidade juvenil na cidade de São Paulo, ver Fundação SEADE. "IVJ". <*https://bit.ly/2JCKQz8*> e <*https://bit.ly/2JjR2g0*>.

de outro lado, fornece capital cultural a ser agregado ao capital social já acumulado pelo agente, formando assim, uma política de investimento em capital humano para formar, por meio do investimento cultural, empreendedores em zonas da cidade qualificadas como vulneráveis ou de risco.

Ainda que inscrito num plano da política cultural, é apenas uma, dentre as diversas ações de governo que, por meio do fomento do empreendedorismo social especialmente voltado aos jovens, responde aos planos de metas traçados por relatórios nacionais e internacionais, produzindo o que se nomeia como política social individualizada na proliferação, entre camadas mais pauperizadas, de uma racionalidade neoliberal. Nessas formas de política social individualizada, que correspondem à racionalidade neoliberal, as políticas e programas voltados sempre com especial atenção para crianças e jovens constituem-se como amálgama do que pode, num mesmo programa, reunir política social, econômica e de segurança. As práticas de sustentabilidade e a capacidade resiliente fazem o papel aglutinador no cuidado com o ambiente. As campanhas, sempre de caráter cultural, educativo e formador procuram atingir, antes, a maneira como as pessoas vivem, trabalham e se relacionam em seus ambientes. A segurança é tomada como pré-condição para o desenvolvimento social e econômico sustentável em seus três pilares (econômico, social e ambiental). Desta maneira, conectam-se pessoas e instituições em diversos níveis por meio de uma cultura que modula resilientemente as condutas em moderação e obediência em ambientes tidos como vulneráveis. Funciona também como instrumento de captura e formação de *elites secundárias* que mantêm interfaces com as elites principais, ambas hoje especialmente alocadas nas direções dos *negócios sociais.* Assim, as práticas de monitoramento se mostram como investimentos de variadas formas em produção de condutas voltadas para melhorias locais que redundam na contenção de possíveis contestações derivadas das condições sociais e econômicas que podem surgir das faixas das populações localizadas pelo critério de renda e de acesso ao consumo.

Ações de governo como estas, somadas ao que já foi exposto a respeito dos *negócios sociais*, produzem uma indistinção entre ações de Estado e intervenções da chamada sociedade civil organizada, como é possível notar pela trajetória de empresários eminentes na disseminação da Responsabilidade Social Empresarial (RSE) com seus Institutos e Fundações e livre trânsito no governo de Estado, em especial a partir de 2002. São os casos, em especial, dos empresários Oded Grajew, Sérgio Mindlin e Hélio Mattar, todos com passagens por órgãos do governo e integrantes do Grupo de Instituições, Fundações e Empresas (GIFE) e do Instituto Ethos de Responsabilidade Social[16]. A suposta oposição entre Estado e sociedade civil — como confirmam a observação de Michel Foucault no final dos anos 1970 (2008) e reiterada por Pierre Bourdieu (2014) no começo dos anos 1990 —, é meramente teórica e política; a relação entre ambas evidencia o *continuum* entre Estado e sociedade civil num jogo de reforço mútuo na gestão do social.

No entanto, o documento que melhor expressa essa relação entre Estado e sociedade civil, elite principal e *secundária*, é a pesquisa, publicada na forma de livro, *Um País Chamado Favela* (Meirelles e Athayde, 2014). Autodenominada como "a maior pesquisa já feita sobre a favela brasileira", é uma descrição da conduta empreendedora e zelosa dos habitantes das regiões mais pauperizadas das cidades. Escrito em linguagem acessível, o livro demonstra em números as décadas que vão da produção da estabilidade monetária nos governos Itamar Franco e Fernando Henrique Cardoso até o primeiro governo de Dilma Rousseff, que se seguiu aos dois governos de Lula da Silva. Período este no qual a favela teria se modificado, segundo os autores, para "refavela": consumidora, conectada, empreendedora, orgulhosa de seu local, participativa e desejosa de melhorias: "76% das pessoas opinaram que a vida melhorou no período imediatamente anterior à pesquisa. No entanto, poucas atribuem esse avanço às políticas públicas ou aos empregadores. Para 14%, a família é a principal responsável pela evolução. Deus é citado por 40%. Segundo 42%, a ascensão é resultado do próprio esforço" (Ibidem: 32).

A pesquisa mostra como a produção musical da favela abandonou o tom de denúncia para expressar desejos de consumo, e como seus habitantes viram com desconfiança as *jornadas de junho de 2013* (Ibidem: 95–101). Os autores concluem que, assim como os ricos, os habitantes da favela querem felicidade e mobilidade. Vão além ao sugerir, via economia baseada no empreendedorismo social, um novo contrato social: "A economia, de verdade, faz-se a partir de tramas que promovem benefício compartilhado

---

16. Segundo site oficial, o GIFE (Grupo de Institutos, Fundações e Empresas) consiste em "uma organização sem fins lucrativos que reúne associados de origem empresarial, familiar, independente ou comunitária, que investem em projetos de finalidade pública". O Grupo nasceu em 1989 como grupo informal que discutia principalmente filantropia, e se institucionalizou em 1995 por meio de 25 organizações, tornando-se referência no Brasil em investimento social privado. <*http://www.gife.org.br/*>.

e felicidade somada. Quando o ganho é unilateral, trata-se de simples e perversa exploração. E toda exploração, no curto ou no longo prazo, conduz ao conflito e à dor. O setor F [classificação de renda na qual estão os moradores das favelas] espera, pois, a economia da cortesia, do entendimento, do esforço honesto pela redação de um novo e justo contrato social" (Ibidem: 84). Em investimentos deste tipo, nos quais a conduta empreendedora é associada a um conservadorismo que visa o sucesso material, ainda que modesto, encontram-se os efeitos do *dispositivo monitoramento* como governo das condutas e moderador de possíveis contestações.

Além disso, esta racionalidade guarda, ainda, certa relação com os cálculos utilitaristas de frugalidade e produção da felicidade como forma de evitar a dor na produção de um contrato social resultante não mais do reconhecimento de direitos naturais, mas de uma equação econômica do cálculo de interesses. O fato da racionalidade neoliberal operar por um princípio de inteligibilidade econômica não denota nem uma determinação do econômico sobre o político e o social, nem a produção de um governo puramente econômico. Trata-se da inscrição numa racionalidade específica que se insere na política como ciência do governo de fluxos específicos e de interesses comuns a uma determinada composição populacional. Em favor dessa descrição está o fato de que, recentemente, um dos realizadores desta pesquisa, Celso Athayde, apresentou o projeto de criação do Partido Negro, que conta com mais de 15 mil assinaturas, que seria o representante oficial dos moradores da favela[17].

Essas descrições selecionadas e expostas aqui poderiam ser desdobradas em outros programas similares, mas são suficientes para descrever as características do *dispositivo monitoramento*: a implicação do divíduo em sua adequada melhoria por meio das convocações a participação. Ao participar, como *agente social*, empreendedor e *ativista* que pressiona as autoridades para garantia de direitos, o portador de direitos busca suas melhorias que se dão pela elastificação de seu ambiente possível, especialmente no que se refere à capacidade de consumo e ao nível de influência política em questões de interesses locais, imediatos e, por vezes, identitários. Assim, produz capacidade de consumo, do ponto de vista econômico, e empoderamento, do ponto de vista jurídico-político. Ambos dependem

---

17. Ana Cláudia Guimarães. "Vem aí o Partido dos Negros" in *O Estado de S. Paulo*: <*https://glo.bo/2Roxv2G*>.

da capacidade de cada um de julgar e fazer escolhas, bem como de denunciar e ativar penalizações aos que ameaçam o ambiente para a realização de interesses. Isso leva o agente a investir em si como capital humano e a zelar pelo outro como eventual adversário ou potencial risco para as suas conquistas e/ou de sua comunidade real e virtual. Portanto, ele monitora e avalia suas ações e a dos outros como forma de ampliar melhorias e garantir um futuro melhor para a sua prole, inserida nas "futuras gerações", e também reitera a importância da forma democracia vinculada ao Estado como categoria do entendimento para o funcionamento da comunidade e, nessa projeção de futuro, o inacabado dos programas e ações, que operam pelo princípio da incerteza.

Como elemento dos monitoramentos enquanto vigilância eletrônica repressiva destaca-se um outro programa levado adiante pelo governo do estado de São Paulo. Trata-se do programa de Big Data, para a Polícia Militar e Polícia Civil, nomeado como Detecta. Este programa entrou em funcionamento em abril de 2014, viabilizado por meio de uma parceria entre governo do estado, prefeitura de Nova Iorque e a empresa de computadores e softwares Microsoft. Conforme o site da Secretaria de Segurança Pública de São Paulo: "Com o *Detecta*, serão emitidos alarmes automáticos para ajudar no trabalho policial. Isso permite que PMs e policiais civis recebam informações de inteligência sem que seja necessário operar o sistema a todo momento. Por exemplo, um suspeito foge em um carro vermelho em que só se sabe parte do número da placa. Com apenas isso, o sistema pode ser configurado para localizar todos os veículos com aquele número parcial, da mesma cor, e apresentar essas localizações em um mapa"[18]. Não se trata apenas de um circuito de câmeras, mas de um banco de dados capaz de cruzar informações e produzir resultados georreferenciados para ações de busca e apreensão. Este programa que surgiu como ferramenta para ações de contraterrorismo, após os atentados de 11 de setembro de 2001, logo foi ampliado para utilizações em ações de segurança pública na cidade de Nova Iorque.

Esses exemplos de ações pontuais que articulam Estado e sociedade civil em favor da expansão dos monitoramentos podem se multiplicar, seja no campo da educação e cultura, cuidados com o meio ambiente e promoção da sustentabilidade, saúde pública e saúde mental ou mesmo

---

18. Secretaria de Segurança Pública do Estado de São Paulo. "SP ganha nova etapa do Detecta, sistema de monitoramento criminal", 16/04/2014: <*https://bit.ly/2RjoFTP*>.

relacionados diretamente ao campo da segurança pública. No entanto, em todos está em jogo a questão de regras da produção para um ambiente monitorável e que seja possível inferir cálculos de riscos. Todos estão direcionados para a geração de um espaço seguro sob controle, porém, o mais importante é que a segurança na operação dos monitoramentos tenha a capacidade de prever e controlar virtuais riscos (muitas vezes inevitáveis) que uma situação pode suscitar. Nisto está incluída a capacidade de criar interações e modos de captura que atinjam também os que contestam a ordem, produzindo modulações tanto de participação quanto de repressão, como exposto acima na modulação entre o *ativista* e o *agente social*. Uma situação que demonstra o hibridismo de contestação, o acionamento de leis e expansão de monitoramentos se mostrou na onda de protestos ocorridos no Brasil entre junho de 2013, as *jornadas de junho*, e na realização da Copa do Mundo da FIFA.

Há três movimentos, desdobrados a partir das *jornadas de junho*, que apontam para as transformações no campo dos monitoramentos na interação entre segurança repressiva e mecanismo de captura pela ampliação e convocação à participação. A primeira referência é a imensa mobilização das Forças Armadas, da Força de Segurança Nacional e os novos equipamentos para forças policias (militares e civis), como uniformes e armas ditas não-letais. Esse crescimento se voltou principalmente à contenção de manifestações de rua, que tem na empresa brasileira que fabrica esse tipo de munição, a Condor Não-Letal, um dos seus maiores exemplos[19], reiterando o crescimento do que Nils Christie (1998) chamou, nos anos 1990, de indústria do controle do crime. Agora, em níveis planetários e com forte investimento, além dos equipamentos e armas, em formação de capital humano policial, explicita os constantes enfrentamentos com multidões e recebe treinamento de técnicas antidistúrbios voltadas para a garantia da ordem urbana. Isso demanda colaboração com outras polícias do planeta, como, por exemplo, o treinamento dado à Polícia Militar do Rio de Janeiro por equipes francesas[20]. Esse investimento em capital humano das forças de segurança não se restringe às técnicas de contenção, em consonância com as metas e tratados internacionais de respeito aos direitos humanos. Combina técnicas repressivas com recomendações de moderação, vinda

---

19. Condor – tecnologias não letais. <*http://www.condornaoletal.com.br/*>.

20. *Uol Mais*. "Policiais franceses dividem técnicas com a PM do Rio para Jogos de 2016": <*https://bit.ly/2Ha0xhI*>

de críticos acadêmicos aos dispositivos de segurança. Um exemplo singelo: em paralelo aos treinamentos, como o indicado acima, a Academia de Dom João VI, da Polícia Militar do Estado do Rio de Janeiro, recebeu o filósofo, também da França, Frédéric Gros; o evento foi organizado pelo coronel Íbis Pereira, em outubro de 2013, logo após as maiores manifestações já vistas no Brasil; os parceiros do coronel na realização do evento foram o jornalista Adauto Novaes e a FLUPP (Feira Literária das UPP)[21].

É importante ainda anotar a confluência de fatores, além das lucratividades e empregabilidades da indústria do controle do crime, que cercam essa pequena palestra-acontecimento a respeito das práticas componentes do *dispositivo monitoramento.* Ela mostra, em primeiro lugar, a capacidade de resposta a uma urgência pela convocação à participação na incorporação do exercício da crítica ao convidar um filósofo reconhecidamente crítico dos dispositivos de segurança. Cabe lembrar que as corporações da polícia militar em todo país foram alvo de duras críticas às suas condutas em relação aos manifestantes que saíram às ruas a partir de junho de 2013 e, de maneira intermitente, até a realização da Copa do Mundo em 2014; além da coincidência do filósofo provir do mesmo país que forneceu, meses antes, treinamento aos mesmos policiais. A articulação do evento a partir da própria corporação contou com a parceria de um jornalista, afeito ao iluminismo e também graduado em filosofia na França, reconhecido pela chamada opinião pública e pela universidade brasileira. Por fim, o outro parceiro é uma feira literária voltada para moradores de favelas pacificadas pelo programa de segurança pública mais festejado do país até então, as Unidades de Polícia Pacificadora. Assim, temos em um exclusivo evento Estado, sociedade civil, opinião pública, universidade e população diretamente atingida pelas políticas de segurança agindo como parceiros na formulação de práticas, preceitos morais e filosóficos, postulados científicos e alta tecnologia trabalhando para tornar os monitoramentos toleráveis de cima a baixo e na horizontal.

A segunda referência está no acionamento e criação de leis. Em outubro de 2013, um delegado utilizou a Lei de Segurança Nacional 7170/1983 — outorgada ainda na ditadura civil-militar como adaptação da anterior legislação de 1969, que embasou o período mais duro da repressão durante o governo de Garrastazu Médici — para prender dois estudantes durante

21. *Folha de S. Paulo.* "Evento com filósofo traz alternativa ao 'pé na porta'", 20/10/2013: <*https://bit.ly/2D48n8r*>.

uma manifestação na cidade de São Paulo[22]. Em seguida, desencadeou-se uma série de projetos de lei que visavam responder às situações de manifestações públicas, como as leis estaduais de proibição das máscaras, promulgadas nos estados de São Paulo, Rio de Janeiro e Minas Gerais. Em seguida, o governo federal, ainda em 2013, apresentou a revisão da Lei Antiterrorismo (Lei 499/2013), proposta pelo Ministério da Justiça. A proposta do governo federal não avançou e transformou-se na PL 2016/2015, já aprovada na Câmara dos Deputados e no Senado Federal e assinada pela presidenta Roussef no início de 2016. Além desses atos voltados para a criação de leis, também foram criados mecanismos de intervenção pontuais e vias de participação da sociedade civil como forma de monitorar as manifestações e capturar os contestadores ao conjunto de decisões estatais.

A mais significativa das produções institucionais desse período foi a criação de uma central de inteligência e monitoramento de manifestações pelo Ministério da Defesa. Além disso, houve um crescimento exponencial dos gastos em segurança pública para a realização do evento Copa do Mundo da FIFA, que envolveram desde a compra de equipamentos eletrônicos até a renovação dos equipamentos e fardamento das tropas. O governo do estado do Rio de Janeiro, seguindo o mesmo itinerário, criou o CEIV (Comissão Especial de Investigação de Atos de Vandalismo em Manifestações Públicas), visando monitorar e investigar as ações dos manifestantes identificados como "vândalos" e, não raras vezes, como "terroristas". A criação dessa central de investigação gerou diversas críticas, mas se instalou e segue funcionando até quando for suficiente[23].

Nem todas as ações de governo produzidas como resposta aos atos de rua das *jornadas de junho* foram voltadas para intervenções investigativas e/ou repressivas. Além de uma série de decisões que não avançaram, como o Plano Nacional de Mobilidade Urbana que visava responder às reivindicações do MPL (Movimento Passe Livre) em todo Brasil, o governo federal criou a Política Nacional de Participação Social, pelo Decreto-Lei 8.284, assinado pela presidente Dilma Rousseff em 23 de maio de 2014[24]. Foram tomadas medidas que agem de forma complementar às decisões de controle e repressão às manifestações, pois visam capturar as ações políti-

22. *Folha de S. Paulo*. "Estudante de moda e Humberto Baderna são presos em protesto em SP", 09/10/2013: <*https://bit.ly/2VHiibz*>.

23. *Exame*. "Governo do Rio altera decreto de criação da CEIV", 26/07/2013: <*https://abr.ai/2D4n0sw*>.

24. <*https://bit.ly/1mwQCgG*>.

cas e criar formas de monitoramento das reivindicações dos movimentos sociais para que fiquem acolhidas e legitimadas em estruturas, instituições e procedimentos controlados pelo Estado. São formas pelas quais as instâncias estatais, em diversos níveis, procuram se aproximar das novíssimas maneiras de ação política inauguradas pelos movimentos que não se disciplinavam pelos modelos tradicionais (partidos, sindicatos, movimentos sociais antigos como o MST ou ONGs) e que se propagaram a partir das *jornadas de junho*, acondicionando-os, de certo modo, ao que se espera de uma conduta democrática moderada em parâmetros de participação e protocolos oficializados para a expressão de demandas e geração de expectativas de cumprimento dessas sempre referenciadas ao Estado. As indicações dessas respostas governamentais às manifestações das *jornadas de junho* sugerem um campo de investigação a ser alargado. O resultado imediato das respostas às *jornadas de junho* é a virtual identificação de qualquer um como terrorista, indicando a adoção de um conceito local de "terrorismo" com capacidade de movimentar políticas de segurança após mais de dez anos da declaração de "guerra ao terror" pelos EUA.

Estas ações são complementadas por iniciativas de alargamento da participação da sociedade civil, como a lei que cria a Política Nacional de Participação Social. Entre os atos de rua, as decisões governamentais, as variadas participações, institucionais ou não, e as respostas que os próprios movimentos dão a essas ações, constitui-se um espaço de indeterminação. Nesse espaço pouco discernível abre-se um campo de investigação que indica a constituição contemporânea do *dispositivo monitoramento*. Uma tecnologia de governo que passa não apenas pelas sobejamente conhecidas táticas biopolíticas, mas pela conexão inusitada entre rastreamento, registro, controle e acompanhamento constantes proporcionados pelas tecnologias eletrônicas (vídeos, bancos de dados, acessos parametrados por senhas, equipamentos biométricos, georreferenciamento) e a permanência das táticas mais tradicionais repressivas voltadas para prender, cercear e, no limite, eliminar fisicamente pessoas que provoquem ruído à plena realização das lucratividades do capital.

As táticas combinadas, que vão dos monitoramentos eletrônicos à repressão continuada por outros meios, são atravessadas por adensadas práticas de atração e acondicionamento das demandas populares manifestadas pelo chamado esgotamento das vias tradicionais de organização política. As práticas de governo não atuariam mais pela lógica da cessão de direitos somada à repressão aos dissidentes, mas pela readaptação dessa fórmula com a inclusão ativa dos próprios governados que são convocados a participar em níveis variados de cogestão da coisa pública, enquanto são instigados a monitorar seus concidadãos desde suas práticas mais banais (se respeitam a lei do silêncio ou se obedecem às regras da coleta seletiva de lixo), até as denúncias contra suspeitos de crimes (pelos Disque Denúncia) ou, ainda, pela fiscalização da ação de políticos e empresários a fim de expô-los diante de casos de corrupção. Trata-se de afirmar a governança em que está em jogo ultrapassar a relação governante-governado pelo compartilhamento de práticas. Trata-se, enfim, de encontrar formas sempre inacabadas para responder aos fluxos de poder parametrados pelas práticas de governança, em função do *melhor* governo para todos.

Recomenda-se, portanto, uma "conduta moderada" (Passetti, 2011), de cada um para o bem-comum e a segurança de todos e de cada um. Nesse caso, as manifestações de rua, desde 2013, passam a ser julgadas em termos positivos ou negativos: a revolta contra a propriedade estatal ou o grande capital é tida como intolerável, e os atos de vandalismo logo estão ameaçados de ser tipificados como "terrorismo", abrindo brechas para penalizações e monitoramentos ainda mais intensificados (câmeras, banco de dados, prisões preventivas). Por sua vez, as demonstrações de descontentamento que seguem os parâmetros da "conduta democrática esperada" são celebradas por autoridades, intelectuais e pela grande mídia como provas da maturidade política democrática dos brasileiros.

Os novos canais de participação, excitando as práticas de democracia participativa acentuadas desde a presidência de Lula da Silva (2003–2010), condicionam para uma moderada expressão de descontentamento voltada à melhoria e reforma da política, da economia, das questões urbanas etc. Todos são considerados copartícipes do governo de tudo e de todos, numa espécie de reforço da utopia democrática definida como o governo de todos por todos. Nesse contexto, ganhou fôlego e difusão o conceito de "governança" que, como explica Deneault (2013), é uma noção procedente do mundo empresarial dos anos 1970 e 1980, que visava aumentar os índices de produtividade e eficiência corporativas a partir de uma relativa dissolução das hierarquias no ambiente de trabalho herdadas do fordismo em que o trabalho intelectual (concentrado nos gestores) era separado do manual (próprio dos geridos). Para o autor, a noção de governança procura despolitizar as relações de mando e obediência, dando a percepção de que todos, juntos, governam a empresa. Transposta para o campo da política, a expressão é amplamente difundida pelos discursos governamentais do

Estado, sempre indicando um princípio de coparticipação no governo de tudo e de todos, sem evidenciar quais valores e quais forças sociais e econômicas efetivamente governam essa democracia: a distinção direita e esquerda é apenas um broche metamorfoseado.

A produção dessa interação entre aqueles que contestam, as ações de governo e o acionamento de monitoramentos não está no campo da consciência ou da cooptação, mas se dá como situação estratégica produzida no choque de forças. Um momento assim se mostrou no caso composto por 23 mandatos de prisão temporária e dois de busca e apreensão, cumpridos no dia 12 de julho de 2014. Esta ação quase produziu um incidente diplomático. Uma das pessoas autuadas por esse mandato refugiou-se na embaixada do Uruguai, no Rio de Janeiro, para pedir asilo político, alegando perseguição do governo brasileiro. Pedido prontamente negado pelo governo uruguaio que alegou reconhecer o Brasil como um Estado democrático de direito, observador das recomendações internacionais de respeito às liberdades individuais, como liberdade de expressão e manifestação política, assim como o direito à ampla defesa e presunção de inocência[25]. De outro lado, o governo federal não hesitou em acionar as Forças Armadas, aprofundando as prerrogativas para uso interno dos militares para a chamada "garantia da lei e ordem" regulamentada pela Lei Complementar 136/2010. A presença dos militares foi apresentada internacionalmente como garantia da segurança para a realização dos eventos da FIFA (a Copa das Confederações, em 2013, e a Copa do Mundo, em 2014) e das Olimpíadas e Paralimpíadas (em 2016) no interior de suas fronteiras[26], mesmo que as tropas já estivessem sendo largamente utilizadas nos processos de pacificação das favelas cariocas. Como os destacamentos de apoio na implementação de UPPs (Unidades de Polícia Pacificadora), os dois episódios reunidos apontam para uma ampliação da ação combinada entre repressão militarizada e monitoramentos.

Descrever como se produz essa interação, esse entrechoque de governo de Estado com organizações da sociedade civil, leva-nos a compreender como se formam, modificam e articulam os discursos em torno da segu-

---

25. *Folha de S. Paulo*. "Justiça do Rio solta 5 ativistas, mas torna réus 23 acusados de violência", 18/07/2014: <*https://bit.ly/2SKrZ6R*>. *Folha de S. Paulo*. "Ativista pede asilo no Consulado do Uruguai no Rio e foge após negativa": <*https://bit.ly/2RkBGfQ*>.

26. *Globo*. "Forças Armadas exibe tropa e começa operação para a Copa no DF": <*https://glo.bo/2CdWb3x*>. *O Estado de S. Paulo*. "Mobilização das Forças Armadas para a Copa começa na sexta-feira": <*https://bit.ly/2D392a9*>.

rança, com especial atenção ao impasse que a situação produziu para o Estado e para os grupos que o contestam. De um lado, o Estado, no cumprimento de seu dever de manutenção da ordem pública e defesa da propriedade privada e estatal, colocou-se como agente violador de direitos constitucionais e recomendações internacionais de garantia de direitos humanos, gerando variadas críticas à ação do Estado, expressas sobretudo na imprensa diária. De outro lado, os manifestantes se viram entre defender seus direitos constitucionais e reivindicar, perante o Estado, o respeito aos direitos humanos e liberdades fundamentais, envolvidos em manifestações que só se mostraram capazes de chamar a atenção na medida em que romperam com os limites da lei (pela prática da desobediência civil), promovendo confrontos com as forças policiais e ataques diretos à propriedade. Nesse entrechoque entre ações de contenção, formalizações jurídico-políticas e movimentos de contestação se instalam os monitoramentos, que podem ser reivindicados tanto para moderar ações de governo, bem como são largamente utilizados contra os que contestam a ordem.

Nas novas tecnologias de governo os monitoramentos funcionam de forma combinada e contínua na produção de relatórios-prognósticos, estabelecimento e aferição de metas, intervenções de inclusão e vigilância, produzindo um campo de governo das condutas que opera na produção de assujeitamentos e capacidade de controle a céu aberto. Elas expõem o *dispositivo monitoramento* como produtor de contenção/dissuasão, mais do que a vigilância em si, pois esses fluxos computo-informacionais e georreferenciados do *dispositivo monitoramento* visam, de um lado, aumentar o cálculo de risco de quem pretende infringir a lei e, de outro lado, fornecer elementos precisos para melhor intervenção e punição por parte do Estado, que passa a investir em punir mais e melhor, contando, em muitos casos, com a participação dos próprios alvos dos monitoramentos.

Deste entrechoque, porém, também se anunciam novas configurações de ações políticas que produzem estilos de recusa inéditos, legados da *cultura libertária* como *antipolítica*, e constituição de novas formas de participação que, mesmo contestando a ordem vigente, indicam novas institucionalizações, chamadas aqui de *nova política.*

O *dispositivo monitoramento* é composto por práticas discursivas que se servem de postulados científicos para produzir e difundir valores morais, como a prática do bom governo. Forja condutas de zelo, acolhimento e intervenções violentas para produzir melhorias, refaz o campo da política como meio pelo qual se equaciona interesses individuais, coletivos e identitários, funda novas institucionalizações que produzem e monitoram ambientes governados e governáveis em busca de melhorias possíveis, elastifica e distende o jogo de representações em papéis móveis e plásticos como o do *ativista*, do *agente social* ou do *empresário responsável*, enfim, anima a vida do divíduo como *cidadão-polícia*, que cuida de si, dos outros e do ambiente em que vive. Responde ao imediato, no jogo de governo-verdade, na gestão dos viventes que não mais se restringe ao conjunto da população, mas às interações dispostas horizontalmente e de forma hierárquica entre tudo que vive e respira no planeta, distribuindo penalizações a céu aberto sem prescindir dos espaços de confinamento, cuidados e responsabilizações de vidas dignas e autônomas, respondendo aos cálculos e metas da racionalidade neoliberal, que operam por medições de capacidades a serem investidas e virtualidades de perigo a serem contidas em ambientes.

Penalizações a céu aberto, nova política e antipolítica

A polícia é a forma ordinária de exercício da política. Michel Foucault, ao analisar a razão de Estado, mostra que a polícia emerge como uma forma específica, uma tecnologia própria do Estado. Todavia a questão contemporânea das penalizações a céu aberto está ligada ao crescimento da atividade policial, uma elastificação desta técnica característica do Estado moderno. Considera-se polícia não um instrumento do poder judiciário, mas uma forma determinada de se fazer política, uma tecnologia que funciona segundo uma racionalidade específica e promove o vigor do Estado, não somente pelo cumprimento rigoroso da lei, mas pela vulgarização das práticas de normalização.

As penalizações a céu aberto não se referem especialmente, embora estejam em relação, aos processos de judicialização da vida e/ou da política, que são alvo de diversas análises críticas hoje. Elas estão conectadas a uma configuração contemporânea das tecnologias de subjetivação que produzem o *cidadão-polícia*, ligam, condicionalmente, o exercício moderno da vida cidadã ao domínio das tecnologias de governo policial que, no limite, apelam à intervenção do Estado. Trata-se de uma tecnologia produtora de assujeitamentos. O crescimento e a elastificação da atividade policial, hoje, encontra contestações, mas é precisamente na tensão entre grupos que buscam reconhecimento ou tentam limitar a atividade do Estado e as formas de atuação do governo que a atividade policial se apoia. Isso se dá pela triangulação entre Estado, demanda legal por reconhecimento e a prática de polícia, que hoje se encontram além e aquém da existência de um aparelho repressivo estatal.

Em sua genealogia do Estado, realizada no curso *Segurança, território, população*, Michel Foucault (2008) conclui que o conjunto de práticas e saberes que tornou possível tal emergência não está ligado a uma estatização da sociedade, mas à governamentalização do Estado. Isto será possível pela emergência de um novo objeto de governo, a população. Este acontecimento funda um conjunto complexo e coerente de práticas e saberes que dão forma coesa às variadas artes de governar existentes até o momento, fundando uma racionalidade específica. No decorrer dessa instauração o saber policial tem um papel decisivo e realiza, junto à razão de Estado e ao dispositivo diplomático-militar, a forma do Estado como o conhecemos. No entanto, diverso do que é colocado ainda hoje, a atividade policial não se reduz à função repressiva e de contenção de forças, mas a um amplo escopo de cuidados com a população que se traduz como manifestação ordinária da racionalidade estatal com um amplo leque de intervenções diretas. Como define na última aula desse curso de 1978: "a polícia é a governamentalidade direta do soberano como soberano. Digamos ainda que a polícia é o golpe de Estado permanente. É o golpe de Estado permanente que vai se exercer, que vai agir em nome e em função dos princípios da sua racionalidade própria, sem ter de se moldar ou se modelar pelas regras de justiça que foram dadas por outro lado. Específica, portanto, em seu funcionamento e em seu princípio primeiro, a polícia também deve sê-lo nas modalidades da sua intervenção" (Foucault, 2008: 457).

Dos dispositivos de segurança do Estado, a polícia, desde sua emergência, apresentava-se como o mais plástico; o que lhe permite se ocupar do miúdo, do ordinário da vida da população para garantir o esplendor do Estado. Ao passo que as leis e a justiça, menos plásticas e mais modelares, se ocupam dos grandes atos, das coisas que se julga importantes. Essa distinção, entre a política como razão de Estado e as atividades de governo como atividade policial, corresponde à diferenciação entre *Die Politik*, uma tarefa negativa, que "consiste, para o Estado, em se defrontar com seus inimigos, tanto internos como externos", e *Polizei*, tarefa positiva, que "consiste em favorecer ao mesmo tempo a vida dos cidadãos e o vigor do Estado" (Foucault, 2003: 383). Distinção que Foucault retira dos manuais de polícia prussianos do final do século XVIII, que orienta o funcionamento dos dispositivos estatais para além de sua configuração institucional.

Ao longo dos séculos XIX e XX, essas intervenções específicas das tecnologias de governo policial cindiram em duas, em relação à atividade estatal, como resposta às disputas em torno do Estado, e como funcionalidade adaptativa dos dispositivos de segurança. Essa cisão não se traduz como oposição, mas como complementariedade. Os cuidados policiais são divididos em segurança repressiva, realizados por destacamentos de contenção especializados e armados que levam o nome de polícia propriamente dito, e em cuidados com seguridade social, por meio de instituições e programas sociais voltadas à gestão e majoração da saúde da população, denominadas políticas públicas ou, mais precisamente, políticas sociais. O auge dessa dupla intervenção do dispositivo se dará nos períodos subsequentes da II Guerra Mundial, na combinação entre repressão e cuidados regulatórios do Estado de Bem-Estar Social. A distinção dessas duas funções de um mesmo dispositivo de segurança aparece de forma mais clara em língua inglesa. Nela encontramos, de um lado, a *policy*, que se refere a um amplo conjunto de atividades regulatórias e intervenções específicas e não normatizadas voltadas para majoração da saúde da população como normalização, ou seja, políticas sociais voltadas para saúde e educação, traduzida para o português, comumente, por políticas públicas. E, de outro lado, complementarmente, a *police*, como polícia repressiva e de contenção para manutenção da ordem e captura seletiva de sujeitos tidos como perigosos, também com vista à normalização dos sujeitos individualmente e da população, coletivamente, extirpando os elementos ameaçadores de seu seio ou isolando-os em instituições austeras.

No auge dessa forma dual de exercício do poder de polícia, precisamente na metade do século XX, ela começa a sofrer mutações significativas que modularam a tecnologia policial para a forma como a conhecemos hoje. Uma primeira referência é a Carta de São Francisco, de 1948, que prescreve uma série de recomendações norteadoras das práticas policiais, independente dos controles modelares fronteiriços do Estado-Nação. Em resposta aos horrores da guerra entre as nações e à violência sistematizada do fascismo e do nazismo, que levaram as tecnologias bipolíticas ao seu paroxismo, a DUDH estabelecerá referenciais norteadores e não impositivos que sugerem uma cidadania planetária vinculada não mais ao nascimento, à nação, mas à condição de humano no planeta.

Esta é uma proveniência decisiva da atual cidadania policial que se projeta planetariamente, ainda que seu desbloqueio amplo só tenha ocorrido no início dos anos 1990, com o final da chamada Guerra Fria. Não é fortuito que os índices de aferição de metas, as tecnologias sociais voltadas para melhorias possíveis e os cuidados ambientais, as técnicas de gestão planetária e as práticas de monitoramento se refiram hoje, quase que exclusivamente, aos tratados, protocolos e normativas da ONU, sem tomá-los, necessariamente, como modelos. Isso se dá num amplo arco de governo que vai dos cuidados e controles de recursos naturais, passando por ajudas emergenciais aos sujeitos classificados como vulneráveis, até intervenções humanitárias realizadas por enclaves de exércitos nacionais sob o comando do Conselho de Segurança da ONU. Cuidados, controles e contenções se espargem, a partir de um referencial modularmente comum, para além de um contingente populacional determinado, como governamentalidade planetária altamente investida de tecnologias policiais e de práticas de monitoramentos. Mais do que isso, como dispositivo de segurança, a tecnologia policial não se restringe ao controle e cuidado dos cidadãos e do conjunto populacional no meio em que se encontram, mas passam a operar como produtoras de ambientes seguros, ou cogeridos em direção à produção de segurança em sentido amplo e polimorfo, como contenção da desordem e como seguridade orientada pela preservação da vida do planeta e das futuras gerações que irão habitá-lo. A ambiguidade entre segurança e seguridade dá lugar ao que alguns teóricos das Relações Internacionais chamam de processos de securitização, processos contemporâneos e transterritoriais que transformam objetos alvos de cuidados especiais e assistência estatal em objetos a serem segurados e defendidos, no limite, com o uso sistemático de violência (Buzan; Hansen, 2014).

Gradualmente, a distinção que se pode estabelecer com uso da língua inglesa, entre *policy* e *police*, se turva e torna, sob condições absolutamente outras, a formar uma nova versão do que os prussianos chamavam de *polizeiwissenschaft*, que "é ao mesmo tempo uma arte de governar e um método para analisar uma população vivendo em um determinado território" (Foucault, 2003: 384). Enquanto tecnologia que possui no poder pastoral uma proveniência decisiva, a polícia segue como arte de governar e método de análise, não mais voltada para o mesmo objeto, a população como corpo-espécie, mas para o conjunto dos viventes como *corpo-planeta*, o que não significa apenas uma ampliação do campo de atuação ou mesmo uma ampliação do objeto-alvo, mas uma reconfiguração, uma metamorfose nas variadas formas de intervenção, guardando, entretanto, proximidades com as tecnologias policiais tal como elas se estabeleceram em sua emergência.

Trata-se de produzir ambientes seguros (reais e virtuais, naturais e artificias, dentro e fora do planeta Terra, enfim, eliminando essas diferenciações na contínua produção de segurança), aos quais corresponde uma forma de subjetivação sobredeterminada pelo *dispositivo monitoramento* que é o *cidadão-polícia*, alvo e partícipe das penalizações a céu aberto. Estas, sem abrirem mão do circuito do sistema penal e suas instituições austeras, se espargem como prática ordinária e comum de empresas, cidadãos e grupos sociais como ONGs e Institutos ligados à empresas e setores da chamada sociedade civil organizada. Hoje, temos um crescimento exponencial da polícia como efetivo de contenção e repressão, com efetivos de policiais cada vez maiores e uma gigantesca indústria do controle do crime que investe fortemente em contingente de seguranças privados e, combinado a esse crescimento, uma dilatação dos programas estatais, privados e público-privados voltados aos cuidados de pessoas consideradas vulneráveis ou em situação de risco que são convocadas a participar desses mesmos programas para a produção de ambientes seguros.

CIDADÃO-POLÍCIA

Uma política voltada para contenção de jovens pegos por condutas classificadas pelo Estatuto da Criança e do Adolescente — ECA como ato infracional (tudo que se chama crime no código penal) dá a dimensão do amplo arco de práticas policiais que fazem funcionar as penalizações a céu aberto por meio do *dispositivo monitoramento.* Nas políticas voltadas à contenção de jovens encontra-se a combinação de uma série de controles como cuidados levados adiante por ONGs, Institutos, setores da chamada sociedade civil organizada e uma série de técnicos em humanidades, com políticas de repressão que não abrem mão da ativação de internações em instituições austeras e da violência caraterística dos agentes policiais do Estado. No fluxo entre sistema criminal, prisão-prédio, cuidados racionalizados e convocações a participação, instalam-se as penalizações a céu aberto, forma contemporânea das tecnologias policiais.

A captura de jovens em ato chamado infracional é feita pela polícia. No Brasil, esta é a principal função do policiamento militar ostensivo de rua. O itinerário da internação provisória é este: polícia (que não faz parte do sistema judiciário e defende a ordem o apresenta ao promotor) — promotor ou Ministério Público (não faz parte do sistema judiciário e atua no caso de jovens considerados infratores como Guardião do Bem Comum e da Ordem Pública e apresenta representação ao juiz) — juiz (faz parte do sistema judiciário e acolhe a representação do promotor e decreta a internação provisória). A administração da aplicação da medida socioeducativa, em geral ativada no momento seguinte à detenção, implicando envio à internação para uma UIP (Unidade de Internação Provisória), é responsabilidade da Secretaria de Justiça dos governos dos estados. Em paralelo, esse jovem será submetido a julgamento em alguma Vara da Infância e da Juventude (VIJ), que estabelecerá, conforme o artigo 112 do ECA, uma medida socioeducativa segundo a gradação estabelecida pelo referido artigo: "I. Advertência; II. Obrigação de reparar o dano; III. Prestação de serviço à comunidade; IV. Liberdade assistida; V. Inserção ao regime de semiliberdade; VI. Internação em estabelecimento educativo; VII. Qualquer uma das previstas no artigo 101, I ao VI"[1].

Após a internação provisória, que pode durar meses a despeito da determinação legal em não ultrapassar 45 dias, ele é enquadrado em umas das medidas listadas pela lei. A prática comum entre juízes da Vara de Infância e Juventude é determinar a internação, embora o jovem possa ser encaminhado para outra medida como semiliberdade ou liberdade assistida. A administração das medidas socioeducativas em meio aberto é responsabilidade dos municípios, segundo o processo de regionalização e descentralização administrativa estabelecida pelas reformas contidas na Constituição Federal de 1988. Devido a isso, as medidas em meio aberto são operacionalizadas por meio de parcerias público-privadas (não necessariamente submetidas e regulamentadas pela Lei 11.079/2004) que envolvem ONGs, prefeituras e financiamento de Fundações e Institutos empresariais. Essas parcerias viabilizam programas sociais de inclusão e capacitação profissional recomendados, incentivados e regulados pelo Conselho Nacional dos Direitos da Criança e do Adolescente — CONANDA e são monitorados pelo Sistema Nacional de Atendimento Socioeducativo — SINASE, criado em 2006, mas instituído como política federal de Estado pela Lei Ordinária 12.594/2012. Esses controles federais visam consolidar as recomendações de atenção aos Direitos Humanos emitidas pela ONU no que diz respeito à proteção integral do Estado a crianças e adolescentes. Ocorre que esses programas locais, administrados por prefeituras, operacionalizados por ONGs e financiados por Institutos e Fundações, produzem um envolvimento dos próprios apenados no cumprimento de suas penas nomeadas como medidas socioeducativas.

Segundo o mapeamento em pesquisa realizada entre 2006 e 2009 sobre o programa Pró-Menino da Fundação Telefonica (Augusto, 2013), a convocação à participação leva os jovens que cumprem penas em meio aberto a se tornarem monitores das atividades atribuídas aos novos ingressos no mesmo programa, como aplicação de questionários para avalição e aferição de metas. Desenha-se um arco completo de governo como um circuito que se retroalimenta da captura de um sujeito considerado infra-

1. Estatuto da Criança e do Adolescente. Lei nº 8.069, de 13/7/1990: <*https://bit.ly/1TYdQOX*>.

tor pela polícia de contenção e repressão até a participação do próprio apenado nas práticas policiais de controle como cuidado dos programas de atendimento e assistência social. A pena se torna algo contínuo e, ao mesmo tempo, inacabado. O sujeito pego em chamado ato infracional, ou mesmo os que não são pegos, mas são classificados como vulneráveis ou em situação de risco, participam desses programas, numa relação de dívida que nunca é quitada e que pode ser amortizada na medida em que participa dos controles policiais, tornando-se policiais de si e dos outros. Some-se a isso a racionalidade policial que circula nos meios governados pelo regime dos ilegalismos, nos quais as empresas ligadas ao comércio de substâncias classificadas como ilícitas também depuram um saber policial nas relações. Assim, os enquadramentos jurídicos, sempre estabelecidos a posteriori, apenas conformam o quadro móvel e modular da atividade policial ordinária, que também é praticada pelo conjunto amplo de técnicos em humanidades envolvidos nesses programas. Sem abrir mão dos regimes de internações, distendem-se as penalizações a céu aberto, que ativam práticas de monitoramento que vão muito além do controle social formal ao qual os jovens tidos como infratores são submetidos.

A expansão de tecnologias mais sutis e sofisticadas de controles policiais não se traduz como redução da presença e ação da polícia de contenção e repressão. Ao contrário, a configuração do *cidadão-polícia* fomenta uma vontade de polícia ampliada, voltada para o Estado e em busca de reconhecimento, uma ânsia por inclusão no arco das penalizações a céu aberto e uma fé ampliada na eficácia dos monitoramentos. Basta notar o que se passa com demandas específicas de grupos voltados aos direitos de minorias. Referenciados nos artigos I e II da Declaração Universal dos Direitos Humanos[2], grupos da chamada sociedade civil organizada demandam ao Estado ações de fiscalização e monitoramento do cumprimento dos deveres correspondentes a esses direitos humanos em busca de reconhecimento da dignidade sem distinções.

Essas demandas seguem um itinerário mais ou menos regular. Por meio de convocação à participação, acumulam-se forças para demandar

2. "Artigo I: Todas as pessoas nascem livres e iguais em dignidade e direitos. São dotadas de razão e consciência e devem agir em relação umas às outras com espírito de fraternidade.

Artigo II: Toda pessoa tem capacidade para gozar os direitos e as liberdades estabelecidos nesta Declaração, sem distinção de qualquer espécie, seja de raça, cor, sexo, língua, religião, opinião política ou de outra natureza, origem nacional ou social, riqueza, nascimento, ou qualquer outra condição".

órgãos de Estado especiais para monitoramento relativo a alguma minoria identitária ou prática social específica, que é atendido pela criação de algum programa social ou secretaria especial de Estado lotados por ativistas, agentes sociais e *intelectuais moduladores* ligados a essas demandas. Em seguida, trabalha-se em torno da criminalização de alguma conduta para institucionalização de resposta protetiva dos direitos anunciados nos artigos I e II da DUDH, e nas demais legislações específicas que se orientam por essa referência universal. Os exemplos recentes mais comuns são as demandas por criminalização da homofobia, do racismo e de práticas de intolerância religiosa. A sequência desse processo de institucionalização da conduta policial não poderia acabar em outro lugar que não fosse uma delegacia.

No Brasil, estados como São Paulo, Rio de Janeiro e Distrito Federal[3] já possuem delegacias especializadas, chamadas DECRADI (Delegacia Especial de Crimes Raciais e Delitos de Intolerância). Importante ressaltar que o itinerário da proteção à repressão, ou da demanda por direitos à ampliação da ação policial, tem nas políticas de atenção a crianças e jovens, no Brasil pós-Constituição Federal de 1988, seu laboratório político inaugural, na medida em que fez esse caminho, no que diz respeito aos jovens classificados como vulneráveis ou em situação de risco, já nos anos 1990. Não é fortuito que o corolário legal que enquadra essa proteção policial dos direitos se encontre na criação de estatutos muito semelhantes ao ECA, que vão do Estatuto do Idoso[4] ao Estatuto do Torcedor[5].

As penalizações a céu aberto se colocam, primeiro, como prática policial ordinária de demandas específicas orientadas por valores universais para, finalmente, receberem o enquadramento jurídico necessário que abre caminho para a proliferação e aplicação das penas sob o controle do Estado. Para além do acionamento e controle direto do Estado, as leis de criminalização, os estatutos específicos ou mesmo leis restritivas, que não demandam, necessariamente, proibição total, como a lei de restrição ao uso de tabaco em algumas áreas públicas, ao produzirem um efeito de empoderamento de determinados grupos, ou de um grupo amplo em determinada situação, fomentam a conduta policial nos cidadãos que passam a

3. *Portal G1*. "DF cria 1ª delegacia para investigar crimes de intolerância religiosa", 21/01/2016: <*https://glo.bo/1PH3HkY*>.

4. Criado em 1 de outubro de 2003, pelo Decreto-Lei 10.741: <*https://bit.ly/1HAI0zB*>.

5. Criado em 15 de maio de 2003, pelo Decreto-Lei 10.671: <*https://bit.ly/1GAzF3z*>.

monitorar, voluntariamente e em nome da lei, a conduta dos outros pelas ruas, praças, prédios e demais espaços públicos onde eles presenciem uma conduta normativa condenável e normalizável.

Duas referências encontradas em torno da criação e funcionamento das DECRADIs de São Paulo e Rio de Janeiro evidenciam como essa formalização da conduta do *cidadão-polícia* em delegacias especializadas se relaciona com a participação da chamada sociedade civil organizada, tanto em sua criação, quanto em seu funcionamento. A DECRADI de São Paulo é a primeira delegacia especial contra crimes de intolerância a ser criada no Brasil. Sua interface protocolar com entidades e grupos da chamada sociedade civil organizada é destacada no próprio site da Polícia Civil do Estado de São Paulo: "Em 2006, por meio do Decreto nº 50.594, o grupo se tornou a 2ª Delegacia de Polícia de Repressão aos Crimes Raciais e Delitos de Intolerância (DECRADI), vinculada à Divisão de Proteção à Pessoa do Departamento Estadual de Homicídios e de Proteção à Pessoa (DHPP). Atualmente, a equipe é formada pela delegada titular Daniela Branco, três escrivães e nove investigadores, e além de investigar crimes, busca, também, estreitar laços com a sociedade civil, organizações não governamentais (ONGs), Ordem dos Advogados do Brasil (OAB), centros de referência, conselhos estaduais e demais órgãos relacionados às suas atividades"[6].

A reprodução deste trecho é suficiente para expor a relação ascendente e descendente na produção de penalizações com participação do *cidadão-polícia* por meio da criminalização de condutas específicas em nome da defesa de direitos universais e orientada pela moral da tolerância, e por conseguinte, a horizontalidade das relações de poder neste novo pastorado. Também mostra como a referência estatal não está na formalização jurídica ou na regulamentação institucional, mas no Estado como maneira de pensar e a forma de ação política para organização das demandas de grupos, inclusive, ou talvez preferencialmente, aqueles tidos como excluídos, vulneráveis ou em situação de risco, que não se veem reconhecidos pela organização estatal formal e protegidos pelo imperativo da lei. Trata-se do funcionamento do Estado não como um local de poder disputado por forças antagônicas que anseiam pelo seu poder como um recurso escasso, mas o Estado como categoria do entendimento que regra e normaliza as relações, estejam esses grupos dentro ou fora do que se chamada aparelho estatal ou edifício jurídico.

---

6. <*https://bit.ly/2HhPrVU*>.

O reconhecimento oficial da polícia e a convocação à participação nas atividades policiais (e nessa altura destaca-se que isso vai muito além da mera prática de denúncia, que segue operando, mas como convocação invertida, do cidadão para o Estado) será mera retórica ou mesmo uma ação de cooptação do Estado em direção aos grupos de contestação? Não é isso que a criação do DECRADI em São Paulo mostra. Como toda lei e instância estatal, em seus baixos começos, a criação da delegacia foi escrita com sangue. Em fevereiro de 2000, o adestrador de cães Edson Neris foi brutalmente executado por um grupo de Carecas do ABC, um agrupamento de jovens identificados com ideais fascistas[7] (nacionalismo, orgulho operário e exaltação da masculinidade e da violência[8]). Neris foi morto na noite de 6 de fevereiro de 2000, por decorrência de hemorragia provocada por pancadas e golpes de soco inglês desferidas por cerca de 20 homens (a polícia apreendeu 18 suspeitos e, em 2002, a justiça condenou um homem e uma mulher pelo ato) que o abordaram por ele estar namorando com seu parceiro na Praça da República, localizada no centro da cidade de São Paulo. Imediatamente, anarco-punks ligados a um grupo denominado ACR (Anarquistas Contra o Racismo), iniciaram uma campanha chamada "Alerta Antifascista!", com panfletos de esclarecimento sobre a existência de grupos de Carecas do Brasil, Skin Heads e White Powers pelas ruas da cidade caçando os alvos de seu ódio político, social e racial, além de fornecerem orientações sobre táticas de autodefesa e referências das regiões da cidade onde a probabilidade de se encontrar com esses grupos era maior. Os panfletos, shows e pequenos atos de rua (que reuniam não mais que 50 pessoas) lançavam mão de referências históricas da luta antifascista de

7. Um breve resumo do processo policial consta em matéria de 25 de fevereiro de 2002 na versão on-line do jornal *Folha de S. Paulo*: <*https://bit.ly/2RqNayj*>.

8. Diferentes do Skins Heads ou White Powers, os Carecas do Brasil ou Carecas do ABC, referência à região metropolitana de São Paulo de forte industrialização e, consequentemente, com grande presença operária, não são neonazistas, nem partidários da supremacia branca, como em geral são descritos pela grande imprensa. Identificam-se com as ideias corporativistas do fascismo ou suas variações como o Integralismo, no caso brasileiro. Por essa razão, sua atuação como milícia juvenil tem como principais alvos os punks, por representarem fatias degeneradas do operariado como *lumpens*, e os gays, por atentarem contra a moral fortemente referenciada na masculinidade. Seus inimigos de morte são os anarco-punks, pois além de ostentarem abertamente e de forma militante a relação com a anarquia, o que é uma afronta a devotos do poder coorporativo do Estado, eles encarnam como grupo de rua, para os Carecas do ABC, os dois grandes demônios: são gays e são *lumpen*.

anarquistas no Brasil e no exterior, e do conhecimento acumulado pelos anarco-punks no enfrentamento direto com esses grupos fascistas nas ruas de São Paulo desde o final dos anos 1980[9].

A campanha iniciada pelos anarco-punks despertou o interesse de grupos ligados ao que na época era conhecido como movimento GLS (Gay, Lésbicas e Simpatizantes), incluindo a presidência da Parada Gay e a Comissão de Direitos Humanos da Câmara de Vereadores de São Paulo, presidida pelo vereador Ítalo Cardoso, do Partido dos Trabalhadores — PT, partido que havia recém assumido o executivo municipal com a vitória, em outubro de 2000, da candidata Martha Suplicy. Os grupos GLS, em reuniões com anarco-punks, insistiam em iniciar uma campanha de criminalização da homofobia e dos atos de intolerância, enquanto os anarco-punks e outras associações e pessoas ligadas ao anarquismo convidavam o movimento GLS a engrossar a campanha do "Alerta Antifascista". Diante da impossibilidade de um acordo, realizaram dois atos paralelos, o dos anarco-punks, na Praça da República, e o do movimento GLS, com a presença de partidos e personalidades políticas. O desacordo entre os grupos não era total, na medida em que se encontram nos panfletos anarco-punks reivindicação de direitos, além de o movimento continuar frequentando a Parada Gay nos anos subsequentes. Foram decisivas para a recusa dos anarco-punks a presença de partidos políticos, a exclusividade da pauta que não se abria para uma luta antifascista e a reivindicação por criminalização de condutas.

Este último ponto foi vetado, menos por uma questão de princípios e mais pela experiência empírica de conivência da polícia com grupos de Carecas e White Powers, largamente conhecida entre os punks de variadas proveniências. O caso Edson Neris tornou-se mote, até os dias de hoje, das reivindicações em torno da criminalização da homofobia, presente em quase todas as Paradas Gays desde então. Tempos depois, como resposta às reivindicações e demandas colocadas por diversos movimentos que não apenas o movimento GLS, criou-se um grupo de investigadores dedicados à apuração do que se classifica como crime de intolerância, grupo este que,

9. As informações sobre a atuação dos anarco-punks neste fato resumem relatos encontrados em panfletos do arquivo pessoal de pesquisador e em entrevistas não-formais feitas com pessoas que participaram das jornadas antifascistas realizadas até hoje pelos anarco-punks a partir da campanha criada em resposta ao que ficou conhecido como "caso Edson Neris". Sobre a história do ACR e a criação das jornadas, ver <*http://anarco-punk.org/antifa/*>.

em 2006, criaria uma delegacia especial, a DECRADI, como vimos acima, segundo o site oficial da Polícia Civil de São Paulo.

Evidente que esta não é *a* história da criação da DECRADI em São Paulo, que possui uma narrativa institucional passível de verificação no site da própria Polícia Civil de São Paulo. No texto do site, alega-se a preocupação do governo do estado de São Paulo, na época governado por José Serra (PSDB), com a garantia dos direitos de minorias, em particular, e na defesa dos Direitos Humanos, em geral. A reprodução desse relato aqui tem por objetivo descrever as demandas por reconhecimento como prática política do *cidadão-polícia*, mostrando como a *nova política* ligada a grupos específicos que constatam certa crise de representação e atuam de forma mais ou menos apartidária (o que não implica o rompimento de relações com partidos políticos, desde que estes colaborem em favor de suas demandas específicas), terminam por reforçar o Estado a partir de uma lógica punitiva, abrindo espaço e participando das penalizações a céu aberto por meio de seus agentes sociais e ativistas. Este episódio também expõe como o Estado codifica essas demandas provenientes do ativismo da *nova política*. Segundo relatos dos anarco-punks, os policiais recrutados pela DECRADI são ex-integrantes de grupos de Carecas, algo que é de difícil verificação para além de quem travou batalhas diretas com eles. No entanto, o dado que mais interessa na relação *nova política*, penalizações e práticas *antipolíticas* é que precisamente a DECRADI, como destacamento policial de investigação, realiza acompanhamento, registro e infiltração em manifestações de rua, e tem como seus alvos preferenciais os punks e grupos identificados como anarquistas, na medida em que, para a lógica policial, anarquistas são um grupo político tão intolerante quanto os fascistas.

A DEGRADI participou, sob a coordenação do DEIC (Delegacia Estadual de Investigações Criminais), do processo aberto em novembro de 2013 para investigar os chamados atos de vandalismo (entendidos como crimes de intolerância) nas manifestações iniciadas em junho do mesmo ano, no caso que ficou conhecido como processo dos *black blocs*. Esta investigação correu, por muito tempo, de forma sigilosa. Mesmo advogados de pessoas convocadas a depor tinham dificuldades ou eram simplesmente impedidos de acessar o inquérito policial. Seu desfecho, para além de alimentar regulares reportagens nos variados meios da imprensa, deu-se com duas prisões, decretadas em julho de 2014, dirigidas a sujeitos identificados como lideranças dos *black blocs* (algo que absolutamente não existe, conforme se demonstrou depois), e mais de cem intimações de pessoas para prestar depoimentos na sede do DEIC, na zona norte de São Paulo. Hoje, segundo relato de 2015 no site da Polícia Civil do Estado de São Paulo, a maior demanda de investigações decorre dos atos classificados como crimes de racismo, que representaram, no ano de 2015, 68,2% dos casos apurados pela DECRADI. Em geral são casos de injúrias raciais publicadas em redes sociais digitais, como o caso da apresentadora da previsão do tempo da Globo, Maria Júlia Coutinho, que levou à prisão de um jovem de 15 anos que teve o IP do computador mapeado pela polícia por ser apontado como autor da injúria[10]. Enfim, uma volta completa da participação em nome da defesa de direitos ao inquérito policial e o estabelecimento de culpado a ser punido.

A DECRADI fluminense é mais recente que a paulista e foi criada em 22 de março de 2011, a partir do Projeto de Lei Estadual 1.609/2008[11]. No entanto, sua criação segue um itinerário semelhante ao da delegacia de São Paulo, mesmo que motivado por grupo específico e demanda de criminalização diversa. A referência segue escorada nos artigos I e II da DUDH, porém, seu mote foi um relatório enviado à ONU pela Comissão de Combate à Intolerância Religiosa, da Assembleia Legislativa do Estado do Rio de Janeiro. O envolvimento e convocação à participação pela chamada sociedade civil organizada é notável por meio da organização que saudou a criação da delegacia: o Observatório de Favelas. Em seu site oficial o texto de apresentação sobre a organização a define como "uma organização da sociedade civil de pesquisa, consultoria e ação pública dedicada à produção do conhecimento e de proposições políticas sobre as favelas e fenômenos urbanos. Buscamos afirmar uma agenda de Direitos à Cidade, fundamentada na ressignificação das favelas, também no âmbito das políticas públicas"[12]. Trata-se de uma iniciativa não ligada diretamente ao Estado, orientada pela defesa de direitos humanos e voltada para um público específico: os moradores das favelas cariocas. Atua, sobretudo, em projetos sociais e culturais que visam ampliar a participação política e a representatividade democrática dos habitantes dessas áreas da cidade. Embora não possua conexão direta com o Estado, salvo na condição de parceira em campanhas e programas sociais, declara em sua apresentação o objetivo de contribuir para criação de políticas públicas (*policies*)

---

10. <*https://glo.bo/30iCsLe*>.
11. <*https://bit.ly/2M763QR*>.
12. Observatório de Favelas. "Apresentação". <*http://of.org.br/apresentacao/*>.

voltadas aos interesses da favela que, também segundo o Observatório de Favelas, deve ser ressignificada. Em suma, trata-se de um instrumento de monitoramento, construído desde a participação da sociedade em colaboração com pesquisadores oriundos da própria favela, para a produção de melhorias locais orientadas pelos valores universais dos direitos humanos e suas recomendações de políticas planetárias para o cuidado com as futuras gerações.

É sabido o quanto os habitantes das favelas são alvo preferencial da seletividade do sistema penal. Pela justificativa do combate ao comércio varejista de substâncias classificadas como ilícitas, seus moradores são também alvo regular da violência perpetrada pelo policiamento ostensivo da Polícia Militar. No caso das favelas cariocas isso se tornou mais evidente e sistemático desde que os territórios foram alvo de pacificação pelo maior programa de segurança urbana do país, as UPPs, saudado por diversas organizações num primeiro momento e alvo de objeções pontuais, sob a égide dos direitos humanos, após a repercussão do que ficou conhecido como caso Amarildo, desaparecido em uma dessas unidades policiais em 2013. Posto isso, ver uma organização que se dedica à produção de políticas que visam a melhoria das favelas saudar uma delegacia pode soar paradoxal ou contraditório, mas apenas mostra como *policy* e *police* atuam em parceria, de forma complementar e combinada na produção de pacificações, estando ligadas diretamente às atividades do Estado ou não. Em seu site, o Observatório de Favelas publica um texto assinado por Thiago Ansel, que celebra a criação da DECRADI no Rio de Janeiro como um meio de pacificar as perseguições de praticantes das religiões neopentecostais contra adeptos do candomblé e demais práticas religiosas de matriz africana. Ansel expõe: "o autor da proposta, deputado Átila Nunes (PSL), afirmou que a grande incidência de delitos de intolerância no Rio foi o que motivou a criação da DECRADI-RJ. 'Sobretudo, os casos de intolerância religiosa no estado atingiram índices alarmantes nos últimos três anos. Os ataques verbais tornaram-se ataques físicos. Os crimes de racismo continuam a ser denunciados. Outros tipos de intolerância vêm surgindo: contra os obesos, o bulling e o cyberbulling, por exemplo', explica Nunes"[13]. Uma pletora de direitos, a partir de demandas identitárias específicas, abre ca-

13. Thiago Ansel. "Delegacia especializada para intolerância", 30/3/2011: <*https://bit.ly/2FipbLe*>.

minho, pela ação dos próprios alvos das práticas de policiamento, controle e penalizações a céu aberto.

A criação da DECRADI fluminense mostra uma outra dimensão das penalizações a céu aberto pelas convocações à participação e a atuação de ativistas e agentes sociais. O mais explícito na produção de uma subjetividade policial ligada ao exercício da cidadania é o fomento à prática da denúncia como meio direto de garantia da convivência tolerante em uma comunidade determinada. Além disso, há uma convocação da polícia, como destacamento especial de investigação, criminalização e repressão, para solucionar os conflitos (no caso, motivado por divergências religiosas) entre pessoas e grupos sociais diferentes, admitindo a impossibilidade de soluções singulares que escapem da lógica punitiva e do estabelecimento de agressores, vítimas e culpados, corroborando a necessidade de um mediador externo ao qual é dado a legitimidade para intervir de forma violenta. Para além desses desdobramentos explícitos vê-se, em organizações como o Observatório de Favelas e sua relação positiva com a criação da DECRADI fluminense, como uma série de investimentos políticos, culturais e sociais, articulados por *intelectuais moduladores*, operam para fomentar uma educação política por meio da ressignificação de espaços antes tidos como degradados e da convocação à participação que, combinados com a violência sistemática das polícias (legais e ilegais), atuam na produção de ambientes seguros. Ambientes nos quais mesmo aqueles que vivem sob as condições mais adversas devem participar, zelar por eles, por si e pelos outros para a produção de melhorias, avaliadas segundo um cálculo de probabilidades e de riscos. Assim, produz-se o assujeitamento (Foucault, 1995) aos variados governos (do Estado, das empresas, das ONGs, dos Institutos, das polícias) produzindo a si mesmo como um policial: participativo, tolerante, cidadão e, sobretudo, com capacidade de empreender no local em que vive, transformado em ambiente seguro.

O efeito imediato desse superinvestimento em participação, democracia, direitos e denúncias, além das condutas assujeitadas e de um *conservadorismo moderado* (Passetti, 2007), é a intensificação da sociabilidade autoritária, traço marcante da distensão das penalizações a céu aberto. Hoje, quase todo desacerto ou diferença guarda em si a possibilidade de virar um boletim de ocorrência policial. Uma injúria não é mais respondida com outra de igual impacto ou mesmo, no limite, com uma agressão física ou um tapa; a injúria se torna passível de ser enquadrada na ampla definição de crimes de intolerância, ou seja, transformada pelo ativamento dos próprios governados em conduta criminalizada. O trânsito ambíguo das leis de proteção ao assédio (moral ou sexual) entre o Direito Civil e o Direito Penal pode transformar uma ação descuidada ou um movimento impensado em uma conduta criminalizável.

E como a lei carece sempre de interpretação, todos ficam à mercê de um denunciante, um policial, um promotor, um juiz, da prática do poder soberano democratizada por meio da ativação de denúncias. Desta maneira, acumulam-se os processos, as dívidas impagáveis e se ampliam as penalizações, dentro e fora do sistema penal, cumpridas dentro e fora da prisão. A penalização a céu aberto é a produtora de possíveis ambientes seguros monitorados pelo *cidadão-polícia*. O efeito imediato: em um ambiente no qual todos são policiais, o correlato lógico é que todos se tornem suspeitos e, logo, todos sejam monitorados como virtualmente perigosos. A ironia, talvez não tão paradoxal como possa parecer, é que esse estado de suspeição ampliado e elastificado se produziu por meio da busca de proteção e garantia de direitos aos que se acreditava serem os mais vulneráveis diante dos poderes políticos e econômicos. A proliferação das vítimas fez com que se ampliasse o campo de atuação dos algozes, dando a possibilidade a todos de ocupar um ou outro papel, a depender da circunstância em que se encontra. Somos divíduos sob suspeição.

DEMOCRACIA E POLÍCIA

A política da suspeição virtual ampliada, elastificada e generalizada encontra sua formalização nas inúmeras legislações de combate ao terrorismo que se multiplicaram pelo planeta desde o ano 2000. Inglaterra, EUA, Espanha, enfim, diversos países do Norte e do Sul aprovaram novas leis de controles mais rígidos e regulamentações de monitoramento eletrônico a partir dessa data. O Brasil, por ocasião da realização das Olimpíadas de 2016, também sancionou uma nova lei antiterror (Lei Federal 13.260/2016) com suas vagas definições de manutenção da ordem, controle de fluxos, monitoramentos e intervenções ambientais. No entanto, mais decisivo do que a rigidez da lei, para as práticas de penalizações a céu aberto, é a plasticidade das ações policiais que se tornaram extremamente investidas. Seria possível imaginar que, ao fomentar uma conduta policial entre os cidadãos, a necessidade de intervenção policial direta diminuísse, todavia ela só aumentou, em quantidade, regularidade e amplitude.

Hoje, qualquer um que caminhe por uma grande cidade do planeta experimenta a inevitável sensação de estar numa zona de guerra ou sob ocupação de algum país estrangeiro. Homens e mulheres fortemente armados, com roupas e equipamentos de alta tecnologia e assessórios letais e não-letais de contenção, são componentes inexoráveis das paisagens urbanas contemporâneas de São Paulo, Joanesburgo, Paris, Londres, Nova Iorque ou Tel Aviv. A capacidade de destruição em massa e de destruição mútua anunciada com o início da era nuclear é hoje rotinizada pela presença de forças ostensivas de segurança policial em qualquer lugar e por virtuais ameaças.

Ademais, outras *ameaças* não diretamente humanas, como terremotos, cataclismos e acidentes climáticos, habitam corações e mentes dos viventes nos dias de hoje. O estado perene de monitoramento e a ostentação contínua do poder de destruição e eliminação do Estado se mostram impotentes diante de regulares ataques de pessoas isoladas ou pequenos grupos de afinidades que agem em nome de alguma autoridade programática do terrorismo transterritorial, ou mesmo de perdedores radicais que agem por motivações pessoais, em práticas de destruição nesses grandes centros, instalando o terror pela violência praticada de forma exemplar ou por vingança, face macabra das penalizações a céu aberto que funcionam pela lógica punitiva. Mais regularmente, esse enorme contingente policial é mobilizado para conter deslocamentos multitudinários, seja de protestos de rua, seja de espectadores de grandes eventos (Copa, Olimpíada, Cúpulas Internacionais), ou, mais comumente, de ambos ao mesmo tempo, tentando controlar o jogo entre espetáculo e contra-espetáculo. Os governos democráticos de hoje possuem, tanto em termos legais, quanto em termos tecnológicos, uma capacidade de destruição e de ataque aos cidadãos, uma capacidade de destruição e uso da violência infinitamente maior do que possuíam os governos autoritários e totalitários do século passado.

No Brasil, a recente criação de uma força policial sob o comando do governo federal oferece uma visão bem clara dessa ampliação dos controles policiais, com a vantagem política de desonerar as forças militares de praticar intervenções militares no meio civil para manutenção da ordem. Esse novo destacamento é assim descrito no site oficial do Ministério da Justiça: "A Força Nacional de Segurança Pública foi criada em 2004 para atender às necessidades emergenciais dos estados, em questões onde se fizerem necessárias a interferência maior do poder público ou for detectada a urgência de reforço na área de segurança. Ela é formada pelos melhores policiais e bombeiros dos grupos de elite dos Estados, que passam por um rigoroso treinamento no Batalhão de Pronta Resposta (BPR)"[14].

O lema de guerra desse destacamento especial de forças federais traduz de forma cristalina o que se espera da polícia na era das penalizações a céu aberto. Em seu brasão encontra-se a inscrição: "Preparados para tudo". No entanto, sua ativação e intervenção, anunciadas como extraordinárias no site do Ministério da Justiça, tornaram-se, imediatamente após a sua criação, um fato ordinário. Basta consultar o noticiário para constatar o protagonismo dessas forças na ocupação militar de favelas no Rio de Janeiro e nas atividades de contenção e investigação de protestos contra a realização da Copa do Mundo em 2014, contra a construção da Usina de Belo Monte, na resistência dos índios Tupinambá no sul da Bahia, na garantia da realização das Olimpíadas de 2016, na cidade do Rio de Janeiro, no combate a levantes prisionais, todos em parceria com a Polícia Federal, o Exército Nacional (sua dispensa se deu apenas em tese) e as polícias locais. É apenas sob a rubrica de polícia repressiva e investigativa que, hoje, no Brasil, a Força Nacional de Segurança, a Polícia Federal, as Polícias Civis dos estados da federação e suas Polícias Militares e, por fim, as Guardas Metropolitanas dos municípios existem. Some a isso o fato de que o Exército vem assumindo funções policiais cada vez mais regulares, como no caso da Ocupação do Complexo da Maré no Rio de Janeiro, e já temos uma verdadeira muralha armada sob o comando do Estado.

Se admitirmos nessa descrição todo o contingente ligado ao comércio varejista de substâncias classificadas como ilícitas, que atua como polícia nas favelas, inclusive, portando arsenal de grosso calibre, e o enorme contingente de segurança patrimonial privada em prédios de bancos ou de empresas e em casas de espetáculos e de particulares, é consistente afirmar que no exato momento em que você lê essas linhas há um policial ao seu lado, ou talvez ele seja você mesmo.

A polícia, diferente do que havia mostrado Foucault (2008) em seu curso de 1978, não é mais um meio de governo, um dispositivo de segurança voltado para o controle e promoção da saúde da população, ela se tornou a forma mesma dessa atividade de governar a si e aos outros. Polícia e política, *politic*, *policy* e *police* se tornaram um bloco único que se encontra não mais restrito ao controle da população, mas que visa controlar emergencialmente tudo que é vivo no planeta. A ironia, ou preenchimento

14. <*https://bit.ly/2RBK0XM*>.

estratégico dessa forma-dispositivo, é que a mesma discursividade ativada para a produção dessa forma estendida de policiamento e essa produção de subjetividades policiais, os direitos e mais universalmente os direitos humanos, é utilizada como forma de conter o poder de polícia.

Um relatório de 2011, do Programa das Nações Unidas para o Desenvolvimento — PNUD, condena o Brasil por possuir 213 Policiais Militares e 60 Policiais Civis por 100 mil habitantes, estando à frente apenas da Guatemala (um país que vive praticamente uma ocupação militar dos EUA até hoje) entre países da América Latina, algo que o programa da ONU aponta como fator de insegurança. Um levantamento feito pelo Portal de notícias G1 em 2015[15] aponta uma média de 471 habitante por policial militar no país, num total 430,8 mil PMs em todo o Brasil. No Distrito Federal, com a maior média nacional, são 190 habitantes por PMs, com uma taxa de homicídios de 24 óbitos por 100 mil habitantes. São Paulo tem 491 habitantes por PM, num total de quase 90 mil policiais militares. Cabe ressaltar que esses números não incluem os dados de outros efetivos policiais, como a Guarda Civil Metropolitana, que no caso da cidade de São Paulo tem poder de polícia e possui porte de arma, e batalhões especiais de choque, como a RONDA. Sobressai nesse levantamento que os especialistas e as autoridades ouvidos pela reportagem, todos defensores dos direitos humanos e referenciados em recomendações da ONU, avaliam a necessidade de aumento do contingente. Mesmo os movimentos de ativistas que podem ser incluídos no amplo leque chamado aqui de *nova política*, não vão muito além de pedidos de desmilitarização da polícia e acréscimo de políticas sociais como forma de promoção de maior segurança, todos referenciados, também, em recomendações de instâncias da ONU.

Chega-se, assim, a um ponto da análise que uma indicação metodológica de Foucault nos coloca em uma dimensão outra. Ao concluir seu curso *Segurança, Território, População*, ele faz a seguinte observação: "A história do Estado deve poder ser feita a partir da própria prática dos homens, a partir do que eles fazem e da maneira como pensam. O Estado como maneira de fazer, o Estado como maneira de pensar. Creio que essa não é, [certamente], a única possibilidade de análise que temos quando queremos fazer a história do Estado, mas é uma das possibilidades, a meu ver, suficientemente fecunda, fecundidade essa ligada, no meu entender,

15. Tahiane Stochero. "Mesmo com alta de efetivo no país, sobe nº de habitantes para cada PM": <*https://glo.bo/2AEy12c*>.

ao fato de que se vê que não há, entre o micropoder e o macropoder, algo como um corte, ao fato de que, quando se fala num [não] se exclui falar no outro. Na verdade, uma análise em termos de micropoderes compatibiliza-se sem nenhuma dificuldade com a análise de problemas como os do governo e do Estado" (Foucault, 2008: 481). No caso, a formação de subjetividade policial corresponde a um crescimento e a um superinvestimento, em termos planetários, nos efetivos policiais propriamente ditos e nas tecnologias sociais e computo-informacionais de monitoramento. Desde logo, não se está falando de uma micropolítica, mesmo que a análise se dê em termos microfísicos, mas de uma política tal como ela se configurou modernamente e como ela se apresenta hoje em dimensões planetárias, ultrapassando os enquadramentos disciplinares e legais, as fronteiras dos Estados nacionais e o contorno do planeta propriamente dito. Trata-se de uma política como polícia: polícia institucional e polícia como a forma de vida nas democracias contemporâneas.

O *cidadão-polícia* encontra-se em um Estado democrático de direito altamente policiado, seja com polícia repressiva e de contenção, seja com polícia enquanto cuidados com os ambientes. A prática policial não apenas vaza as fronteiras do território do Estado e de sua população específica, como também se projeta, desde o local, como uma tecnologia de poder com contornos planetários, tendo os variados ambientes deste planeta como objeto de sua produção de segurança e seguridade. Assim, a polícia não é mais "a governamentalidade direta do soberano como soberano", como Foucault apontara em relação à governamentalidade moderna.

Na ecopolítica, as tecnologias de governamentalidade planetária empoderam o cidadão que atua democraticamente como polícia e a convencional distinção política de disputa pelo Estado entre esquerda e direita encontra, nesse início de século XXI, sua unidade em torno da busca por segurança e da defesa dos direitos humanos. É nesse sentido que as resistências que efetivamente colocam um problema insuportável às tecnologias de governo hoje são as que atentam contra a segurança: não estão decalcadas no discurso dos direitos humanos e atacam os controlares policiais. Por isso, seja de forma positiva ou negativa (a depender de quem enuncia), essas resistências são chamadas de *antipolíticas*. Não por acaso, estão relacionadas com a anarquia e anunciam uma forma de vida outra, a produção de uma vida militante distante do ativismo e da agência social (macros e micros) das formas policiais da nova política.

NOVA POLÍTICA E *ANTIPOLÍTICA*

O esgotamento e as crises dos espaços disciplinares anuniciaram novas configurações nas tecnologias de governo mostradas até aqui pela mutação do dispositivo de vigilância em *dispositivo monitoramento*, com as sobreposições e simultaneidades configuradas pelos exercícios de poder em determinadas situações estratégicas. A governamentalização do Estado se projeta planetária e sideral na medida em que as tecnologias computo-informacionais e os cuidados de cada um com o planeta em busca de melhorias se amplificam. Novas práticas de resistências também tomam forma, próximas às forças que também enfrentaram as tecnologias disciplinares de forma radical, os anarquistas. No entanto, a emergência de outras resistências também terá que lidar com as capturas e as forças que buscam aplacá-las, assim como associações operárias, sabotagens e greves gerais tiveram que enfrentar a reação da ordem na sociedade disciplinar. O limiar dessas novas práticas de contrapoder foi o acontecimento *1968*, que anunciou de maneira contundente o esgotamento das tecnologias disciplinares, no capitalismo e no socialismo. No entanto, a fissura contemporânea aconteceu com o movimento antiglobalização, que fez sua aparição espetacular e planetária a partir dos protestos de rua contra a Organização Mundial do Comércio – OMC, em novembro de 1999, na cidade de Seattle, antecedidos pelo Exército Zapatista de Liberação Nacional – EZLN, no México.

A partir do *movimento antiglobalização* opera-se uma ruptura. Antes dele os conservadores acreditavam ter enterrado os projetos de emancipação humana e declaravam que *68* havia acabado e sido capturado pelo novo capitalismo em sua forma neoliberal. O *movimento antiglobalização* trouxe renovação nos discursos de emancipação e será interpelado, na Grécia, pelo intempestivo da revolta. Em meio a este embate reaviva-se o interesse na anarquia e nas práticas da cultura libertária, ao mesmo tempo em que um conjunto de práticas vinculadas às lutas históricas da anarquia é capturado como maneira de fazer funcionar o movimento pela constituição de uma cidadania global. Entre o ativista e o agente social, essa cidadania global se consolida e se constitui, ora como contestação, ora como força da ordem, compondo os traços de uma *nova política* que ganha espaço de formas variadas e em meio a processo bastantes específicos em todo planeta.

A revolta anuncia a recusa a essas capturas ao se colocar como *antipolítica*, que na produção de uma *cultura libertária* desgoverna os monitoramentos pelo ingovernável de uma vida outra que se afirma como militantismo:

> Um militantismo aberto que constitui a crítica real e do comportamento dos homens e que, na renúncia, no despojamento pessoal, trava o combate que deve conduzir à mudança do mundo inteiro. (...) Não simplesmente como escolha de uma vida diferente, feliz e soberana, mas como a prática de uma combatividade no horizonte do qual há um mundo outro (Foucault, 2011: 253).

Se, de um lado, há uma fartura de comunicações e expansão planetária de monitoramentos que atravessam os espetaculares protestos de rua no começo do século XXI, nos quais a tática *black blocs* emerge como escudo de proteção contra a polícia, força ativa que abre caminhos e desperta a atenção produzindo um contra-espetáculo, de outro lado, a Conspiração das Células de Fogo, uma associação de terroristas anarquistas gregos, é o escândalo que se interpõe ao espetáculo e ao contra-espetáculo, afirmando uma vida outra em combate perpétuo como forma de militantismo *antipolítico*.

Ao cartografar essas resistências a partir do *movimento antiglobalização*, chegou-se a um mapa de acomodação que remete às experiências dos governos de esquerda na América do Sul do começo da primeira década do século XXI, pós-*movimento antiglobalização*, e aos movimentos de contestação na Grécia no final da mesma década até a culminância de um novo governo dirigido pela coalização de esquerda radical (SYRIZA) na metade desta década. Esta *nova política* também se manifesta na Espanha com o Podemos e, mais recentemente, com o Barcelona em Comum, vencedor das eleições municipais em 2015. Estas seguem apresentando variações em toda Europa e nos EUA, com destaque para a utilização afinada das tecnologias computo-informacionais, algo decisivo em movimentos como os da Praça do Sol com os Indignados de 2011.

As coalizões europeias, mesmo se apresentando como uma "nova esquerda", ainda preservam formas de mobilização relacionadas aos movimentos históricos do socialismo no continente, algo que na Espanha é um pouco mais elástico, pois o Podemos se vincula a uma política que saiu dos bancos universitários. De qualquer forma, a referência contemporânea para todos esses movimentos, partidos e partidos-movimento, é o *movimento antiglobalização*, seja em suas pautas mais gerais, como denúncia do poder financeiro se sobrepondo às democracias nacionais, seja nos modos de atuação, como bloqueios de rua e nomeação dos atos pela data em que são realizados, como foi o S26, em 2000 nos EUA, e o 15M de 2011, conforme se autonomearam os que depois foram chamados de Los Indignados.

O *movimento antiglobalização* teve sua emergência, atuação e ampliação vinculadas às lutas políticas na América Latina. Sua aparição, com o uso de tecnologias computo-informacionais, remete aos comunicados enviados por e-mail pelo movimento zapatista no México, a partir de 1994 (Di Felice; Muñoz, 1998; Holloway, 2003). Sua atuação institucionalizada inicia-se com a realização, em 2001, na cidade de Porto Alegre, do Fórum Social Mundial — FSM, que modificou o caráter anticapitalista inicial do movimento para a busca de um altermundialismo e ligações com os governos da região (Bringel; Muñoz, 2010). Sua disseminação, retomada radical e transformação, inicia-se com a revolta grega em dezembro de 2008 (Augusto, 2013), e logo encontrou ressonância em práticas de contestação radicais em meio às jornadas de junho de 2013 no Brasil (Passetti, 2013c). Em todas as modulações o movimento sempre esteve atravessado, direta ou indiretamente, por enunciados e práticas derivados dos anarquismos (Newman, 2011).

Em meio ao que se tornou conhecido como oposição à globalização e ao neoliberalismo, o EZLN foi de imediato apontado como a força atualizada e mais expressiva desse combate por duas razões. Veio a público no dia 1° de janeiro de 1994, dia em que entrava em vigor o Acordo de Livre Comércio da América do Norte (NAFTA), que, para eles, simbolizava a forma do capitalismo neoliberal e globalizado; e em declarações enviadas por e-mail pelo subcomandante Marcos, o guerrilheiro afirmava que seu *lap top*, para o objetivo do EZLN, era uma arma mais decisiva do que os fuzis.

De uma só vez, dispunham-se os elementos que guiariam quase todos os movimentos posteriores de crítica ao capitalismo: o uso intensivo da internet como canal de produção de um discurso contra hegemônico global e a luta contra a nova configuração de poder globalizado. Mas havia mais: os zapatistas diziam querer "mudar o mundo sem tomar o poder" — expressão utilizada posteriormente pelo cientista político marxista John Holloway (2003) como mote da emergência de uma nova esquerda não mais orientada pela luta por ocupação do aparelho de Estado e de caráter antissistêmico, mas que já anunciava uma certa disposição em participar da luta democrática, sem disputar postos na burocracia estatal. Mas também pode ser tomada como uma posição de recusa do Estado e, portanto, relacionada aos anarquismos, como aponta Richard Day (2005). Algo que Holloway (2013: 180, nota 25) admitirá em resposta à crítica de Day, porém reafirmando uma posição de defesa da democracia como tal como campo possível de ação política, ou seja, afastando-se da recusa radical e admitindo a disputa política.

Nesse momento, anunciava-se uma nova forma de ativismo político que combinava certa recusa de disputa por ocupar o governo do Estado e o uso das novas tecnologias computo-informacionais. No entanto, os zapatistas ainda se encontravam atrelados a um discurso militar, de organização de guerrilha, e seu anticapitalismo marcado pela crítica da economia política clássica combinada com elementos de defesa da tradição indígena. A ampliação dessa forma de ativismo e a ampliação das formulações críticas cada vez mais próximas dos anarquismos e do pensamento pós-estruturalista, relacionado em especial a Michel Foucault e a Gilles Deleuze, levará ao que Richard Day nomeia como novíssimos movimentos sociais em seu livro com o sugestivo título *Gramsci is dead* (Day, 2005). Esses movimentos se afastariam cada vez mais da luta não só pelo poder de Estado, mas também de uma disputa em direção à busca de influenciar as decisões de Estado, produzindo *ações diretas* e experimentações éticas de relações que efetivamente operam segundo a transformação que se quer para o presente e não projetada para o futuro. Não é fortuito que será em meio à disseminação dessa forma de atuação e de ativismo que temas como ecologia, luta contra as prisões e feminismo ganharão mais impactos que temas antissistêmicos mais genéricos.

Foi com a propagação das tecnologias computo-informacionais e as articulações para ações coordenadas em todo planeta no dia de reunião das organizações internacionais, como o G8 (grupo dos sete países mais ricos mais a Rússia) e o Banco Mundial, que o *movimento antiglobalização* ganhou forma e fez sua primeira aparição em 30 de novembro de 1999, contra a reunião da Organização Mundial do Comércio – OMC, na cidade de Seattle. Nesse primeiro protesto-espetáculo já se apresentavam características do que se nomeou como *movimento dos movimentos* — designação utilizada para se referir a uma forma de atuação que engloba desde pequenos sindicatos, associações de bairro, ecologistas, feministas, ONGs e toda sorte de grupos da chamada sociedade civil organizada até associações anarquistas, punks, anarco-punks e ecologistas radicais.

Em poucas palavras, via-se nas aparições destes grupos de luta por direitos de minorias ou contra o recuo de direitos trabalhistas, marchando por suas reivindicações específicas, até praticantes de uma política radical, vinculada à anarquia, de ataque frontal ao Estado e às empresas do capitalismo global como os *black blocs*, como mostram, de maneiras diferentes, as pesquisas de Francis Dupuis-Déri (2014) e A. K. Thompson (2010). Não tardou para que essas manifestações se repetissem por diversas capitais e grandes cidades do planeta, inclusive na América Latina, em São Paulo, Buenos Aires, Cidade do México, Montevidéu e Santiago do Chile, já em setembro de 2000.

Inaugurou-se um ciclo de disseminação dos protestos de rua que tiveram sua marca comum na oposição ao capitalismo financeiro globalizado, com nuances entre um anticapitalismo frontal e propostas de regulação do sistema financeiro internacional para a produção de um "capitalismo mais humano", como era possível notar em organizações como a ATTAC (Associação pela Tributação das Transações Financeiras para Ajuda aos Cidadãos), que teve papel decisivo na realização de diversas dessas manifestações. Por isso, foram pautados por uma agenda que visou atingir, protestar ou impedir as grandes reuniões de cúpula (fossem de empresários ou de autoridades governamentais) com manifestações simultâneas, articuladas via internet, em várias capitais do planeta. Essas manifestações tinham como objetivo pontual impedir as reuniões de cúpula e, paralelamente, atacar simbolicamente os grandes ícones do capitalismo neoliberal globalizado.

No caso da manifestação de Seattle, em novembro 1999, esse duplo objetivo foi alcançado. A reunião de cúpula teve de ser cancelada devido aos inúmeros bloqueios que pararam a cidade, e se promoveu a crítica às organizações internacionais de regulação da economia e do comércio global. Além do impedimento pontual da reunião, o sucesso das jornadas de Seattle evidenciou os efeitos deletérios das multinacionais e dessas organizações às pessoas e ao meio ambiente — temas que passaram a fazer parte mais incisivamente da agenda política internacional. Esse foi um dos mais evidentes resultados da atuação de inúmeros coletivos de mídia independente e da repercussão na grande mídia, que, nesse caso, deveu-se também à brutal repressão policial que atingiu os manifestantes.

Essa "nova onda" anticapitalista possui estreitas relações com as formulações, práticas e críticas dos anarquismos, seja de maneira direta ou indireta. Logo, a anarquia, força de contestação política que havia sido declarada morta pela historiografia oficial desde a derrota da Frente Popular na Espanha, em 1939 (Joll, 1964; Woodcok, 1981; 2002), reaparece surpreendentemente em *1968*, de formas diversas em meio a essas ações. No entanto, não tardará para que a radicalidade *antipolítica* e de crítica à representação, presente entre os anarquistas, encontre outros adversários no interior do movimento dos movimentos que visavam capturá-la em propostas de renovação institucional e de representação compartilhada.

A forma mais direta e evidente de captura da potência anárquica de contestação apareceu pela formação de um fórum, articulado pela "esquerda tradicional", lançando as bases para a formação de novas formas de atuação política que eclodiram nos países do Norte, nomeadas aqui de *nova política*.

Em 2001, apenas a Venezuela possuía um governo que atuava segundo os objetivos *altermundialistas* postulados por parte dos realizadores do primeiro Fórum Social Mundial. Seu líder militar e popular, Hugo Chavez, aparecia como a imagem primeira do que ele mesmo denominou de "socialismo do século XXI", a realizar-se por meio da solidariedade entre os povos latino-americanos segundo o programa formulado pelo o que se denominou de bolivarianismo. Combinava-se a manutenção de certa democracia formal com a retórica antiestadunidense e a promoção de políticas sociais compensatórias conformadas em torno de um possível populismo com pretensões igualitaristas e orientado para o aumento do consumo.

Com diferenças pontuais, mas convergindo em certa crítica ao mercado financeiro global em favor de uma solidariedade no Sul, seguiu-se, a partir daí, a composição de governos na região afinados com esse discurso. Ressalte-se a utilização do termo populismo aqui segundo seus usos contemporâneos, a saber, como momento decisivo no campo político de expressão da tomada de decisão de um povo fazendo uso do campo institucional, mas ultrapassando-o como singularidade histórica que se expressa em um líder quando preenche o significante vazio produzido pela crise de representação democrática (Laclau, 2013).

A formulação filosófica do termo, que defende uma visão positiva do populismo e se vale de formulações da teoria estruturalista na psicanálise, nomeadamente a de Jaques Lacan, é uma referência largamente utilizada para justificar os chamados governos de esquerda na América do Sul, como na Argentina, Brasil, Venezuela, Equador, Bolívia, Uruguai e Chile. A noção de *povo* proposta por Laclau neste estudo busca se opor à de *multidão* de Negri & Hardt, carente, segundo Laclau (Ibidem), do "sujeito histórico" capaz de efetuar o ato político por excelência, quando da tomada de decisão que romperia com a ordem vigente; portanto, é imperativo um líder capaz de institucionalidade. As críticas de Laclau às formulações de Negri & Hardt serão por estes rebatidas; embora não recusem a institucionalidade, afirmam que a tarefa da *multidão* é a produção de um poder constituinte e não uma decisão transcendental de uma liderança carismática.

Com a vitória de Lula da Silva no Brasil, em 2002, seguiu-se a institucionalização do *altermundialismo* proposto pelo FSM por meio de um governo que quitou a dívida brasileira com o FMI e promoveu o crescimento de programas sociais, como o Bolsa Família[16] e o Minha Casa, Minha Vida[17]. A composição regional consolidou-se com a ocupação de outros governos de Estado na região alinhados ao mesmo discurso e práticas políticas, como com a vitória, em 2005, de Evo Morales na Bolívia e seu chamado Estado Plurinacional formado em torno da noção de *potência plebeia* (Linera, 2011), proposta por seu vice Garcia Linera, e a vitória de Rafael Correa, em 2007, no Equador. Este também saldou a dívida internacional de seu país e seguiu na construção de seus conselhos de segurança cidadã[18], bem como com o governo dos Kirchiner na Argentina, a vitória de Mujica no Uruguai[19] e a de Bachelet, no Chile. Essa composição regional de governos seguiu marcada pela formação de enclaves político-militares multilaterais, como a UNASUL[20], e esforços de políticas voltadas para a cooperação sul-sul, encabeçada pelo Brasil e expressa na formação de acordos e cooperações interestatais como os BRICS[21]. A vitória política alegada por esse enclave de países manifestou-se na não realização do acordo multilateral

---

16. Ministério do Desenvolvimento Social. "Bolsa Família": <*https://bit.ly/Xn3jol*>.

17. Sobre o Minha Casa, Minha Vida como programa de acesso à moradia, mas também de desenvolvimento econômico como fomento às empresas de construção civil no interior do PAC II (Plano de Aceleração do Crescimento) do governo de Dilma Roussef, ver <*https://bit.ly/2sm3GAI*>.

18. Sobre o papel de regulação política das dívidas nos países, em especial a Grécia, e a forma encontrada por Rafael Correa para saldar a dívida equatoriana: Katerina Kitidi, *Debtocracy*, 2011. <*https://bit.ly/1MhL3Ds*>.

19. Sobre a repressão às manifestações de rua pelo governo uruguaio, ver o documentário produzido pela Plenaria Memoria y Justiça, em 2013: *Todos en La Mira*. <*https://bit.ly/2D38OjB*>.

20. A UNASUL (União das Nações Sul-Americanas) foi criada em 23 de maio de 2008, pelo Tratado Constitutivo da UNASUL. Trata-se de um bloco inspirado nos ideais de Simón Bolivar, composto por 12 países e que visa estreitar as relações políticas, culturais e militares entre os países da América do Sul, composto por Argentina, Bolívia, Brasil, Chile, Colômbia, Equador, Guiana, Paraguai, Peru, Suriname, Uruguai e Venezuela. <*http://www.unasursg.org/*>.

21. Sigla que não corresponde a um bloco juridicamente constituído, BRICS é a expressão utilizada para designar as nações consideradas economicamente emergentes no mercado global, composta pelo Brasil, Rússia, Índia, China e África do Sul, na sigla em inglês.

de livre comércio proposto pelos EUA, conhecido como ALCA (Área de Livre Comércio das Américas) — pauta comum do *movimento antiglobalização* no início do século XXI.

Em linhas gerais, esta é a forma de institucionalização governamental do *movimento antiglobalização*, por meio do primeiro FSM, que além de deslocar a inicial luta anticapitalista para uma crítica econômica à mundialização do capital financeiro, serviu como fórum ou plataforma das políticas de Estado na América Latina, produzindo um claro recuo das contestações expressas pelo povo de Seattle e suas repercussões planetárias por meio da AGP (Ação Global dos Povos). Essa institucionalização governamental conectará a ampliação do mercado consumidor interno desses países, com o crescimento do endividamento individual e supervalorização das políticas de Estado, traduzida em investimentos e ações cada vez mais volumosos no campo da chamada segurança pública e no da criação de uma variedade de conselhos voltados à participação popular diretamente atrelada ao Estado. De certa maneira, será essa uma marca distintiva da nova política dos governos latino-americanos que tomaram como plataforma o FSM — bastando lembrar que os encontros seguintes foram realizados em países que respondem a essa estratégia de cooperação sul-sul, como a Venezuela, Quênia, Índia, Senegal, e de volta ao Brasil, em 2012.

Nesse processo de institucionalização, completou-se o ciclo de mutação do *ativista* anticapitalista em *agente social* que milita segundo valores e metas universais postuladas por organizações internacionais, como a própria ONU e os ODM, sintetizados no combate à pobreza, defesa do meio ambiente e populações tradicionais e garantia de direitos humanos. O agente encontrará seu protagonismo em partidos e ONGs envolvidas na própria criação do FSM, como a ABONG (Associação Brasileira de ONGS), o Instituto ETHOS, o Instituto Polis, os partidos de esquerda, as comissões da sociedade civil organizada, ATTAC e demais organizações similares (Leite, 2003). A cidadania global, buscada como fim das mobilizações planetárias de uma emergente sociedade civil globalizada, nomeada também como *multidão*, encontrou seu campo de ação no apoio aos governos locais e na profissionalização da militância em organizações internacionais. No entanto, esse *novo mundo possível* está desenhado em meio à continuidade e até reforço do capitalismo, e baseado na valorização do papel corretivo do Estado, além de dura repressão a quem se opõe ao modelo dominante. Também no plano conceitual vê-se que, apesar das críticas entre eles, a proposição de uma *democracia multitudinária* (de Negri & Hardt) e de um *populismo igualitarista* (de Laclau) se mostram complementares quando utilizadas como parâmetro para se analisar as experiências desses governos de esquerda na América do Sul da primeira década de 2000. Perfazem assim a lógica de captura dessas práticas no campo da constituição de uma cidadania global por meio de valorização de experiências locais, no jargão do próprio movimento, uma democracia *glocal*. Reinscrevem as contestações no campo da prática política como ciência do governo, renovado e democratizado, mas longe da produção de uma vida outra, afeito às negociações, avanços e recuos pertinentes à política e das tecnologias de governo que buscam efeitos de hegemonia.

No ano de 2011, os protestos planetários retomaram fôlego com os movimentos de ocupação de praças em todo planeta. Atravessaram desde o Norte da África, abalando governos autoritários locais, passando por cidades como Londres, Paris, Nova Iorque e Madri. No entanto, as ações e reivindicações em tais aparições ainda oscilavam entre o uso de táticas radicais e de estratégias de garantia de direitos em busca de políticas sociais compensatórias e empregabilidades. Entre a institucionalização do *movimento antiglobalização* e a retomada dos protestos planetários, as táticas de sabotagem e de enfrentamento radical do Estado e do capitalismo reapareceram nas ruas de Atenas, na Grécia. Novamente se recolocou uma contestação apartada da crítica da economia política clássica e da formulação de proposições de políticas sociais a serem incorporadas por governos para a afirmação de uma recusa radical, ética e estética, às formas de vida possíveis sob o domínio do capitalismo e do Estado, como é possível notar na declaração de uma associação dedicada à prática da ação direta e da sabotagem em meio à revolta grega, a CCF, que expressa, na própria maneira de pronunciar a afirmação do militantismo:

> Depois de mais de três anos de ação intransigente e mais de 200 ataques explosivos, seguimos acreditando que nossos atos não são mais que uma gota frente ao imenso oceano do nosso desejo de transformação (...). Portanto, pertencemos à corrente antissocial da anarquia, a que rompe não apenas com o Estado, mas também com a sociedade, porque vemos que o poder não se mantém unicamente com a violência e as ordens dos quartéis do Estado, mas também pela aceitação, reconciliação e renúncia da multidão silenciosa, que aprende a ovacionar as vitórias nacionais, a festejar as vitórias de sua equipe de futebol, a mudar de ânimo apertando o botão do controle remoto, a enamorar-se com escapismos de lojas e de modelos artificiais, a odiar os estrangeiros, a olhar apenas para si e fechar os olhos ante a ausência de uma vida de verdade (CCF, 2011: 308–309).

Em junho de 2013, as táticas de confronto radical apareceram no Brasil, expressando o quanto não estavam alinhadas com a *nova política* que anunciava um futuro próspero para o hemisfério Sul, em especial, para governos de países latino-americanos. Neste caso, mostram-se mais interessantes na medida em que, diferente da Europa, que assistiu aos protestos em um cenário de crise e austeridade econômica e desemprego de jovens, no Brasil eles irromperam em meio a um cenário em que se acreditava haver prosperidade, desenvolvimento econômico, muitos empregos e projeção internacional do país. Ainda que no interior das *jornadas de junho* fosse possível encontrar todo o leque que compõe a chamada *multidão*, a singularidade irrompeu das ações da tática *black blocs*, que escandalizou um dos mais triunfantes governos latino-americanos, o brasileiro, da política dita *altermundialista*, afirmando-se como revolta *antipolítica* (Passetti; Augusto, 2014).

As idas e vindas da racionalidade neoliberal investem na fundamentação de um Estado enxuto, por vezes compreendido como mínimo, apesar de não haver evidências ou consenso sobre o que seja o mínimo. A própria razão neoliberal necessita de capital humano, requer investimentos estatais em educação e saúde, pesquisas científicas financiadas pelo Estado, ordenações sobre os viventes que são mais do que regulações e regulamentações. Não se trata de políticas compensatórias, ao contrário, de conexões entre Estado e sociedade civil organizada em torno do palpável, posto que a redução de riscos é uma tarefa pessoal do divíduo portador de direitos inacabados.

É diante desta situação que o duplo composto pelo combate à impunidade e à corrupção se constitui em práticas de garantias da segurança e bem comum ao Estado e ao divíduo. Espera-se que as condutas sejam cada vez mais criminalizadas — aceitando-se o déficit no controle dos chamados crimes e a continuidade de encarceramentos com gestão compartilhada nas prisões entre governo administrativo penitenciário e o dos presos, por meio de moralidade e contenção de rebeliões, em torno também de um quociente tolerável de ilegalismos inerentes. Mas essa criminalização de condutas atinge outro patamar de seletividade penal que ultrapassa a já conhecida e voltada para as populações pauperizadas não capturadas como exército de reserva de poder pelas instituições policiais repressivas e de inteligência. O novo combate à impunidade situa as relações entre Estados, políticos e empresários que dilapidam o chamado erário público (as riquezas monetárias do Estado) por meio de negócios econômicos voltados para o empreendimento nacional. Combater a corrupção passa a ser uma estratégia de redução e formalização normativa e jurídica, como uma polícia do judiciário, na defesa da gestão dos gastos públicos e défícts.

O *movimento de junho de 2013*, no Brasil, não introduziu somente o *black blocs*, o fluxo insuportável da inteligência inominável. Atraiu para seu interior segmentos explicitamente neoliberais que gestaram de seu interior a disseminação do combate à corrupção de um governo que se apresentava implicado nos gastos. Funcionando em duplos fluxos, de formatação da conduta resiliente às adversidades produzidas por esse governo e de conexão com os descontentamentos políticos acumulados desde a eleição de 2014, gestaram também no interior daquele movimento o que repercutirá amplamente em 2015 com o escudo protetor, a Operação Lava Jato, iniciada em março do ano anterior, e suas variações, produzindo a crença na Justiça (polícia da justiça) e abrindo possibilidades para o impeachment da presidente em exercício no primeiro semestre de 2016. Como o golpe de Estado é inerente ao próprio funcionamento regular do Estado (o que os analistas enfatizam são apenas as resultantes repressivas que desembocam em ditaduras, negligenciando os dispositivos de exceção inerentes ao seu funcionamento) sua legitimidade, obviamente, oscila entre regularidades e irregularidades jurídico-políticas, circunscritas ao momento. Todavia, deve-se ressaltar que não só no Brasil, mas planeta adentro, o combate à corrupção do Estado e às impunidades se propagam seletivamente como condição necessária e suficiente para uma normalização da política normal neoliberal e de sua racionalidade econômica, observando-se o zelo pela gestão da *coisa pública*, que deve repercutir em redução de Estado e potencialização do mercado capaz de produzir mais e mais ocupações. Trata-se de viabilizar a sustentabilidade dos governos de Estado e, por conseguinte, de empresários, bancos e principalmente do divíduo. Uma nova política, portanto, em cujo pluralismo não cabe o inominável.

Não apenas os governos, mas também analistas identificados com a esquerda logo correram aos palanques midiáticos para manifestar seu horror com o modo *antipolítico* das forças identificadas como anarquistas, acusando-as de praticarem uma forma autoritária de protesto, o que as tornaria, segundo esses intérpretes, forças próximas ao fascismo. Foi o caso do pronunciamento da professora de filosofia da USP, Marilena Chauí, à Polícia Militar do Estado do Rio de Janeiro, e das análises do cientista político e professor da UNESP, Marco Aurélio Nogueira, publicadas em jornal de grande circulação e depois compiladas em livro. Este último, em livro sobre as manifestações de junho de 2013, seguindo pronunciamento da filósofa Marilena Chauí, escreveu sobre os *black blocs*: "Não são de esquerda, agem com táticas fascistas, infiltram-se sibilinamente no meio das multidões para desmoralizá-las" (Nogueira, 2013: 103).

As *jornadas de junho de 2013* no Brasil, em especial as posições adotadas em relação aos manifestantes que aderiram à tática *black bloc*, colocaram um fim à ambiguidade dos governos de esquerda da América do Sul em relação às lutas que emergiriam com o *movimento antiglobalização*. Isto é mais evidente em relação ao governo brasileiro, embora seja verdadeiro, por outras razões, em países como Venezuela, Bolívia e Argentina. Embora esses governos remetam aos movimentos sociais do final das ditaduras civis-militares, eles emergem e se consolidam em meio à ascensão do *movimento antiglobalização*, e logo mostram uma extrema irritação em lidar com essas novas formas de formular contestações, reivindicações e protestos que valorizam as lutas pontuais, com ações táticas, descontínuas e dispersas. Formas que são, em diferentes gradações, anárquicas. Para além do escândalo produzido pela tática *black blocs*, ascendendo a sanha repressiva e obtusa desses governos e seus apoiadores, o esgotamento da experiência governamental se mostrou incontornável no segundo ciclo das lutas do final da década de 1990.

Se a distância com a velha esquerda é clara e a recusa do governo é latente, as relações com a *nova política* que se revigora no novo ciclo da segunda década do século XXI mostra a nova ambiguidade. Isso se torna mais claro quando hoje se afirma a emergência da *nova política*, que afronta o capital financeiro global em países europeus como Grécia e Espanha, principalmente. As ascensões de partidos como a SYRIZA, na Grécia, e o Podemos, na Espanha, apontam para uma captura dos movimentos de contestação na Europa. Em 20 de agosto de 2015, Alexis Tsipras, primeiro ministro grego pela SYRIZA, renunciou alegando que seu mandato havia se esgotado (durou 7 meses) e a missão de barrar austeridade havia falhado, mesmo ressaltando que seus esforços impediram um desastre maior. As novas eleições o reconduziram à chefia de governo, com acordos firmados junto aos nacionalistas dos Gregos Independentes. A ativação do chamado populismo contemporâneo indica sinais de poder que capturam as insatisfações populares na rotina eleitoral ou mesmo em consultas plebiscitárias que visam renovar a confiança nos poderes estatais, ainda que estes cheguem a acordos diversos dos que referendados em plebiscito. O mesmo vale para o Podemos na Espanha que, após se tornar uma força eleitoralmente viável, senta-se à mesa com seus antigos alvos, como o PSOE, para coalizações de oposição parlamentar ao PP, o partido conservador à frente do governo espanhol.

Bem diverso é o que se passa com os movimentos de ação direta, vinculados diretamente à anarquia e que recusam a ação institucional. Diante de jovens vestidos de negro no auditório da UERJ, ao analisar o embate aberto pelos praticantes da tática: "há muito mais cinismo à vista, combates e alvos certeiros mirados pelos orifícios dos olhos de um rosto encapuzado *black blocs.* Hoje é assim; no passado estes corpos, ou seja, 'braços erguidos, peitos intrépidos, pernas ágeis, capacetes cintilantes em cima das cabeças' se apresentavam com as roupas de operários. Há muito tempo, talvez desde 1968, enfrentam a ordem com vestimentas antiuniformes, anti-identitárias, antipolítica. Se eles são muitos ou poucos, isso é irrelevante diante do *insuportável.* Eles trazem no corpo suas utopias e produzem heterotopias. Resistem: os mascarados, na igualdade e na poética, com olhos firmes e corpos fortes, utópicos e heterotópicos"[22].

As análises de Michel Foucault (2008a) indicam que a governamentalidade se faz em relações ascendentes e descendentes que instituem e incorporam condutas e contracondutas; não se realizam pela centralidade do Estado, mas encontram nele efeitos de institucionalização ou "efeitos de hegemonia". Os protestos globais que buscam protagonismo e novas formas de ação política constituem, em âmbito transterritorial, elementos dessa governamentalidade, agora planetária, atuando na renovação de práticas e na produção de demandas políticas que animam governos. Entretanto, a emergência da tática *black blocs* como potência da revolta *antipolítica*, rasgando de negro a *multidão* multicolorida, alerta que diante do governo as práticas anarquistas, históricas e atuais, seguem na afirmação resistente da *cultura libertária.*

Resistem aos governos e às capturas que buscam pacificar as lutas dos libertários. Não se orientam por fins estratégicos, não separam meios e fins, como certa vez sublinhou Emma Goldman, mas atuam segundo a dureza das lutas. Não buscam a vitória. Os anarquistas são uma força difusa na história que, por meio de práticas dispersas e descontínuas, lembram sempre aos poderes que eles não estão sozinhos. Algo negro

---

22. Trecho transcrito da apresentação de Edson Passetti no *VIII Colóquio Internacional Michel Foucault: Michel Foucault e os saberes do Homem*, realizado entre os dias 22 e 25 de outubro de 2013 nos auditórios 91 e 93 do campus Maracanã da UERJ. Ver também Conde (2015).

sempre estará à sua espreita, seja para derrubar o velho, seja para não se deixar acomodar pelo novo. É nesse sentido que são força *antipolítica* em meio aos movimentos, sejam velhos, novos ou novíssimos. Não se conformam com políticas pontuais e contingenciais e tampouco estão disponíveis às capturas.

Quanto às resistências e à produção de novas institucionalizações, este jogo entre a antipolítica, que afirma uma recusa de governo, e a produção de uma nova política, que renova práticas entre os governáveis, apareceu como uma característica marcante das práticas de monitoramento. Além da dinâmica das próprias manifestações e seus diversificados grupos com reclames de aprofundamento da democracia e funcionamento em torno da ideia de horizontalidade e participação, registrou-se, também, a correção de estratégias, incremento de equipamentos e ampliação legislativa das forças diretamente controlada pelo Estado.

Na tensão entre *antipolítica* e a *nova política*, o caso grego expõe o jogo de governo que renova o campo da ação política como condução das condutas e renovação da referência ao Estado como moldura jurídica na conformação da dinâmica do jogo de interesses entre forças díspares (Augusto, 2013). As turbulências e os confrontos nas ruas da Grécia e os enfrentamentos nas *jornadas de junho* no Brasil, como exposto acima, possibilitaram a emergência do *ingovernável* e a caraterização das resistências na sociedade de controle como a atitude *antipolítica* componente da *cultura libertária*. No entanto, a conformação governamental conseguida pelo SYRIZA e seu acordo de governança junto às forças partidárias de extrema direita para condução do Estado grego expõem como as proliferações dos movimentos sociais contemporâneos ativam um campo da formação de novas institucionalidades.

Diferente do que foi apontado por diversos analistas como expressão de uma crise política de representação, expressa no crescimento desses movimentos como se deu no Brasil, em 2013, grande parte desses movimentos são contabilizados como forças de freio e contrapeso às ações do Estado (sendo, mesmo que indiretamente, agentes de monitoramentos como contenção), ainda que não possuam representatividade e legitimidade institucional no interior da arquitetura institucional do Estado. Eles se inserem na dinâmica da política também como móvel da política. Ainda que se apresentem como ações de resistência, cumprem uma função de monitorar as ações do Estado dentro do contínuo Estado e sociedade civil.

A emergência do *ingovernável* retoma a pertinência dos anarquismos nos movimentos contemporâneos, nos quais muitos dos instrumentos dos monitoramentos computo-informacionais, como câmeras, celulares, computadores e geolocalizadores, são voltados contra os poderes. Não há vida libertária na internet (Uehara, 2013), na medida em que esta opera por compartilhamentos e se constitui como campo privilegiado dos monitoramentos. No entanto, os anarquistas não viraram simplesmente as costas para as novas tecnologias de governo. Entraram no combate, sob o risco da eliminação ou da captura, produzindo suas armas como equipes de filmagens em manifestações, produção de softwares criptografados, servidores e Data Centers próprios, como Riseup[23] e Nodo50[24], aplicativos de comunicação instantânea para usos em ações clandestina, práticas de enfrentamento e sabotagens de empresas de instituições governamentais. Nada que garanta escapar aos sofisticados controles, mas utilizados como táticas de uma guerrilha contemporânea. As penalizações a céu aberto dirigem-se, no limite, para contenção dessas formas de recusa. Mais do que reprimi-las ou anulá-las, há um investimento, por meio dos monitoramentos, em antecipá-las. Seja pela captura política, como jogo de demandas e convocação à participação, seja com leis cada vez mais minuciosas, que visam penalizar condutas ordinárias, como a Lei de Segurança Cidadã, conhecida como Lei da Mordaça de 2015, na Espanha, ou a Lei Antiterrorismo, de 2016 no Brasil.

Monitorar é servir à produção de ambientes pacíficos (físicos e eletrônicos) nos quais cada cidadão é convocado a monitorar também, sob a suspeição de conspirar contra o ambiente pacífico das cidades ou da internet. E para se produzir a paz é preciso penalizações. E o próprio cidadão, emparedado pela lei, ativa os monitoramentos extensivos, que não visam apenas grupos organizados para fins políticos específicos; trata-se de securitizar ambientes e, assim, qualquer um, inadvertidamente, pode ser classificado como um terrorista, sejam grupos artísticos que se apresentam nas ruas, torcidas de futebol, como ocorre na Inglaterra, na Alemanha, na Espanha ou mais recentemente no Brasil. Mas isso não se produz pelo negativo da lei: as penalizações a céu aberto, escoradas em leis específicas que se refazem em todo planeta, produzem três formas características da

23. <*https://we.riseup.net/*>.

24. Sobre o Nodo50 e a construção de um Data Center próprio para hospedar sites anarquistas e de movimentos sociais fora do radar de governo e empresas: Documentário *Nodo50, error en el sistema*: <*https://vimeo.com/78492174*>.

governamentalidade planetária: o *cidadão-polícia*, a expansão dos monitoramentos e a elastificação da identificação de perigoso virtual para todos os cidadãos. Compreende-se como as ações do GAC (Grupos Anarquistas Coordenados), na Espanha, estão voltadas "contra la democracia"[25]. São os anarquistas que anunciam, de forma inequívoca, as formas autoritárias das práticas de monitoramento na democracia contemporânea. Seguem em suas lutas contra o regime dos castigos, colocando-se como atiradores e alvos do sistema penal, que hoje se amplia para além da prisão prédio e para além das salas dos tribunais pelas penalizações a céu aberto.

A atitude de REVOLTA que ativa a *antipolítica*, porém, não se apresenta apenas nesses momentos de enfrentamento. A pertinência da *cultura libertária* indica a urgência da produção de uma vida outra, na combatividade nem sempre visível do militantismo, que não corresponda à gestão dos viventes e a produção do *cidadão-polícia* próprios do *dispositivo monitoramento*.

25. Observatório Ecopolítica. "O antiterrorismo específico e seletivo na Espanha". Ano I, n. 7, março de 2016. <*https://bit.ly/2VNLxJR*>.

Direitos e o dispositivo resiliência

A noção de dispositivo, sugerida por Michel Foucault (1977, 1977a, 1979; 2001, 2008; 2008a), não se confunde com legitimidade, como já alertara de forma precisa Deleuze (1988). Tampouco se reduz a uma noção restrita à sociedade disciplinar, como é comum encontrar em leituras recorrentes de Foucault que se fazem via sobreposições deleuzianas, pois neste caso, em especial, um dispositivo estaria enredado ao modelo de rede e à própria concepção de modelo.

A noção de dispositivo utilizada aqui se encontra, também, distante das incursões de Agamben (2009) em torno dela, e das derivações de aplicações realizadas por seu intermédio que trafegam no duplo indissociável entre a profanação e a sacralização. Dito de outro modo, nas proliferações de direitos, enquanto o que trafega na complementaridade do duplo das significações e empoderamentos, ou ainda, na perseguição do que foi separado e dividido (leia-se também alienado) e deve (direito-dever) ser restituído (leia-se, também, nova emancipação ou nova subjetivação ou contracondutas). O castigo, ao permanecer, retraduz por outras vias a lógica do sacrifício, em função dos *agenciamentos de dispositivos* e *de contra-dispositivos*, bem como suas correspondentes atualizações de restituição do uso comum restauradas, como quer Agambem.

Um dispositivo, tomado a partir da análise genealógica, dispõe, põe em cena por meio de seu exercício de forças em luta, distante da gênese do soberano, não circunscrita meramente à relação saber-poder, mas interessada nas relações governo-verdade e ao que ela forma, dá forma e põe a funcionar.

Não se trata de representação ou do enredamento entre os jogos de legitimidade e legalidade, nem mesmo de relativizações em torno de interpretações que retraçariam o conforto da hermenêutica jurídica, tampouco do apaziguamento de resistências como pretendem as práticas voltadas à fomentação da resiliência.

Um dispositivo dispõe e põe a funcionar conjuntos de práticas voltadas ao próprio funcionamento da política. Não como um a priori, pois neste caso estaríamos sob o império da lei à espera de legitimidade, como requer o Estado democrático de direito, e, simultaneamente, nos seus interstícios, naquilo mesmo que subjaz a ele próprio, pelas conformações de ditaduras, de genocídios e etnocídios, extermínios, subordinações, assujeitamentos. E nessa esteira, um arcabouço infindável de normativas e diretrizes, projetos e programas que pretendem conjurar o que é insuportável para o direito e para a política, em compasso equivalente ao que se mostra oportuno e capaz de suportabilidade.

Daí, mais uma vez, a relevância atual que assume o conceito de resiliência como aquele que se mostra profícuo em transitar como o inverso do que resiste e configura a expressão de capturas. O próprio termo "resiliência" foi capturado da física do século XIX. O conceito foi inicialmente cunhado, em 1807, por Thomas Young a partir de seus experimentos para medir a resiliência de materiais diversos submetidos a um determinado impacto, sua suportabilidade e capacidade de absorção de energia, deformação e elasticidade para voltar à sua condição anterior ao impacto sofrido (Young, 1845).

Mas uma captura nunca é fortuita. A ida aos experimentos de Young se mostrou conveniente, pois lá se encontra a possibilidade de se transpor para os dias atuais a captura como capacidade de absorção e, simultaneamente, superação de energia de forças em movimento. "Vimos que o espaço através do qual um corpo pode ser distendido ou comprimido, sem qualquer alteração permanente da forma, constitui a sua dureza: a de que a sua força, ou a resistência final que ela proporciona, depende da magnitude conjunta de sua dureza e elasticidade ou rigidez, e que a sua resiliência, ou o poder de superar a energia ou o impulso de um corpo em movimento, é proporcional à força e tenacidade conjuntamente" (Ibidem: 482).

Mas antes do termo, ou do conceito, a palavra.

A palavra resiliência é antes de tudo uma palavra religiosa. Sua etimologia provém do latim e conjuga em uma só o substantivo *resílio* (o que cobre de proteção) e o verbo *resálio* (voltar atrás ou sobre si mesmo, ou voltar sobre o mesmo). Suas derivações são inúmeras: desdizer-se, encolher-se, distender-se. Palavra religiosa e renovada pela ciência, pela política. O resílio também é o ligamento da valva de um molusco, ou o que pode ser designado como a relação indissociável entre religião e política.

O resiliente e a resiliência são o que suporta, tolera, resigna, restaura, protege, pacifica e ao mesmo tempo reconfigura o sujeito de direito em portador de direitos inacabados, muitas vezes conjugando-os, pois a própria resiliência se mostra como um catalizador. Tomado de forma literal, é um elemento que acelera uma reação de adequações moduláveis. Na perspectiva analítica, a resiliência se mostra como característica reativa, e não resistente, por excelência.

O final do século XX sinalizou para um relevante deslocamento voltado à disputa pelo controle da segurança, retraduzida pelos direitos medicalizados, respaldando a continuidade da propriedade, do Estado e da vontade de governo sob o advento dos direitos de quarta geração.

Os investimentos políticos, as convenções, tratados, normativas e protocolos que no início do século XXI englobam do nano ao sideral, encontram proveniências em uma série de cuidados histórico-políticos e jurídico-políticos que, inicialmente, voltaram-se para as crianças, as mulheres, os refugiados, os trabalhadores e o meio. Entretanto, hoje, encontram-se distantes da vigilância disciplinar e diante de novas convergências de controle conectadas por combinações sinérgicas, designando um trabalho conjunto compartilhado entre o nano, o bio, o info, o cogno, o neuro e uma novíssima velha psiquiatria.

Esta condição retraduz a vida da política, sob as condicionalidades de certificação do cidadão pleno e em aperfeiçoamento (definição jurídico-político-institucional), da conduta do portador de direitos inacabados (noção analítica e histórico-política), combinada à ampliação política contínua de gestões compartilhadas de direitos por seus próprios portadores.

Como os cidadãos deixam de orientar-se pela iminência da guerra e pela defesa da sociedade, para perseguirem a cultura de paz e da tolerância na defesa de seus direitos e para o bom governo do planeta?

O conceito de qualidade de vida conecta-se ao de vulnerabilidade, atravessados pela cultura da paz e tolerância, não pela necessidade ou carência, mas pelo investimento na capacidade de cada um em conduzir sua vida sabendo-se governado.

A primeira década do século XXI marcou a proliferação ampliada de programas de direitos e monitoramentos transterritoriais, conectados a projetos regionais e locais voltados ao investimento político da denominada cultura de paz. Redimensionou-se a guerra como paz, por meio de monitoramentos de violências, sob a forma de combinações de direitos e medidas de contenção de vulnerabilidades pela ampliação atual de uma justiça planetária restaurada, que passa a enfatizar a necessidade de resiliência. A resiliência, desdobrada de estudo inicial sobre neurociências, crianças e jovens e psiquiatria do desenvolvimento, deve ser compreendida pelo deslocamento que começa a ocorrer entre a designação "cultura da tolerância" e "cultura de paz" para a de uma inevitável "cultura resiliente": a resiliência, que passou a ser chamada de "ética do futuro", sinaliza para adaptações que se aproximam das adequações ao atual estado das coisas.

A resiliência hoje está presente em imenso escopo e cobre áreas e práticas, tornadas campos vazados, que vão da física às neurociências e à cultura de paz; da psiquiatria à psicologia; da biologia molecular e mapeamentos genômicos à ecologia e gradações do desenvolvimento sustentável; dos índices de desenvolvimento humano (IDH), elaborados pelo Programa de Desenvolvimento das Nações Unidas — PNUD, à religião isolada ou combinada com novos ajustes científicos; dos investimentos em cidades resilientes ao reforço da resiliência voltado às medidas protetivas de meio ambiente, das aferições e projeções de metas e novas metas da ONU que culminaram em 2012 no documento preparatório da Rio+ 20, Povos Resilientes, Planeta Resiliente: um Futuro Digno de Escolha.

A resiliência apontou para um espraiamento em conjuntos dilatados de vulnerabilidades e ambientes de direitos, que incluem mulheres, gays, pretos, indígenas, famélicos, deficientes, velhos, ecossistemas de meio ambiente, aferições de mudanças climáticas, avaliações internacionais de "desastres naturais" e de campos de refugiados.

O investimento político em torno das denominadas vulnerabilidades passa, também, pela ênfase na segurança e congrega construções de ambientes resilientes por vias restaurativas diante do degradado, adaptações plásticas vinculadas à qualidade de vida e vulnerabilidades convertidas em superações às denominadas "adversidades nocivas" que recobrem variados espaços, preservando a continuidade do capitalismo e do Estado, assim como redimensionamentos da política.

A relação entre política, direitos e resiliência aponta para efeitos de seu funcionamento histórico-político em compasso com a proliferação de direitos ao compor investimentos preferenciais em restaurações do governo do vivo frente à iminência ou consecuções de sua *degradação*, que se inicia pela valorização positivada da *sobrevivência*. Reforça-se, assim, o itinerário de violação e defesa de direitos por revestimentos protetores; reatualiza-se e diversifica-se a ideia de prevenção colocada, também, como base da resiliência; articulam-se normativas internacionais e programas transterritoriais voltados à formação de resilientes vinculados à cultura de paz[1].

A resiliência explicita-se como um catalizador para a contenção de resistências e se articula de forma indissociável ao conceito de *vulnerabilidade* e *adversidade* ao se mostrar como um elemento imprescindível ao lado da *sustentabilidade*, da tolerância e do *empreendedorismo*.

Uma das entradas na política do conceito de resiliência situa-se no pós-II Guerra Mundial, cujo estudo referência encontra-se em Werner & Smith (1982). Werner, munida por arsenais provenientes da psicologia, psiquiatria e antropologia, acompanhou por mais de três décadas 698 crianças nascidas na ilha de Kuai, no Hawaí, e sua pesquisa situa como se chegou ao conceito de resiliência a partir de sua aplicação sobre crianças e jovens. Este extenso estudo sinaliza para um possível deslocamento biopolítico da relação medo-contágio-risco para a combinação ecopolítica entre resiliência, vulnerabilidade e proteção, onde não se abdica do medo e do castigo e cujo corte inicial incide mais uma vez em crianças. Os efeitos do conceito de resiliência ganharam maiores contornos na década de 1970, destacando-se, em especial, os estudos publicados por Edwin James Anthony (1987). Os estudos desse neuropsiquiatra, a partir da década de 1970, são tomados regularmente como uma entrada na resiliência pela concepção ainda marcada de invulnerabilidade. Por sua vez, a introdução do conceito de resiliência na literatura denominada ecológica, que posteriormente passa a ser designada por "contextos ecológicos" e se consolida sob a nomenclatura de "sócio ecológicos", vai se dar pelos estudos de Holling, a partir do crivo liberal, simultaneamente à emergência do neoliberalismo, quando ele procura mostrar a diferença entre sistemas estáveis e sistemas resilientes. Estes contornos trouxeram avolumadas amplificações que atravessam seu funcionamento político no planeta na década de 1990 e na primeira década do século XXI[2].

O pós-guerra trouxe o redimensionamento dos direitos humanos que se consolidaram na DUDH, não repetindo, mas realocando alguns artigos da declaração de 1789, dentre os quais se revestiu de proteção aquele que já no século XVIII designava a propriedade como direito sagrado na

---

1. Ver bibliografia e arquivos, com destaque para os principais temas que se encontram, em particular, no fluxo direitos no site ecopolítica. <*http://www.pucsp.br/ecopolitica*>.

2. Ver, em especial, no site ecopolítica, referências em Documentos Resiliência. <*https://bit.ly/2RJsa5f*>.

Declaração dos Direitos do Homem e do Cidadão de 1789[3]. E parece não ser coincidência que até mesmo o número dos artigos em ambas as Declarações coincidam.

Vale sublinhar a contundente demolição serial realizada por Proudhon ao regime de propriedade como o que viria estabelecer o direito como superação da injustiça, ao mostrar que o direito se funda sobre a injustiça por uma inversão assimétrica. E, diferente do que se apregoa, a propriedade é o roubo, visto não existir acumulação natural, mas sim expropriação de forças por meio da força e da astúcia. O direito é a expressão de que alguém esmagou alguém. A tentativa de dirigir a resistência das forças pelo Estado e a conformidade letárgica produzida pela religião, como alertara Proudhon, encontra na suportabilidade (resiliência e tolerância) sua tradução maior na DUDH.

Se fosse possível indicar um território, tornado frase, capaz de condensar o ponto de convergência dos discursos moderno e contemporâneo acerca da tolerância, seria este: a tolerância é uma conquista. Se fosse possível apontar um domínio no qual este território, do século XVII ao XXI, refestela-se no discurso em defesa da tolerância, seria este: a conquista de direito. Se fosse possível tocar no campo discursivo da tolerância no qual o domínio se constitui a partir do território, seria este: a natureza humana. Mas como na história não há "se", é preciso ir de encontro ao espaço de enfrentamento neste território, domínio e campo, lá onde eles se fazem rasteiros e brutais, imperceptíveis e legíveis, ordinários e grandiloquentes: na educação para a obediência. Os termos território: noção jurídico-política; domínio: noção jurídico-política; e campo: noção econômico-política, são compreendidos a partir da sugestão fornecida por Michel Foucault. Isto não significa se voltar para uma reflexão filosófico-jurídica, mas a uma análise histórico-política travada no *espaço* e distante, tanto do recorte de períodos, etapas e idades temporais, quanto de uma hermenêutica do direito. "A descrição espacializante dos fatos discursivos desemboca na análise dos efeitos de poder que lhe estão ligados" (Foucault, 1979: 159).

O cultivo do medo ao castigo é a base da educação para a obediência. Ao contestá-la William Godwin (1945), no século XVIII, afirma que a questão

---

3. Assembleia Nacional da França (1789). Declaração dos Direitos do Homem e do Cidadão, 1789. <*https://bit.ly/1rqOv1D*>. Ver em especial artigo XVII "Sendo a propriedade um direito inviolável e sagrado, ninguém pode ser dela privado, a não ser quando a necessidade pública, legalmente reconhecida, o exige evidentemente e sob a condição de uma justa e anterior indenização".

da punição talvez seja a mais fundamental da ciência política. Sua análise mordaz sobre o castigo descreve como a prevenção assume o nome de justiça penal, ou punição. A falácia da prevenção geral reside, segundo ele, em seu próprio efeito reverso de eficácia, ao converter quase todos em uma massa de covardes: a covardia tornada obediência.

O deslocamento do direito penal clássico para o moderno, além de compor uma das proveniências da prevenção geral, mostra-se como um dos efeitos da humanização das penas, presente no discurso dos reformadores do século XVIII, ao defenderem a individualização e proporcionalidade da pena ao delito, concomitante à gestação da prisão moderna e imediata constatação de seu fracasso. Proudhon, no século XIX, atento a estes efeitos realiza uma crítica demolidora para o momento em que vivia e presentifica a prática abolicionista como uma das atualidades vigorosas da atitude anarquista. "O crime faz a vergonha e não o cadafalso, diz o provérbio. Apenas por isso, pelo fato do homem ser punido mesmo que o mereça, ele se degrada: a pena o torna infame não em virtude da definição do Código Penal, mas por causa da falta que motivou a punição. O que importa, pois, a materialidade do suplício? O que importam todos os sistemas penitenciários? O que fazeis deles é para satisfazer a vossa sensibilidade, mas eles são impotentes para reabilitar o infeliz que vossa justiça golpeia. O culpado, uma vez dobrado pelo castigo, é incapaz de reconciliação; sua mancha é indelével e sua danação eterna. Se as coisas pudessem ocorrer de outra maneira, a pena deixaria de ser proporcional ao delito e não seria mais do que uma ficção, não seria nada" (Proudhon, 2003: 427).

A atualidade das análises de Godwin e Proudhon se encontra, também, em incidir sobre o próprio princípio da tolerância que exige uma relação assimétrica de comando do superior e obediência do inferior. Neste sentido, ambos explicitam os efeitos de direitos, descobertas, submissões e extermínios provenientes da tolerância como conquista. Diante da alocação na DUDH, dentre outros, dos artigos III, IV e V[4], Proudhon permanece atual. "Se eu tivesse de responder à seguinte questão: *O que é a escravidão?*, e com uma única palavra respondesse: *É o assassinato*, meu pensamento seria, em princípio compreendido. Eu não precisaria de um longo discurso para mostrar que o poder de suprimir do homem o pensamento, a von-

4. "Artigo III. Toda pessoa tem direito à vida, à liberdade e à segurança pessoal. Artigo IV. Ninguém será mantido em escravidão ou servidão, a escravidão e o tráfico de escravos serão proibidos em todas as suas formas. Artigo V. Ninguém será submetido à tortura, nem a tratamento ou castigo cruel, desumano ou degradante".

tade, a personalidade é um poder de vida e morte, e que fazer o homem escravo é assassiná-lo. Por que, então, a esta outra pergunta: *O que é a propriedade?*, não posso responder do mesmo modo: *É o roubo*, sem ter certeza de ser compreendido, ainda que essa segunda proposição só seja a primeira transformada?" (Proudhon, In Passetti; Resende; 1986: 32).

Entretanto, corroborou-se a base da própria liberdade capitalista, consagrando o proprietário e mantendo intacta a concepção liberal de existência do direito moderno e contemporâneo, a ser aplicável e fiscalizável em qualquer lugar, como proteção da humanidade. Promoveu-se espaço, ao mesmo tempo, para uma das entradas de referência nas normativas internacionais dos direitos de minorias, fundamentados na introdução do termo dignidade da pessoa humana na DUDH (Preâmbulo, no primeiro e quinto parágrafos: "Considerando que o reconhecimento da dignidade inerente a todos os membros da família humana e de seus direitos iguais e inalienáveis é o fundamento da liberdade, da justiça e da paz no mundo," [...] "Considerando que os povos das Nações Unidas reafirmaram, na Carta, sua fé nos direitos humanos fundamentais, na dignidade e no valor da pessoa humana e na igualdade de direitos dos homens e das mulheres, e que decidiram promover o progresso social e melhores condições de vida em uma liberdade mais ampla"), pretende funcionar como um receptáculo dos chamados direitos fundamentais, a partir de um tríptico de direitos com ênfase em refugiados, mulheres e crianças, enquanto efeito da guerra e do próprio funcionamento da política[5].

No caso de crianças e jovens, em especial, é emblemática a Declaração dos Direitos da Criança de 1959 (ONU) como pretensão de ultrapassar a Declaração dos Direitos da Criança de 1924 (Liga das Nações), refazendo circuitos exegéticos de reforma da prevenção geral para a condição da própria existência e permanência do direito, do Estado e da política.

Seria possível estabelecer uma cronologia evolutiva de normativas oriundas da DUDH que apontam para iniciais investimentos de defesa de direitos no pós-II Guerra Mundial voltada para mulheres, crianças e refugiados. Isto bastaria caso se estivesse restrito a um campo de estudo jurídico-político (Altavila, 2004) ou mesmo voltado apenas à hermenêutica jurídica. Entretanto, em uma perspectiva de análise histórico-política, o

---

5. Para entrada ampla em documentos e bibliografia de Cultura de paz: <*https://bit.ly/2SNue9B*>.
Para entrada específica, em normativas: <*https://bit.ly/2QFyw0P*>.
Para documentos emblemáticos sobre resiliência: <*https://bit.ly/2M3R8Hf*>.

que se destaca ao indicar o estudo de Werner como porta de entrada política da resiliência no pós-II Guerra Mundial é o fato de que ele trouxe para a análise a possibilidade de demarcar um conjunto, que passará a ser alvo de investimento de direitos, formado por crianças, mulheres e refugiados como efeitos da guerra e do próprio funcionamento da política. Porém, o alvo de corte irradiador sobre a qual ele investe deriva das devassas sobre os corpos de crianças e jovens. E mais uma vez serão estes que servirão de balão de ensaio para reafirmar a grandiloquência do humano verdadeiro por suas dignificações via DUDH; para projetar o futuro da paz a partir da tolerância que encontra sua inflexão similar de suportabilidade na resiliência acompanhada de cultura da paz; oferecer ao conceito de desenvolvimento os contornos iniciais que trafegarão em suas construções posteriores de sustentação (suportabilidade, sustentabilidade) ao que passará a ser designado de desenvolvimento humano e desenvolvimento na primeira infância voltados às melhorias do governo do vivo restaurado.

De outra feita, é possível demarcar que a atenção dada a este estudo como referência na bibliografia sobre resiliência possibilita encontrar, também, a reverência sistemática à valorização da situação de conjunto de vulneráveis. Foi o estudo inicial de Werner a respeito da resiliência que apontou as pistas da passagem, posterior ao deslocamento da situação de risco para a condição de vulnerabilidade que exigirá mecanismos de proteção pela continuidade mais da vida do direito e dos direitos do que de gente de carne e osso. Não surpreende que gente se esfumace sob o conceito de *dignidade da pessoa humana*, conforme termo introduzido pela própria DUDH. Será, também, pela resiliência em sua articulação com o conceito de *qualidade de vida* que se redimensionará posteriormente a situação de risco em situação de vulnerabilidade (conceito sedimentado na década de 1990) equacionada pelos três conjuntos de investimentos iniciais derivados da DUDH, sinalizando o deslocamento dos direitos de minorias para a articulação de conjuntos de vulneráveis e portadores de direitos inacabados.

O conceito de qualidade de vida firma-se de forma abrangente nos anos 1990, concomitante à disseminação do Programa de Tolerância Zero. Ganhará uma gama ampla de definições onde cabe destacar a adotada pela Organização Mundial da Saúde – OMS, elaborada pelo Grupo de Qualidade de Vida da Divisão de Saúde Mental da OMS: "a percepção do indivíduo de sua posição na vida no contexto da cultura e sistema de valores nos quais ele vive e em relação aos seus objetivos, expectativas, padrões e preocupações" (WHOQOL GROUP, 1994). Segundo a OMS, a literatura médica se refere ao termo, pela primeira vez, na década de 1930, contudo a mesma OMSatribui, regularmente, o uso inicial da expressão ao discurso político do projeto de *Grande Sociedade* do presidente dos EUA Lindon Johnson, em 1964 ao dizer que "os objetivos não podem ser medidos através do balanço dos bancos. Eles só podem ser medidos através da qualidade de vida que proporcionam às pessoas" (Seidl; Zanon, 2004; Fleck, Louzada et al, 1999).

A noção de portador de direitos não se confunde com o conceito jurídico-político liberal, na esteira de Kant ou no escopo weberiano, do direito positivo de Kelsen (1999) pela figura do "sujeito portador de direitos" que opera pela distinção entre pessoa física e pessoa jurídica. Não se dilui na abstração transcendental pleonástica de pessoa humana (DUDH). Não se remete também ao conceito jurídico-político marxista de Pashoukanis (1988), e se distancia também do conceito atual de cidadão pleno (definição jurídico-política institucional). Entretanto, não ignora os efeitos políticos das condicionalidades de certificação deste último, mas volta-se para o portador de direitos no presente como a condição que efetiva o prolongamento da política, que a resguarda e a assegura. Sob esta condição o portador de direitos retraduz a vida da política sob a conduta do portador de direitos inacabados orientada pela ampliação política contínua de gestões compartilhadas de direitos por seus próprios portadores.

Assim o *portador de direitos inacabados* decorre da noção de *pletora de direitos* e a de *divíduo multifacetado por direitos inacabados* ao demarcar a relação direta entre resiliência e sustentabilidade na ecopolítica.

> Não se trata de um governo da população como na biopolítica, mas de governo com cada população para que viva agrupada, móvel, resiliente, participativa, em função de cada um, de seu agrupamento e da conservação do planeta. Indivíduo, redimensionado em divíduos por pletora de direitos e identidades, compondo variadas subjetividades que possibilitam conexões temporárias, paradoxalmente tênues e consolidadas, e que produzem sim a dessubjetivação no indivíduo autônomo, mas que a torna irrelevante, quando se considera que este indivíduo se metamorfoseia em divíduos com variadas subjetividades. É preciso viver para fora e por dentro, do lado de fora e conectado com vários ambientes resilientes, o Estado e organizações transterritoriais: é preciso fazer parte de tecnologias sociais, ser reconhecido e premiado, mas também saber fazer negócios sociais sustentáveis e estar ocupado. (...) A sustentabilidade encontra-se conectada à maneira pela qual se conserva o ecossistema, se produz combatendo a degeneração anterior provocada pelo capitalismo e se humaniza a política e a sociedade. Exige moderação, ou seja, o modo de encontrar moderação aninha-se nas práticas da

resiliência. A sustentabilidade é uma prática que vai do divíduo multifacetado por direitos inacabados e inexequíveis à economia verde, ao cálculo político a respeito da democratização dos Estados, da sociedade civil e das relações com a natureza, reformas nos usos de recursos naturais, e confirma a prevalência das forças que defendem as práticas de conservação diante das de preservação da natureza (Passetti, 2013: 13–27).

Kafka (1997) dizia que diante da lei há sempre um porteiro. Se na biopolítica a lei se transformou em norma que passou a circular da vida do corpo individual à vida da população, como espécie e ser vivo (Foucault,1988), hoje na ecopolítica o porteiro se transfigurou em porta e em portador. A conexão entre resiliência e o conceito de empoderamento em suas várias facetas o confirma[6].

A recuperação da palavra empoderamento, sinalizou para proveniências que numa primeira entrada histórico-política do termo equalizam empoderamento à emancipação, remetendo inicialmente ao campo liberal da liberdade religiosa e sugerindo uma relação intrínseca à defesa da tolerância, que emergiu na política moderna como valor e conceito que atravessam práticas de manutenção política de assimetrias e, portanto, de suportabilidade, repercutindo em sua atualização no âmbito dos direitos, também, pelo viés religioso e do castigo presente na resiliência. Constata-se mais uma vez, de outra feita, que não há Estado apartado da religião, por mais que os defensores da secularização do Estado ou os militantes que clamam por um Estado verdadeiramente laico afirmem o contrário.

No século XX, o termo empoderamento continuou atrelado à ideia universal de justiça ao desdobrar-se, num primeiro momento, em correlato de emancipação social. Nos EUA, na segunda metade do século XX o termo empoderamento teve um uso crescente, principalmente por movimentos civis de minorias, com ênfase para pretos (Solomon, 1976) e mulheres (Costa, 2000). Sob repercussões no campo da psicologia (Zimmerman, 1990; 1995) viria a se aproximar na década de 1970 da autoajuda e na década de 1980 da psicologia comunitária, para a ênfase recair na década de 1990 nos movimentos em torno do direito de cidadania. Consolidou-se, por fim, no interior do pluralismo democrático e foi absorvido pelo discurso do desenvolvimento alternativo conjugando, sob a ideia de autossustentabilidade, a liberdade política (Friedmann, 1996; Sen, G. 2000).

6. <*https://bit.ly/2VjPBui*>.

Entre os chamados "alternativos", o empoderamento é um meio para a afirmação das chamadas políticas públicas e de combate à pobreza. Aos liberais, interessa um empoderamento incisivo no âmbito privado, por meio de ações voluntárias individuais que reduzem a intervenção estatal direta, mas não prescinde de sua articulação. Contudo, é possível afirmar que, em ambos os casos, o empoderamento aparece como chave para o desenvolvimento e a constante e ininterrupta melhoria da democracia. Passa a ser imprescindível a formulação de agendas, seja para pretos, mulheres, jovens, indígenas, etc., o empoderamento, noutras palavras, é ter poder de agenda (Horochovski, 2006).

O empoderamento aparece diretamente vinculado à democracia e à participação. Constitui-se como uma forma de produzir novas institucionalizações, mais participativas, estreitando as relações entre as instituições estatais e a chamada sociedade civil, e alargando fóruns representativos com base no pluralismo, no intuito de eliminar a pobreza e as desigualdades formais e melhorar a qualidade de vida. Insere-se, ainda, nos debates relativos à ecologia social (Horochovski, 2006) e, diante das situações de desastres naturais, onde se tem um quadro denominado de desempoderamento, é incentivado como meio mais eficaz para se superar a situação catastrófica e possibilitar, ao indivíduo empoderado, que ele reaja a esta situação. Portanto, nada mais comum do que aproximar empoderamento à resiliência.

O tema do empoderamento mostra, ainda, articulação difusa com a resiliência em inúmeros campos dos direitos. Destaca-se sua vinculação emblemática no campo da saúde mental e, paradoxalmente, pelo discurso que proveio do campo da luta antipsiquiátrica e que foi conformado no interior do movimento antimanicomial em aberta defesa dos CAPs e do respectivo empoderamento de seus usuários em favor da melhoria das políticas públicas (Vasconcelos, 2003). Talvez seja possível afirmar que o ponto de atração entre resiliência e empoderamento articula-se pela pró-atividade do reativo (resiliência) e a compensação do ressentido (empoderamento), num duplo recíproco atravessado pela cultura do castigo.

O atual investimento político na resiliência como traço inerente ao portador de direitos inacabados em simultânea busca de empoderamento sinaliza que a resiliência também reveste fascismos (Passetti, 2013a); explicita a vontade de poder ou da paixão tornada amor ao poder (Foucault, 1996), vontade que se volta contra a vida (Nietzsche, 1998), que não se confunde com vontade de potência e muito menos se aproxima do gesto cruel de apetite de vida (Artaud, 1984).

A noção de portador de direitos inacabados aponta para uma forma de governamentalidade específica da configuração atual dos direitos que não traz nem dá forma a um direito novo antissoberania. Os vários portadores variam e se mesclam, sequenciam-se e multiplicam-se e se justapõem na mesma proporção equivalente à proliferação dos direitos inacabados: de deficiência, portador de doenças graves, portador de transtornos mentais, portador de câncer, portador de vírus da AIDS, natureza portadora de direitos, animais portadores de direitos, portador de necessidades especiais por excelência em suas inúmeras variações, portador de necessidades especiais no mercado de trabalho, portador de necessidades especiais na escola, portador de necessidades especiais no convívio social.

Como vimos, se diante da lei há sempre um porteiro, não há dúvida que hoje o direito continua sendo o do mais forte. A porta também se multifacetou: da porta se transfigurou o porteiro e se retraduziu a dívida eterna do portador em simultaneidade com a porta e o porteiro. Urge subverter a paisagem e abrir passagem para percursos de vida livre. Mas é preciso limar pacientemente a porta e o porteiro que se configuram no portador de direitos inacabados.

Na biopolítica a teoria da degeneração foi o pano de fundo para a contrução do anormal. O *degenerado* era o *portador de perigo* para a sociedade (Foucault, 2001a), identificado como o anormal por excelência. Ele era a expressão do perigo para a vida do corpo e da espécie. Seus baixos começos se encontravam na criança indisciplinada, insubmissa, indócil, incorrigível e seu ápice se configurou, a partir do século XIX, nos anarquistas que tomam a própria vida como objeto de luta indisponível para ser governada e a cultura do castigo, com seus desdobramentos punitivos como seu principal alvo de ataque.

Por sua vez, se a teoria da degenerescência encontrou na criança, em seu corpo e em seu sexo, o campo oportuno para produzir a partir da ingerência na família efeitos biopolíticos naquilo que emergia como conceito de população, subjacente ao exercício da estatística e da economia política que historicamente surgiram como saberes de Estado, isso culminou no século XX com os campos de concentração, matando milhões e, simultaneamente, usando o próprio exercício de poder biopolítico para fazer funcionar a gestão calculista da vida: não era preciso esperar pelas bombas atômicas para constatar que se estava diante do reverso inerente e complementar da própria biopolítica, o de matar a própria vida.

Qualquer tentativa de positivar o conceito de população, indispensável ao de multidão em seu redimensionamento da massa, e a noção de biopolítica enquanto resistência, como fazem Negri e Hardt, e tantos outros em sua esteira, não passa de uma colonização grosseira das noções e análises de Michel Foucault em torno da genealogia do racismo e dos anormais. E se a criança incorrigível, indócil, insubmissa foi, por sua vez, aquela tomada também como inassimilável no sistema de educação normativa, como apontou Foucault (2001), mais uma vez não era preciso esperar por isso, pois como alertaram os anarquistas é sobre o corpo delas que se inicia o regime e a cultura do castigo.

Não é fortuito que uma das entradas significativas do conceito de *degradação* no século XX, no pós-II Guerra Mundial, se encontra na DUDH, concomitante a uma das proveniências da ecopolítica no campo dos direitos universais. Destaque-se o seu artigo V, sobre o degradante: "Ninguém será submetido à tortura, nem a tratamento ou castigo cruel, desumano ou degradante." O que permanece como *estado de fim da tortura*, volteia o enunciado: o que a lei protege, na vida ela aniquila. É aquilo mesmo que permanece como *estado de fim da tortura* o mote para a aceitação da naturalização do castigo na tão aclamada lei universal dos direitos humanos, pois o expurgo reside não no castigo, caso contrário, para que uma lei?, mas no "cruel", no "desumano", enfim, no "degradante". Viriam outras e os termos do artigo V da DHDU passariam a nomear o próprio título de normativas: a Declaração sobre a Proteção de Todas as Pessoas contra a Tortura e outras Penas ou Tratamentos Cruéis, Desumanos ou Degradantes[7], os Princípios de Ética Médica Relativos ao Papel do Pessoal de Saúde, especialmente os Médicos, na Proteção de Prisioneiros e Detentos contra Tortura e Outra Forma Cruel, Desumana ou Degradante de Tratamento ou

---

7. Aprovada pela Assembleia Geral das Nações Unidas em 9 de Dezembro de 1975 (Resolução 3452 (XXX). <*https://bit.ly/2JQGVyY*>

Punição[8]; a Convenção Contra a Tortura e Outros Tratamentos e Penas Cruéis, Desumanas ou Degradantes[9].

E outras que não trariam os termos em seus títulos, mas em artigos de referência para tantas outras anteriores e posteriores, como o Pacto Internacional dos Direitos Civis e Políticos[10], que em seu artigo VII destaca: "Ninguém poderá ser submetido à tortura, nem a penas ou tratamento cruéis, desumanos ou degradantes. Será proibido, sobretudo, submeter uma pessoa, sem seu livre consentimento, a experiências médicas ou científicas" (ONU, 1966); a Convenção sobre os Direitos da Criança[11] em seu artigo 37 afirma: "Os Estados Partes zelarão para que: a) nenhuma criança seja submetida à tortura nem a outros tratamentos ou penas cruéis, desumanos ou degradantes. Não será imposta a pena de morte nem a prisão perpétua sem possibilidade de livramento por delitos cometidos por menores de 18 anos de idade; b) nenhuma criança seja privada de sua liberdade de forma ilegal ou arbitrária. A detenção, a reclusão ou a prisão de uma criança serão efetuadas em conformidade com a lei e apenas com último recurso, e durante o mais breve período de tempo que for apropriado; c) toda criança privada da liberdade seja tratada com a humanidade e o respeito que merece a dignidade inerente à pessoa humana, e levando-se em consideração as necessidades de uma pessoa de sua idade. Em especial, toda criança privada de sua liberdade ficará separada dos adultos, a não ser que tal fato seja considerado contrário aos melhores interesses da criança, e terá direito de manter contato com sua família por meio de correspondência ou de visitas, salvo em circunstâncias excepcionais; d) toda criança privada de sua liberdade tenha direito a rápido acesso à assistência jurídica e a qualquer outra assistência adequada, bem como direito a impugnar a legalidade da privação de sua liberdade perante

---

8. Resolução 31/85 de 13 de dezembro de 1976 da Assembleia Geral das Nações Unidas quando convidou a OMS para que preparasse um código de ética médica com respeito à proteção de pessoas submetidas a qualquer forma de detenção ou prisão, contra a tortura e outros tratamentos ou penas "cruéis", "desumanos" ou "degradantes". Os princípios foram celebrados em janeiro de 1979 e ratificados pela ONU em 1982. O Conselho Federal de Medicina (Brasil) os celebra em 1983. <*https://bit.ly/2Fjayrj*>.

9. Adotada pela resolução n. 39/46 da Assembleia Geral das Nações Unidas em 10 de dezembro de 1984 e ratificada pelo Brasil em 28 de setembro de 1989. <*https://bit.ly/2D2F3PM*>.

10. Adotado pela Resolução n. 2.200-A (XXI) da Assembleia Geral das Nações Unidas, em 19 de dezembro de 1966. O Brasil o ratificou em 1992. <*https://bit.ly/1UeolAo*>.

11. Adotada em Assembleia Geral das Nações Unidas em 20 de novembro de 1989. <*https://uni.cf/2QFdTTe*>.

um tribunal ou outra autoridade competente, independente e imparcial e a uma rápida decisão a respeito de tal ação" (ONU, 1989).

É mais uma vez pelo corpo da criança que se inicia a naturalização do castigo e permanece intocável seu aprisionamento assim como a tortura. Promulgar leis, convenções, pactos, declarações, decretos, ou ratificações de acordos imediatos ou tardios, não abolem torturas e castigos. Os adultos são presos, torturados, mortos, nas ditaduras e nas democracias. Mas os baixos começos já estavam lá exercidos como força da autoridade que se pretende superior ao corpo tenro de uma criança: a força do pai, da mãe, dos responsáveis de toda ordem, na casa, na escola, na rua, no posto médico, no hospital, no projeto social, no abrigo, na delegacia, na batida policial, nas triagens infindáveis, nas anamineses e prontuários, nas ONGs e institutos, nos relatórios de direitos humanos, nos pareceres da comunidade científica, nas avaliações contínuas, nos programas e projetos socioeducativos, arte-educativos, psico-educativos, arteterapêuticos, ludorecreativos, nos tribunais de toda ordem.

Tantas normativas em torno *do estado de fim da tortura* proporcionaram, deliberadamente, utilizar a tortura para reafirmar o conceito de crime — que simplesmente não existe, a não ser como uma interpretação moral de um evento —, enquanto um dos baixos começos do conceito de crime hediondo, ou seja, crime criminoso. Possibilidade que se deu ao institucionalizar novos itinerários para a ampliação de tribunais em função de punir as impunidades, mais uma tautologia reversa da linguagem penal. Mas foi, também, pelo corpo da criança que se fomentou uma das proveniências do lastro da proteção que aniquila a vida intensa, para produzir o governo do vivo restaurado como portador de direitos inacabados, como *algo* em desenvolvimento, como *algo* vulnerável, como *algo* resiliente.

Se o degenerado na biopolítica é o portador de perigo, na ecopolítica o degradado ou o passível de sê-lo é o portador de proteção, portanto portador de direitos inacabados. Ele assume o equivalente ao vulnerável e ao resiliente, também como portador de direitos inacabados.

Na biopolítica a construção do anormal antecedeu a construção do normal (Canguilhem, 1995). Norma, normal, normalizador. Vocábulos concisos, hirtos, eretos. Partem da base sólida em direção ao mais alto dos céus almejados: aspiração fronteiriça que se afirma pela negação; variante plana da dimensão tripartida projetada verticalmente rumo a seu teto mais acima do chão; variação do direito a, do direito de, matéria substancial da designação do direito e do avesso; dispositivo de conveniência do lado direito para o que se pretende normal; dispositivo de suspeita e exame para aquilo que é avesso e passa a ser designado anormal; variações da providência; variantes providenciais. Há de se estancar estes vocábulos conceitos, trabalhar suas proveniências, percorrer seus desdobramentos que, por sua vez, tornam-se novas proveniências específicas.

Na discussão tecida por Canguilhem em torno das palavras *norma* e *normal*, ele retoma a diferenciação entre os conceitos escolásticos e cosmológicos, em que os últimos são fundamentos dos primeiros, para afirmar que *norma* é um conceito escolástico e *normal* é cósmico ou popular. O argumento utilizado para a associação de normal como uma categoria popular é denominado por ele como sendo algo que o povo sente e reclama diante de uma situação injusta. Contudo, ele se dedica a trabalhar as proveniências da rotinização deste termo na língua cotidiana, para que se instituísse como um termo naturalizado. Mostra que não o é, pois esta passagem somente foi possível a partir dos vocabulários de duas instituições específicas, a instituição pedagógica e a instituição sanitária; passagem que correspondeu a um espaço imediato em torno da reforma destas mesmas instituições que ocorreu simultaneamente à Revolução Francesa.

O termo normal no século XIX é o vocábulo preferencial para designar o modelo escolar e "o estado de saúde orgânica". Trata-se da reforma enquanto uma racionalização que se desdobra na política e na economia sob a égide também da dicotomia de um "maquinismo industrial", segundo Canguilhem, que levará ao que se chamou, desde então, de normalização:

> Assim como uma escola normal é uma escola onde se ensina a ensinar, isto é, onde instituem experimentalmente métodos pedagógicos, assim também um conta-gotas normal, é aquele que está calibrado para dividir um grama de água destilada em gotas, em queda livre, de modo que o poder farmacodinâmico de uma substância em solução possa ser graduado segundo as prescrições de uma receita médica. Da mesma forma, também uma via férrea normal é, dentre as vinte e uma bitolas de uma via férrea, praticadas em todas as épocas, a via definida pelo afastamento de 1,44m entre as bordas internas dos trilhos, isto é, aquela que, em determinado momento da história industrial e econômica da Europa, pareceu corresponder melhor ao acordo que se procurava obter entre várias exigências — antes de tudo não concorrentes — de ordem mecânica, energética, comercial, militar e política. Enfim, também para o fisiologista, o peso normal do homem, levando em conta o sexo, a idade e a estatura, é o peso "que corresponde à maior longevidade previsível" (...) Em todos os quatro casos, o que caracteriza um objeto ou um fato dito normal, em referência a uma norma externa ou imanente, é poder

ser, por sua vez, tomado como ponto de referência em relação a objetos ou fatos ainda à espera de serem classificados como tal. Portanto, o normal é, ao mesmo tempo, a extensão e a exibição da norma. Ele multiplica a regra, ao mesmo tempo em que a indica. Ele requer, portanto, fora de si, a seu lado e junto a si, tudo o que ainda lhe escapa. Uma norma tira seu sentido, sua função e seu valor do fato de existir, fora dela, algo que não corresponde à exigência a que ela obedece (Canguilhem, 1995: 210–211).

Canguilhem afirma que quando se sabe que 'norma' é uma palavra latina que designa esquadro e que 'normalis' significa perpendicular, sabe-se o suficiente sobre norma e normal, enquanto termos capazes de ser trazidos para outros campos. Ele investiu de forma precisa nas palavras estancadas nelas mesmas: "Uma norma, uma regra, é aquilo que serve para retificar, pôr de pé, endireitar. 'Normar', normalizar, é impor uma exigência a uma existência, a um dado, cuja variedade e disparidade se apresentam, em relação à exigência, como um indeterminado hostil, mais ainda do que estranho" (Idem: 211).

Foucault (2001), em sua aula do dia 15 de janeiro de 1975 no *Collège de France,* discorrendo sobre a sua crítica à noção de repressão, exclusão do leproso e inclusão do pestífero, invenção das tecnologias positivas de poder, remete os ouvintes à leitura de Canguilhem ao mencionar o normal e o patológico:

Mais umas palavras, se vocês me derem alguns minutos. Eu gostaria de dizer o seguinte. Gostaria de remeter a um texto que vocês vão encontrar na segunda edição do livro de Canguilhem sobre *O normal e o patológico.* Nesse texto, que trata da norma e da normalização, temos um certo lote de ideias que me parecem histórica e metodologicamente fecundas. De um lado a referência a um processo geral de normalização social, política e técnica, que vemos se desenvolver no século XVIII e que manifesta seus efeitos no domínio da educação, com suas escolas normais; da medicina, com a organização hospitalar; e também no domínio da produção industrial. E poderíamos sem dúvida acrescentar: no domínio do exército. (...) Vocês também vão encontrar, sempre no texto a que me refiro, a ideia que acho importante, de que a norma não se define absolutamente como uma lei natural, mas pelo papel de exigência de coerção que ela é capaz de exercer em relação aos domínios a que se aplica. Por conseguinte, a norma é portadora de uma pretensão ao poder. A norma não é simplesmente um princípio, não é nem mesmo um princípio de inteligibilidade; é um elemento a partir do qual certo exercício do poder se acha fundado e legitimado. (...) Parece-me que é um erro ao mesmo tempo metodológico e histórico considerar que o poder é essencialmente um mecanismo negativo de repressão; que o poder tem essencialmente por função proteger, conservar ou reproduzir relações de produção. E parece-me que é um erro considerar que o poder é algo que se situa, em relação ao jogo de forças, num nível superestrutural. É um erro enfim considerar que ele está essencialmente ligado a efeitos de desconhecimento (Foucault, 2001a: 61–63).

Canguilhem está empenhado, também, em liquidar o grande mito platônico — parametrador da razão ocidental que dissocia saber e poder — ao desconstruir a máxima socrática, 'segundo a qual ninguém é mau tendo consciência disto', ironizando que 'ninguém é bom tendo consciência de o ser'. "Mas é no furor da culpabilidade, assim como o é no grito do sofrimento que a inocência e a saúde surgem como os termos de uma regressão tão impossível quanto desejada. O anormal, enquanto a-normal, é posterior à definição do normal, é a negação lógica deste. No entanto, é a anterioridade histórica do futuro anormal que provoca uma intenção normativa. O normal é o efeito obtido pela execução do projeto normativo, é a norma manifestada no fato. Do ponto de vista do fato, há, portanto, uma relação de exclusão entre o normal e o anormal. Esta negação, porém, está subordinada à correção reclamada pela anormalidade. Não há, portanto, nenhum paradoxo em dizer que o anormal, que logicamente é o segundo, é existencialmente o primeiro" (Canguilhem, 1995: 215–216).

No exercício da ecopolítica, a relação da resiliência com a vulnerabilidade se efetivou pelo seu contrário e encontrou seus baixos começos primeiro sobre os corpos de crianças. Da mesma forma que, no pós-II Guerra Mundial, os primeiros estudos sobre resiliência em torno de crianças não se voltavam para este conceito e sim para crianças expostas a riscos (Werner; Smith, 1982). A criança resiliente foi construída inicialmente como aquela que seria, por excelência, invulnerável (Anthony, 1987), relação que persistiria na década de 1970. A inversão ocorreu, posteriormente, como registra Kotliarenco, ao enfatizar a distinção entre resiliência e invulnerabilidade e ao mesmo tempo, imiscuir o termo resistência no de resiliência. "Durante a década de 70 ganhou popularidade o conceito de criança invulnerável, como aquele que aludia a algumas crianças que pareciam constitucionalmentes tão fortes, que não cediam frente às pressões de stress e da adversidade. Entretanto, este conceito resultava confuso e equivocado por três razões: a resistência ao stress é relativa, não absoluta, não é tão estável ao longo do tempo e varia de acordo com o estágio de desenvolvimento das crianças e a qualidade do estímulo. As raízes da resistência de ambos provêm tanto do ambiente como do constitucional, o grau de resistência não é estável, mas varia ao longo do tempo e de acordo com as circunstâncias. Por estas razões, na atualidade se utiliza preferencialmente o conceito de resiliência (...). Resulta, imprescindível, também, neste plano conhecer o significado do vocábulo vulnerabilidade, pois esta é uma característica básica para a gestação de comportamentos resilientes" (Kotliarenco et alli, 1997: 6–7).

A relação que se estabelece a partir daqui se situa em um oportuno duplo reverso e recíproco entre vulnerabilidade e proteção, por meio da gestão dos riscos. "Os conceitos de vulnerabilidade e mecanismo protetor têm sido definidos como a capacidade de modificar as respostas que as pessoas têm frente às situações de risco. O conceito de vulnerabilidade dá conta, de alguma forma, de uma intensificação da reação frente a estímulos que em circunstâncias normais conduz a uma desadaptação. O contrário ocorre nas circunstâncias nas quais atua um fator de atenuação que é considerado como mecanismo protetor. Disto se desprende que vulnerabilidade e mecanismo protetor, mais que conceitos diferentes, constituem o polo negativo ou o positivo de um mesmo. O essencial, de ambos os conceitos, é que só são evidentes em uma combinação com alguma variável de risco" (Idem, 1997: 11).

Passa-se, portanto, da equação biopolítica medo-risco-contágio para o equacionamento ecopolítico medo-vulnerabilidade-proteção, no qual o risco é apenas um fator, uma variável a ser gerida, na dimensão da vulnerabilidade que se situa sempre como uma via de mão dupla, enquanto algo que pode tanto cometer quanto sofrer um impacto, um abalo, um choque, uma destruição, escalonados sempre como adversidades nocivas diante das quais a resiliência mostra-se como o atributo, o processo, o conjunto de capacidades de absorção, superação e adaptação como o retorno ao mesmo por meio de adequações ajustáveis a uma condição de governo do vivo restaurado (Coimbra; Morais, 2015). A resiliência na ecopolítica configura-se como um dispositivo.

Um dispositivo numa perspectiva genealógica histórico-política não inventa nada, ele cria, possibilita e produz conformações e deslocamentos de seu próprio funcionamento exaustivo remetido ao arrefecimento do indomesticável da vida tomada em sua brutalidade selvagem, crua e incontornável, seja na partícula mais ínfima do meu corpo, do planeta Terra ou do espaço sideral.

O Direito, os direitos, a proliferação de direitos, o deslocamento do sujeito de direitos em portador de direitos inacabados nunca responderá ao inqualificável da vida e a resiliência jamais pode estar situada como uma prática de resistência ou potencializadora de práticas de resistências, ainda que uma vasta produção variada em torno desta palavra e deste conceito invista e insista, oportunamente, nesta sinonímia.

A resiliência produz apaziguamentos, conformações e conformismos, condutas e contracondutas, com ênfase no controle pela autorregulação ou gestão compartilhada de governos em ambientes consolidados ou em vistas de se formar; vontade de poder que vai dos empoderamentos aos pequenos ou grandes fascismos e mostra-se como campo preferencial da captura de corpos e da tentativa de neutralização de práticas de direito antissoberania, de antigoverno, de antipolítica.

A resiliência é uma construção de verdade voltada à minimização e supressão de resistências. Ela trafega em itinerários como fluxos inteligentes de condutas e contracondutas; mostra-se hoje como uma enzima que acelera reações, produzindo modulações catalizadoras. De forma simultânea, apresenta-se como elemento modulador conectivo de outros elementos, funcionando, talvez, como a integrina conectada a linfócitos-T específicos que disparam na totalidade a defesa e proteção de um corpo diante da presença de uma bactéria, vírus ou congêneres, assim como anticorpos indesejáveis. "Integrinas são intermediadoras na comunicação entre o citoesqueleto celular e proteínas plasmáticas ou da matriz extracelular por meio da adesão célula-a-célula através de interações com outras proteínas de membrana. Além da função de adesão, as integrinas são reconhecidas moléculas de sinalização capazes de realizar a tradução de mensagens por vias de sinalização clássica, graças a sua estrutura molecular. Desse modo, as integrinas podem ser consideradas moduladores chave da proliferação, migração, longevidade, migração e ainda, a manutenção das funções específicas de diferenciação celular. (...) As integrinas funcionam de modo complexo dentro de vias de sinalização, de adesão, do citoesqueleto e desempenham papel fundamental no sistema hematopoiético, especialmente no sistema imune" (Brandão et al, 2012: 25). A integrina é uma proteína denominada inteligente e conectiva pelos recentes estudos voltados tanto à imunossupressão quanto à imunomodulação da proteção pontual e específica de um corpo, por meio de medicamentos vivos derivados de ovários de ratos para agir sobre aquilo que a medicina chama de sistema imunológico de humanos. "Humanização de anticorpos através de modificações introduzidas em anticorpos recombinantes. Pode-se recorrer à fusão genética da região variável do anticorpo original (de rato) com a região constante de uma imunoglobulina humana, formando uma quimera. Apesar da introdução de uma região constante humana, este tipo de construção ainda mostra uma grande imunogenicidade devido à preservação da região variável de rato. Para a construção de um anticorpo totalmente humanizado, uma região constante é fundida com uma região variável desenhada de forma a que a sua sequência seja a mais próxima possível de uma região variável de anticorpo humano" (Idem: 20–21).

O *dispositivo resiliência* é um dispositivo de plasticidade modulável de suportabilidade e reatividade, por excelência. Sua modulação catalizadora atua, dependendo das relações de forças envolvidas, produzindo totalizações e homogeneizações, pela aceleração de fluxos e simultânea disputa e convergência de normativas internacionais com portadores de direitos inacabados (novas institucionalidades e governamentalidade planetária, com destaque para a tolerância, cultura de paz, cultura resiliente e cidadão resiliente, investimento na formação de ambientes resilientes e na sua consolidação resiliente, restaurados de degradação e recuperados de degeneração).

Entretanto, sua modulação conectiva produz a formação e avaliação exaustiva-contínua-detalhada de individuações e dividuações pelos próprios portadores de direitos inacabados. Condutas e contracondutas resilientes, que vão do corpo de cada um, com atenção preferencial para o corpo das crianças mostrando destaque às neurociências articuladas à psiquiatria, desenvolvimento na primeira infância e à epigenética, passando pela ênfase aos programas compartilhados pelo planeta e fora dele, atravessando, dentre outros, os programas de software e seus protocolos e contraprotocolos até as tecnologias espaciais de monitoramento das mudanças climáticas do planeta Terra e dos robôs enviados ao espaço sideral.

O *dispositivo resiliência* na ecopolítica se forma, configura-se e funciona pelas duas modulações específicas apontadas, atuando em conjunto, e não por intersecção, mas pela simultaneidade dos itinerários dos fluxos inteligentes em sua inerente plasticidade e suportabilidade modulável.

Normalização do normal: ensinar a ensinar — não mais por uma instituição específica, mas por arranjos conectados por divíduos portadores de direitos inacabados em suas atividades de trabalho, lazer, e práticas políticas voltadas à resiliência; o normal não mais como eixo, mas envolto em uma moralidade plástica flexível. O divíduo está sujeito a medicalizáveis transtornos que não obstaculizam sua produtividade e ocupação, e muito menos sua participação. Trata-se de um deslocamento do eixo para os fluxos, um exercício em relações de poder. Desdobrando-se a noção histórico-política de Canguilhem, o normal, na ecopolítica, é existencialmente o primeiro passível de investimento em sua condição de degradação e vulnerabilidade, portanto normalizável.

O indomesticável da vida não se qualifica, também não equivale a eras, etapas ou escalonamentos do que se denomina por desenvolvimento, tampouco se confunde com melhorias ou melhora no que chamam de estado de saúde, de qualidade de vida, de redução de vulnerabilidades ou proteção de vulneráveis. Afinal, é também em nome disso que se sustenta a resiliência e permanece intocado o consenso em torno do regime do castigo, da cultura do castigo, que sempre começa pelos corpos de crianças e jovens.

Enquanto isso *eles* seguem presos, encarcerados ou a céu aberto. São a parte obscura e evidente, da prática do confinamento em nossa cultura ocidental. São o ápice e a cara escancarada da aceitação de uma cultura que se baseia no regime dos castigos. São a ponta aguda da família que castiga, da escola que instrui e controla, do projeto que inclui e produz participação, do programa que conecta, do Estado que protege, pune e aniquila, do governo que segura e assegura, da polícia que se forma, que forma e dá forma, da propriedade que se estampa sob a força exercida sobre cada um de seus corpos. Eles já foram o caso de polícia, o caso de correção, o caso de ressocialização, o caso de abandono, o caso do menor e de segurança nacional, o caso do futuro cidadão e da medida socioeducativa em suas aplicações variadas. Da mesma maneira que a tortura assume no presente variações eufemistas, hoje eles são o caso do adolescente em conflito com a lei, o caso preferencial da medida, das medidas e das aferições neuropsiquiátricas com suas escalas e limites para conter rebeldias, com a pretensão de antecipar resistências. Eles são o subsídio ínfimo e imprescindível para validar o consenso inquestionável do castigo que segue sobre corpos de crianças e jovens, dos códigos e dos reformadores que não findam, do que é arregimentado nas ondas de frequências da lógica da punição, dependendo da época, e de forma mais recente sob os atuais abjetos acolhimentos, recolhimentos e internações.

O abolicionismo penal libertário[12] na lida com respostas-percurso, no curso livre da vida, atenta para um acontecimento mínimo, que não tem medida nem nunca terá: a abolição do castigo começa pelo corpo de cada um num inclassificável apetite de vida. Não cessa com as nanométricas e

12. Ver: <*http://www.nu-sol.org/abolicionismo-libertario-verbetes/*>.

plásticas ingerências do *dispositivo resiliência* e sua pretensão em antecipar o surpreendente, as inegociáveis fissuras. Para Foucault a coragem é sempre física. Diante do consensual regime dos castigos, da transformação da vingança contra o corpo em direito e do direito ser o dever moral diante do mais forte, nada é menos importante do que desassossegar a liberdade instituída. Diante das atualizações resilientes da cultura dos castigos, o abolicionismo penal libertário segue sendo uma minúscula dissonância.

Ecopolítica: poder em fluxo e política

A ecopolítica emerge no final da II Guerra Mundial, institui a convocação à participação democrática impulsionada de modo surpreendente pelo planeta e se consolida com a disseminação da racionalidade neoliberal. Não se trata mais de obedecer somente ao governo soberano, mas de produzir formas de governos da vida longeva e de direitos em que se garanta a segurança, a liberdade e a propriedade (Declaração Universal dos Direitos Humanos, Art. XVII). Sua forma atual se consolida com a gestão do desenvolvimento sustentável para um planeta resiliente.

Todos os esforços se voltam, segundo conceituações jurídico-políticas e filosófico-políticas que pretendem firmar a existência inexorável do Estado como referência para a continuidade da vida, para equacionar a alegada *anarquia* dos Estados ou a situação de Estados falidos, elevando cada cidadão à condição de livre para a circulação (Ibidem: Preâmbulo, Art. XIII) com segurança social e desenvolvimento humano (Ibidem: Art. III, Art. XXII, Art. XXV), que permitirá instituir Missões de Paz, a partir da década de 1990, e anunciar a tensão entre a nova política e a antipolítica.

Mesmo sem se referir diretamente à democracia, o preâmbulo da DUDH considera "essencial que os direitos humanos sejam protegidos pelo Estado de Direito, para que o homem não seja compelido, como último recurso, à rebelião contra tirania e a opressão". Por sua vez, o meio ambiente, ausente na DUDH, passa a ser contemplado com a Declaração do Meio Ambiente Humano ou Declaração de Estocolmo, resultado da Conferência da ONU sobre o Meio Ambiente, em 1972, quando também se instituiu o PNUMA[1] (Programa das Nações Unidas para o Meio Ambiente) com o objetivo de coordenar a proteção ao meio ambiente, contando com a colaboração de governos nacionais com a sociedade civil organizada. Na implementação do desenvolvimento sustentável, o PNUMA está conectado ao PNUD (Programa das Nações Unidas para o Desenvolvimento, criado

1. PNUMA. Resumo para formuladores de políticas. Panorama ambiental global Geo5, 2012. <*https://bit.ly/2vWVBV6*>.

em 1965, ligado ao Conselho Econômico e Social das Nações Unidas – ECOSOC), que elaborou em seu relatório de 1994 o conceito de *segurança humana*, complementando o IDH (Índice de Desenvolvimento Humano) criado em 1990, ambos voltados para estudos sobre o desenvolvimento humano sustentável e para a realização dos ODM (Objetivos do Milênio), compondo institucionalizações exigidas para a efetivação programática de *um futuro melhor*[2]. Enfim, como não há direitos sem punições, as novas condições de presos encarcerados, penalizações alternativas, legislações antiterrorismos, condutas criminalizáveis e judicializações conformam-se no fluxo de gestão de riscos da violência (Waiselfisz, 2013), como situara Foucault (2008).

A ecopolítica, gradativamente, encontra maneiras de governar ambientes de modo a inibir conturbações, levantes, desestabilizações de Estados e, ao mesmo tempo, tornar sustentável o desenvolvimento capitalista com segurança. As regulamentações que põem em funcionamento as regulações seletivamente escolhidas exigem formalizações jurídico-políticas relacionadas, direta ou indiretamente, aos governos do Estado e às organizações a eles vinculadas de modo transterritorial. Produzem maneiras de governar os ambientes nos quais a condição de obediente ao superior é disseminada pelas variadas formas de governar a si e aos outros, por meio de descentralizações, compartilhamentos e práticas de governança com destaque especial para a formação e funcionamento das elites secundárias. Trata-se de uma governamentalidade democrática distendida, segundo a continuidade e prevalência do Estado de direito e as condições de efetivação do desenvolvimento sustentável.

A conservação do meio ambiente, a segurança humana e estatal, a proteção e difusão de direitos e o controle da gestão dos chamados crimes produzem um modo de se governar com moderação.

As Metas do Milênio e a Carta da Terra (não desconsiderando a *Agenda 21* e seus resultados globais) foram documentos de referência e se mostraram condutores da Conferência Rio+20, que incorporou em seus documentos o que estava previsto acerca da sustentabilidade, qualidade de vida, vulnerabilidades, segurança, ambiente e resiliência. A análise da ecopolítica parte desses arquivos que situam a convergência entre as propostas da ONU, Conferência das Nações Unidas para o Desenvolvimento Sustentável e a Cúpula dos Povos, situando as disputas democráticas entre *adversários*,

2. Atlas do Desenvolvimento Humano Brasil 2013. <*http://www.atlasbrasil.org.br/2013/*>.

evitando configurar o inimigo para além do terrorismo contemporâneo e práticas sobejamente conhecidas e securitizadas em torno do tráfico de drogas pela racionalidade neoliberal colonizando sociedade civil e Estado.

O discurso sobre a *degeneração* do indivíduo e da espécie foi suplantado pelo discurso sobre a *degradação* dos ambientes que inclui a recuperação, a restauração e a conservação que relaciona *divíduos* e populações governáveis por localizações e etnias em torno da *economia verde* (e mais recentemente *azul*, em referência aos recursos costeiros e dos oceanos), do *empreendedorismo social*, dos combates às *vulnerabilidades*, com *qualidade de vida*, *sustentabilidade*, *empoderamento* e construção de uma *cultura de paz*. Importa que este divíduo seja capaz de se metamorfosear constantemente segundo o que dele se espera como capital humano. Ele deve ser equilibrado, educado com carinho e atenção pelos pais, escolarizado para responder às variadas exigências que o levem a ser uma criança estável, um jovem amadurecido, um adulto responsável, um *cidadão-polícia* cercado de equipamentos sociais. Um sujeito de múltiplas facetas econômicas, pragmático em política, versado em cultura local, atento para as condições de pobreza, cuidadoso com o meio ambiente, exigente em segurança e flexível nas decisões, eventualmente destinatário de *cares* na *feliz-idade*.

A produção inacabada de direitos consolida a noção de *resiliência* que, por sua vez, possibilita, viabiliza, visibiliza e orienta a gestão da participação e faz aparecer o *portador de direitos inacabados*. As relações entre resiliência, governo das cidades e das pessoas estão conectadas à redução de *vulnerabilidades*, *ao ambiente*, *à segurança humana*, *alimentar e planetária*. A *resiliência* passa a ser um dispositivo que não só redimensiona a segurança, os sistemas protetivos integrais, mas encontra-se conectado aos *dispositivos meio ambiente* e *diplomático-policial* e *monitoramento*.

As práticas de *resiliência* cada vez mais esclarecem suas pertinências como contenção e inibição de resistências por educarem, preferencialmente, para a formação de alguém (da criança ao idoso) como capital humano voltado *às melhorias das futuras* gerações, fazendo sobressair não só práticas redutoras de resistências, mas a *conduta moderada* pelo pastorado horizontalizado. Procuram obstruir a emergência de radicalidades que enunciem o insuportável (seja a Conspiração das Células de Fogo, na Grécia, ou a presença surpreendente da tática *black blocs* em manifestações e protestos, incluindo o Brasil) e explicitem o *ingovernável*.

Sobre o consenso em torno do combate ao tráfico e à violência, configura-se, com clareza, a relação entre *saúde* e *segurança* como definidora das práticas de governo das condutas por meio de programas governamentais e programas sociais e comunitários, acoplando empreendimentos empresariais, bancários, comerciais e principalmente culturais para *cada um* que investe em um governo *pacífico* das comunidades (periferias), desdobrando as funções da polícia repressiva em polícia de proximidade, dimensionando e refazendo o policiamento das forças armadas e a da militarização da polícia. Trata-se de recuperar da degradação, valorizar o pobre e ampliar programas de erradicação da miséria, incluindo a controversa legalização da maconha (caso Uruguai) e o vaivém acerca da continuidade efetiva do tráfico de drogas e pessoas. A *resiliência* investe na diferença formalizada nos direitos com ênfase na combinação entre prevenção e precaução.

A análise histórico-política da ecopolítica situa feixes de fluxos inteligentes da racionalidade neoliberal que procriam dispositivos e que configuram tanto uma nova política como a antipolítica. O desenvolvimento sustentável em andamento dissipa as fronteiras entre desenvolvidos e subdesenvolvidos/em desenvolvimento por tratar, agora, de cuidados com a degradação que finalmente atingiu o planeta como um todo, em superfície, mar e ar, e os viventes em qualquer lugar. A noção de periferia também se desloca da relação anterior de centralidade para ser compreendida como espaços imbricados nas cidades e também passando a ser transterritorial.

O governo compartilhado de ambientes (*dispositivo meio ambiente*) a partir da institucionalização de condutas constituídas em segurança, dissolvendo a relação dentro-fora e redimensionando a polícia (*dispositivo diplomático-policial*), produzindo monitoramentos materiais e de condutas de divíduos em função da convocação à participação democrática nos regimes, empresas, comunidades (*dispositivo monitoramento*) pela pletora de direitos inacabados conformando o portador de direitos inacabados, enquanto capacidade de superação de adversidades (*dispositivo resiliência*), conecta a governamentalidade planetária transterritorial que atravessa organizações internacionais, uniões de Estados, Estados nacionais, programas, sociedade civil organizada e o divíduo.

Ambientes seguros monitorados e resilientes são o que produzem a racionalidade neoliberal, a utopia capitalista e as práticas democráticas como governo compartilhado dos humanos com os demais viventes. A degradação em equacionamento depende dos investimentos governamentais, empresariais e do capital humano em normalizações de normais. Este caudaloso fluxo inteligente produz a paradoxal relação oposta ideologicamente entre direita, centro e esquerda em relações compartilhadas governadas pelo pluralismo.

Estamos diante de dois acontecimentos revisados, considerando-se as constatações de Foucault em *A ordem do discurso* a respeito das interdições. Comecemos pela segunda interdição, a do sexo. Este se encontra, agora, comprimido nas relações entre o governo de si e o governo dos outros, paradoxalmente redimensionado em sexo livre e casamento efêmero, ambos policialmente supervisionados pelas religiões, a ameaça de novas doenças e governadas pela medicina da saúde, a psiquiatria e o direito penal, redefinindo criminalizações e as propagando, segundo as regras gerais do direito e as práticas do portador de direitos inacabados, e principalmente pelo reordenamento na família convencional.

O sexo desinterditado e dissolvendo paulatinamente a distinção de gênero delineia para o portador de direitos inacabados as respectivas criminalizações, segundo regulamentações e leis que *protegem* as minorias numéricas, os efeitos da liberdade individual neoliberal e seus implícitos *riscos* subjacentes às condutas. A utilidade produtiva passou a incluir as variadas minorias, segundo empregos e ocupações; dá-lhes visibilidades e garantias condicionadas à participação constante e sob a formatação identitária variada e compósita. A desinterdição do sexo, considerando os limites impostos pela religião, deve também produzir uma conduta moderada, ajustada aos princípios da moralidade, redimensionamentos de famílias convencionais, ajustes de direitos além de penalizações e condutas criminalizáveis estratificadas, compondo uma nova cultura universal pacificadora sobre o sexo e a família (violência sobre corpos e mentes são penalizáveis, assim como se aprende a conviver com a criação do mito dos preconceitos e suas violências próprias, a ser combatido gerando uma contabilidade a ser reduzida, tanto pela propagação da tolerância, quanto por medidas de tolerância zero).

Enfim, nem toda liberação inventa vida livre. O efeito principal da liberação sexual, impulsionada pelo acontecimento *1968*, metamorfoseou-se na renovação do casamento, que inclui os anteriormente considerados normais, de modo que os degenerados normalizados pela nova conduta sexual sejam socialmente aceitos produtivamente e incluídos pela racionalidade neoliberal que, por se ocupar do capital humano inovador, é, portanto, capaz de fundamentar a gestão de preconceitos ao que se torna familiar.

Quanto à primeira interdição, a política, esta deixou de ser eminentemente circunscrita ao Estado (e não se trata também de sua designação genérica de práticas de ações societais, como definia Max Weber em sua conhecida conferência *A política como vocação*) e à soberania. Ela se introduz pela prática democrática nas relações nas empresas, comunidades, escolas, ONGs, fundações, institutos... A antiga oposição entre regime político democrático e estruturas autoritárias de produção e administração foi suplantada, gradativamente, pela introdução da racionalidade neoliberal em torno da produtividade inteligente.

As potências das resistências são o alvo. A convocação à participação não trata mais de interdição (incluindo os efeitos-limites de direitos de biopolítica: quem deve viver e quem deve morrer) ou simplesmente sujeições, mas dissemina a *esperança no amor* como uma nova atualização do amor à humanidade (Ferry, 2009). É preciso amar: a ocupação, os colegas, a empresa, a comunidade para que na competição se obtenha a segurança necessária. Amar de modo compartilhado para que a meritocracia se justifique e cresça, combinando a preservação do interesse privado e público, e, por meio da fiscalização constante, superar ou evitar os antagonismos pela programática compartilhada. É recomendável amar tanto para que a humanidade e o planeta sejam conservados de modo sustentável, assim como ocupações e empregos, vida nas comunidades e condutas tolerantes que garantam o futuro das novas gerações. Nesse sentido, é evidente a disseminação da programática de condutas competitivas compartilhadas pela maior difusão de produtos midiáticos pelas redes de televisão sobre a produção de chefes e alimentação, novas famílias, novos relacionamentos amorosos ou de convivência em espaços fechados, relações amorosas entre corpos nus, dificuldades em espaços abertos e na natureza etc.

A política também deixa de ser compreendida, como Foucault situara em *A vontade de saber* e *Em defesa da sociedade*, como a guerra prolongada por outros meios. A guerra convencional foi suplantada pelos *estados de violência* (Gros, 2009); o dispositivo diplomático-militar acoplado ao *dispositivo diplomático-policial* nos leva a outras considerações relativas aos governos dos estados de violência, dos *perdedores radicais* e das guerras-fluxo. Não há mais interdições políticas. Quem dela se apartar o fará por conta e risco; quem pretender contornar ou enfrentar a nova política estará obsoleto por recusar o protagonismo em voga e se excluir dos empoderamentos, dispor-se à gestão do insuportável ou simplesmente se conformar em ser deslocado para o ostracismo.

As relações de poder que se estabeleciam em redes e configuravam uma situação estratégica estão em imediata discussão. Não se trata somente de abordar como a literatura sociológica contemporânea considera as relações em redes nas comunicações constantes, principalmente com a expansão da internet e das chamadas redes sociais. Neste ponto a questão passa a ser a seguinte: se as relações de poder estão em rede, como na sociedade disciplinar, qual a distinção trazida pelas novas redes em nossa sociedade? Trata-se do mesmo envolvimento individualizante e totalizador?

Se na sociedade disciplinar as relações de poder eram em rede, proporcionando às resistências atravessarem a estratificação social, na sociedade de controle os fluxos darão mais elasticidades às relações de poder pela intensidade, velocidade, capacidade de capturas e afluências. Por manter a situação inacabada, convocar à participação, instituir adversários móveis, compor gestões em empresas e em *negócios sociais*, ordenar intervenções externas em Estados como Missão de Paz, enfim, as relações de poder em fluxos habilitam qualquer um a cartografar as suas possíveis linhas de fuga e, mais do que isso, orientam as resistências.

As relações de poder em fluxo não estão mais circunscritas formalmente à estratificação social, esta divisão hierárquica da população por camadas socioeconômicas, culturais e identitárias e, até certo ponto, herdada ou adquirida pelos indivíduos em uma sociedade que estimula a mobilidade social, segundo modos de conjugar as desigualdades. Hoje, a pirâmide permanece como figura ilustrativa das mobilidades, todavia, as conexões em fluxos produzem sensações compartilhadas e democráticas de que ocorreu uma descentralização em círculos concêntricos, maleáveis e moduláveis. Esta sociedade necessita da produção de direitos, da luta organizada para eles, também estratificados em políticos, civis e sociais. Quando Foucault situava as resistências na sociedade das disciplinas ele o fazia para mostrar as articulações entre os indivíduos em função de uma determinada relação de poder produzida pelas disciplinas que repercutiam em qualquer espaço fechado e vigiado. Produzia ressonâncias pelas condutas posicionadas e contraposicionadas.

O limite estava colocado pela indisciplina levando à paralização, ocupação ou demolição daquele espaço. Mas as resistências nessas sociedades produziam subjetivações que repercutiam no questionamento ao soberano, simplesmente porque os indivíduos, temporariamente livres dos espaços confinados, associavam-se ou se organizavam de modo a renovar contraposicionamentos ou mesmo produzir antiposicionamentos. Foucault (2011), ao analisar a trans-historicidade dos cínicos e, por conseguinte sua atitude parresiástica, chamava a atenção para o *militantismo* do século XIX capaz de colocar em xeque as formas de organização, o direito de soberania, as hierarquias, os efeitos das disciplinas e os paliativos biopolíticos, ou seja, como estas resistências ultrapassavam os contraposicionamentos e se praticavam atravessando as estratificações sociais para detonar a estrutura social.

As resistências na sociedade disciplinar mantinham esse fora relacional e o dentro que se comunicavam de modo intenso, a ponto do poder soberano enfrentá-las como inimigo perigoso a ser combatido, se necessário, em uma situação de guerra civil declarada (em especial, a Revolução Espanhola, na década de 1930, ou mesmo as Comunas na França, em 1871). Em seus primeiros cursos, Foucault (2015) chamava atenção para a política como guerra civil, diretamente relacionada à dominação e à exploração por meio da profusão de ilegalismos; mais tarde (Foucault, 1999), irá redefini-la como guerra prolongada por outros meios, abordando, em especial, a biopolítica em seu limite nazista. Isso se deveu à sua análise inicial sobre os ilegalismos burgueses e populares que se transformavam em leis e no discurso burguês. Entretanto, a mobilização constante contra os ilegalismos populares (roubo, furto e sublevações de poderes) encontrou instituições destinadas à exclusão e ao asilamento modernos como a prisão ou o manicômio (em especial, a colaboração de Césare Lombroso para a Antropologia criminal, saudando, em seu livro de 1894 intitulado *Os anarquistas*, a beleza dos revolucionários e o ensandecimento dos anarquistas a serem confinados).

Se na Revolução Francesa, no primeiro momento, o rei e a rainha eram os *monstros*, imeditamente a seguir, com o terror de Estado, foi o *povo* sublevado que passou a ser o grande monstro, e, dentro dele o anormal, o perigoso (Foucault, 2001a). No justo momento em que a razão de Estado trouxe o pastorado para seu interior com a função biopolítica, transformou o povo em população pela economia política e agregou o alvo biopolítico à segurança. Conduziu o Estado para realizar seus interesses no corpo-espécie de forma totalizadora, acoplado ao corpo disciplinado individualizado, fazendo com que a imagem do monstro se ajustasse à do anormal, o desajustado: o inimigo estava entre o povo e a forma de combate *pacífico* se daria por meio da biopolítica. Neste exato momento, a política como guerra civil desdobra-se em guerra prolongada por outros meios (educar e cuidar da saúde da população para a produtividade interna e a defesa fortificada diante da ameaça externa) conjugando soberania, polícia e biopolítica. Para tanto, foi preciso o ajuste da defesa policial interna para a garantia de segurança externa. Os adversários internos passaram a ser alvo de uma gestão calculista da vida, assim como os externos incorporados pela prática da diplomacia. Se os inimigos externos do Estado podem surgir de situações inesperadas que caracterizam uma possível e iminente guerra, os internos são sua ameaça constante, e dos quais o Estado depende para o policiamento e a defesa militar. Por isso se tornaram imprescindíveis os investimentos em biopolítica (seja pelo próprio Estado ou pelas filantropias na sociedade civil, ajustando, inclusive condutas à moralidade). No exterior, os Estados se relacionavam com adversários competitivos, capazes de submeter e governar colônias ou outros Estados *fracos* institucionalmente. No interior, o Estado moderno, diariamente, tinha de conter a iminência da guerra civil, fazendo da política uma guerra prolongada por outros meios que deve sobredeterminar a outra. A biopolítica produz outras subjetividades fortalecedoras daquelas que o contrato introduz nas relações de trabalho como garantias ao trabalhador. A dominação produz sujeições e espera que essas sejam pacíficas por meio dos assujeitamentos, o amor à obediência por meio da segurança ao indivíduo, produzindo condutas que relacionavam sujeições e assujeitamentos em função da contenção da guerra civil sempre eminente.

As resistências às disciplinas e à biopolítica nascente atingiam o soberano e sua permanência sob eventuais reformas, atravessavam e ultrapassavam a estratificação social ao delinear percursos surpreendentes capazes de enunciar o inominável. Se as relações de poder formavam redes, disciplinas e vigilâncias, o poder não se localizava em um lugar específico — o panóptico era um dispositivo de vigilância —, e essas redes variadas se combinavam pretendendo produzir cada vez menos espaços de atravessamentos. Em certo sentido foi essa produção de poder em rede que proporcionou uma conformação que, por mais segura que fosse, ainda permitia atravessamentos, dissolução de nós e implosões.

Na sociedade de controle, as coisas já não são assim. A introdução de um modo específico de segurança e defesa pela comunicação-informacional durante e após a II Guerra Mundial redesenhou as relações de poder por meio da introdução da inovação motivada pela racionalidade neoliberal em relação ao trabalhador metamorfoseado em capital humano, após o acontecimento *1968*. Esta metamorfose produziu controles pelos monitoramentos da inteligência do corpo do indivíduo redimensionado como divíduo, portanto permeável a variadas identidades, e, por conseguinte, pleiteador de uma pletora de direitos que não mais se resumem aos três direitos fundamentais das sociedades de disciplina, biopolítica e soberania.

As lutas pelas liberações e libertações contra as sujeições e assujeitamentos obtiveram não mais contornos nítidos como o espaço, as fileiras, o exame, a administração do tempo da sociedade das disciplinas, e tampouco as filantropias e políticas públicas eram capazes de responder de imediato ao conjunto reivindicatório para aplacar o perigo enunciado pelas classes populares. O sociólogo Max Weber, no início do século passado, defendia frente às classes perigosas, por ele assim nomeadas, com suas sujeiras, pestes e contestações, a necessidade de políticas compensatórias urgentes pelo Estado; recomendava um parlamento forte com políticas positivas que disseminasse a ética da responsabilidade de cada um para conter o avanço quase incontornável dos socialistas e comunistas; mostrava os limites do bom governo liberal diante de uma *massa* que se conformava e trazia perigos ao liberalismo e à democracia. Alertava para a burocracia estatal sendo procedimental, o que elevava os custos do Estado — constatação projetada para o socialismo, e que se comunicava com a do liberal austríaco Ludwig von Mises, que pretendia equacionar a situação dos monopólios emperrando o liberalismo, fomentando a *massa* e constituindo um perigo às liberdades individuais —, situação que o socialismo levaria ao extremo. Cauteloso, von Mises (1938) mostrava que o socialismo, como teoria e funcionando de modo fechado sem as dinâmicas da história e do comércio exterior, era coerente. Assim sendo, pelo governo burocrático e monopolista, o socialismo tenderia a fracassar diante das demandas de mercado exterior (curiosamente a mesma crítica que o marxista Eric Hobsbawm elaborará nos anos 1990, em seu festejado *A era dos extremos*, explicitando, dramaticamente, o revestimento da racionalidade neoliberal à esquerda do Estado). As relações agônicas de poder na sociedade de controle foram escapando da relação harmoniosa ou conflitiva entre sociedade civil e Estado disputada entre liberais, assim como da oposição contraditória entre Estado e sociedade civil defendida pelos marxistas.

As máquinas cibernéticas precisam de outras velocidades, assim como as relações sociais se produzirão também em velocidades surpreendentes. Virilio (1996) e Deleuze com maiores detalhamentos — visto que Foucault morreu ainda na primeira metade da década de 1980, quando analisava uma sociedade disciplinar em transformação, que, por vezes, chegou a chamar de sociedade de segurança — ou simples sugestões, alertaram para as modificações nas relações de poder. Suas reflexões sublinham não só a velocidade das máquinas, como nos movem a constatar que as relações de poder em fluxo não são meras metamorfoses de relações de poder em rede. Elas produziram, de outro modo, a explosão nos nós das redes. Trata-se agora, entre os vivos e como nas máquinas, de relações que exigem protocolos diplomáticos, interfaces entre programas, geração variada de aplicativos que fomentam a comunicação constante, contínua e em espaços abertos, novas modulações na produtividade empresarial. Não há um tempo calculado e gerenciado sobre o trabalho como no regime das disciplinas. Espera-se mais, seja porque o capital humano deve inovar, empregado ou não em um investimento (empresarial ou outro), assim como sua conduta empreendedora não se restringe às formalidades contratuais traduzidas em leis, posto que as normas são cada vez mais móveis e mais eficientes que o formal edifício jurídico verticalizado, que também se descentraliza, assim como as regras disciplinares.

Aquém da inovação, o divíduo neste fluxo pode produzir vírus, realizar invasões a computadores, deletar arquivos e programas, divulgar documentos secretos e "balanços" de empresas, espionar e interceptar protocolos, enfim, tornar-se um perigo, pois sua maneira de resistir não depende mais da estratificação social e de concentrações públicas. Como divíduo, ele solitário, pode animar interceptações do modo pelo qual funcionam as interfaces diplomáticas. E, num instante, ele pode passar de inimigo criminoso a agente de segurança para o *sistema*, e sua atitude resistente (de contrapoder) em breve tempo pode se metamorfosear em conduta de segurança, e é isso que se aprendeu a esperar desse sujeito resiliente: obter reconhecimento de sua capacidade inovadora de modo meritocrático. Trata-se de um livre exercício voluntário em função de ser ocupado no interior de regras móveis do jogo. Em poucas palavras, ainda que guarde certa familiaridade com o anarco-terrorista do século XIX e do início do século XX, seu alvo é outro, não é a vida física do soberano e o fim de sua metafísica.

Alguém poderia dizer que um tal mecanismo também opera na sociedade das disciplinas. Todavia é preciso lembrar que tal façanha estava relacionada à cooptação, de modo que o exército de reserva de poder, funcionando ao lado e com a polícia, também recebia suas recompensas segundo a moralidade. Na sociedade das disciplinas as resistências indisciplinares radicais (anarquismo e comunismo) redundavam em subjetivações voltadas a possíveis revoluções que repercutiam na construção de uma nova moral a governar as práticas éticas de cada um. Agora, um ponto reluzente que emana na sociedade de controle está na relação agônica de poder e resistências em fluxos: o do militantismo livre das formas organizativas convencionais em que a produção da ética está voltada para a interrupção do jogo político entre morais, seja considerando-as a partir dos cuidados de si (governar menos ou não governar), da evocação das práticas anarquistas nos movimentos posteriores à antiglobalização (Newman, 2011) ou mesmo das práticas autogestionárias da multidão em luta contra subjetividades capitalistas atuais como a do endividado, do mediatizado, do securitizado, do representado capaz de elevar-se como singularidade na multidão (Negri; Hardt, 2014). A presença da ética como princípio e fim da política que começa no sujeito (divíduo ou indivíduo) se sobressai (Foucault, 2004), seja para constituir uma faceta da nova política, seja para produzir mais potências antipolíticas. As minorias potentes (Deleuze, 2010) emergem, o militantismo (Foucault, 2011) ganha visibilidades e ambos enunciam a problemática da ética de liberdades que enfrentam as dos liberais e neoliberais.

As relações de poder em fluxo situam o verso e o reverso do capital humano inovador e resiliente na imperativa convocação à participação moderada em cada ambiente. A política não é mais a guerra prolongada por outros meios na medida em que a guerra como tal se metamorfoseou em guerra-fluxo e estados de violência monitoráveis. A política é investimento contínuo em participação supondo a concretude do estado de paz em construção pelo conjunto de condutas inovadoras e resilientes permanentemente monitoradas. A política depende de uma governamentalidade planetária que funciona por horizontalidades e verticalidades, conduzindo condutas governadas em função do controle de cada um e dos outros, educando para a construção da vida resiliente em um planeta resiliente revestido de direitos e agilizados por seus portadores.

A política não é mais a instância societal por excelência, nem a superestrutura da sociedade com função de manter dominação e exploração. A política pelas relações democráticas de poder em fluxo busca modular as relações no sentido de garantir a vida e o planeta conservados no futuro. Os resistentes antipolíticos, portanto, nesta energia maquínica enfrentam as modulações que governam pela inovação e o empreendedorismo do capital humano (onde se inclui a dosagem equilibrada entre interesses privados e interesses coletivos) como os que buscam novas formas de efetivar uma reforma urgente na sempre dinâmica relação entre Estado e sociedade civil. Os exercícios de dominação e exploração passam a ser equacionados a partir de supostos redutores meritocráticos e democráticos, pretendendo dissuadir cada um da dominação e da exploração pela inevitável naturalização das desigualdades fundadas pela economia política. Apresenta-se uma nova materialidade de gestão de minorias que funciona. Até quando? Entretanto, se os primeiros terão de se desvencilhar das moralidades, para os demais a moral de Estado é o parâmetro da continuidade da ordem e da produção de regras móveis dos jogos que produzem protocolos diplomáticos. A segurança do Estado em ambos os itinerários (de ordem e contra-ordem, ou de gestão da vida e de nova gestão da vida), permanece fundamental, porém, a gestão calculista da vida nos termos biopolíticos da sociedade das disciplinas cede lugar, gradativamente, à gestão compartilhada dos viventes, como traça a ecopolítica. São relações de poder em fluxos, de políticas e ecopolítica que têm por meta inibir resistências, pois estas são inevitáveis às relações de poder e redimensionadas pelos efeitos múltiplos que produzem governança nos ambientes. Não se trata mais da indisciplina nos espaços delimitados, mas da revolta em ambientes. Aos Estados-nacionais ou federação de Estados cabe a segurança diante de terrorismos transterritoriais, contenção de revoltas desterritorializadas e controle específico de monitoramento de inteligências e condutas.

A produção de subjetivação neoliberal abre para a revisão constante do que é a conduta perigosa ou criminosa, produzindo, pela disseminação de direitos de minorias, variações penais de encarceramentos e penalizações a céu aberto, *melhorias* no governo dos infratores e gestões compartilhadas das penalizações. Produz a relação compartilhada de intimidades pelas *redes sociais*, assim como busca interceptar a convocação à participação, que lhe é cara e cuidadosamente zelada, em movimentos que contestam a ordem. Também redimensiona os doentes mentais em programas de saúde mental, produzindo novas gestões da loucura em espaço aberto, e, com o auxílio da psiquiatria e das neurociências, redefine a loucura como *transtorno* (Passetti, 2013; Siqueira, 2010). Não há mais uma classificação sobre a loucura, mas índices e indicadores de transtornos a que cada divíduo (obviamente, por ser um divíduo em suas práticas, é arquivado em variados bancos de dados) é passível e para os quais a bioquímica colabora decisivamente com a medicação da criança ao idoso, do ocupado no trabalho ao desocupado circunstancial. Uma sociedade que concebe o divíduo também o apanha em suas fragilidades, dores e temores produzidos e medicados pela racionalidade neoliberal inovadora que dele necessita extrair a produtividade inteligente governada pelo *dispositivo resiliência*.

Planeta, países, cidades, vilas, bairros, favelas, o divíduo, tudo deve ser resiliente, segundo a sua família, convencional ou não, a comunidade em que habita e que defende, o bairro que preserva, as vilas restauradas para o turismo, assim como cidades e países sustentáveis, produzindo o nivelamento no desenvolvimento que não mais opõe subdesenvolvidos, desenvolvidos ou emergentes.

Planeta resiliente é a meta, durante e depois, dos Objetivos de Desenvolvimento Sustentável – ODS. As relações de poder em fluxos modulam identidades, combinam direitos, convocam à participação, produzem *sensações* de segurança cada vez mais velozes, disseminam empreendedorismos e reformam as velhas instituições. A escola, agora para todos, deve ser governada por *todos* (alunos, funcionários, pais e comunidade) em função da moderação e do equilíbrio orçamentário a ser alcançado. A escola ainda é o espaço disciplinar exemplar para ensinar a obedecer, mas para formar o capital humano é imperativo que ela se democratize, metamorfoseie as disciplinas, acelere as relações monitoradas, aplaque a indisciplina, conecte empregos e talvez produza, em definitivo, uma coleção de Gregor Samsa. Diferente da escola da sociedade das disciplinas que ensinava a desempenhar uma função na divisão técnica do trabalho, ela deve preparar o empreendedor e, por conseguinte, se conforma como escola-empresa.

A utilidade da inteligência produtiva não exclui mais mulheres, homossexuais, deficientes físicos, raças, etnias e toda a série de minorias numéricas a ser contemplada pela empregabilidade empreendedora de modo direto ou por meio de cotas. Os Estados as reconhecem como justificativas reparadoras de injustiças passadas, regulamentando-as segundo minorias identitárias empoderadas dentro e fora de universidades, do mesmo modo que empresas, programas de saúde gerais, produção e distribuição de medicamentos recomendados, exames médicos agendados, simultaneamente a uma série interminável de *gadgets* (apetrechos tecnológicos e aplicativos) e *widget* (programas que funcionam como atalho tanto para sites como para equipamentos móveis) destinados ao adequado monitoramento diário da sua saúde medicinal, corpos ou contatos sexuais produzidos para o melhor controle de rendimento de si e dos outros. O divíduo deve se sentir incluído de qualquer maneira; a inclusão passa a ser a palavra-chave principal do discurso da verdade na sociedade de controle.

Uma sociedade de energias inteligentes como essa necessita mais de cérebro e menos de musculatura e físico como na mecânica das disciplinas. Portanto, o corpo não estará mais visivelmente marcado pela história que o arruinava como no passado. Ele, agora, passa a ser a tela para inscrições de tatuagens, pequenas cirurgias corretivas e plásticas; pode ser esculpido e deve transparecer jovialidade. O sucesso do empreendedor está em sua reforma constante capaz de apresentá-lo modificado, restaurado, remodelado, enfim, sempre jovem (na medida do que ainda é possível: nada como encontrar uma senhora de 45 anos e lhe dizer que aparenta 31, ou um senhor de 65 anos que deve aparentar 51, ou seja, todos devem estampar um visual rejuvenescedor; e, obviamente, com isso vêm as reformas de previdências e a proliferação de seguros e organizações de aplicação das "economias" do capital humano, inclusive para efetivar as transformações de sexo).

As relações de poder em fluxo se dão a céu aberto, em ambientes monitorados, nas *nuvens* eletrônicas, no espaço sideral e produzem compartilhamentos. Desse modo, educando pela resiliência, não há mais nada além de condenar tudo o que *escapa* como vandalismo ou, quando não, de anarquismo. O Estado aos poucos se vê em condições de usar a violência mais esporadicamente contra os insurgentes (o que não é sinônimo de matanças de suspeitos) e conta com a colaboração da sociedade civil organizada para zelar com segurança nas manifestações de ruas, quando acontecem, e também equipada de componentes eletrônicos. A sociedade de controle, pelo compartilhamento, pretende inibir as resistências.

Não se trata mais de implicar diretamente resistências e relações de poder, mas situar neste deslocamento pelos controles como os fluxos proporcionam resistências e resiliências. Talvez, assim, possa ficar claro como se dá a incorporação do discurso sobre as redes sociais digitais e como se distingue rede de fluxo na ecopolítica, onde corpos são governados e se governam pelo uso da inteligência produzindo governanças. A permanência dos chamados terrorismos aos moldes da sociedade disciplinar já não mete medo; o medo advém do terrorismo e da revolta transterritorial de prática antipolítica; o medo do Estado permanece no campo das normalizadas condutas criminalizáveis. A espionagem foi renomeada, principalmente a partir dos eventos desdobrados pelas denúncias da Wikileaks (Serres; Obrist, 2013) por Julian Assange, em agosto de 2010 (Assange et al., 2013), e que culminaram nas denúncias do colaborador terceirizado da NSA (National Security Agency), Edward Snowden (Greenwald, 2014), e demandam novas regulamentações.

A liberdade democrática na internet ficou explicitada com o regime do monitoramento contínuo e seguro. A democracia na internet não é um simples exercício livre de direito, o que é compreensível como retórica contra Estados não democráticos, porém, a comunicação constante monitorada de cada um a cada Estado está preferencialmente relacionada aos avanços desta tecnologia nos investimentos no espaço sideral e respectiva segurança (Siqueira, 2015). Trata-se, portanto, de um acontecimento que move a comunicação (segundo Deleuze, é sempre bom lembrar que comunicar não é sinônimo de resistir), posto que subjacente à convocação à participação encontra-se o monitoramento constante de todos, haja vista a institucionalidade de governos de si e dos outros nos mais variados ambientes conectados ou não eletronicamente pelas tecnologias de inteligência. Cada divíduo deve corresponder a um *cidadão-polícia* exponencial de sua vida e da vida dos demais viventes no planeta pelo pastorado horizontal, com ou sem uso ainda da comunicação eletrônica, assim como cada Estado corresponde a um Estado-polícia da vida real, imaterial e virtual que é capturada. Por essa vida se transita ou fecunda conectado às tecnologias de governo da inteligência.

A política não está interditada e não é mais a guerra prolongada por outros meios. A guerra, quando acontece, é uma guerra-fluxo e tangencia os estados de violência. Muito menos o homem é um animal de cuja política depende sua vida. As políticas se complementam governadas por um cidadão portador de direitos que exige segurança em seu ambiente. Por mais de uma vez este cidadão se esquecerá do Estado, a não ser quando obrigatoriamente convocado para as eleições, quando o quer limpo de corrupção, diante de modulações da participação em que se reivindica algo compensatório, ou em um nada acidental cara a cara com a polícia repressiva. Cada vez mais, para ele, a política se torna secundária ou necessidade específica; sua esperança repousa na *obrigação* do Estado em lhe dar algo em troca de sua vida moderada[3]. E para tal o Estado

---

3. Os contrastes entre as *jornadas de junho de 2013* e os chamados "rolezinhos" do verão 2014 — quando o funk ostentação transitou pelos shoppings de periferias, explicitando o simulacro estético burguês, preconceitos, simulando protesto e dissimulando sua moderação, sob o efeito recorrente e óbvio da polícia repressora e da segurança privada — provocam análises interessantes. Do ponto de vista da participação, os esforços intelectuais são arquivados para prever possíveis desdobramentos no futuro imediato, conectando os dois movimentos, o que seria positivo se excluídos os radicais; os intelectuais moduladores procuram em suas análises midiáticas argumentos para politizar o rolezinho a partir do déficit de equipamentos públicos e sociais; as análises se voltam para como incluir mais segundo a participação esperada com redutor de aversões a estas minorias e ao mesmo tempo educá-las ainda mais para a conduta resiliente, e eles experimentaram

precisa estar limpo da corrupção. O divíduo entende sua postura ética como fortalecedora da moral monitorando o Estado, os políticos e suas conexões com empresários. Por sua vez, os empresários fortalecem sua nova filantropia financiando Institutos, Fundações e ONGs voltados para a gestão das condições de superação de pobreza e concomitante formação do capital humano.

A relação consigo — móvel e flexível —, e com os outros, encontrou evidências radicais no Brasil com as *jornadas de junho de 2013*, situando forças em luta, sob uma configuração específica da *apatheia* como a problematização da entrega ao governo de bem público privatizado: os transportes. A predominância das análises com base no conceito de multidão ganhou destaque a partir de análises mais densas (Pélbart, 2013), rápidas e incisivas (Orlandi, 2013), descritivas e favoráveis (Judensnaider et al., 2013; Vainer et al., 2013), e também em estudos com base em um marxismo gramsciano (Nogueira, 2013). Em comum, todas expressam a *esperança* em mudança para melhor, vendo positividades nos protestos como expressão da convocação à participação por uma nova política, por vezes nomeada de biopolítica da multidão. A ênfase na heterogeneidade, na dissimulação da identidade, sob o anonimato mascarado ou o reconhecimento, na exposição de limites da política partidária e institucional perde de vista a contribuição ao *status quo*, o arrefecimento posterior aguardando a ocasião, a própria esperança de continuidade e, por vezes, negligencia o efeito moral do juízo sobre os que são configurados como *inimigo*, no caso a força de fogo *black blocs*[4].

As resistências anarquistas, historicamente inquestionáveis, hoje passam pela captura acadêmica e apresentam aspectos resilientes. As práticas anarquistas ganham dimensão política quando acompanhadas da revolta, ponto nodal dos anarquismos desde Proudhon, passando por Stirner, o

---

e vivenciaram seus fugazes momentos de celebridades (cf. <*http://www.pucsp.br/ecopolitica/galeria/galeria_ed6.html*>).

4. A presença constante da tática *black blocs* desde os primeiros momentos em Seattle produz continuidades gradativamente disseminadas pelo planeta e chegou ao Brasil, assim nomeada, durante as chamadas *jornadas de junho de 2013*. A tática, como tal, para existir necessita da concentração previamente anunciada de um protesto político. Neste sentido, ela não é organizativa nos moldes tradicionais e por isso é surpreendente, seja por aglutinar anarquistas, seja por absorver segmentos pauperizados mendigando pelas cidades (Thompson, 2010; Deusen; Massot, 2010; Bray, 2013, Passetti; Augusto, 2014). A primeira manifestação *black blocs* é atribuída ao grupo *Love Lace*, que atacou a sede do FMI, em Washington, durante a Guerra do Golfo.

libertarismo do final do século XIX e início do século XX e que encontra hoje certa disposição à resiliência a partir dos anarquistas estadunidenses (Passetti, 2013b), em especial a relevância da relação anarquismo/ecologia a partir do ISE (Institute for Social Ecology), fundado por Murray Bookchin, em 1974, que elaborou o conceito de ecologia social relacionado ao municipalismo libertário (Augusto, 2012) e que também tem por destino ser capturada pelo desenvolvimento sustentável.

O monitoramento de ambientes resilientes e seguros produz uma nova forma de comunicação instantânea que diz respeito a como conceitos e práticas historicamente situadas como as anarquistas acabam se metamorfoseando em palavras-chave. A destacar: ação direta, autogestão, ecologia social. Outras, ou as mesmas, revestidas de significados repaginados, alimentam o vocabulário dos ativistas em geral. Pela velocidade rápida, eles se atêm muitas vezes à palavra ou ao *novo* direcionamento sem acionar a reflexão (por exemplo, o governo provisório de Michel Temer, em 2016, no Brasil não incluiu negros e mulheres, e não foram poucos, senão a grande maioria de contestadores de seu governo como "golpe", que saíram às pressas exigindo inclusão).

O clima passou a ser o grande catalizador das mudanças anunciadas conectando o humano (Rodrigues, 2012a). Cientistas alertam para os riscos do planeta e as reuniões políticas caminham dentro dos parâmetros capitalistas em função de um desenvolvimento sustentável[5] sintonizado com as Metas do Milênio[6] e agora, com os ODS. Iniciadas em Berlim, em 1995, as reuniões do COP (Conference of the Parties), referentes à Convenção Quadro das Mudanças do Clima, estabelecida em 1992, e à criação do Intergovernamental Panel of Climate Change – IPCC, situavam o desenvolvimento sustentável com erradicação da pobreza, buscando encontrar uma situação estável para o capitalismo e seus efeitos degradantes mediante adaptações das atividades humanas em função das mudanças climáticas.

A produção do saber sobre a Terra, a partir dos efeitos atômicos e constatação da degradação vivida e expressada por cientistas, movimentos sociais, contestações localizadas, redesenho das relações internacionais, a partir do final da chamada Guerra Fria, levaram a noções como *antropoceno* e à necessária busca de diplomacia (Danowiski e Castro, 2014; Latour, 2013). A questão que se coloca situa a noção de natureza ou ambiente como

5. <*https://bit.ly/2sjQvjO*>.
6. <*http://newsroom.unfccc.int/*>.

algo restrito ao saber das ciências naturais. Danowiski e Castro salientam que a sustentabilidade tem eficácia local, porém, em âmbito global ainda é uma ficção; mostram a dimensão que a produção de saber sobre os efeitos do clima produz diante das possibilidades diplomáticas de convergências possíveis entre a degradação realizada por Humanos (os modernos) e as novas invenções possíveis pelos Terranos (um povo em invenção), ou seja, é preciso que os modernos se reconheçam como responsáveis para que uma diplomacia seja possível. "O que o antropoceno põe em cheque, justamente, é a própria noção de antropos, de um sujeito universal (espécie, mas *também* como multidão) capaz de agir como um *só povo*" (Danowiski e Castro, 2014: 121, grifos dos autores). A reviravolta produzida por saberes que ultrapassam as ciências naturais também desemboca na crítica ao sujeito universal, à nova feição do sujeito universal como multidão, aos moldes de Negri e Hardt, "pois é difícil conceber o povo de Gaia como uma Maioria, como a universalização de uma boa consciência 'europeia'; os Terranos, podem ser um povo 'irremediavelmente menor' (por mais numerosos que venham a ser), um povo que jamais confundiria o território com a Terra (...) *o povo por vir*, capaz de opor uma 'resistência ao presente' e de assim criar 'uma nova terra', *o povo por vir*" (Ibidem: 125–126).

Ainda que, gradativamente, a produção de um novo saber atento aos moldes nos quais povos não-modernos, os ameríndios, esteja adaptando a retórica de ambientalistas a suas cosmologias e obtendo repercussões, a questão principal ainda repousa com o que se passa "nas gigantes metrópoles técnicas" (Ibidem, 127). Será por meio das técnicas que o embate entre Humanos e Terranos se estabelecerá compondo técnicas antigas e recentes, pois "nem toda inovação técnica crucial para a *'resiliência'* da espécie precisa passar pelos canais corporativos da *Big Science* ou pelas longuíssimas redes de humanos e não-humanos mobilizadas pela implementação de 'tecnologias de ponta'"(Ibidem: 131, grifos meus).

Tomemos a plataforma Intergovernamental Plataform on Biodiversity and Ecosystem Services – IPBES. A IPBES tem por objetivo organizar o conhecimento sobre biodiversidade para subsidiar decisões políticas em âmbito mundial. Sua criação foi ratificada durante a COP10, da biodiversidade, em Nagoya. Segundo a IBPES, os que tomam decisões precisam de credibilidade científica e informação independente que levem em consideração as relações entre biodiversidade, serviços ecossistêmicos e populações. Fazem-se necessários métodos efetivos que interpretem as informações científicas, para tomadas de decisões mais bem fundamentadas. Ao mesmo tempo, a comunidade científica também precisa saber das necessidades dos tomadores de decisões para provê-los com informações relevantes. O diálogo entre a comunidade científica, governos e outros stakeholders em biodiversidades e serviços ecossistêmicos deve ser fortalecido. A IPBES possui um mecanismo reconhecido, tanto pela comunidade científica, quanto pela comunidade política internacional, para sintetizar, acessar e criticar informações relevantes geradas por governos, academia, organizações científicas, organizações não governamentais e até comunidades indígenas.

A primeira plenária da IPBES aconteceu em Bonn, na Alemanha, em janeiro de 2013. Durante a segunda plenária, em Antalaya, na Turquia, de 9 a 14 de dezembro de 2013, foi aprovado o marco conceitual da plataforma[7] que "fornecerá a referência teórica para o trabalho a ser desenvolvido pelos especialistas nos próximos anos"[8]. O marco foi produzido pelo Painel Multidisciplinar de Especialistas da IPBES. Carlos Joly, coordenador do programa BIOTA-FAPESP, e Mark Lonsdale, chefe de Serviços Ecossistêmicos da Commonwealth Scientific and Industrial Research Organisation – CSIRO, da Austrália, foram eleitos diretores do Painel Multidisciplinar de Especialistas da IPBES – MEP, na sigla em inglês. Segundo Joly, um dos principais objetivos do MEP é a "integração do conhecimento científico com outros sistemas de conhecimento, especialmente o de comunidades indígenas e locais"[9].

No interior do objetivo 1 (fortalecer as bases de capacidade e conhecimento da interface ciência-política para implementar funções chaves da plataforma), o item D diz: "procedimentos, abordagens e processos participativos para trabalhar com sistemas de conhecimento indígenas e locais"[10]. Para isso, formou-se uma força-tarefa para desenvolver uma lista e uma rede com peritos; oficinas e diálogos globais com especialistas sobre conhecimentos indígenas e locais; procedimentos e abordagens para trabalhar com sistemas de conhecimento indígenas e locais, além de estabelecer um mecanismo participativo para sistemas desses conhecimentos na plataforma. Essa força-tarefa é composta por especialistas, que compõem o quadro de membros de especialistas multidisciplinares do painel (MEP), por especialistas selecionados especificamente para esse trabalho e por mem-

7. <*https://bit.ly/2D3qHyH*>.
8. <*https://bit.ly/2AJhlX9*>.
9. <*https://bit.ly/2M4QGbT*>.
10. <*https://bit.ly/2WFsGjV*>.

bros do *bureau* do painel. A força-tarefa sobre conhecimentos indígenas e locais elaborará procedimentos, enfoques e processos participativos para trabalhar com esses sistemas de conhecimentos.

Segundo o documento, o Marco Conceitual será "um terreno comum básico, geral e inclusivo" entre os diferentes sistemas de conhecimento reconhecidos pela plataforma — o científico, o de comunidades locais e indígenas — para que se possa alcançar o objetivo principal da plataforma: "fortalecer a interface científico-normativo entre a diversidade biológica e os serviços ecossistêmicos para a conservação e utilização sustentável da diversidade biológica, o bem-estar dos seres humanos a longo prazo e o desenvolvimento sustentável"[11].

O documento propõe uma paridade entre os diferentes sistemas de conhecimento. Enquanto para alguns o objetivo é *qualidade de vida/bem-estar*, para outros, procura-se *viver em harmonia com a mãe terra*. Esse ponto é constantemente salientado pelos que compõem o quadro. Segundo Joly, "é um marco inovador e muito moderno, pois foi escrito em três diferentes linguagens: a linguagem científica consolidada (usando termos como 'biodiversidade', 'ecossistemas' e 'evolução'), a linguagem dos povos tradicionais andinos ('mãe terra', 'sistemas de vida' e 'vivendo em harmonia com a mãe terra') e linguagem transcultural consolidada na interface entre ciência e política dos acordos internacionais (com termos como 'qualidade de vida' e 'benefícios da natureza para as pessoas')"[12].

Em função da atualização do capitalismo, investe-se em governar populações que habitam áreas com serviços ecossistêmicos ainda abundantes. Ao mesmo tempo, elabora-se um discurso que incorpora outros conhecimentos e fortalece princípios democráticos. A governamentalidade planetária vai se consolidando ao produzir a interface definitiva entre diferentes culturas, compartilhando modos de vida locais à sustentabilidade. Nesse sentido, sobressai uma clara relação com a noção de *bem viver*, que tem como proveniência a cosmovisão indígena e que em alguns países da América Latina, como Bolívia e Equador, ganhou força no interior da política institucional como componente das práticas democráticas de governo do Estado, consolidando a participação e ampliando as resiliências. Se o *Bem Viver* é a consolidação dessa articulação entre Estado, capitalismo,

---

11. <*https://bit.ly/2WFsGjV*>.
12. <*https://bit.ly/2AJhlX9*>.

conhecimento científico e populações indígenas em âmbito nacional, a IPBES procura desenvolver essa relação no âmbito internacional da ONU.

Na perspectiva genealógica está em questão a crítica local, "algo que seria uma espécie de produção teórica autônoma, não centralizada, ou seja, que, para estabelecer sua validade, não necessita da chancela de um regime comum" (Foucault, 1999: 11). Trata-se, segundo Foucault, de uma reviravolta de saber, uma insurreição de saberes sujeitados: "os conteúdos históricos que foram sepultados, mascarados em coerências funcionais ou em sistematizações formais"; blocos de saberes históricos presentes e disfarçados "no interior de conjuntos funcionais e sistemáticos" (Ibidem). Mas os saberes sujeitados também são compreendidos como não conceituais ou suficientemente elaborados. No caso da crítica local nas pesquisas de Foucault, é o que está em paralelo e marginal comparado ao saber médico (o psiquiatrizado, o enfermeiro, o delinquente), um "saber diferencial incapaz de unanimidade e que deve sua força apenas à contundência que opõe a todos que o rodeiam" (Ibidem: 12), mas é desqualificado, e se explicita no saber histórico das lutas. "Chamemos, se quiserem, de 'genealogia' o acoplamento dos saberes eruditos e das memórias locais, acoplamento que permite a constituição de um saber histórico das lutas e a utilização desse saber nas táticas atuais" (Ibidem: 13). Trata-se de fazê-los intervir contra a instância teórica unitária "em nome de um conhecimento verdadeiro, em nome dos direitos de uma ciência que seria possuída por alguns" (Ibidem). As genealogias são anticiências, insurreições, "entre saberes centralizados de poder que são vinculados à instituição e ao funcionamento de um discurso científico e organizado no interior de uma sociedade como a nossa (...); é exatamente contra os efeitos de poder próprios de um discurso considerado científico que a genealogia deve travar o combate" (Ibidem: 14). Trata-se de um enfrentamento para desassujeitar os saberes históricos e torná-los livres, uma reativação dos saberes "menores".

As práticas democráticas descentralizadas na convocação à participação nas sociedades de controles operaram um redimensionamento inédito, como expressa a plataforma IBPES. Trata-se de reconhecer saberes outrora sujeitados como componentes compartilhados para as novas plataformas de saber que combinam o saber das ciências e esses insurretos que se encontravam em paralelo ao marginal. Da mesma sorte, encontramos esses saberes sujeitados no campo da saúde mental pela descentralização derivada da luta antimanicomial, até mesmo na constituição do Equador, fundada no *Bem Viver* de populações indígenas tradicionais sobreviventes.

Trata-se, também, de reconhecer a colaboração compartilhada necessária e suficiente ao desenvolvimento sustentável em vigência ou após ele. É o marco inovador.

Por sua vez, a genealogia debruça-se sobre essa nova unificação descentralizada de saberes, que vai da ONU aos ameríndios, para traçar as resistências que escapam das convencionais unificações teóricas ou de sua mistura estratégica para realçar táticas expressas pelas revoltas. É nesse sentido que a análise genealógica percorre a inclusão de minorias guardando referência ao que seja menor como potência, numa convulsão revoltada contra a maioridade, ou, nos termos de Foucault, "ainda devemos estar presos à maioridade kantiana e do Estado" (Foucault, 2000).

A religião não é uma coisa natural. É a forma acabada de explicação do sobrenatural. Ela atravessa culturas de maneiras mais ou menos incisivas. Há deuses próximos dos humanos em várias culturas. Há deuses distantes dos humanos fundadores da espécie, de uma vida original e do juízo de valor. Portanto, se há muitas religiões entre povos civilizadores, algumas delas se pretendem exclusivas. Produzem guerras e atentados em nome do Superior. Traduzem o sobrenatural em escolha preferencial e derradeira de deuses. Elas combatem umas às outras e cada uma guerreia ou negocia o ecumenismo na disputa pela verdadeira explicação do mundo. Produzem, por vezes, vertentes ramificadas mais ou menos aceitas, negociáveis e tolerantes, principalmente depois do Iluminismo. Quando matam e massacram em nome da sua pureza, veracidade e cuidados com o rebanho, fazem de cada um em seu interior um soldado de fé.

Ficaram mais complacentes depois de serem implacáveis na conversão dos povos considerados selvagens. A partir do século XVIII, passaram a tolerar o ateu, e não foram poucas as expressões de modernidade e laicização do Estado na criação da figura do cidadão livre com religião própria ou sem religião. A separação formal do Estado da religião pelos direitos foi somente um meio para reiterar a liberdade de pensamento e credo privados garantidos pelo Estado. E do ateu, se nada mais é que alguém descrente do ser superior transcendental, se espera a crença no Estado laico. No limite, o rompimento da relação Estado-religião vai além do ateísmo. Trata-se uma prática que ultrapassa o direito garantido como segurança de Estado, ou seja, desconhecer religião como lugar natural e intrínseco ao humano. Enfim, nenhuma criança nasce ateia ou religiosa, ambos são efeitos de sociabilidades.

O debate cada vez mais concentrado sobre religião e Estado tem se balizado pelos efeitos do terrorismo islâmico contra prédios, escritórios internacionais, estações de transportes ocidentais. Situou gradativamente a distinção do fundamentalismo, e depois de argumentações relativas aos fundamentalismos ocidentais, inclusive o relativo ao Estado laico, foi se deslocando para a distinção entre fundamentalismo pacífico e violento. Cada vez mais religião e fundamentalismo, ou ainda, Estado moderno e seus fundamentalismos, viram-se repaginados pelos efeitos do terrorismo transterritorial acentuadamente definidos como fundamentalistas violentos, propiciando com isso a isenção dos muçulmanos pacíficos integrados ou parcialmente integrados ao fundamentalismo democrático racional e legal do ocidente. Isso se deve à presença crescente de islamitas na Europa a serem inocentados das acusações xenófobas e fascistas da direita organizada.

Ao mesmo tempo, a acusação direta de relação entre o terrorismo e Al-Qaeda, se é pouco nebulosa enquanto organização e vínculo direto, ao mesmo tempo confirma a existência de uma programação Al-Qaeda sobre o terrorismo contemporâneo que serve tanto aos dispositivos de segurança quanto ao próprio terrorismo islâmico. Todavia, com o aparecimento do Estado Islâmico no Iraque e na Síria, do Boko Haram na Nigéria, a iminência de um califado governante em territórios fronteiriços de Estados nacionais coloca novos rumos ao terrorismo islâmico. Ele é também mais do que efeitos transterritoriais de atentados contra Estados e sociedades ocidentalizadas. Trata-se de uma forma de organizar novas formas de guerras-fluxos transterritoriais não mais visando, como no século passado, ocupar ou destruir o Estado moderno, mas instituir um combate entre Estados e por efeitos transterritoriais.

O islamismo assombra o ocidente do Estado laico e da sua respectiva tolerância com as várias religiões. A reviravolta produzida em 1979 pela chamada revolução iraniana contra o despotismo ocidental firmou o Estado em uma república islâmica teocrática e os combates contra quem dele descrê. Este islamismo político precisa tanto de Estado quanto de terror transterritorial. Não está disponível a uma negociação possível, a começar pela oposição entre xiitas e sunitas. Não insinua uma guerra entre deuses, mas a guerra de homens para impor um deus exclusivo em qualquer lugar. Pode se erguer em um espaço tradicional, como no Irã, encontrar refúgios em outros Estados, como Al-Qaeda, ou ser uma variante a partir de outros Estados, como no Iraque e na Síria.

Sobre os islâmicos europeus pacifistas e integrados repousam as expectativas de condutas democráticas moderadas. Seus direitos são observados segundo as leis do Estado laico e a eles devem se ajustar com tolerância. Mesmo assim, por vezes ocorrem tensões com os pacifistas quando estes pretendem obter reconhecimento de suas condutas ajustadas aos preceitos religiosos. Estado e religião, mesmo depois do Iluminismo, permanecem intrinsecamente relacionados. O ecumenismo procura encontrar espaços para tréguas e negociações. O Vaticano produz a Laudato Si' (Papa Francisco, 2015; Carneiro, 2015) para sinalizar o destino sustentável e como esse desenvolvimento preconiza, na fusão de saberes científicos e tradicionais, a cultura de paz com tolerância e resiliência que depende dos pastores dos deuses e de seu rebanho bifurcado entre o fluxo à devoção e as variações proporcionadas pelo multiculturalismo.

Ecopolítica, governamentalidade planetária e resistências

Compreender a ecopolítica produzida pela relação ascendente, descendente e horizontal de fluxos de poderes a partir das análises genealógicas de inspiração foucaultiana, não perdendo de vista a análise serial proudhoniana sobre o agonismo constante e a ausência de absoluto, efetivou a constatação da passagem da biopolítica, ainda que isso não signifique a sua supressão nos efeitos internos. Passamos pelas implicações dos usos de biopolítica como a extraída da noção de raça[1] por Foucault, às incursões de Negri e Hardt, além daquelas de Agamben. Menos que disputar a verdade sobre o uso da noção de biopolítica, ou mesmo da noção de ecopolítica na atualidade (de nova ordem futura à política compensatória), a atenção permaneceu retida em como se dá a produção de uma nova governamentalidade planetária e suas respectivas institucionalizações.

O estudo regular da produção institucional internacional quanto às proveniências da ecopolítica (em meio, ambiente, ecologia, meio ambiente) desde o final da II Guerra Mundial considera a emergência das máquinas cibernéticas em ação, ainda que rudimentar, mas voltadas ao controle de populações (censo estadunidense, censo dos campos de concentração, espionagem de guerra, produção de mísseis para a guerra, a utilizações da bomba atômica contra civis e os precários testes nucleares seguintes) e os efeitos tensos na divisão global entre capitalismo e socialismo. Com a institucionalização da racionalidade neoliberal a partir do último quartel do século passado, constata-se uma mudança gradativa para as ampliações das responsabilidades da ONU e suas agências conectadas com organizações empresariais e da sociedade civil diante da *degradação do planeta* compondo o *dispositivo meio ambiente.* O capitalismo, diante do avanço soviético, produziu contenções ao socialismo e surpreendentes adequações. A aceitação pela URSS da Declaração Universal dos Direitos Humanos

1. O termo biopolítica aparece, em 1968, no pensador, defensor do racismo científico e militante peronista argentino, Jacques de Mahieu (1969).

desde a sessão decisiva da Conferência sobre Segurança e Cooperação na Europa, em Helsinque, 1975, durante as negociações da *détente*, abriu o espaço para novas incursões *globalizantes* democráticas e capitalistas.

O fim da chamada Guerra Fria alavancou a situação da futura Europa, dos mercados comuns, de específicas políticas de democratização (ainda que sob as efêmeras e violentas ditaduras como na América Latina), mas, em especial, inaugurou uma nova forma computo-informacional planetária de uso econômico, social, cultural, político e pessoal destas máquinas com a internet e os respectivos controles por seus provedores, combinando poder centralizado com práticas descentralizadoras. Ao seu modo, conjugou práticas arbóreas e rizomáticas. A comunicação ficou mais rápida, constante e perfurou os limites disciplinares e normalizadores, as condutas do cidadão e do trabalhador, agora dimensionado em capital humano e assim avaliado principalmente pelas empresas. Trata-se de um movimento de convocação à participação nas disputas, no trabalho, no lazer e nos limites traçados e sempre móveis entre interesses particulares e coletivos, compondo procedimentos protocolares liberais por interfaces entre os programas e diplomacia nas relações.

A democracia se acopla às disciplinas e produz novas normalizações, reescrevendo a produção de poder da hierarquia como um todo, e empodera cada um; metamorfoseia a doença mental em programas de saúde mental e gestão dos transtornos, e dissolve a noção de anormal em *normalizações do normal*, entendendo haver potência produtiva e inovadora em qualquer um, desde que adequável e disponível a configurar-se como capital humano. As relações entre o capital e o capital humano exigem que este seja inovador, parceiro e cúmplice para a boa vida da empresa. O trabalhador passa a se constituir em empreendedor de si, e também em possível empreendedor social em seus *ambientes*. Não se trata mais do indivíduo sob o hábito das disciplinas, mas de divíduos polivalentes com acesso à produção, tornando-se portadores de direitos inacabados nos mais variados *ambientes*. Isso repercute imediatamente em uma nova conduta que se ajusta, gradativamente, aos imperativos da sustentabilidade (de cada um e do planeta) e à formatação capitalista em curso do desenvolvimento sustentável.

Conectando democracia na produção material e imaterial para a cultura de paz, espera-se uma conduta resiliente voltada para as *melhorias* no futuro do *planeta* e das novas *gerações*. As repercussões ocorrem na empresa, nas atividades da sociedade civil, nas articulações com políticas nacionais e recomendações internacionais de modo persuasivo e de adesão, fazendo emergir o *dispositivo resiliência*. As institucionalizações produzem certo redutor no elemento omissão para a obtenção de consenso, o que coloca em xeque a noção de massa, do antigo pastorado, e não faz da noção de multidão, mesmo considerando as variadas singularidades em seu interior, uma noção substituta imediata. A multidão está numa relação mais próxima ao desenvolvimento sustentável *alternativo* que busca em seu enunciado a superação da condição atual capitalista, sem deixar de reconhecer que as relações entre eles sejam compatíveis, como ficou explicitado nas decisões da Rio+20. Em outras palavras, a situação do *antropoceno* exige soluções diplomáticas e a noção de multidão apresenta uma possibilidade de compreensão ao vaivém em torno do desenvolvimento sustentável, pois seu alvo é uma nova globalização possível, em que o Estado permanece como a categoria do entendimento conectado a uma atualização da noção de comunismo do século XIX e início do XX.

A ecopolítica volta-se para mapear essas mobilidades e situar a distinção entre as transgressões que repõem a ordem (no ambiente da empresa, do empreendimento social, das relações internacionais, das resiliências), mas também para o que restaura a ordem (nas cidades, nos bairros, nas comunidades ou favelas), com os efeitos reativos, a ênfase no protagonismo social, nos controles de vulnerabilidades e as possibilidades efetivas impulsionadas pelos Objetivos do Milênio e nas projeções dos Objetivos do Desenvolvimento Sustentável para esta e a próxima década. De fato, não se necessita mais do que os resultados divulgados anualmente para se concluir sobre o desdobramento dos ODM em ODS, porém, esse novo trajeto enunciará outros pontos de efetivação das institucionalizações inacabadas, da governamentalidade planetária[2].

A política é simultaneamente a guerra prolongada pelos efeitos internos da ameaça de guerra civil e pela pacificação temporária e contínua pelas relações diplomático-militares em âmbito externo. As relações de poder em rede da sociedade disciplinar se metamorfosearam por meio de relações de poder em fluxo características da sociedade de controle, na qual se extrai a energia inteligente, a composição dos divíduos e a convocação à participação. A política (biopolítica), de cuja existência dependia o *animal político* para viver nas relações de poder em rede, passou e passa

---

2. A partir desse momento, o Nu-Sol formalizou na PUC-SP o Observatório Ecopolítica. <*https://bit.ly/2CkL3Se*>.

por *inovações* que produzem novas relações de segurança (seguros pessoais e securitizações) orientadas pelo *dispositivo diplomático-policial*, na medida em que também as guerras convencionais foram sendo substituídas por estados de violência e guerras-fluxo. A política em um *ambiente planetário* governado conecta as relações entre meio ambiente, segurança, monitoramentos e resiliência para uma governança global.

A apreensão da *nova política* que se institui, assim como das condutas *antipolíticas*, foi complementada com a emergência do *dispositivo monitoramento*. Por meio do seu funcionamento, compreende-se o governo das condutas como controle de si e dos outros entre os fluxos em trânsito que o divíduo percorre, sejam eles materiais, imateriais, traçados das cidades, espaços georeferenciados, mapeamentos cognitivos, dimensões nanotecnológicas ou desafios espaciais, incluindo a descoberta de exoplanetas. Normalizado, medicado, também mapeado, arquivado, controlado em provedores ou nas suas comunicações constantes, ultrapassando situações vulneráveis em seus *ambientes* cada vez mais seguros, penalizadores, normatizados e participativos, o divíduo, assim como o planeta, encontra estabilidades intermitentes para a racionalidade neoliberal, a sustentabilidade e o desenvolvimento sustentável por meio do *dispositivo monitoramento*.

Os programas computo-informacionais, a diplomacia, os protocolos, os equacionamentos de melhorias e o sexo liberado produzem certos conjuntos móveis de populações, ambientes, produtividades e participação política. O doente, o transtornado, o produtivo, a criança e o idoso, seus pais, os Estados e os organismos internacionais também precisam do monitoramento ascendente, descendente e horizontal. Exige-se uma nova polícia composta pelos cidadãos-polícia, em exercício constante, e sem prescindir da polícia repressiva, para que os protocolos e as inovações, os empreendedorismos e as políticas compensatórias, os viventes em geral tenham garantias de segurança climática, humana e suas variadas flexibilidades. As condutas do *cidadão-polícia* monitorado e monitorando compõem as metamorfoses do ambiente e as estabilidades intermitentes dos fluxos de segurança.

A conexão dos fluxos direitos, segurança e meio ambiente também se conecta com o de penalizações a céu aberto. Inexorável é o fim das prisões para jovens, delinquentes e subversivos; os tribunais penais nacionais e internacionais. Entretanto, há uma interpenetração entre o jurídico-político e o privado no governo das prisões, sem descuidos, porque dependem das relações com os ilegalismos, as denúncias, a seletividade penal, as condenações e as mortes. Pouco muda na relação castigo-recompensa além da transformação do penalizado em agente de controle de si e dos outros, por dentro e por fora das prisões, na família, na escola, nas organizações. A norma que *normaliza* na sociedade de controle é governada pelo princípio democrático de *penalizar mais e melhor* a todos. A cultura do castigo se atualiza e prolifera revestida das recomendações à tolerância, cujo ápice é a tolerância zero como tentativa de suprimir o intolerável, o insuportável, o ingovernável.

É no estranho movimento das resistências produzidas por relações de poder em fluxo nesta política como algo a mais que guerra civil ou somente guerra prolongada por outros meios que acontecimentos surpreendem a respeito da vida dos viventes. Não se trata de nostalgia do *movimento 68*, nem tampouco de aderir à reativa extirpação dos efeitos deste movimento, como a literatura histórica pretendeu fazer com os anarquismos após a Revolução Espanhola. De fato, muitas das contestações que emergiram em *68* foram capturadas como direitos pela racionalidade neoliberal. É uma evidência. Este é também o *ambiente* acolhedor dos teóricos que subestimam o acontecimento. Entretanto, sobressai o ingovernável em *1968*, em *1999*. Do ponto de vista estratégico, as resistências assumem outras dimensões e performances. Usam, abusam, criam, sabotam e inventam no interior das máquinas computo-informacionais; invertem os sinais da convocação à participação mobilizando para protestos e ao mesmo tempo produzindo relações horizontalizadas que vão tomando perfis claros a cada acontecimento subsequente, orientados também pelas práticas radicais anarquistas de associação e ação direta.

Obviamente que são criminalizadas e estigmatizadas; algumas, por certo, são capturadas, mas a cada novo momento uma produção silenciosa sobre os embates anteriores e a instalação do ingovernável se torna visível e dispensada da transparência burocrática das práticas político-partidárias e estatais que acabam sempre enoveladas em suas intrínsecas corrupções. Suas presenças constantes não as protegem de infiltradados, de *massas* patrióticas e fascistas que se imiscuem, mas suas atitudes sinalizam para como o sistema parlamentar absorve, paulatinamente, os movimentos de direita e/ou neonazistas como partidos políticos e, consequentemente, explicita a *verdade pluralista* do Estado e as polícias repressivas à sua disposição, com ou sem o suporte das milícias. As resistências *antipolíticas* derivadas de *1999* sabem lidar com o apartidarismo de ocasião e a proliferação dos partidos. Trata-se de resistências em fluxos, sem lugar específico para atuar, cujas táticas são de explicitação dos efeitos da propriedade, do Estado e do fim da política, não mais como um novo recomeço, posto que este já se encontra consolidado com a convocação à participação e a nova política, mas com ação direta. E para esta atitude libertária, por mais que o Estado se proteja, equipe e monitore, sempre haverá o surpreendente.

Por fim, o que tanta liberdade em fluxo produzida pela convocação à participação trouxe para os ambientes que se formam, refazem, distendem e retraem, ou seja, os ambientes resilientes, monitorados, seguros? As convencionais distinções entre o centro e as periferias nas cidades, e principalmente nas metrópoles, não dão mais conta das concentrações populacionais ordeiras em suas habitações, deslocamentos para o trabalho, espaços de lazer, escolas, saúde e demais equipamentos sociais. A distinção não é somente geográfica e tampouco se reduz à expulsão dos trabalhadores para lugares distantes. Importa buscar como se vive em cidades a serem restauradas, muitas vezes sob os programas de eventos internacionais, como se ocupa e governa o espaço, como devem se ajustar aos controles de pacificação de ambientes e contenção de nomadismos. É a política voltada para os fluxos que atravessam e delimitam as possibilidades empreendedoras locais (o que também se dissemina para populações ribeirinhas, indígenas, situações rurais ordenadas principalmente por programas de sustentabilidade em função da potencialidade do capital humano).

As relações paradoxais produzem relações democráticas no interior dos interesses coletivos locais com o investimento constante em *melhorar* por meio da instauração de equipamentos sociais governamentais e demais criados pela população local em parcerias público-privadas. Abarcam e conectam desde o programa mais interessado, como o de *pacificação das favelas* relacionado com o tráfico de drogas nas cidades como Rio de Janeiro e Medelín, como a MINUSTAH, missão de reconstrução institucional democrática necessária diante das intempéries da natureza conectadas à alegada situação de Estado falido no Haiti (ainda que este seja o programa que mostre o limite, antes de tudo situa a nova conformação geral da vida em espaços degradados buscando *melhorias* e que configura o que chamamos de *campo de concentração a céu aberto*).

Qualquer breve caracterização efetuada em vista à futura ordem ou restrita às políticas ecológicas mostra que a produção de saber sobre a degradação, produzida pelos Humanos, esteja ela disposta entre capitalistas e socialistas, liberais e marxistas, situa o deslocamento gradativo da biopolítica para a ecopolítica, em que o planeta passa a ser o alvo do investimento produzido pela economia política e com as respectivas tecnologias de segurança. Não se trata, portanto, de um *por vir* nem de uma redução da ecopolítica às políticas governamentais, ainda que estas produções de saberes disputem o precioso lugar da verdade, ou mesmo componham a mesma produção da verdade enunciada pela sustentabilidade e pelo desenvolvimento sustentável em curso. Em função da atualização do capitalismo, investe-se em governar populações que habitam áreas com serviços ecossistêmicos ainda abundantes e os escassos. Ao mesmo tempo, elabora-se um discurso que incorpora outros conhecimentos e fortalece princípios democráticos.

A governamentalidade planetária vai se consolidando ao produzir a interface definitiva entre diferentes culturas adequando modos de vida locais à sustentabilidade com resiliência. Enquanto para alguns a ecopolítica se constitui como a nova utopia capaz de transcender o capitalismo ou mesmo como políticas ambientais, nossa hipótese confirma que a ecopolítica, também por isso, é a gestão planetária em curso.

As relações entre os diversos saberes e a governança (Rodrigues, 2014), a prática do governo como serviços público e privado por meio de parcerias público-privadas, fortalecendo a relação entre os stakeholders e os stokeholders (acionistas), funde cidadão e consumidor e ultrapassa as relações meramente econômicas. A governança emerge com o fim da Guerra Fria, o novo protagonismo da ONU e a constituição da União Europeia. Ela produz empoderamento, aumenta a capacidade de controle (*accountability*) e provoca a auto-obediência pela recomendada conduta pró-ativa, criando novas *lideranças* em elites secundárias conectadas às elites tradicionais e com isso reduzindo o uso da coerção pelo poder soberano. Há, de fato, uma despolitização da política em seu sentido convencional, deslocando-se para uma nova politização que ultrapassa uma suposta consolidação do programa empresarial no Estado e que deveria produzir uma nova forma de emancipação, adversa à convocação constante à participação que se dá pelas relações de poder ascendentes, descendentes e horizontais produzindo novos assujeitamentos, ainda que os combates (agonismo) não cessem.

As relações entre os saberes e a política não se restringem a efeitos sobre um suposto alvo principal, a degradação do planeta. Se o fosse, a ecopolítica não passaria de uma nova ramificação das políticas públicas, visando reparos, inclusões, ajustes, investimentos e vigilância, uma nova *ordem* que se constituiria no futuro, como supõem os defensores da tese da "singularidade" e os "aceleracionistas". A ecopolítica não é uma política ecológica ou ambiental de reparos ao meio ambiente, visando melhorias por meio do desenvolvimento sustentável. Não é a nova ordem que se anuncia a partir do combate ao capitalismo e o novo desenvolvimento das forças produtivas, produzindo emancipação. A governança é sim uma prática nova que se fortalece a partir do momento em que, pelas variadas proveniências, emerge um novo problema, o planeta, por meio das permanentes reflexões sobre a continuidade da *espécie* e da *natureza* devastada, situadas e concentradas em discussões, medidas e recomendações a respeito do aquecimento global. Os sempre complementares, ainda que apresentados como opostos, programas para o desenvolvimento sustentável, como ficou claro na Rio+20, inscrevem o desenvolvimento sustentável como uma meta preferencial no presente que é capaz de conectar capitalistas, governantes, organizações internacionais, sociedade civil, enfim, os *atores* que produzem o teatro da governança e que, como tal, alimenta e retroalimenta a perseverança da luta emancipatória. Trata-se de um teatro de empoderados que tende a orquestrar protagonismos situando o antagonista num campo metafísico; mas é justamente essa condição que dinamiza o teatro burguês moderno.

Todavia, a ecopolítica, a vida dos viventes no planeta e no espaço sideral, considera também as buscas de condições climáticas adequadas nos exoplanetas. O clima, a segurança climática e humana, as novas possibilidades de conservação da vida, a sustentabilidade e a biodiversidade, enfim, não se resumem, incipientemente, ao *meio* como no século XIX, ou ao *meio ambiente*, como a partir da segunda metade do século passado. As relações são mais complexas do que supõe lutas por medidas de melhorias de condições e garantias de um futuro melhor para as novas gerações. A vida dos vivos redimensionada pela racionalidade neoliberal tornou adversários antigos inimigos, os liberais e os marxistas; produziu o ecumenismo que distingue fundamentalismos e posteriormente fundamentalismos pacíficos e violentos; recompôs a relação ciência-religião recomendando moderação nas palavras e práticas, exigindo autorização para se manifestar, produzindo oscilações de governos à direita e à esquerda sempre imbuídos do slogan que, por vezes, é necessário governar mais para não governar demais. O pavor liberal ainda é o estatismo e, por conseguinte, sua fobia ao Estado é sua política pró-ativa; do mesmo modo, taticamente as esquerdas se voltaram para medidas ampliadas de governamentalização do Estado para encontrar o caminho para a emancipação, atualizando o antigo debate entre revolucionários e reformistas, e dando a estes últimos o sentido do destino histórico. É como sempre produzir saber e práticas a partir do Estado como categoria do *entendimento.* Mas no entremeio da governança, por vezes se consolidam microfascismos, assimilam-se anarquistas, ou mesmo se deparam com surpreendentes táticas libertárias voltadas para o imediato e apartadas de uma utopia emancipatória (movimento antiglobalização, *Occupy Wall Street*, *black blocs*, ou seja, um conjunto múltiplo de práticas que acionam radicalidades e capturas simultaneamente). Para o antropólogo David Graeber, nenhuma modificação em curso, em especial a vitória do SYRIZA na Grécia, seria possível sem estes movimentos[3]. Para ele, também, "há certas facções dentro da burocracia global dispostas a pensar a mudança radical". Outrossim, ele vê as mudanças à vista voltadas para a ultrapassagem de políticas de austeridade para a de investimentos em infraestrutura. Esta é também a perspectiva neoliberal para saídas da crise, como se recomenda ao governo brasileiro, a partir de 2015. De fato, Graeber indica com clareza que sem os movimentos derivados da antiglobalização, com suas radicalidades anarquistas, também sublinhado por Saul Newman (2011), nada disso estaria acontecendo; do mesmo modo que sem a institucionalização do movimento a partir do Fórum Social Mundial, também não haveria a sucessão de ajustes ao governo global.

As forças adversárias compõem para compartilhar (Grécia, eleições de 2015 com vitória da esquerda e arranjo com forças de direita com cunho social para formar o governo; existência institucional da Frente Nacional, na França, como terceira força parlamentar desde 2011; coalizão governamental no Brasil desde o primeiro governo Lula), e condutas reativas como a do *Patriotische Europäer gegen die Islamisierung des Abendlandes* — PEGIDA, organização alemã contra imigração de muçulmanos e islamização do ocidente, a partir de Dresden na Alemanha principalmente após 2014, crescem na conduta xenófoba anti-islamista e anti-imigratória. O inimigo principal não é mais a ideologia radical, as drogas, os movimentos de libertação e liberação, mas o terrorismo fundamentalista islâmico. Se na primeira metade do século XIX, a unidade política dos ilegalismos populares emergiu no combate direto à burguesia como verdadeira responsável pelo crime de lesa-sociedade, na ecopolítica busca-se encontrar a conduta

3. David Graeber. "A hora dos 99%". *O Estado de S. Paulo*, 31/01/2015: <*https://bit.ly/2up2rBY*>.

resiliente adequada para reduzir resistências, seja no âmbito institucional ou não, e até a conduta do PEGIDA tenderá à assimilação.

A violência organizada que há poucos anos se dava pelo terror transterritorial, agora mostra sua dobra com o ISIS ou Estado Islâmico na Síria e no Iraque, pretendendo-se um califado organizador das ações terroristas transterritoriais combinado com as táticas da Al-Qaeda. O terrorismo islâmico começa a ganhar corpo de Estado. As políticas internacionais visavam aplacar o terror por meio de missões capazes de instituir democracias aos moldes do universal estadunidense, a partir da revolução de Veludo na república Checa em 1989 (Ash, 2011); na mesma década, por meio da metamorfose governamental na Polônia com a atuação do sindicato Solidariedade e o assentimento do governo soviético de Gorbatchev, ao final da doutrina Bréjniev em 1985, considerando cada Partido Comunista como responsável por seu próprio governo (Skórzinski, 2012), e com o apoio do Vaticano (Carletti, 2012); ou ainda, com políticas internacionais revestidas de um saber científico sobre Estados Falidos, anarquia da sociedade e necessidade de superar algumas das ditaduras tão condescendentemente suportadas pelo Ocidente, sob a forma de missões (Haiti), novas intervenções de defesa humanitária (Irã), efeitos de levantes populares (Argélia, Egito). Mesmo em Estados fortes sob a racionalidade neoliberal, nem democracia e tampouco direitos humanos e liberdade de pensamento entram em jogo (China, Arábia Saudita, Emirados Árabes).

Assim sendo, o terrorismo é o inimigo, enquanto as discordâncias democráticas ou forças mais à direita ou à esquerda, conforme a ocasião, compõem os compartilhamentos possíveis na governança global. Todavia, como sublinha Graeber[4], as resistências ocorrem mesmo em um território visto e considerado como em ampliação pelo Estado Islâmico a partir da tradição cultural curda que atravessa Síria, Turquia e Iraque, um povo sem demarcação territorial própria. Talvez por isso mesmo consiga enfrentar o EI com força e eficácia a partir da tática de guerrilhas, criando um nódulo importante no interior de algo que pretende se apresentar como homogêneo. Trata-se de uma singularidade a ser ouvida, capaz de provocar uma insurreição diante de uma organização que também se declara insurreta. Os embates localizados, mais uma vez, mostram a pertinência da tese de Fréderic Gros a respeito dos estados de violência que suplantam as guerras convencionais, mas também nos mostra como no interior das insurreições,

---

4. "David Graeber narra revolução de Kobane", 28/01/2015: <*https://bit.ly/2RHsh19*>.

com suas dramaturgias religiosas, desencadeiam-se outras que também procuram aninhar-se em Estado, como as curdas, ou que talvez no decorrer das batalhas descubram a sua força própria na dissolução de tal meta e as levem a se opor, para além dos próprios Estados que as governam, ao Estado como princípio de paz. Do mesmo modo que os anarquistas gregos, hoje, chamam o SYRIZA para o encontro nas ruas.

As resistências, portanto, também passam por modulações. Não mais ocorrem somente no interior das situações disciplinares, nos embates biopolíticos ou nos/contra governos da soberania, mas também se modulam segundo os embates a partir da conformação horizontalizada das decisões de suas forças com ausência de liderança identificável, para encontrarem em cada situação as inventivas táticas de enfrentamento. Elas são também antiestratégicas pela valorização das singularidades e as suas multiplicidades. Não são mananciais de capturas e de inovação na reforma das condutas pelo Estado ou sociedade civil organizada. Nelas, os intelectuais moduladores não têm vez (apesar de ser impossível afirmar que aqueles que as praticam não venham a se metamorfosear em intelectuais moduladores), pois não estão em jogo novas formas de governo das condutas, reformas govermamentais e programações globais, mas os efeitos inevitáveis das insurreições. Estão em jogo, portanto contenções imediatas, assim como a produção de lutas antipolíticas. São olhos-d'água de contracondutas, na medida em que podem ser capturadas e na desmedida de suas expansões. Há uma intelectualidade que emerge condizente com as resistências na sociedade de controle fundada na extração de energias inteligentes, participativa e democrática. Opera em seus interiores para revirá-las e diferenciam-se da relação hierárquica entre intelectuais de elite e de elite secundária.

Os intelectuais convencionais e inovadores (que compõem o que chamamos de intelectual modulador) se ajustam às novas institucionalizações inacabadas, próprias da ecopolítica, estando na burocracia nacional ou global, estatal ou de ONGs, compartilhando, com os que fazem dos movimentos da sociedade civil o epicentro para alcançar *melhorias*, a produção da verdade. Há o desaparecimento gradual do intelectual crítico e distanciado em função de uma conduta diretamente engajada em específicas práticas de compartilhamentos. De um lado, funcionam agendando os problemas levantados; de outro lado, no interior de horizontalidades vinculadas à centralidade do poder, analisam, expõem e sintetizam as novas práticas. Mas de ambos os lados funcionam como um *intelectual modulador*, compondo novas lideranças como stakeholder, ou capturando lideranças inovadoras nos regulares movimentos de protesto e contestações. E se, como vimos, não se trata de oposições institucionais e estruturais, mas de fluxos que avolumam constantemente e escasseiam de tempos em tempos, a nova função do intelectual exige, pelo menos do ângulo da governança global, que se estabeleça uma demarcação clara sobre a permanência do intelectual de elite (seja também de classe) e a entrada do intelectual produzido pelas *elites secundárias*, isto é, como se configura a fusão entre intelectuais de formação acadêmica e intelectuais de formação universitária gestados nas periferias das metrópoles para atuar no próprio local.

Foucault situou de maneira própria a queda de prestígio do intelectual desde o final dos anos 1970, ao mesmo tempo em que se colocava como um antiestrategista: "ser respeitoso quando uma singularidade se insurge; intransigente quando o poder infringe o universal. Escolha simples, obra penosa: pois é preciso ao mesmo tempo espreitar, por baixo da história, o que a rompe e a agita, e vigiar um pouco por trás da política o que deve incondicionalmente limitá-la" (Foucault, 2004b: 81). Mas mudanças aconteceram em relação ao intelectual. A suposta perda de prestígio tanto do intelectual convencional quanto do intelectual profeta foi redimensionada pelos efeitos de governança.

No âmbito da burocracia globalizada ou no interior dos Estados, os intelectuais com suas distinções acadêmicas e os secundários portadores de saberes locais específicos e/ou formados nas universidades de periferias são destinados a se ocupar dos problemas locais, participar das novas relações e conexões na cotidianidade como portadores de direitos inacabados voltados para encontrar o equilíbrio entre os interesses individuais, como empreendedores, e os coletivos, como comunidade. Conectam de maneira democrática e diplomática a ampliação de direitos, as novas metas de segurança, as situações ambientais amplificadas pelos problemas enunciados a partir da ecologia, a condensação dos clamores por combate às impunidades, redimensionando a cultura dos castigos, as penalizações, programas de assistências aos corpos que vagueiam mendigos, sem habitação e drogados pelas metrópoles ou *confins*.

Monitora-se um ao outro, configurando a emergência de um *cidadão-polícia* conectado aos dispositivos diplomático-policiais planetários. Enfim, os intelectuais *moduladores* passaram a compreender e a participar mais regularmente das conexões entre populações locais e ONGs, institutos e fundações internacionais, Estados e governos na garantia de direitos a seus portadores, desde populações indígenas e uma nova ecogovernamentalidade (Ulloa, 2011; Malette, 2011), até as novas caracterizações da vida nas favelas brasileiras, nas quais a fusão do intelectual de elite e da elite secundária produzem verdades a respeito de uma nova conformação da vida, da felicidade, rendimentos e das melhorias crescentes almejadas pelo consumidor-cidadão.

O povo da favela, consumidor e cidadão, como institui a razão neoliberal, expressa sua felicidade nas comunidades do Rio de Janeiro (Meirelles; Athayde, 2014; Alves; Evanson, 2013; Scheinvar, 2014). As conexões entre os dispositivos diplomático-policial (Rodrigues, 2013), meio ambiente (Carneiro, 2012), resiliência (Oliveira, 2011; 2014) e monitoramento (Augusto, 2012a) trazem o *cidadão-polícia* em seus *ambientes* resilientes, monitorados e monitorando. A obediência se alarga de modo participativo, produzindo outros assujeitamentos, sem deixar de contar com as medidas compensatórias governamentais nacionais (Bourdieu, 2014) e mesmo globais (ODM). A racionalidade neoliberal (Foucault, 2008a) se firma trazendo consigo a perspectiva do *desenvolvimento sustentável* redimensionando a noção de ambiente para além do espaço natural degradado, das áreas de conservação, dos investimentos e da preservação para ampliá-lo e amplificá-lo para comunidades urbanas e rurais, espaços de vida e consolidação espacial de populações (ainda que não se interrompam mas, ao contrário, dinamizem-se os fluxos migratórios e imigratórios), além da expansão para o espaço sideral (Passetti, 2013). Espera-se, sob as práticas democráticas de governo dos Estados e governo dos humanos, uma conduta moderada capaz de absorver a dinâmica das contracondutas, cujo limite é insurrecional e traduz a revolta (Passetti, 2013a; Passetti; Augusto, 2014; Passetti; Oliveira, 2006; Rodrigues, 2013; 2014).

O campo de concentração a céu aberto é uma estratégia de política moderada, de economia neoliberal, de cultura de paz, de controle de vulnerabilidades em ambientes amplos como o planeta e restritos, indo das favelas ao cotidiano estabelecido e seguro dos espaços de habitação que contemplam moradia, empresa e equipamentos sociais às classes mais abastadas. Deriva de saberes produzidos nos campos de concentração de outrora em que o governo do espaço se dava pela imposição normativa e repressiva do Estado conectado com a gestão dos prisioneiros por eles próprios. A estes cabia o governo que decidia *quem devia morrer* e a esperança na preservação da espécie. Cabia-lhes organizar a vida para a produção, as atividades culturais, um cotidiano *pacificado*, estratificar os prisioneiros, delimitar campos de concentração segundo a proveniência cultural e social da raça a ser governada e encarcerada (Agamben, 2008; Applebaum, 2009; Binet, 2012; Bitar, 1987; Brenner, 2014; Friedländer, 2012; Germain, 2014; Kassow, 2009; Kundera, 2014; L'Amicale, 1982; Lower, 2014; Levi, 2015; Moreno, 1975; Peschel, 2009; Power, 2004; Scholl, 2013; Sebald 2008; Sem-Sandberg, 2012; Sieminski, 2009; Soljenitzen, 2007; Wachsmann, 2015).

O convencional campo de concentração passou a ser uma estratégia de gestão compartilhada que foi tomando contornos após a II Guerra Mundial e ajustou-se à razão neoliberal na gestão compartilhada nas comunidades, prisões, condomínios, mas principalmente nas empresas. Não se trata, porém, do direito de estipular quem deve morrer, nem tampouco de causar a vida e devolver à morte, como na biopolítica. Trata-se de *como viver* para alcançar longevidade por meio da proliferação de direitos inacabados que coloca cada um como portador de direitos, potente capital humano normalizado, moderada e eticamente responsável pelo seu empreendimento e pelo eventual empreendedorismo social conectado aos negócios sociais. O campo de concentração a céu aberto mostra também as novas formas do encarceramento dos sujeitos livres, não mais segundo a sua nacionalidade e soberania territorial, mas livre para trânsitos regulados segundo acordos internacionais relativos às nacionalidades de origem, e que também produzem os contingentes de refugiados, sob governos também combinados. Mais do que isso, delimita a possibilidade de vida nas *bordas* dos variados *ambientes* e rompimentos com as possibilidades da revolta. O campo de concentração a céu aberto dá forma à gestão compartilhada. Tudo é possível de solução para melhorias, quando regulado em seu interior para equacionar interesses coletivos em conexão com Estados e também com organizações transterritoriais. Trata-se, por fim, de consolidar a sustentabilidade, para a qual o divíduo resiliente controla a si e aos outros.

O governo da população é a apropriação do povo pela economia política. O povo revolucionário expandido na Revolução Francesa exige mais do que mudança na soberania. Não se resume à sua incorporação como representado, com direitos universais. Se o fosse, não ocorreria o terror de Estado e sua prática comum de segurança diante da ameaça da guerra civil iminente. Seja pelos seus primórdios no século XVIII, em decorrência da Revolução Russa, ou pela conservação da democracia, a iminência da guerra civil situa o efeito contínuo da revolução moderna que é o de repor a soberania, a dominação política.

Os liberais expressarão sempre sua *fobia ao Estado*, principalmente pela sua própria ampliação no governo da vida e na defesa de suas regulamentações, geralmente pautadas na liberdade de circulação de mercadorias e indivíduos pelo mercado e sociedade civil. Em decorrência da sua ocupação ampliada por mais forças políticas, o Estado visa regular a participação com o intuito de minar as ameaças à sua continuidade sob a forma de políticas compensatórias. Desta maneira, depende do funcionamento de seu aparelho repressivo, garantido por dispositivos de segurança que atuam tanto interna como externamente. Seu alvo é conter os inimigos capazes de provocar riscos à sua continuidade, e, portanto, governar é administrar riscos. Depende do modo como se organizam direitos, estrutura-se a segurança, normalizam-se as condutas, de como o governo do Estado produz intervenções no *meio*, em especial a urbanização das cidades e suas políticas de saúde e educação, mas é imprescindível fincar os limites das relações de castigo e recompensa.

Não se governa somente de cima para baixo, como supuseram os revolucionários modernos, no sentido de realizar a justiça no Estado, mas agora é de modo ascendente, descendente e horizontal que se efetivam relações de poder em fluxos. Os liberais sabem que o Estado não é somente uma instância de regulação e regulamentações legais e normativas de governo. Para o mercado seguir livre e conjugar exploração e dominação em um patamar de convivência e conivência entre a maioria das forças políticas é necessária a cooperação de interesses.

Os revolucionários, e porque não dizer reformistas em geral, procuram não só levar adiante a guerra civil como também encontrar uma perspectiva de *paz* internacional, por meio da ocupação e dilatação do Estado. Seja por meio de políticas compensatórias ampliadas, cuja expressão maior talvez tenha sido o *welfare-state*, ou por meio de uma programática da justiça social conduzida, de um lado, por vanguardas planificadoras e, de outro lado, por composições majoritárias de forças reformistas, na qual se incluem junto aos socialistas reformistas europeus os *liberais de esquerda* estadunidenses no século passado, a contenção da guerra civil como desdobramento da revolução que substitui o soberano permanece inalterada. Muda a biopolítica, a gestão da vida segura, no seu *meio*, com seus direitos e suas penalizações.

Desta perspectiva, pode-se dizer que o socialismo não foi uma alternativa ao liberalismo, mas um de seus desdobramentos, ou melhor, outra produção de gestão da vida. No âmbito externo, a propagação violenta ou pacífica da ocupação do Estado produzindo socializações também é considerada como condição *sine qua non* para a construção da *paz entre os povos*. Os socialistas revolucionários e os reformistas sempre souberam que o Estado é a instância de regulação e regulamentações legais e normativas de governo. Em nome de conjurar as injustiças de mercado e as ilusões democráticas, suprimem forças políticas ou produzem composições em função da justiça social e da circunscrição da guerra.

Liberais e socialistas sabem que para governar dependem da participação contínua e incisiva da sociedade civil, seja intensificando essas relações ascensionais e descensionais, como os liberais, seja construindo essa relação por meio da planificação geral, como os socialistas, o que levaria num determinado momento à extinção do Estado e à consolidação do novo processo de realização da justiça social com paz internacional, na justa medida em que não haveria mais o Estado. Para os liberais, somente a existência do Estado é capaz de pacificar o *estado de guerra* internacional moderno desenhado filosoficamente por Thomas Hobbes, enunciado federativamente por John Locke e dimensionado, finalmente, por Immanuel Kant. E, na perspectiva histórica, somente as decisões provenientes dos encontros de Westfalia, no século XVII, consolidado pelo Tratado de Viena, no início do século XIX, dão sentido ao equilíbrio almejado entre a razão de Estado e uma balança de poderes europeia que fortifica a competição entre os próprios Estados. Ainda que o conjunto não tenha colocado um fim na guerra e, ao contrário, tenha levado a duas grandes guerras mundiais no século XX, demarca os pontos necessários e suficientes para a emergência de uma política de paz da segunda metade do século passado aos nossos dias a partir da DUDH.

Filosofia e história compõem, hoje, o que se denomina como *cultura de paz*, esse esforço institucional para se encontrar, a partir de um centro imantado de forças democratizantes e difusor de programações pacificadoras, as condições adequadas para programações que governem a gestão compartilhada da exploração e da dominação. Esse centro necessário e suficiente foi construído no interior da ONU desde sua fundação, quando se reorganizaram os princípios de segurança, direitos, punições e de gestão da vida em um *meio* não mais restrito à circulação de mercadorias e indivíduos, mas pelas superfícies, profundidades, poros, ou seja, *ambientes*. O trajeto da ONU não deve ser compreendido como linear, na medida em que ela, incialmente, é predominantemente governada pelo seu Conselho de Segurança, agrupando os vencedores da II Guerra Mundial, delineando os direitos dos vencedores, os explicitamente ocidentais, como registra a DUDH. Diante do horror produzido pelo nazi-fascismo, com seu direito conspurcado de decidir quem devia viver e quem devia morrer, e dos temores pelo socialismo propagado pela URSS, o Conselho de Segurança acabou sendo composto por EUA, Grã-Bretanha, França e URSS. A entrada da China como membro permanente ocorrerá somente em 1971. A história do socialismo chinês construído a partir do *campo* em direção à *cidade* contrariou a política soviética desde os efeitos iniciais resultantes da expulsão dos japoneses e a tentativa de consolidar o governo dos nacionalistas, como desejavam os estadunidenses, ou de possível composição, como ansiavam os soviéticos. Ainda que fosse uma força socialista, a China estava equidistante da URSS e dos EUA. A China *revolucionária* era também força de combate direto com o socialismo soviético, na medida em que impulsionaria possibilidades de *guerra civil* a partir do *campo*. A luta entre essas táticas não só marcou as lutas no oriente como no ocidente *terceiro-mundista*, como situavam os analistas do *subdesenvolvimento*. Em poucas palavras, a China, para o ocidente, era chave porque enfrentava duas frentes: o capitalismo democrático ocidental e o socialismo imperial soviético. Rompido com a URSS, o governo chinês inicia sua aproximação com os Estados Unidos ainda na década de 1960. Isso provoca investimentos gradativos do capitalismo na China, com acordos desde o fim da guerra do Vietnã e identificação de interesses entre as duas potências. A URSS a partir de então entra em processo de *isolamento* que levará à derrocada do socialismo na década de 1990, e à projeção da China como segunda grande economia mundial.

Aos poucos, os dispositivos policiais de gestão da segurança interna e dos dispositivos diplomático-militares de relações internacionais passam por redefinições diretamente relacionadas à retomada capitalista globalizadora, produzindo a retração do socialismo internacional. A nova composição política dos membros permanentes do Conselho de Segurança da ONU também facilita programas de saúde, educação, governo da pobreza, pacificações necessárias que ocorrem principalmente após os levantes do acontecimento *1968*, e que forçam redimensionamentos sociopolíticos que prepararam a introdução da *racionalidade neoliberal*.

Não se tratava mais de governar territórios e populações em seu *meio*. O meio ganhou outra dimensão pelos efeitos de radioatividades, desgaste de recursos naturais pela exploração desmesurada das forças produtivas, incompatibilidades generalizadas produzidas pela ampliação de políticas compensatórias, levantes, protestos e guerras locais de efeito mundial no Oriente Médio e asiático, e insurgências e guerrilhas na América Latina e África, neste caso radicalizando o processo de descolonização. Não foi só a chamada Guerra Fria que funcionou como causalidade múltipla. Os efeitos da II Guerra Mundial extrapolam o mero embate entre Estados, produzindo a *corrida espacial*, e com ela investimentos que não mais se davam, ou darão, apenas pela oposição capitalismo-socialismo. O capitalismo, que outrora soubera conjugar os mais diferentes regimes políticos às suas conquistas, coloca em prática a continuidade do mesmo princípio, apenas sinalizando o deslocamento do universal francês revolucionário para um novo universal, como situou Pierre Bourdieu (2003), o democrático estadunidense.

O *ambiente* internacional ocorre pela ultrapassagem da gestão pelos Estados-Nação para o de novos blocos multilaterais econômicos e políticos com a emergência da União Europeia, na década de 1990. Não é mais internacional no sentido convencional, mas *transterritorial*. Os acordos, negociações e vetos não se restringem à bilateralidade ou multilateralidade das relações entre Estados. Estas relações se dão em escala *global*, conectando sociedade civil, Estados e ONU, produzidas por uma infinidade de institutos, organizações, fundações e seus simpósios, seminários, colóquios, fóruns, encontros preparatórios para responderem a uma agenda e introduzirem novos temas. As regulações e regulamentações dos Estados-nacionais passam a ser governadas também pelas decisões e recomendações produzidas pelo governo *comum* na ONU.

O *meio ambiente* resulta de uma produção tensa e conectada entre efeitos de *1968*, condições de propagação da racionalidade neoliberal, desejo de democracia com contenção de autoritarismos e para expelir totalitarismos. O campo para a nova dimensão da *paz*, a segurança planetária, e os melhores usos dos recursos naturais com contenção de variáveis que calcinam os recursos naturais está aberto. O capitalismo precisa encontrar sua nova faceta de *desenvolvimento* que conjugue gestão dos recursos naturais, expansão de obtenção de recursos para além da Terra, gestão da situação de pobreza, ampliação de direitos, condições para a sedimentação da *cultura de paz*, para, com isso, produzir condições para o ecumenismo, extirpar os terrorismos ou iminentes guerras civis, redimensionar o perigoso e potencial útil, investir em inteligências diplomáticas, não mais restritas às relações internacionais, assim como fazer da democracia mais do que um regime político.

É preciso encontrar *como compartilhar* tudo ou quase tudo isso. É necessária uma nova governamentalidade desterritorializante que assimile as condições transterritoriais dos Estados, os fluxos de populações (migrantes, emigrantes e de refugiados), elevando expectativas de saúde e educação na formação do novo parceiro do capital, não mais em situação antagônica, mas de cooperação material e imaterial, ou seja, a força de trabalho redimensionada como capital humano. Esse *novo desenvolvimento*, capaz de compor no interior de sua racionalidade neoliberal as antigas forças à direita e à esquerda do Estado, chamar-se-á *desenvolvimento sustentável*. A essa governamentalidade que o sustenta chamamos de *governamentalidade planetária*.

Esse novo jeito de governar não prescinde da biopolítica. Ainda que pretenda expurgar o seu direito de causar a morte e decidir quem deva viver, causar a vida e devolver a morte não é mais tarefa do Estado-nação, ainda que ele seja o responsável pela vida dos viventes em seus espaços. Não se trata mais de governar a população em seu *meio*. E muito menos a população é o alvo do governo da biopolítica no sentido da economia política clássica, destituída de sua força política como povo. A população é o conjunto de povos arranjado em certos espaços, de superfície e de atmosfera. As populações estão disponíveis e dispostas a serem governadas com democracia e se governar como democráticas. Elas são governadas pelo aparato repressivo, mas agora, sob o universal democrático estadunidense, também são educadas para se governar, produzir seu estilo de vida segundo os riscos inerentes ao seu empreendimento. Cada um deve conhecer explicitamente os efeitos punitivos penais e normativos, e, por conseguinte, cada um deve avaliar o risco racional de qualquer conduta *criminosa*, seja ela contra a ordem política, a disposição e acesso aos bens materiais, atentados contra a vida de terceiros ou de espaços da natureza passíveis de legislação.

O *dispositivo meio ambiente* e o redimensionamento dos dispositivos policiais e diplomático-militares provocam e são também provocados por outros dispositivos gerados pela pletora de direitos de minorias e pelas condutas penalizáveis não mais restritas ao funcionamento de instituições austeras como a prisão, os asilos e os manicômios. Do ponto de vista da segurança, podemos dizer que os dispositivos diplomáticos ganham amplificações capazes de compor o policial ampliado e o militar. Na medida em que a ameaça de uma guerra mundial foi dissipada pelo funcionamento da ONU, os grandes problemas de segurança giram em torno dos chamados estados de violência e guerra-fluxo cada vez mais vistos como alvos de investimentos pacificadores.

MUNDO

A análise de declarações, cartas, acordos, tratados, convenções e planos internacionais em interfaces com programas de governos, situaram o governo das condutas pelos Estados nacionais, organismos e instituições internacionais, empresas, ONGs, institutos e fundações em função da continuidade capitalista, democrática (representativa e participativa), com base na conservação do planeta, incluindo o divíduo inovador, empreendedor, empoderado, resiliente e responsável diante do possível no desenvolvimento sustentável.

A democracia liberal passou a ser o regime preconizado de governo do Estado e as práticas democráticas foram introduzidas pela racionalidade neoliberal na gestão de empresas a comunidades por meio de condutas diplomaticamente ampliadas por meio de interfaces. Abriram-se fluxos conectados e inacabados de responsabilidade social e negócios sociais vinculados à sustentabilidade, envolvendo comunidades na gestão entre interesses dos indivíduos e os coletivos. Desse modo, a configuração da *convocação à participação* por interfaces resultou na emergência do pastorado horizontal, compondo o *cidadão-polícia*, um sujeito portador de direitos inacabados e, preferencialmente, resiliente, que monitora e é monitorado. Os efeitos, saberes e práticas sobre o meio ambiente, os direitos, a segurança e as penalizações a céu aberto configuraram, enfim, os *dispositivos meio ambiente*, *diplomático-policial*, *resiliência* e *monitoramento*, que atravessam as relações de *governo dos outros* e o *governo de si*, dando ao governo entre os súditos uma nova função de governança que ultrapassa o que era esperado do pastorado moderno fundado na biopolítica. Na era da ecopolítica, o pastorado exercita-se simultaneamente pelas políticas de Estado, as práticas individuais e coletivas na resiliente sociedade civil organizada e monitorada, conectando a extração de fluxo inteligente de cada um com cuidados com as variadas populações em um ambiente, o planeta e as condições siderais. A liberdade com segurança do liberalismo e do neoliberalismo é assim enfatizada em função das melhorias para as futuras gerações.

A dilatação transterritorial contínua atingiu o planeta e sua vida no universo em expansão, proporcionando outros negócios inteligentes e rentáveis, consolidando-se a polícia das condutas. Alcançados os Objetivos de Desenvolvimento do Milênio (ODM) da ONU para 2000–2015, a partir de agora são redimensionados e ampliados em Objetivos do Desenvolvimento Sustentável a serem atingidos até 2030. A confiança nas práticas democráticas institucionais e empresariais e a tolerância recomendada nas condutas, ainda que a penalização seja cada vez mais ampliada e acoplada a programas de intervenções de segurança, que vai da comunicação eletrônica à conduta *cidadão-polícia*, fazem com que a ecopolítica se consolide desprendendo-se dos alvos e metas da biopolítica.

Se os acontecimentos desde 2011 expuseram, definitivamente, a configuração democrática eletrônica, com seu governo verticalizado combinado ao governo rizomático e com explicitação dos monitoramentos, espionagens, regulamentações e programáticas voltadas ao governo da inteligência próprio da sociedade de controle, abriram-se também, para o campo mais ampliado das insurreições, situando o terrorismo transterritorial com pretensões de constituir uma nova forma de Estado conectando teologia e racionalidade laica (do Talebã ao Estado Islâmico).

Expõe-se, insistentemente, a necessidade da aderência à convocação a participar como complemento à representação partidária, à gestão das empresas e aos negócios sociais, e confirma-se a emergência do *intelectual modulador*. Equacionam-se as relações entre adversários, próprias à democracia contemporânea, situando os novos inimigos, não mais segundo a economia ou os regimes políticos, mas investindo contra as práticas radicais intoleráveis (sejam elas derivadas do movimento antiglobalização ou dos variados terrorismos). Configura-se o deslocamento da defesa da sociedade para a defesa do planeta, segundo efeitos jurídico-políticos nacionais diante das recomendações internacionais, regulação e regulamentação de programas de *segurança*, contenção de *vulnerabilidades*, *conservação ambiental*, *cultura de paz* para a situação atual conformada em *ambientes*, muitas vezes sintetizada nos enunciados sobre o clima no planeta e conformando um *ambiente planetário* governado pela polícia das condutas. O mundo melhor a ser atingido, sempre em um futuro próximo e ao mesmo tempo longínquo, exige tolerância (que exclui radicalismos políticos e fundamentalismos religiosos violentos), confiança nas instituições, em cada divíduo como portador de direitos em uma programática sustentável, e segurança à vida de cada um, aos demais viventes conectados à segurança de cada um, do capital e do Estado.

São institucionalizações governadas com *moderação* com os monitoramentos garantindo a segurança para consolidar o controle de si e dos outros, acomodando uma polícia das condutas entre cidadãos, Estados e entre Estado e cidadãos e futuros cidadãos. A vida deve ser governada pelos portadores de direitos inacabados com sustentabilidade, esperando-se produzir *harmonia* pela conciliação desejada pelos divergentes (os adversários), a gestão da anomia identificada, os investimentos no corpo e na inteligência pelas tecnologias de governo e o ajustamento do governo de cada um como *governado resiliente*. Espera-se com isso fortalecer a governança do local ao global.

Ganham destaques as relações estabelecidas no âmbito das comunidades como modulações de governos. A noção de *campo de concentração a céu aberto* procura dar conta destas novas relações com base nos saberes metamorfoseados a partir do nacional-socialismo e do socialismo soviético, combinando campos de transição (refugiados), campos de concentração (vida das populações com gestão compartilhada), economias próprias (incluindo os gulags), formação de comunidades xenófobas (atual anti-islamismo europeu, como o PEGIDA alemão) com direitos e moderação (ecumenismo e distinções entre fundamentalismos violentos e pacíficos) e as comunidades locais.

Uma institucionalização, enfim, que procura plasticamente elastificar um novo momento da cultura do castigo através do *cidadão-polícia* voltado para o embate contra as impunidades por meio do *punir mais e melhor*. Este é convocado a participar pela conduta moderada, ou seja, diplomaticamente policial, exercitando-se de modo complementar às práticas repressivas de Estado; ao mesmo tempo, ele monitora as condutas violentas contra minorias numéricas e faz dos espaços de vida vivente os devidos *ambientes* a serem melhorados.

As resistências a serem inibidas chegaram a ser propositalmente identificadas como resiliências como recomenda, pretende e insufla a governança global e local. Porém, há um novo acontecimento nas relações de poder governadas pela inteligência que convoca a conduta resiliente a expor os questionamentos voltados para *melhorias futuras*: cada indivíduo no seu local de moradia, trabalho, circulação, cidades, Estados e planeta deve governar a si e aos outros, segundo adversidades a serem ultrapassadas no futuro, exercitando o pastorado horizontal. A emergência das *elites secundárias* se tornou imperativa para reforçar a presença vibrante dos desdobramentos das culturas específicas de *divíduos* e grupos portadores de direitos inacabados, em uma convivência social pluralista que mescla minorias numéricas segundo o evento ou a urgência do momento. As *elites secundárias* funcionam em modulação recrutando e seguindo o recrutamento pelas elites principais, compondo o esperado fluxo para o trânsito democrático, educando simultaneamente os setores pauperizados por meio de programas e assistências a se conduzirem com moderação como *cidadãos-polícia* (sua proveniência) e a partir de um *quantum* de acesso a bens de consumo capaz de ampliar seus empoderamentos: uma questão moral.

Escapam deste caudaloso fluxo de captura de inteligências algumas práticas radicais que expõem os limites da segurança, do bem viver, do bem-estar, do bem comum, perfurando as ideologias e a racionalidade neoliberal, anunciando uma atualização da virtualidade cínica. Entretanto, majoritariamente se fortalece a tese por uma nova/outra globalização: o vaivém de uma maior ou menor intervenção do Estado não altera o funcionamento da racionalidade neoliberal (vide os acordos para a gestão do SYRIZA na Grécia no início de 2015 e suas conexões programáticas com experiências latino-americanas como Venezuela e Brasil; ou se preferirem, o encantamento europeu com as práticas latino-americanas como no passado dos grupos guerrilheiros de lá na segunda metade do século XX, com as práticas dos de cá e do norte da África). Porém, vê-se diante das novas resistências que cada vez mais se intensificam com base na política radical de proveniência anarquista.

Trata-se de uma nova governamentalidade planetária que produz e é produzida incessantemente em função da superação da degradação e em função da restauração e da boa governança. Somos convocados a ser parceiros nesta tarefa que vai da casa ao espaço sideral e que retorna aos nossos miúdos movimentos e sensações compartilhadas compondo uma subjetividade voltada para responder à participação e nos acolher com autoajuda. É assim que devemos ser conservacionistas, inovadores, democratas, amorosos defensores da humanidade do planeta.

A tradição que vivemos em nossa cultura sempre remete às reformas da sociedade e, no limite, à construção de uma nova sociedade. Para os democratas liberais a sociedade é realidade e utopia, devendo-se estancar em seu interior as eventuais distopias, ou seja, aquelas construções de mundo projetadas nas lutas entre as forças que produzem no capitalismo as estagnações temporárias, os retrocessos entendidos como eventuais disfunções (autoritaritarismos, fascismos, nazismo), mas com funções estratégicas de combate ao inimigo; ou ainda a fabricação de um novo mundo e uma nova sociedade, como almejou o socialismo no século XX. Entretanto, a produção dessas verdades que sustentam e retroalimentam os sistemas está em relação direta com a ideia de mundo contraposto a um novo mundo, de uma sociedade contraposta a outra sociedade.

Mundo e sociedade são duas verdades que se sustentam desde a modernidade na crença do Estado como categoria do entendimento. Da filosofia à física, o mundo sempre foi algo que abarcou a imensidão externa aos territórios como o espaço celestial, seus astros, estrelas e verdades míticas. O mundo sempre esteve relacionado a uma subjetividade capaz de afirmar em seu centro o cidadão ateniense, o senhor, o rei, o pastor, o indivíduo livre e autônomo, a classe como o sujeito da história. O mundo interior, composto de sonhos, inconsciente, desrazão, desejos e faltas foi relacionado à imediata realidade material ou ao encontro de paz e tranquilidade após a morte; ajustou-se gradativamente às similares buscas exteriores por Estados, empresas, classes, sujeitos considerados perigosos, rebeliões, insurreições, revoluções. Esta dinâmica reformadora do mundo parte da relação indivíduo-sociedade como algo a ser alterado ou renovado. A subjetividade produzida pelas relações de domínio, sujeição e assujeitamentos a deixa inalterada, por dentro e por fora, apesar de procurar manter a distinção entre dentro e fora (interesses privados e coletivos, o privado e o público, o Estado construindo a sociedade), para que as práticas reformadoras configurem a constante permanência da existência. Se somos passageiros da vida humana, somos componentes decisivos da humanidade. Perseguimos, ou melhor, devemos perseguir a melhor humanidade a ser institucionalizada, fazendo dos mundos previstos e do mundo em que vivemos o ponto crucial das lutas que desembocarão ou não em revoluções. Contra o que somos?

Foram os anarquistas que primeiro romperam com o círculo comunidade-sociedade, anunciando um presente-futuro como Anarquia. A análise serial de Proudhon procurou dar um fim ao círculo vicioso comunidade-sociedade dos liberais ou ao comunidade-sociedade-comunismo dos comunistas. Mas mesmo entre os anarquistas permanecia a construção de novo mundo, a presença da sociedade livre de Estado, mas ainda sociedade como Stirner (2004) indicou a respeito da seriação proudhoniana. Enfim, no limite, a sociedade viria se tornar a categoria do entendimento, o que os comunistas também incorporaram a partir de Marx e Engels e dos debates com Proudhon nos anos 1840. Permanecemos ainda nas conformações evolutivas de conservação do humano biológico, visto como sujeito de sua vida, na gestão governamental real ou transcendente de sua vida, e na qual pela sua inexorável morte deveria deixar sua marca para uma melhor e mais justa humanidade. O sujeito (indivíduo), o biológico (espécie) e a humanidade (em sociedade) governam por fora e por dentro, enquanto, moderna e contemporaneamente, as instituições e a psicologia, a educação e a cultura governam os divíduos.

A relação entre mundo e sociedade, mais recentemente, tem entrado em discussão (Danowiski; Castro, 2014) devido justamente à absorção dos saberes da física e da química na compreensão da tensão entre o Humano (de fundamentação europeia) e o Terrano (recuperado dos povos ameríndios). A noção de mundo não parece mais dar conta, quer da programática sustentável pelos arranjos internacionais, quer pelas práticas tranterritoriais. Não se trata mais de encontrar meios pelos quais a vida biológica do humano seja garantida diante do direito de fazer viver e deixar morrer. O mundo governado pelos humanos e seu respectivo humanismo pretende ainda ser suficiente para explicar a imperativa disputa pela defesa do planeta e sua projeção no espaço sideral e o triangulo equilátero herdado da Revolução Francesa se metamorfoseou em um quadrado cujo lado suplementar é o amor. É inquestionável a expansão contínua do universo, do mesmo modo que a ampliação dos saberes sobre o corpo e a mente humana, cada vez mais milimetricamente mapeados e decompostos em minúcias. O direito de fazer viver e deixar morrer agora deixa de ser um exercício nacional sobre a população em um território ou com territórios anexados como inaugurou o nacional-socialismo, já em si uma proveniência transterritorial sobre populações. Não se trata mais, em seu limite, de um direito que se aplica a quem deve viver e a quem deve morrer. Não estamos mais nos limites do racismo de Estado da biopolítica e muito menos no âmbito restrito da vida biológica e do meio.

Hoje, convenções e tratados e novas condutas humanitárias não admitem mais o racismo e o penalizam, procuram extinguir preconceitos com medidas de condutas criminalizáveis, gerar zonas de assimilação de refugiados, atender populações de rua, acolher os migrantes e imigrantes. Manter vivo é fundamental. Manter vivo o humano e todas as formas de vida no planeta de modo sustentável. Reconhecer, paulatinamente, que os efeitos da degradação foram energizados desde a revolução industrial e produzir diplomacias programáticas que mantenham produtividades capitalísticas e ao mesmo tempo conservem a vida (pelo menos, enquanto se pesquisam os exoplanetas). É preciso reconhecer os *terranos* para que as noções de humano e mundo sejam também reformadas, afinal, aos poucos, deve-se reconhecer que o planeta é de todos, do capital e do capital humano. De sorte que Terranos, neste diapasão, poderão ter acesso à nova sustentabilidade em termos do pluralismo que ela esteia. Não se trata de opor Terrano a Humano, mas de amalgamá-los pelo pluralismo em uma sociedade reformada. Isso abre a possibilidade, inclusive, de se pensar que no futuro a sociedade possa se reconhecer como pós-capitalista, ainda que nesse itinerário nebuloso em que a sociedade prevalece sobre o Estado encontremo-nos na ambivalência do entendimento pelas categorias de Estado e sociedade revisitadas. Isso situa a invariante mudança em que nos encontramos, na qual a ecopolítica aparece como conexão de saberes e verdades que, na dinâmica das relações de poder em fluxo, produz essa nova situação em que o Estado por si só não é a categoria do entendimento e tampouco a sociedade será a nova categoria do entendimento. Abre-se uma fissura para "contra o que somos".

A ecopolítica nos mostra a vida sob a forma desse entendimento ambíguo e ao mesmo tempo parceiro, forma pela qual se prevê a sustentabilidade, mas não se antecipa a superação do capitalismo para além das ideologias, ou melhor, pouca atenção se dá às novas formas associativas que essa nova configuração da reforma pode acionar em função da superação da evolução comunidade-sociedade. Se estudiosos do presente, como Negri e Hardt (2014), ao identificarem subjetividades a serem rompidas em nossa época como o endividado, o midiatizado, o securitizado e o representado, procuram firmar o conceito de *multidão*, e outros, como Newman (2011), dissecam a auto-dominação, os assujeitamentos, e encontram disposições táticas na dinâmica dos discursos, as atenções para a superação de mundo segundo os humanos talvez não esteja somente na possibilidade de manter vínculos diplomáticos a partir do reconhecimento da degradação pela parte capitalista e humana no embate. A sustentabilidade também se volta cada vez mais para as populações indígenas, ribeirinhas, andarilhos procurando assimilá-las, e o capitalismo, sabemos, possui força física e ardilosa para levar isso adiante da mesma forma que a racionalidade neoliberal é exímia em produzir diplomacias.

Pela ecopolítica compreendemos que a relação Estado-sociedade civil é mais do que mero enunciado liberal, posto que tal relação depende do Estado para que a economia política tradicional ou reformada aconteça. A ecopolítica situa a conexão entre Estado e sociedade civil procedente dos efeitos da II Guerra Mundial que busca efeitos totalizadores relacionados com os dividualizantes pela produtividade das energias inteligentes que geram condições para implementações de convocações à participação de cada um. Não há mais exclusões, todos são passíveis de ser ocupados produtivamente de forma direta ou indireta, para o que colaboram os variados monitoramentos e a arquivística. Uma conduta resiliente é a mais adequada para se levar adiante o planeta resiliente, governando-se em conjunto efeitos climáticos, mobilizações de gente e populações, delimitando claramente os adversários e os inimigos.

Como em todo pluralismo, os que não estiverem no interior da unidade são imediatamente identificados como inimigos. E aos inimigos, como o terrorismo e o tráfico de drogas transterritoriais, cabe o uso da força (física e de agências de inteligência) para matar e conter guerras-fluxo; aos que escapam como perdedores radicais, o combate pela força de morte; aos mobilizadores de protestos, suas inserções nas condutas criminalizáveis e penalizações; aos convencionais delinquentes, a prisão ou o monitoramento calculado; às zonas vulneráveis e populações vulneráveis, programas de inclusão com a comunidade, combinando força física e inovações nas garantias de interesses coletivos. A análise ecopolítica procura e encontra a produção de dispositivos que consolidam o desenvolvimento sustentável, ao mesmo tempo em que atiça para a nova dinâmica das resistências. Trata-se, portanto, de uma área de saber que busca enfrentar as relações de poder em fluxo, ininterruptos, e suas surpreendentes resistências. A ecopolítica é, antes de tudo, a forma de governar o vivente, do animal ao vírus, pela conexão entre Estado e sociedade.

As análises relativas às ultrapassagens da biopolítica pela ecopolítica expuseram a assimilação de populações em *ambientes* e a situação relacionada ao *ingovernável*, a partir dos dispositivos *meio ambiente*, *diplomático-policial*, *resiliência* e *monitoramento*: a produção da relação *governo-verdade* na geração de moderações, considerando a pertinência da conduta resiliente; o direito como conservação da vida restaurada e a emergência do *cidadão-polícia* portador de direitos inacabados; as novas configurações dos espaços monitorados; a situação sideral; as novas conformações da *segurança* humana e transterritorial. O direito de causar a vida e devolver a morte se transfigura em direito a como viver.

O governo da vida do planeta incorpora as práticas de biopolítica e de controle da população com vistas à produtividade, mas as transforma pelo incentivo e a convocação à participação concomitante à relação sustentável entre humano e natureza, à dinâmica das seguranças, às modulações dos monitoramentos. O governo da vida biológica passou a ser atravessado pelos mapeamentos sobre as inteligências, as proteínas e o espaço sideral. As referências dos saberes biológicos, ampliados pelos ecológicos, encontram referências cada vez mais próximas da física (como resiliência) e da química (como antropoceno), que produzem as inovações no discurso estendido pela relação governo-verdade. As relações individuais (disciplinas/vigilância e punições) e as totalizantes (biopolítica como tecnologia de governo), produzindo normalizações, são ainda interfaces no redimensionamento de relações dividuais (direitos/monitoramentos e variedades penalizadoras) e totalizantes (ecopolítica como tecnologia de governos de si, dos outros e da conservação possível do planeta para um futuro melhor; a união de todos diante dos efeitos do antropoceno; a busca por uma nova ordem no sentido de superação do estado das coisas e que, para tal, exige uma formalização responsável dos adversários para que uma diplomacia política seja possível). Diante dos anormais, a produção dos normais, a produção normalizante; da degeneração, a superação da degradação; e assim as punições amplificadas a céu aberto combinam com os encarceramentos de segurança máxima pautados na defesa e monitoramento dos direitos humanos. Quanto às resistências, pretende-se incorporá-las, suplantá-las, retê-las, modificá-las e capturá-las sob a forma resiliência.

A combinação dos dispositivos em funcionamento explicita a metamorfose da biopolítica em ecopolítica. Esta emerge não apenas por meio da confluência do saber da economia política com os dispositivos de segurança, como balizava a biopolítica. Exige outros dispositivos, talvez uma profusão de dispositivos segundo os fluxos que são produzidos; delimita os inimigos móveis transterritoriais (terrorismos islâmicos, movimentos de contestação e ilegalismos transterritoriais), produz a confluência de forças como jogo democrático pluralista de reconhecimento dos adversários distintos dos inimigos; amplia o pastorado horizontalizado e é capaz de conjugar as novas relações de poder horizontalizadas com a verticalidade convencional do poder soberano; internacionaliza e transterritorializa as relações com o governo da vida, procura absorver o *ingovernável*, introduz a figura do stakeholder, produz elites secundárias e as conecta à principal; dinamiza as relações entre fluxos de saberes, práticas institucionais, a variedade de seguranças, a formação educacional de crianças e jovens para a conduta resiliente, bem como de comunidades; o governo das prisões e das penalizações absorve comunidades e cria outras voltadas para a gestão compartilhada da prisão (privatizada ou não) como no caso do PCC-Brasil (Primeiro Comando da Capital); ocorre a metamorfose da doença mental em saúde mental, da velhice em gerontologia, com *sujeitos* protagonistas e empoderados, em esperados ambientes cada vez menos vulneráveis e com melhor qualidade de vida, formatando uma *cultura de paz* constatada pelos resultados dos diversos índices que indicam ascensões esperadas pelos países, em função da utopia do 1 ou do 100, segundo os graus de variabilidades.

A ecopolítica não governa mais a população pela estatística, mas por meio dos índices e dos mapas georreferenciados que aferem situações reais e de melhorias a serem ampliadas ou conquistadas pelas populações e pela totalidade do planeta dentro e fora da atmosfera. Do corpo se extrai a inteligência fundamental para ultrapassar a condição de miséria como empreendedor de si resiliente que governa e é governado com segurança em seus ambientes pelos monitoramentos. A céu aberto estão comunidades, museus, trânsitos, concentrações no planeta e a incansável busca pelos exoplanetas. O corpo inteligente está na Terra e no espaço e os *spin-offs* produzidos ali reverberam na vida terrena (Siqueira, 2015). Espécies desaparecem ou se transformam no ciclo vida e morte, incapaz de ser controlado, apesar dos esforços dos gestores. A expectativa de vida aumenta, a gestão da miséria se desmembra, a água seca, o calor aumenta. Há um fogo a ser adensado. Conhece-se cada vez mais o corpo (seus tecidos, órgãos, células, proteínas) pelas nanotecnologias e as inteligências pelos avanços das neurociências, bioinformática e controle pela psiquiatria e a farmacologia.

Diante das drogas ilícitas (as que não são legalizadas por meio da farmacologia e as sintéticas que alimentam o fluxo econômico capitalista sem distinguir legal de ilegal), produz-se uma quantidade cada vez maior de medicamentos para o controle nervoso em função da estabilidade para a moderação, incluindo-se a medicalização gradativa de crianças e da pobreza, segundo a programática de benefícios que atua sobre divíduos e grupos. O sexo encontrou na liberação sua função diversificadora da sexualidade. Além do incesto, nada é proibido, todavia, o espetáculo da sexualidade reitera a prostituição para torná-la mais segura que delitiva. A conduta dos normais normalizados e liberados (com ou sem pecados religiosos a administrar, a conquistar pela ensandecida conduta do mártir ou encenadas nos refúgios ermos) medicaliza e judicializa o sexo (de produtos, profissionais e autoajuda — os manuais para todas as condutas, com casamentos hetero, homo, transexuais). A céu aberto, eles estão revestidos de armaduras que pretendem blindar a iminência de uma experimentação radical e asseguram a liberdade liberal ou fundamentalista de qualquer matiz. Estão sob a governança global.

DIMINUTAS

eu não espero pelo dia em que todos os homens
concordem
apenas sei de diversas harmonias bonitas possíveis sem
juízo final
alguma coisa está fora da ordem
fora da nova ordem mundial...
Caetano Veloso, Fora da ordem.

A pesquisa que realizamos entre 2010 e 2015, rubricada como Projeto Temático Fapesp *Ecopolítica. Governamentalização planetária, novas institucionalizações e resistências na sociedade de controle*, procurou dar conta desses deslocamentos ocorridos desde a II Guerra Mundial, sinalizando para o funcionamento de dispositivos específicos relacionados ao *meio ambiente*, à *segurança*, aos *direitos* e às *penalizações a céu aberto*.

A pesquisa em arquivos eletrônicos das máquinas cibernéticas mostrou a relevância do acompanhamento das resistências em suas manifestações imediatas, as práticas reativas que elas instigaram e as formas de capturas, os ajustes entre a politização democrático-representativa e a participativa, não só no Estado, mas na produção de produtos, serviços, empreendedorismos sociais, negócios sociais, mobilizações em torno do clima, catástrofes naturais, terrorismos, condutas de controle. Os arquivos eletrônicos de documentos, escritos e imagens de comunicação contínua, como afirmou Deleuze, compuseram os mapas necessários e suficientes (ainda que sempre inacabados, abrindo-se a novos, às devidas complementações e aos adendos). A cartografia também se tornou mais completa, pois estes mapas foram sempre lidos, segundo regulações e regulamentações internacionais e seus efeitos nos Estados acompanhados de estudos e pesquisas científicas realizadas pelas humanidades e pela difusão de práticas científicas multidisciplinares.

O *meio* não é mais o mesmo; a *paz internacional* não depende somente de dispositivos diplomático-militares e a *ordem* interna dos Estados não se adequa apenas aos dispositivos policiais e à biopolítica; os direitos, desde a Declaração dos Direitos Humanos, de 1948, ajustaram-se pelos efeitos de revoltas e protestos e situaram uma região de atração entre as convencionais *direita* e *esquerda* políticas do Estado; os castigos passaram a ser governados de outro modo, mas não deixaram de ser punições, agora regulamentados com tolerância (zero) como *mais e melhores.* Sob um cenário construído com *tolerância* para a encenação da *cultura de paz* neste novo teatro da vida, o *desenvolvimento sustentável* apresenta-se como a nova peça para um velho personagem, o capitalismo, que desta vez atrai para o palco como um enorme *chorus line* os cidadãos e os seus filhos, como se já não houvesse mais plateia e qualquer um pudesse ser um protagonista em uma breve cena. Não se trata da tragédia grega, mas seguramente de um drama que pode se metamorfosear em tragicomédia.

Distante das análises ideológicas, a genealogia da ecopolítica encontra na racionalidade neoliberal transformando a força de trabalho em capital humano o elemento discursivo fundamental para sua consolidação, na medida em que procura fazer de cada um o parceiro inovador, empreendedor e ativo na gestão de um planeta situado no *antropoceno* e que cada vez mais depende de uma diplomacia efetiva. Protocolos e programas se combinam, assim como a gestão computo-informacional cada vez mais busca definir a presença de cada um e de suas condutas *aplicativas.* Trata-se de uma sociedade de controle, como indicou Gilles Deleuze, de comunicação contínua, que é governada pela obsessão por segurança, como indicaram as pesquisas de Michel Foucault. Resistir é um pouco mais e menos diante das resiliências. O poder não se relaciona mais tão somente em redes, as resistências não se movem apenas pela estratificação social nesta relação complementar indissolúvel entre poder e resistências. A política não é mais a guerra civil prolongada por outros meios, olhada pelos seus governos interiores, nem a guerra prolongada por outros meios na intersecção com outros governos de Estado.

O poder em fluxo e a política transterritorial dão as novas eficácias e eficiências para a ecopolítica. O terror que vinha do Estado ou que o atacava para reformá-lo ou revolucioná-lo adentra os meandros computo-informacionais, produz fortalezas dogmáticas que conjugam racionalidades e religiões, e permanece como a parte constitutiva do governo do Estado, seja pelas forças de defesa que procuram assegurar a liberdade liberal, pelos ainda vestígios do socialismo revolucionário, seja pelas forças que pretendem uma uniformidade teológico-estatal. Entre tantas diplomacias, não há como conter os terrorismos, do mesmo modo que entre tamanho esforço resiliente não há como estancar resistências *antipolíticas.*

Uma pesquisa nunca é conclusiva. Esta pretendeu apenas situar a emergência da ecopolítica, seus desdobramentos, sua presença, no campo estrito da produção de verdades que se configuram como saberes na medida em que os enunciados emanam e situam forças em luta na sociedade. A genealogia da ecopolítica é um método e um convite para outras incursões.

A ecopolítica é uma situação da ordem atual, mas é também princípio e fim dessa mesma ordem. Do mesmo modo que a biopolítica foi capaz de dar conta de uma situação nova advinda do final do século XVIII e que mostrou seus limites durante a II Guerra Mundial, a ecopolítica é uma noção analítica que busca situar os efeitos decorrentes de uma situação inédita: ao mesmo tempo em que forças oponentes de Estados ameaçaram a vida no planeta, passaram a buscar outras condições de vida fora do planeta e salvaguardá-lo. Claro está que todas as conquistas siderais não apontam para deslocamentos próximos de todo o povo da Terra para melhores *ambientes*, mesmo porque a história civilizatória deste planeta sempre tratou de equacionar as *melhores condições* para os superiores, fossem eles reis e príncipes, aristocratas, burgueses, elites ou vanguardas. Todavia, a composição atual democratiza, por meio da participação e da configuração do capital humano, quais são e serão os beneficiados de hoje no futuro próximo. É preciso melhorar o *ambiente* no planeta do mesmo modo que se exige encontrar outros ambientes siderais — e se estes ainda não são os exoplanetas, muito se deve aprender para se ocupar ambientes similares ao da Terra.

Uma pesquisa como essa não deixou de recorrer à nova biblioteca instalada nas nuvens eletrônicas da internet. Esta absorve as mais variadas expressões da vida, registradas em arquivos, sites, enciclopédias livres, iconografias, mapotecas, uma infinidade de informações acessadas por meio de palavras-chave. Sim, as mesmas que orientam a busca por teses, dissertações, artigos, ensaios, resultados de pesquisas que compõem o grande banco de dados científico, este preservado saber sobre a humanidade. Mas não são apenas os bancos de dados que democratizam comunicações por meio de servidores e provedores hierarquizados que governam o fluxo das informações, conexões e especulações. Eles também estão sob o governo dos provedores supervisionados por Estados e forças militares.

A democracia convoca a participar e depois seleciona, exclui e pune quem ferir os regulamentos e a moral, criptograficamente ou não. De outra sorte estão os programas de relacionamentos pelos quais se adquire amizades, amores, amantes, seguidores, financiamentos e também se agenciam contestações, protestos e revoltas. São estas diferenças na gestão democrática centralizada de poder e exercitada de modo rizomático que produzem também provedores que escapam do governo central dos saberes. Até quando? Ou melhor, até quando os dispositivos de segurança serão capazes de conter revoltas, protestos e reviravoltas? A pesquisa sobre a ecopolítica não deixou de acompanhar a produção de verdades nestes diferentes fluxos, posto que o pensamento científico e crítico também dela não se apartou, ou ao contrário, neles se filiou ou pelo menos se instalou transitoriamente.

Ecopolítica é um livro posterior aos relatórios de pesquisa produzidos e arquivados eletronicamente em *<http://www.ecopolitica/pucsp.br>*. Está dividido seguindo os fluxos *meio ambiente, diretos, segurança* e *penalização a céu aberto*. Situa a ecopolítica para depois traçar percursos relativos a essa governamentalidade planetária sob novas institucionalizações e resistências.

Ecopolítica é um livro que não conseguiria ser escrito por uma autoria. É resultante do trabalho constante de uma equipe com atribuições horizontalizadas segundo os fluxos e que, no decorrer da pesquisa, foi consolidando análises a respeito de caudalosos fluxos afluentes. Sabe-se que em nosso pensamento tudo se relaciona, principalmente no jeito libertário de tocar a vida, e que consultar um mestre mais experimentado é sempre imprescindível. Assim funcionamos uns para os outros, do mesmo modo que buscamos ouvir de interlocutores disponíveis que nos acompanharam com interesse nesses anos, para deles receber leituras, sugestões e novas inquietações. Transitamos pelo planeta falando a pequenos públicos em encontros internacionais e nacionais sobre a pesquisa. Alguns se mostraram atentos, outros pouco preocupados com a temática ou voltados para outras inquietações dentro de eventuais similaridades. Em todo canto ficava a constatação que lidamos com algo que acontece e que de variados modos está sendo apreendido por teorias que buscam se reciclar, atualizar, modificar, ainda que circunscritas nas fronteiras do *dentro* e do *fora*. Nossa atenção para os fluxos deslocou-nos imediatamente da fronteira, das margens e das bordas que são preocupações pertinentes de Estados, mas nem sempre dos resistentes que não desconhecem o fora relacional. São imprescindíveis para resilientes, estão na mira daqueles que almejam uma definitiva governança global, dos credores e financiadores do capitalismo. Os fluxos nos mostram as conexões entre direita e esquerda para além das ideologias, da política, da configuração dos intelectuais *moduladores* própria da sustentabilidade, também delineada em ordem e contraordem conectadas em ONU ou Cúpula dos Povos, acontecendo nos aparelhos de verificação.

O *mundo* não é mais o mesmo traçado e distinto na Grécia, na Europa ou como sinônimo de Terra. Não é mais parte do Universo criador. Não é mais *mundo das ideias*. Não há mais *mundo*. Não é mais o outro nome de Terra-Gaia. Não há mais a crença no domínio do homem sobre a natureza, mas ainda se crê em Deus e no Homem. Se o filósofo Friedrich Nietzsche certa vez insinuou irmos para além do bem e do mal e para tal mostrou os fundamentos de cada valor, a fronteira entre eles se dissipa na medida em que se dissolve a moral, em que éticas governam liberdades, não como conduta derivada da moral, mas como atitudes que inventam éticas outras livres da sujeição e assujeitamentos.

A ecopolítica faz funcionar o ponto perdido no panorama e o planeta, com suas paisagens preservadas e conservadas, seus humanos, animais, pedras, florestas, rios, mares, oásis, desertos, elevações e depressões, cujos céus são monitorados por potentes telescópios, suas superfícies e profundidades cada vez mais conhecidas pelos satélites no decurso dos cataclismos e modificações humanas e o universo em expansão navegável no rumor do incerto.

A ecopolítica, mais do que uma específica política ambiental ou ecológica, procura dar conta das multiplicidades enredadas sob o signo de segurança planetária que encontra no desenvolvimento sustentável a forma contemporânea de produzir a sinonímia capitalismo-democracia-utopia. A ecopolítica se interessa pelas lutas diante da conservação moderada da vida humana dentro e fora do planeta, para a qual todo cidadão e toda criança deve se educar para governar-se democraticamente em favor das melhorias das condições de existência, o compromisso de cada um com a futura geração.

A ecopolítica não trata de modelos, mas justamente da produção constante de maneiras conformes e alternativas para garantir a sustentabilidade, pretendendo fazer de cada instante um momento de participação modulável de cada um elevando-se à categoria de protagonista.

A ecopolítica emerge dos acontecimentos derivados da II Guerra Mundial que colocou, pela primeira vez, a possibilidade de extermínio do humano e do planeta; absorve a biopolítica, situa as intrínsecas relações entre Estados, sociedades civis e ONU, que visam estabelecer a governança possível, cujo objetivo nuclear é suprimir a relação governante-governados.

A ecopolítica situa as novas relações políticas formais que ultrapassam a representatividade para nela agregar a convocação à participação de todos, organizados e mobilizados em função de melhorias, fundamentalmente quanto à miséria, saúde e educação dos *povos*.

A ecopolítica produz novas institucionalizações, por conseguinte abertas e inacabadas, e resistências surpreendentes diante da expectativa de formação de pessoas, povos e planeta resilientes.

A análise da ecopolítica dirige-se ao interesse dos resistentes. Na aula inaugural de *Em defesa da sociedade*, Foucault em poucas palavras resume o que a genealogia espera enquanto repercussões: "o silêncio do adversário — [e] é este um princípio metodológico ou um princípio tático que se deve sempre ter em mente — talvez seja da mesma forma o sinal que não lhe metemos medo algum. E devemos agir, acho eu, como se justamente não lhe metêssemos medo" (Foucault, 1999: 19).

Ao discurso político basta colocar questões relativas às formas e estruturas de governo; ao científico, afirmar as regras em torno das quais se diz a verdade, condições e estruturas; o discurso moral "se limita a prescrever os princípios e as normas de conduta" (Foucault, 2011: 59). O discurso filosófico se interessa pela verdade e as condições para se dizer a verdade.

A genealogia nos instiga a uma atitude parresiasta, da coragem de dizer a verdade sem medos diante do dizer-a-verdade (*alétheia*) do governo, e da *polithéia* e da *ethopoiésis* que geraram na cultura grega a formação do sujeito. Trata-se de seguir e produzir resistências. "Neste Ocidente que inventou tantas verdades diversas e moldou artes da existência tão múltiplas, o cinismo não para de lembrar o seguinte: que muita pouca verdade é indispensável para quem quer viver verdadeiramente e que muito pouca vida é necessária quando se é verdadeiramente apegado à verdade" (Ibidem: 166).

A vida como obra de arte antiplatônica é irrupção do elementar, desnudamento da experiência. Não há como discordar de Foucault, tampouco de suas sugestões acerca do militantismo livre de organização e das uniformidades. É preciso uma prática antiaristotélica diante de toda arte adquirida e suas convenções, como recusa e agressão. Não há como abdicar da violência e as práticas da revolta o confirmam, são indomesticáveis e acionam a potência da vida. E se entendemos o que virá, lido ou não com o nome de porvir, é pelo que rompe, foge, escapa, nomadiza. O que escapava em *1968* e *1999* foi capturável por conservadores, pela racionalidade neoliberal e pelas práticas democráticas. O que escapa de 2011 a 2013 é o que também escapou de *1999*. Pouco importa se preferem dar o nome de multidão, pelo viés do mundo novo, a um mundo outro que escapa. E nesse fluxo, obviamente, tudo pode acontecer. Que seja a multiplicidade da transistoricidade do cinismo, reiterando que o poder é da ordem do governo, do enfrentamento entre adversários e entre inimigos.

Em *Nascimento da biopolítica*, Foucault perguntou "quais são os efeitos reais da governamentalidade ao cabo de seu exercício?" (Foucault, 2008a: 21). É nada relativo à economia política que apenas descobre a naturalidade da prática de Estado, seu correlato perpétuo, sua verdade. A economia política requer uma governamentalidade mínima e, como liberal, é consumidora de liberdades (do mercado, do exercício do direito de propriedade, de discussão, de expressão...). E se é consumida, é também produtora e a organiza, não enquanto o imperativo *seja livre*, mas como produzir para que você seja livre, portanto condições para ser livre, que necessariamente repercutem em produção de limites, controles, temores, repressões, medidas de punição e disseminação do medo (Ibidem: 86–87). A análise da governamentalidade se volta para "estatizações progressivas, fragmentadas mas contínua de certas práticas, de maneira de fazer, e se quiserem de governamentalidade" (Ibidem: 105). A governamentalidade liberal se revê e se programa nesta época neoliberal.

A governamentalidade planetária situa dilatações inexoráveis do que se conhece como o sujeito no ocidente de suas práticas de subjetivação em relações de poder como combate. Trata-se de como nos governamos e como somos governados enquanto condutas esperadas como técnicas de si e governamentalidade política, que nos permite acessar estratégias e táticas de resistências (Foucault, 1977a). Se nas sociedades disciplinares o alvo era a população com seus dispositivos de segurança sob o dinamismo das relações soberania-disciplina-biopolítica, na sociedade de controle o alvo é o planeta com seus variados dispositivos (dentre eles, conectados à segurança estão o meio ambiente, o diplomático-policial, o monitoramento e o resiliência) que dinamizam as relações soberania-controles-ecopolítica.

Para Foucault é possível tratar o Estado Moderno e sua governamentalidade como correlato do que foram a segregação para a psiquiatria, as técnicas de disciplina para o sistema penal, e a biopolítica para as instituições médicas (Foucault, 2008: 162), a partir de uma nova tecnologia geral do governo dos homens, pois o que se governa são homens pela incorporação do pastorado cristão, as relações diplomático-militares como apoio e a polícia interna como suporte (Ibidem: 164). Trata-se de governar condutas, conduzir e conduzir-se, ser conduzido de outra maneira, uma contraconduta, resistência de conduta, enfim, técnicas de sujeição sobre práticas de subjetivação. É sempre bom lembrar que o pastorado emergiu como relação de "enfrentamentos, hostilidade, guerra como algo que é difícil chamar de rebelião de conduta" (Ibidem: 226). Rebeliões de conduta se distinguem de revoltas políticas em sua forma e objetivo (Ibidem: 227). Foucault se pergunta como designar resistências a formas de poder que não exercem soberania ou exploram, mas conduzem? (Ibidem: 263–266). Rebelião não distingue resistências difusas e moderadas, desobediência é um termo demasiado débil, insubmissão está relacionada à rebeldia militar, e dissidência é pensar de outra maneira, recordando os russos contra o governo do PC na URSS, contra a pastoral da obediência. Para todas essas designações, Foucault propõe contraconduta, luta contra os procedimentos na condução de outro que é encontrável nos loucos, delinquentes e enfermos.

Os conteúdos histórico-políticos das lutas, sepultados pelo discurso filosófico jurídico-político e pelos saberes em coerências funcionais ou sistematizações formais, surpreendem e reaparecem. Esses saberes sujeitados reaparecem no saber histórico das lutas, acoplam conhecimentos eruditos e das memórias locais e escancaram efeitos centralizadores de poder vinculados às instituições (Foucault, 1999). No passado recente, a conjugação da teoria da soberania (de proveniência liberal fundada na troca contratual ou marxista relacionada à funcionalidade econômica do poder) com a mecânica das disciplinas combinou, de um lado, lei e ciência do direito e, de outro lado, norma, normalização e ciências humanas. No presente dos viventes, a teoria da soberania estabelece relações mais estreitas com os fluxos de poder sob o comando da racionalidade neoliberal que democratiza não mais o soberano (o rei, a democracia parlamentar), mas as relações de poder: não mais se visa normalizar, posto que todos somos normais sob transtornos, porém, normaliza-se os normais pelos dispositivos *meio ambiente*, *diplomático-policial*, *monitoramentos* e *resiliência*. A relação entre o corpo-máquina (disciplinas) e o corpo espécie (biopolítica) agora é dimensionada pela governança que democracaticamente produz a gestão das inteligências de cada um em variados ambientes, revestidos de direitos e práticas diplomáticas-policiais que dimensionam as novas funções de monitoramentos do pastorado resiliente. Em lugar das massas, os variados e híbridos conjuntos de minorias exercitando-se como portadores de direitos inacabados, convocados a participar em função do melhor mundo futuro, não só na Terra, mas no espaço sideral, na busca incessante pelo *melhor* exoplaneta. O corpo-planeta é o alvo: "O corpo — e tudo o que diz respeito ao corpo, a alimentação, o clima, o solo — é o lugar da *Herkunft*: sobre o corpo se encontra o estigma dos conhecimentos passados do mesmo modo que dele nascem os desejos, os desfalecimentos e os erros; nele também eles se atam e de repente se exprimem, mas nele também eles se desatam, encontram em luta, se apagam uns aos outros e continuam seu insuperável conflito. (...) A genealogia, como análise da proveniência, está portanto no ponto de articulação do corpo com a história e a história arruinando o corpo" (Foucault, 1979: 22). O corpo é a Terra!

A análise de Foucault permaneceu pertinente quando nos deslocamos para a ecopolítica; estamos numa dinâmica que faz progredir condutas e contracondutas em função da inibição de resistências. Mas são estas que situam *antipolíticas* por meio da revolta, inventam o mundo outro e fazem reaparecer os saberes sujeitados provocando novas relações na produção da verdade.

17 de dezembro de 2015. Inauguração do Museu do Amanhã (MA)[5], na cidade do Rio de Janeiro, 23 anos após a *Rio 92*. A arquitetura arrojada lembra uma aeronave que decola em direção ao espaço. Localizado no centro restaurado da cidade, o Porto Maravilha, é considerado mais um legado dos megaeventos Copa do Mundo e Olimpíadas. Segundo o arquiteto Santiago Calatrava, "a ideia é que o edifício fosse o mais etéreo possível, quase flutuando sobre o mar, como um barco, um pássaro ou uma planta", resultante de "um diálogo muito consistente para que o edifício se alie à intenção de ser um museu para o futuro, como uma unidade educativa". Ainda segundo o arquiteto espanhol, "um passeio ao redor do Museu é uma lição de sustentabilidade, de botânica, uma aula do que significa energia solar", e segundo a gerente geral de Patrimônio e Cultura da Fundação Roberto Marinho, "sempre procuramos criar algo que agregue valor e destaque a preocupação com o meio ambiente e o ser humano. Nossa intenção, com o museu, era criar algo que instigasse o visitante a entender a época em que vivemos"[6].

---

5. <*https://www.museudoamanha.org.br/*>. O MA é resultado de parceria entre a prefeitura do Rio de Janeiro, Fundação Roberto Marinho, Banco Santander, como provedor máster, Shell, como mantenedora, com apoio da Secretaria do Meio Ambiente do estado do Rio de Janeiro e da Finep, e a parceria tecnológica com a Cisco. A gestão do MA é responsabilidade do Instituto de Desenvolvimento e Gestão (IDG) <*https://bit.ly/2WGYSmY*>.

6. <*http://museudoamanha.org.br/pt-br/content/arquitetura-de-santiago-calatrava*>.

O MA pretende justificar uma nova concepção de museu, não mais voltado para o passado e à coleção de objetos, mas para o presente computacional em direção ao futuro. Um museu voltado à sustentabilidade e ao desenvolvimento sustentável: "hoje vivemos na Era do Antropoceno: a ação humana, seja individual ou coletiva, gera impactos e dimensões geológicas sobre o planeta" (Oliveira, 2015: 5). O MA conta com o Observatório do Amanhã, capaz de ordenar informações coletadas por tecnologias de informação, mas principalmente com a NASA (National Aeronautics and Space Administration), INPE (Instituto Nacional de Pesquisas Espaciais), o IPCC (Intergovernmental Panel of Climate Change), o WRI (World Resources Institut), dentre as mais de oitenta instituições com as quais mantém colaboração permanente. A tarefa deverá ser compartilhada por todos, principalmente pelas ciências que se deslocam para "saberes transitórios, sempre sujeitos à superação e à renovação" (Ibidem: 11) em direção a futuros possíveis para os próximos cinquenta anos. Portanto, amanhã não é futuro, mas está no presente. É um museu que pretende ordenar informações atualizadas a cada dia, a cada instante, orientando o presente em direção ao futuro próximo, melhor, tangível e possível.

O MA é também parte do arquivo da humanidade voltado à gestão do meio ambiente e das desigualdades e se propõe a levar cada visitante a pensar sobre si e sobre *nós*, "sobre como queremos viver no mundo – com sustentabilidade – e com os outros – pela convivência" (Ibidem: 17). Para tal, o MA conta com o Laboratório de Atividade do Amanhã (LAA), espaço de encontros transdisciplinares voltado para "exploração de cenários futuros", impactos de "tecnologias exponenciais" e "empreendedorismo" (Ibidem). O espaço interior do MA procura dar conta das cinco estações: do Cosmos, da Terra, do Antropoceno, dos Amanhãs e de Nós. Ao final da exposição o visitante deverá estar convencido que tudo é possível com sustentabilidade, tudo pode ser melhorado, tudo depende de nossa tolerância e de *nossos* objetivos comuns. O MA é o convincente espaço miniaturizado da governamentalidade planetária.

1° de janeiro
Hoje percebo que o que escrevi ontem na verdade escrevi hoje: tudo o que correspondia a 31 de dezembro escrevi no dia 1° de janeiro, isto é, hoje, e o que escrevi dia 30 de dezembro é o que escrevi dia 31, isto é, ontem. Na realidade, o que estou escrevendo hoje escrevo amanhã, que para mim será hoje e ontem, e também de certo modo amanhã: um dia invisível. Mas sem exagerar (BOLAÑO, 2006: 571).

Certa vez, em 1891, um jovem escreveu uma carta a Oscar Wilde, conhecido por suas transgressões incluindo entre elas a anarquia, e pediu uma explicação sobre a inutilidade da arte após ler *O retrato de Dorian Gray*. Wilde respondeu de pronto: "A arte é inútil porque seu objetivo se resume em criar um estado de espírito. Ela não pretende instruir nem influenciar qualquer tipo de ação. Ela é esplendidamente estéril, e a característica de seu prazer é a esterilidade. Se à contemplação de uma obra de arte se segue qualquer espécie de atividade, ou a obra é medíocre, ou o espectador não conseguiu ter a completa dimensão artística" (Wilde in Usher, 2014: 347). Em conversa com Franck Maubert, o pintor Francis Bacon dizia: "se você não tem um tema que o obceca e atormenta interiormente, você cai na decoração. Você pode até procurar, beber em todos os livros e naquilo que o cerca, mas isso não basta. (...). Eu preciso de coisas que me toquem profundamente. E isso nem sempre funciona". É preciso "'se deixar levar', 'ficar à deriva'. (...) Passei toda a minha vida assim, à deriva. (...) Gosto daqueles que pesquisam, desmontam, desossam, inventam. Trabalho sobre mim mesmo. (...) Fui sempre um otimista, mesmo não acreditando em nada. Quando morremos, não prestamos mais para nada. Só nos resta ser enfiados num saco plástico e jogados no lixo, compreende?" (Bacon in Maubert, 2010: 53).

Gilles Deleuze (2015), em curso sobre Foucault, logo após sua morte, ressalta haver no filósofo-historiador francês uma forte presença de Maurice Blanchot. Ao comentar as relações de saber relacionadas à exterioridade, situa as formas de interioridade com comodidades, aparências e meios subordinados, pois ver não é falar, falar não é ver, havendo, portanto, uma disjunção entre falar e ver, de modo que os enunciados se dispersam na linguagem. A interioridade está sempre subordinada às formas da exterioridade. Quando Foucault se volta para a subjetivação está em questão o fora mais distante, exterior e indomável: a paixão. E é ela que a nossa sociedade quer enclausurar, como a nau dos loucos, as prisões, os asilos, os hospícios e suas metamorfoses, diríamos, a céu aberto na contemporaneidade. Porém, é neste fora que ao mesmo tempo *eu morro* (imediato vivente) e *se* morre, o começado que nunca termina (a entrada do vivo), o coexistente à vida. O *se* do poder é o *se* luta, *se* como estratégia e o *se* choca. As resistências são pontos nessa linha e sua navegação se dá na linha infinita que *se morre*. São e serão sempre surpreendentes, pois nelas há uma paixão indomável, ingovernável, para além das contracondutas, e que demole o amor ao *amor*, ao tanto amor que pretende governar as subjetividades e obstruir novas subjetivações. Como sublinha outro filósofo, Max Stirner, "o amor é decerto a mais bela e derradeira repressão de si, a forma mais gloriosa de se aniquilar e sacrificar, a vitória sobre o egoísmo mais culminante em delícias; mas ao despedaçar a vontade própria obstaculiza ao mesmo tempo a própria vontade que é, para o homem, a fonte primeira da sua dignidade de ser livre" (Stirner, 2002: 20).

Exercícios de poder devem ser vistos como governamentalidades, não pela história do conhecimento, mas pelas formas de veridicção; não pela história da dominação, mas pela história dos procedimentos de governamentalidade; não pela história do sujeito (das subjetividades), mas pela história da pragmática de si e das formas que adquire. Trata-se de uma história das experiências. A noção de modernidade é compreendida pela genealogia da modernidade como questão. Portanto, não há em Foucault ou nas análises genealógicas algo que diz respeito à pós-modernidade, mas somente à questão da modernidade e o que ela suscita, incita, produz, ou seja, relações de poder e resistências, produção de saberes (inclusive de saberes insurgentes), jogos da verdade, efeitos de soberania.

Governar a si e aos outros é a questão de como o (in)divíduo governa a si e aos outros, de como se constitui como sujeito na relação consigo e com os outros. É por isso que, ao lado da isonomia e da isegoria herdadas dos gregos, Foucault deu tanta atenção à parrésia enquanto manifestação da verdade que não teme a morte, que é revolta, é cinismo trans-histórico. Governar a si e aos outros na ecopolítica situa o agonismo entre a *nova política* e a *antipolítica*, os fluxos da governamentalidade planetária, a programática inacabada das sensações e das institucionalizações.

Não estamos mais nos *baixos inícios* com os *pogroms* russos ou em seu *ápice* nos campos de extermínio nazistas. Não se *pensa* mais em exclusões violentas em massa ou em extermínios, mas em como governar populações em seus ambientes dando-lhes, assim, uma nova dimensão enquanto campo de concentração (favelas-comunidades, espaços incrustados em centros restaurados de cidades, condomínios, empresas...). Também não há mais como pretender equacionar o dilema público-massa próprio dos liberais, porque não há mais massa seguidora de líderes ou esvaziada de subjetividades; ao contrário, as minorias numéricas assumem suas reais *identidades* requeridas e reconhecidas, organizadas em *elites secundárias*, funcionando para o melhor e a ideal sustentabilidade, que se apresenta capaz de redimensionar as desigualdades capitalistas em empreendedorismos e pletora de direitos que habilita seus portadores. Como meio de inibir resistências radicais, por fim, reconhece-se nesse itinerário que cada um é um *sujeito resiliente* adequável e adequado ao *planeta resiliente* de hoje e do amanhã.

Bibliografia

ACOT, Pascal. *História da Ecologia.* Tradução de Carlota Gomes. Rio de Janeiro: Campus, 1990.

ACSELRAD, Henri et al. *O que é Justiça Ambiental.* Rio de Janeiro: Garamond, 2009.

AGAMBEN, Giorgio. *O que resta de Auschwitz.* Tradução de Jeanne Marie Gagnebin. São Paulo: Boitempo, 2008.

__________ *O que é o contemporâneo? E outros ensaios.* Tradução de Vinicius Nicastro Honesko. Chapecó: Argos, 2009.

__________ *O reino e a glória: uma genealogia teológica da economia e do governo: homo saccer II, 2.* Tradução de Selvino J. Assmann. São Paulo: Boitenmpo, 2011.

__________. *Profanações.* Tradução de Selvino J. Assman. São Paulo: Boitempo, 2007.

ALEKSIÉVITCH, Svetlana. *Vozes de Tchernóbil. A história oral do desastre nuclear.* Tradução de Sonia Branco. São Paulo: Companhia das Letras, 2016.

ALKER Jr., Hayward; HAAS, Peter. "The rise of global Ecopolitics". In: CHOUCRI, Nazli (Ed.). *Global Accord: Environmental Challenges and International Responses.* Cambridge/Massachusetts: The MIT Press, 1993.

ALTAVILA, Jaime de. *Origem dos direitos dos povos.* São Paulo: Ícone, 2004.

ALVES, Maria Helena Moreira; EVANSON, Philip. *Vivendo no fogo cruzado: moradores da favela, traficantes de droga e violência policial no Rio de Janeiro.* Tradução de Fernando Moura. São Paulo: Editora UNESP, 2013.

ALVIM, Francisco. *Poemas: [1968–2000].* São Paulo/Rio de Janeiro: Cosac Naify/7 Letras, 2004.

AMORIM, João Alberto A. *A ONU e o Meio Ambiente: Direitos Humanos, Mudanças Climáticas e Segurança Internacional no Século XXI.* São Paulo: Atlas, 2015.

ANDERSON, Benedict. *Imagined Communities.* London/New York: Verso, 1991.

ANTHONY, Edwyn James (org.). *The invulnerable child.* Washington D.C.: Library of Congress, 1987.

ANTONIO Neto, Adib. "As influências dos tratados internacionais ambientais celebrados pelo Brasil no ordenamento jurídico brasileiro". In: *Jusbrasil.* Brasil: Jusbrasil, 2009. Disponível em: <*https://bit.ly/2uCLZyd*>.

APPLEBAUM, Anne. *Gulag. Uma história dos campos de prisioneiros soviéticos.* Tradução de Maria Vilela e Ibraíma Dafonte. Rio de Janeiro: Ediouro, 2009.

ARRHENIUS, Svante. *On the influence of Carbonic Acid upon the Temperature of the Ground.* In: *Philosophical Magazine and Journal of Science.* London, v. 41, s. 5, 1986, pp. 237–276. Disponível em: <*https://rsc.li/2uvACrv*>.

ARTAUD, Antonin. *O teatro e seu duplo.* Tradução de Teixeira Coelho. São Paulo: Max Limonad, 1984.

ASH, Timothy Garton. *Os fatos são subversivos. Escritos políticos de uma década sem nome.* Traducão de Pedro Maia Soares. São Paulo: Companhia das Letras, 2011.

AUGUSTO, Acácio. "Terrorismo anarquista e luta contra a prisão". In PASSETTI, Edson; OLIVEIRA, Salete (orgs). *Terrorismos.* São Paulo: EDUC, 2006, pp. 139–148.

__________. "Municipalismo libertário, ecologia e resistências". In: *Revista Ecopolítica.* São Paulo: PUC-SP, v. 2, 2012, pp. 01–35. Disponível em: <*https://bit.ly/2HISTKL*>.

__________. "Penalizações a céu aberto, uma política planetária". In: *Revista Ecopolítica.* São Paulo: PUC-SP, v. 4, 2012a, pp. 84–101. Disponível em: <*https://bit.ly/2UfTN7a*>.

__________. *Política e antipolítica: anarquia contemporânea, revolta e cultura libertária.* Tese de Doutorado. São Paulo: PUC-SP, 2013.

ASSANGE, Julian et al. *Cypherpunks: liberdade e o futuro da internet.* Tradução de Cristina Yamagami. São Paulo: Boitempo, 2013.

AZEVEDO, Reinaldo. "Há quem queira a Bomba brasileira e esse debate tem de sair do armário". In: *Revista Veja.* São Paulo, 2010. Disponível em: <*https://bit.ly/2UhEQBS*>.

BALKO, Radley. *Rise of the Warrior Cop: the militarization of America's Police Forces.* New York: PublicAffairs, 2013.

BARREIRA, Marcos; BOTELHO, Maurilio Lima. "O Exército nas ruas: da Operação Rio à ocupação do Complexo do Alemão – notas para um reconstituição da exceção urbana". In: BRITO, Felipe; OLIVEIRA, Pedro Rocha de (org.). *Até o último homem.* São Paulo: Boitempo, 2013, pp. 115–128.

BARRETT, Daniel. *Los sediciosos despertares de la anarquía.* Buenos Aires: Los sediciosos despertares de la anarquía, 2011.

BATH, C. "The New Context of International Relations: Global Ecopolitics". In: *Political Research Quaterly.* Utah, v. 33, n. 1, 1980, pp. 132–133. Disponível em: <*https://bit.ly/2WnB2wb*>.

BAYLEY, David; PERITO, Robert. *The Police at war: fighting insurgency, terrorism, and violent crime.* Boulder/London: Lynne Rienner Publishers, 2010.

BECKETT, Samuel. Tradução de Célia Euvaldo. *Primeiro amor.* São Paulo: Cosac Naify, 2004.

BENTHAM, Jeremy et al. *O Panóptico.* Tradução de Guacira Lopes Louro; M. D. Magno; Tomaz Tadeu. Belo Horizonte: Autêntica, 2008.

BERLIN, Isaiah. *As raízes do Romantismo.* Tradução de Isa Mara Lando. São Paulo: Três Estrelas, 2015.

BEUYS, Joseph. "Conclamação à Alternativa". Tradução de Gilberto Calcagnotto. In: FARKAS, Solange; D'AVOSSA, Antonio (curadores). *A revolução somos nós. 2010–2011.* São Paulo: SESC, 2010.

BIGO, Didier. "Guerras, conflitos, o internacional e o território". In: MILANI, Carlos (org.). *Relações Internacionais: perspectivas francesas.* Salvador: Editora UFBA, 2010, pp. 333–348.

BIN LADEN, Osama. "Terror for Terror (October 2001)". In: LAWRENCE, Bruce (org.). *Messages to the World: the statements of Osama bin Laden.* London/New York: Verso, 2005.

BINET, Laurent. *HHhH.* Tradução de Paulo Neves. São Paulo: Companhia das Letras, 2012.

BITAR, Sergio. *Isla 10.* Santiago: Pehuén Editores, 1987. Disponível em: <*https://bit.ly/2uu1mZu*>.

BOFF, Leonardo. "Um ethos para salvar a Terra". In: CAMARGO, Aspásia et al. (org.). *Meio Ambiente Brasil: avanços e obstáculos pós-Rio-92.* São Paulo: Estação Liberdade e Instituto Socioambiental; Rio de Janeiro: Fundação Getúlio Vargas, 2004.

BOLAÑO, Roberto. *Os detetives selvagens.* Tradução de Eduardo Brandão. São Paulo: Companhia das Letras, 2006.

BOOKCHIN, Murray. *Ecologia social e outros ensaios.* Rio de Janeiro: Achiamé, 2010.

BOURDIEU, Pierre. "Dois imperialismos do universal". Tradução de Rachel Gutiérrez. In: LINS, Daniel; WACQUANT, Loïc. *Repensar os Estados Unidos.* Campinas, Papirus, 2003, pp. 13–19.

__________. *Sobre o Estado.* Tradução de Rosa Freire D'Aguiar. São Paulo: Companhia das Letras, 2014.

BRANCOLI, Fernando. *Primavera Árabe: praças, ruas e revoltas.* São Paulo: Desatino, 2013.

BRANDÃO, Elsa; MELO, Joana; AMORIM, Ricardo. *Farmacologia da Imunossupressão.* Dissertação de Mestrado. Porto: Departamento de Bioquímica e Biologia Celular da Universidade do Porto, 2012.

BRAY, Mark. *Translating anarchism. The anarchism of Occupy Wall Street.* Winchester/Washington: Zero Books, 2013.

BRENNER, Hannelore. *As meninas do quarto 28. Amizade, esperança e sobrevivência em Theresienstadt.* Tradução de Renate Müller. São Paulo: Leya, 2014.

BRINGEL, Breno; MUÑOZ, Enara. "Dez anos de Seattle, o movimento antiglobalização e a ação coletiva transnacional". In: *Ciências Sociais Unisinos.* São Leopoldo: Unisinos, v. 46, n. 1, 2010, pp. 28–36. Disponível em: <*https://bit.ly/2JHzcVh*>.

BRÜGGEMEIER, F. J. et al. (eds.). *How Green were the Nazis? Nature, Environment and Third Reich.* Athens/Ohio: Ohio Univerity Press, 2005.

BURSZTYN, Marcel; PERSEGONA, Marcelo. *A grande transformação ambiental: uma cronologia da dialética homem-natureza.* Rio de Janeiro: Garamond, 2008.

BUSH, George H. W. "Address Before a Joint Session of the Congress on the State of the Union", 29 de janeiro de 1991. Disponível em: <*https://bit.ly/2HSvpCc*>.

BUZAN, Barry. *People, states and fear: an agenda for international security studies in the post-cold war era.* Colchester/UK: ECPR, 2007.

BUZAN, Barry; HANSEN, Lene. *A evolução dos Estudos de Segurança Internacional.* Tradução de Flávio Lira. São Paulo: Editora Unesp, 2012.

BUZAN, Barry; WÆVER, Ole. *Regions and Powers: the structure of International Security.* Cambridge: Cambridge University Press, 2003.

BUZAN, Barry; WÆVER, Ole; DE WILDE, Jaap. *Security: a new framework for analysis.* Bolder e Lodon: Lynne Rienner Publisher, 1998.

CABANES, Robert; GEORGES, Isabel; RIZEK, Cibele S.; TELLES, Vera da Silva (orgs.). *Saídas de emergência: ganhar/perder a vida na periferia de São Paulo.* São Paulo: Boitempo, 2011.

CAMARGO, Aspásia, et al. (orgs.). *Meio Ambiente Brasil: avanços e obstáculos pós-Rio-92.* São Paulo: Estação Liberdade e Instituto Socioambiental; Rio de Janeiro: Fundação Getúlio Vargas, 2004.

COMISSÃO MUNDIAL SOBRE MEIO AMBIENTE E DESENVOLVIMENTO. *Nosso futuro comum.* Rio de Janeiro: FGV, 1988.

CAMPBELL, Elaine. "A vida emocional do poder governamental". Tradução de Aline Passos. In: *Revista Ecopolítica.* São Paulo: PUC-SP, v. 1, 2011, pp. 35–53. Disponível em: <*https://bit.ly/2UVLWcc*>.

CANGUILHEM, Georges. *O normal e o patológico.* Tradução de Maria Thereza R. C. Barrocas. Rio de Janeiro: Forense Universitária, 1995.

CARLETTI, Ana. *O internacionalismo vaticano e a nova ordem mundial. A diplomacia pontifícia da Guerra Fria aos nossos dias.* Brasília: Fundação Alexandre Gusmão, 2012.

CARNEIRO, Beatriz Scigliano. "Élisée Reclus: torrente libertária". In: *Revista Ecopolítica.* São Paulo: PUC-SP, v. 1, 2011, pp. 104–113. Disponível em: <*https://bit.ly/2Ordow1*>.

__________. "A Construção do *Dispositivo meio ambiente*". In: *Revista Ecopolitica.* São Paulo: PUC-SP, v. 4, 2012, pp. 2–15. Disponível em: <*https://bit.ly/2Ws0lNM*>.

__________. "Ecopolítica e a Igreja Católica no terceiro milênio: a conversão ecológica". In: *Revista Ecopolítica*. São Paulo: PUC-SP, v. 12, 2015, pp. 13–69. Disponível em: <*https://bit.ly/2OviAPC*>.

CARONE, Modesto. "O parasita da família: sobre a metamorfose de Kafka". In: RÖHL, Ruth. *A expressão da modernidade no século XX*. São Paulo: FFLCH/USP, 1993.

CARSON, Rachel. *A Primavera Silenciosa*. Tradução de Raul de Polillo. São Paulo: Melhoramentos, 1969. Disponível em: <*https://bit.ly/2G91xjX*>.

CARVALHO, José Carlos. "A vocação democrática na gestão ambiental brasileira e o papel do executivo". In: TRIGUERO, Andre (coord.). *Meio ambiente no século XXI*. Campinas: Armazém do Ipê, 2008, pp. 258–273.

CATLIN, G. *Letters and notes on the manners, customs and condition of the North American Indians*. London: Tosswill & Miers, v. I, 1841. Disponível em: <*https://bit.ly/2Oqmol2*>.

CEDI et al. *De Angra a Aramar: os militares a caminho da bomba*. Rio de Janeiro: CEDI, s/d.

CHAR, René. "Argumento – Fúria e mistério". In: *O nu perdido e outros poemas*. Tradução de Augusto Contador Borges. São Paulo: Iluminuras, 1995.

CHOUCRI, Nazli (ed.). *Global Accord: Environmental Challenges and International Responses*. Cambridge/Massachusetts: The MIT Press, 1993.

CLAUSEWITZ, Carl von. *On War*. Tradução de Michael Howard e Peter Paret. Princeton: Princeton University Press, 1976.

CHRISPINIANO, José. *A guerrilha surreal*. São Paulo: Conrad, Com-Arte, 2002.

CHRISTIE, Nils. *A indústria do controle do crime – a caminho dos GULAGs em estilo ocidental*. Tradução de Luis Leiria. Rio de Janeiro: Editora Forense, 1998.

COIMBRA, Cecília. *Operação Rio: O mito das classes perigosas: um estudo sobre a violência urbana, a mídia impressa e os discursos de segurança pública*. Niterói: Oficina do Autor/Intertexto, 2001.

COIMBRA, Renata Maria; MORAIS, Normanda Araujo de (org.). *A resiliência em questão: perspectivas teóricas, pesquisa e intervenção*. Porto Alegre: Artmed, 2015.

CONDE, Heliana. "Anarqueologizando Foucault". In *verve*. São Paulo: Nu-Sol, n. 28, 2015, pp. 91–123.

CONSPIRACIÓN DE CÉLULA DEL FUEGO (CCF). *La vigência de la negación y la sóbria sinceridad de nuestras intenciones*. Madri: Nuestronuevoscomplots, 2011.

CORREA, Paulo Gustavo Pellegrino. "MINUSTAH e Diplomacia Solidária: criação de novo paradigma nas Operações de Paz?". In: MATIJASCIC, Vanessa Braga (org.). *Operações de Manutenção de Paz das Nações Unidas: reflexões e debates*. São Paulo: Editora Unesp, 2014, pp. 129–158.

COSTA, Ana Alice. "Gênero, poder e empoderamento das mulheres". In: *Núcleo de Estudos Interdisciplinares sobre a Mulher*. Salvador: NEIM/UFBA, 2000.

COURBET, Gustave. "Carta aos artistas de Paris". Tradução de Andre Degenszajn. In: *verve*. São Paulo: Nu-Sol, n. 15, 2009, pp. 123–124.

DANOWSKI, Débora; CASTRO, Eduardo Viveiros de. *Há um mundo por vir? Ensaio sobre os medos e os fins*. Desterro (Florianópolis), Cultura e Barbárie: Instituto Socioambiental, 2014.

DAY, Richard J. F. *Gramsci is dead: anarchist currents in the newest social movements*. London: Pluto Press/Toronto: Between the Lines, 2005.

DEGENSZAJN, Andre. "Terrorismos e invulnerabilidade". In: PASSETTI, Edson; OLIVEIRA, Salete (orgs.). *Terrorismos*. São Paulo: Educ, 2006, pp. 163–175.

DELEUZE, Gilles. *Foucault*. Tradução de Claudia Sant'Tanna Martins. São Paulo: Brasiliense, 1988.

__________. *Conversações*. Tradução de Peter Pal Pélbart. São Paulo: Ed. 34, 1992.

__________. *Curso sobre Foucault III La subjetivación*. Buenos Aires: Cactus, 2015.

__________. *Sobre o teatro. Um manifesto de menos/O esgostado*. Tradução de Fátima Saadi e Ovídio de Abreu. Rio de Janeiro: Jorge Zahar, 2010.

DENG, Fancis; KIMARO, Sadikiel; LYONS, Terrence; ROTHCHILD, Donald; ZARTMAN, William. *Sovereignty as Responsibility: conflict management in Africa*. Washington: Brookings Institute, 1996.

DENEAULT, Alain. *Gouvernance: le management totalitaire.* Montréal: Lux Éditeur, 2013.

DEUTSCH, Karl (ed.). *Ecosocial systems and ecopolitics: a reader on human and social implications of environmental management in developing countries.* Paris: UNESCO, 1977.

DEUSEN, David Van; MASSOT, Xaxier (org.). *The blac block papers.* Breaking Glass Papers, 2010.

DI FELICE, Massimo; MUÑOZ, Cristobal (org.). *A revolução invencível: cartas e comunicados.* Tradução de Cláudia Schilling e Valter Pomar. São Paulo: Boitempo, 1998.

DINSTEIN, Yoram. *Guerra, agressão e legítima defesa.* Tradução de Mauro Raposo de Mello. Barueri/SP: Manole, 2004.

DOYLE, Michael. "Kant, Liberal Legacies, and Foreign Affairs (Part I)". *Philosophy and Public Affairs*, v. 12, n. 3, 1983, pp. 205–235.

DUARTE, João Paulo Gusmão. *Terrorismo: caos, controle e segurança.* São Paulo: Desatino, 2014.

DODDS, Felix; STRAUSS, Michael. *Only one Earth: the long road via Rio for sustainable development.* New York: Routledge, 2012.

DROUIN, Jean Marc. *L'Ecologie et son histoire: reinventer la nature.* Paris: Flammarion, 1993.

DUPUIS-DÉRI, Francis. *Black Bloc.* Tradução de Guilherme Miranda. São Paulo: Veneta, 2014.

DUPUY, Jean-Pierre. *Introdução à crítica da ecologia política.* Rio de Janeiro: Civilização Brasileira, 1980,

ENZENSBERGER, Hans Magnus. *O curto verão da anarquia.* Tradução de Márcio Suzuki. São Paulo: Companhia das Letras, 1987.

__________. *El perdedor radical. Ensayo sobre los hombres del terror.* Barcelona: Editorial Anagrama, 2007.

EVANS, Gareth. *Responsibility to Protect: ending mass atrocity crimes once and for all.* New York: Brookings Institute, 2008.

FAO. *'Climate-Smart' Agriculture: Policies, Practices and Financing for Food Security, Adaptation and Mitigation.* Rome: FAO, 2010.

FEITOSA, Gustavo; PINHEIRO, José Augusto. "Lei do Abate, guerra às drogas e defesa nacional". *Revista Brasileira de Política Internacional*, Brasília, ano 55, n. 1, 2012, pp. 66–92.

FERRAZ, Francielle Bonet; FERNANDEZ, Jorge Hernandez. "Integrinas na adesão, migração e sinalização celular: associação com patologias e estudos clínicos". In: *Revista Científica da FMC*. Campos: UFNF, v. 9, n. 2, 2014, pp. 25–34.

FERREIRA, José Maria Carvalho. "Da impossibilidade de superar a atual crise do capitalismo". In: *verve*. São Paulo: Nu-Sol, n. 21, 2012, pp. 101–131.

___________. "Globalização, TIC e Trabalho Virtual". In: *Revista Ecopolítica*. São Paulo: PUC-SP, v. 14, 2016, pp. 2–27. Disponível em: <*https://bit.ly/2UXDtVR*>.

FERRY, Luc. *A nova ordem ecológica*. Tradução de Rejane Janowitzer. Rio de Janeiro: Difel, 2009.

FIGUEIREDO, Eurico de Lima. *Os militares e a democracia*. Rio de Janeiro: Graal, 1980.

FLECK, M. P.; LOUZADA, S.; XAVIER, M.; CHACHANOVIC, E.; VIEIRA, G. et al. "Desenvolvimento da versão em português do instrumento de avaliação de qualidade de vida da OMS (WHOQOL – 100)". In: *Revista Brasileira de Psiquiatria*. São Paulo: ABP, 21, 1999.

FOLKE, C. et al. *Resilience and sustainable development: building adaptative capacity in a world of transformations*. Estocolmo: Norstedts Tryckeri, 2002. Disponível em: <*https://www.era-mx.org/* >.

FOUCAULT, Michel. *Vigiar e punir*. Tradução de Lígia M. P. Vassalo. Petrópolis: Vozes, 1977.

___________. *História da sexualidade I. A vontade de saber*. Tradução de Maria Theresa C. Albuquerque e J. A. Guilhon de Albuquerque. Rio de Janeiro: Graal, 1977a.

___________. *Microfísica do poder*. Tradução e organização de Roberto Machado. Rio de Janeiro: Edições Graal, 1979.

_________. "Anti-Édipo: uma introdução à vida não-fascista". In: PELBART, Peter Pál; ROLNIK, Suely (org.). *Cadernos de Subjetividade. Gilles Deleuze.* Tradução de Fernando José Fagundes Ribeiro. São Paulo: Núcleo de Pesquisa de Subjetividade. Programa de Estudos Pós-Graduados em Psicologia Clínica da PUC-SP, v. 1, 1993, pp. 197–200.

_________. "O sujeito e o poder". In: DREYFUS, Hubert L.; RABINOW, Paul. (org.). *Michel Foucault – uma trajetória filosófica.* Tradução de Vera Porto Carrero. Rio de Janeiro: Forense Universitária, 1995, pp. 231–249.

_________. *A ordem do discurso.* Tradução de Laura Fraga de Almeida Sampaio. São Paulo: Edições Loyola, 1996.

_________. *Em defesa da sociedade.* Tradução de Maria E. Galvão. São Paulo: Martins Fontes, 1999.

_________. "O que são as Luzes?". In: MOTTA, Manoel B. (org.). *Ditos e Escritos.* Tradução de Elisa Monteiro. Rio de Janeiro: Forense Universitária, v. II, 2000, pp. 335–351.

_________. "Le jeu de Michel Foucault". In: *Dits et Écrits II.* Paris: Quarto Gallimard, 2001.

_________. *Os anormais.* Tradução de Eduardo Brandão. São Paulo: Martins Fontes, 2001a.

_________. "'Omnes et singulatim': uma crítica da razão política". In: MOTTA, Manoel B. (org.). *Ditos & Escritos.* Tradução Manoel Barros da Motta. Rio de Janeiro: Forense Universitária, v. IV, 2003, pp. 355–385.

_________. "A evolução do indivíduo perigoso na psiquiatria legal do século XIX". In: MOTTA, Manoel B. (org.). *Ditos e escritos.* Rio de Janeiro: Forense Universitária, v. V, 2003a, pp. 1–25.

_________. *A hermenêutica do sujeito.* Tradução de Marcio A. Fonseca e Salma T. Muchail. São Paulo: Martins Fontes, 2004.

_________. (Maurice Florence). "Foucault". In: MOTTA, Manoel B (org.). *Ditos e Escritos.* Tradução de Elisa Monteiro e Inês A. D. Barbosa. Rio de Janeiro: Forense Universitária, v. V, 2004a, pp. 234–239.

_________. "É inútil revoltar-se?". In: MOTTA, Manoel B. (org.). *Ditos e Escritos.* Tradução de Elisa Monteiro e Inês Autran D. Barbosa. Rio de Janeiro: Forense Universitária, v. V, 2004b, pp. 77–81.

__________. *Segurança, território e população.* Tradução de Eduardo Brandão. São Paulo: Martins Fontes, 2008.

__________. *Nascimento da biopolítica.* Tradução de Eduardo Brandão. São Paulo: Martins Fontes, 2008a.

__________. *O governo de si e dos outros.* Tradução de Eduardo Brandão. São Paulo: Martins Fontes, 2010.

__________. *A coragem da verdade.* Tradução de Eduardo Brandão. São Paulo: WMW-Martins Fontes, 2011.

__________. "O saber como crime". In: MOTTA, Manoel B. (org.). *Ditos e Escritos.* Tradução de Vera Lucia A. Ribeiro. Rio de Janeiro: Forense Universitária, v. VII, 2011a, pp. 62–69.

__________. *Ditos & Escritos.* In: MOTTA, Manoel B. (org.). Tradução de Lucia Avellar Ribeiro. Rio de Janeiro: Forense Universitária, v. V, 2012.

__________. "O nascimento do mundo". In: MOTTA, Manoel B. (org.). *Ditos e Escritos.* Tradução de Abner Chiquieri. Rio de Janeiro: Forense Universitária, v. X, 2014, pp. 51–54.

__________. A sociedade punitiva. Tradução de Ivone C. Benedetti. São Paulo: WMF-Martins Fontes, 2015.

__________. "O poder e a política de Michel Foucault". In: *Revista Ecopolítica.* São Paulo: PUC-SP, v. 12, 2015a, pp. 93–107. Disponível em: <*https://bit.ly/2CDHmrK*>.

__________. *La société punitive.* Paris: EHESS/Galimard/Seuil, 2013.

FOX, Stephen. *The american conservation movement: John Muir and its legacy.* Madison/Wisconsin: The University of Wisconsin Press, 1981.

FRANCO, J. L. de Andrade. "A primeira Conferência Brasileira de Proteção à Natureza e a questão da identidade nacional". In: DUARTE, Regina Horta. *Varia História.* Belo Horizonte: Departamento de História da UFMG, n. 26, 2002, pp. 77–96. Disponível em: <*https://bit.ly/2O75YMp*>.

FRANCO, J. L. de Andrade et al. (org.). *História ambiental: fronteiras, recursos naturais e conservação da natureza.* Rio de Janeiro: Garamond, 2012.

FRANCO, J. L. de Andrade; DRUMMOND, José Augusto. *Proteção à natureza e Identidade nacional no Brasil, anos 1920–1940.* Rio de Janeiro: Fiocruz, 2009.

FRIEDLÄNDER, Saul. *A Alemanha nazista e os judeus.* Tradução de Fany Kon et al. São Paulo: Perspectiva, 2012.

FRIEDMANN, John. *Empowerment: uma política de desenvolvimento alternativo.* Tradução de Carlos Silva Pereira. Oeiras: Celta Editora, 1996.

FUKUYAMA, Francis. *Construção de Estados: governo e organização no século XXI.* Tradução de Nivaldo Montigelli Jr. Rio de Janeiro: Rocco, 2005.

GERMAIN, Marisa. "Terror como gobernamentalidad obscena. Del saber sobre la violência legal em la ditadura". In: *Revista Ecopolítica.* São Paulo: PUC-SP, v. 9, 2014, pp. 47–61. Disponível em: <*https://bit.ly/2OoPqBo*>.

GIBBS, David. "How the Srebrenica Massacre redefined the US Foreign Policy". *Class, Race and Corporate Power,* vol. 03, n. 02, 2015.

GODWIN, William. *Investigacion acerca de la justicia politica.* Tradução de J. Prince. Buenos Aires: Editorial Americalee, 1945.

__________. "De crimes e punições". In: *verve.* Tradução de Maria Abramo Caldeira Brant. São Paulo: Nu-Sol, n. 5, 2005, pp. 11–86.

GOMES, Maíra. *A "pacificação" como prática de "política externa" de (re)produção do self estatal: reescrevendo o engajamento do Brasil na Missão de Estabilização de Paz da ONU para o Haiti (MINUSTAH).* Rio de Janeiro: IRI-PUC/RJ, Tese de Doutorado, 2014, 269p.

GRAEBER, David. "The new anarchists". In: *New Left Review.* London: NLF, v. 13, 2002. Disponível em: <*https://bit.ly/1Hj24JO*>.

__________. "O carnaval está em marcha". In: *Folha de S. Paulo.* 14/10/2005. Disponível em: <*https://bit.ly/2WoY4mb*>.

__________. "Concerning the violent peace-police. An open letter to Chris Hedges". In: *N+1.* New York: 501©3 nonprofit n+1 Foundation, 2012. Disponível em: <*https://bit.ly/2iNlFhl*>.

__________. "Revele-se". Tradução de Walisson P. Fernandes. In: *verve.* São Paulo: Nu-Sol, n. 23, 2013.

GREENWALD, Glenn. *Sem lugar para se esconder.* Tradução de Fernanda Abreu. Rio de Janeiro: Sextante, 2014.

GRAHAM, Stephen. *Cidades sitiadas: novo urbanismo militar.* Tradução Alyne Azuma. São Paulo: Boitempo, 2016.

GROS, Frédéric. *Estados de violência: ensaio sobre o fim da guerra.* Tradução de José Augusto da Silva. Aparecida/SP: Idéias & Letras, 2009.

__________. *Le príncipe sécurité.* Paris: Gallimard, 2012.

GUNDERSON, L.; HOLLING, C. S. (eds.). *Panarchy: understanding transformations in human and natural systems.* Washington: Island Presse, 2002.

HAMMAN, Eduarda P. (org.). *Brasil e Haiti: reflexões sobre os 10 anos da Missão de Paz e o futuro da cooperação após 2016.* Rio de Janeiro: Instituto Igarapé, 2015.

HAGEN, Joel. *An entangled bank: the origins of ecosystem ecology.* New Jersey: Rutgers, 1992.

HARDIN, Garrett. "The tragedy of commons". In: *Sience Mag.* Pennsylvania: Association of American. Geologists and Naturalists, 162, v. 1968. Disponível em: <*https://bit.ly/2PtElPA*>.

HARVEY, David; TELLES, Edson et al. *Occupy. Movimentos de protestos que tomaram as ruas.* São Paulo: Carta Maior/Boitempo, 2012.

HAYDTE, Friedrich von der. *A guerra irregular moderna, em políticas de defesa e como fenômeno militar.* Tradução de Virginia Bombeta. Rio de Janeiro: Bibliex, 1990.

HEHIR, Aidan; MURRAY, Robert (org.). *Libya: the responsibility to protect and the future of humanitarian intervention.* New York: Palgrave McMillan, 2013.

HEIDEGGER, Martin. *Escritos políticos.* Lisboa: Instituto Piaget, 1993.

HERNÁNDEZ GARCÍA, Joel. "Nuevos âmbitos de la acción de las operaciones de mantenimiento de la paz: implicaciones para el orden mundial". In: PELLICER, Olga. *Las Naciones Unidas Hoy: visión de México.* México: Fondo de Cultura Económica, 1994, pp. 150–173.

HERZ, Mônica; HOFFMANN, Andreia Ribeiro; TABAK, Jana. *Organizações Internacionais: história e práticas* (2ª edição). Rio de Janeiro: Campus/Elsevier, 2015.

HOFFMANN, Florian. "Mudança de paradigma? Sobre direitos humanos e segurança humana no mundo pós-11 de Setembro". In: HERZ, Monica; AMARAL, Arthur Bernardes do (org.). *Terrorismo e Relações Internacionais.* Rio de Janeiro: Editora PUC-Rio/Edições Loyola, 2010.

HOLLING, Crawford Stanley. "Resilience and stability of ecological systems". In: *Annual Review Ecology and Sistematics.* Vancouver: University of British Columbia, v. 4, 1973, pp. 1–23.

HOLLOWAY, John. *Mudar o mundo sem tomar o poder.* Tradução de Emir Sader. São Paulo: Boitempo, 2003.

__________. *Fissurar o capitalismo.* Tradução de Daniel Cunha. São Paulo: Publisher Brasil, 2013.

HOROCHOVSKI, Rodrigo. "Empoderamento: definições e aplicações". In: *30º encontro anual da ANPOCS.* São Paulo: ANPOCS, 2006, p. 3. Disponível em: <*https://bit.ly/2HWSKT9*>.

HUBAC, Olivier (org.). *Mercenaires et polices privées: la privatisation de la violence armée.* Paris: Universalis, 2005.

HUNTER, Wendy. *Eroding military influence in Brazil: politicians against soldiers.* North Carolina: Chaper Hill, 1997.

IPCC. *Climate Change 2013: The Physical Science Basis. Contribution of Working Group I to the Fifth Assessment Report of the Intergovernmental Panel on Climate Change.* Cambridge: Cambridge University Press, 2013. Disponível em: <*https://bit.ly/1df6YUS*>.

JESSOP, Ralph. "Coinage of the Term *Environment*: A Word Without Authority and Carlyle's Displacement of the Mechanical Metaphor". *Literature Compass,* 9(11), 2012, pp. 708–720.

JOLL, James. *Anarquistas e anarquismo.* Tradução de Manuel Vitorino Dias Duarte. Lisboa: Publicações Dom Quixote, 1964.

JUDENSNAIDER, Elena et alii. *Vinte centavos: a luta contra o aumento.* São Paulo: Veneta, 2013.

KAFKA, Franz. *O processo.* Tradução de Modesto Carone. São Paulo: Companhia das Letras, 1997.

KALDOR, Mary. *New and old wars: organized violence in a global era.* Stanford: Stanford University Press, 2008.

KASSOW, Samuel D. *Quem escreverá nossa história? Os arquivos secretos do Gueto de Varsóvia.* Tradução de Denise Bottman. São Paulo: Companhia das Letras, 2009.

KEATING, Tom. "The UN Security Council on Libya: legitimation or dissimulation?". In: HEHIR, Aidan; MURRAY, Robert (orgs.). *Libya: the responsibility to protect and the future of humanitarian intervention.* New York: Palgrave McMillan, 2013, pp. 162–190.

KEEGAN, John. *Uma história da guerra.* Tradução de Pedro Maia Soares. São Paulo: Companhia das Letras, 2002.

KELSEN, Hans. *Teoria pura do direito.* Tradução de João Baptista Machado. São Paulo: Martins Fontes, 1999.

KENKEL, Kai Michael. "New missions and emerging powers: Brazil, Peace Operations and MINUSTAH". In: LEUPRECHT, Christian; TROY, Jodok; LAST, David (org.). *Mission Critical: smaller democracies' role in global stability operations.* Montreal: McGill-Queen's University Press, 2010, pp. 125–147.

KIRAS, James. "Irregular Warfare: terrorism and insurgency". In: BAYLIS, John; WIRTZ, James; GRAY, Colin (orgs.). *Strategy in the contemporary world.* Oxford: Oxford Univeristy Press, 2010, pp. 185–207.

KOTLIARENCO, María Angélica; CÁCERES, Irma; FONTECILLA, Marcelo. *Estado de arte en resiliencia.* Washington: OPAS/OMS, 1997.

KRASNER, Stephen. *Sovereignty: organized hypocrisy.* Princeton: Princeton University Press, 1999.

KRUG, D.; SIEGENTHALER, J. "Changing views about art and the Earth". In: *Art & Ecology: Photoessays: Art and the Earth.* California: Green Museum, 2006. Disponível em: <*https://bit.ly/2HUcW8j*>.

KUNDERA, Milan. *A festa da insignificância.* Tradução de Teresa Bulhões C. da Fonseca. São Paulo: Companhia das Letras, 2014.

L'AMICALE D'ORANIENBURG-SACHSENHAUSEN. *Sachso. Au cœur du systéme concentrationnaire nazi.* Paris: Plon, les Éditions de Minuit, 1982.

LACLAU, Ernesto. *A razão populista.* Tradução de Carlos Eugênio Marcondes de Moura. São Paulo: Ed. Três Estrelas, 2013.

LAGO, André Aranha Corrêa. *O Brasil e as Três Conferências Ambientais das Nações Unidas.* Brasília: Instituto Rio Branco e Fundação Alexandre Gusmão, 2007.

LAPOUJADE, David. *Deleuze, os movimentos aberrantes.* Tradução de Laymert Garcia dos Santos. São Paulo: n-1 Edições, 2015.

LAQUEUR, Walter. "Postmodern Terrorism: new rules for an old game". *Foreign Affairs*, vol. 75, n. 05, September/October, 1996. Disponível em: <*https://fam.ag/2Ui0k1u*>.

LATOUR, Bruno. *Facing Gaia – Six lectures on the political theology of nature.* New York: Macaulay, 2013. Disponível em: <*https://bit.ly/2YqFaxm*>.

LAZZARATO, M. *Trabalho imaterial: formas de vida e produção de subjetividade.* Tradução de Mônica Jesus. Rio de Janeiro: DP&A, 2001.

__________. *O governo das desigualdades. Crítica da insegurança neoliberal.* Tradução de Renato A. Santos. São Carlos: EdUFSCAR, 2011.

LE PRESTE, Philippe. *Ecopolitica internacional.* Tradução de Jacob Gorender. São Paulo: Senac, 2005.

LEAR, Linda. *Rachel Carson: witness for nature.* London: Penguin Books, 1997.

LEAVITT, David. *O homem que sabia demais: Alan Turing e a invenção do computador.* Tradução de Samuel Dirceu. São Paulo: Novo Conceito, 2007.

LEITE, José Corrêa. *Fórum Social Mundial. A história de uma invenção política.* São Paulo: Ed. Fundação Perseu Abramo, 2003.

LEVI, Primo. *Assim foi Auschwitz. Testemunhos 1945–1986.* Tradução de Federico Carotti. São Paulo: Companhia das Letras, 2015.

LIGHTMAN, Alan. *As descobertas. Os grandes avanços da ciência no século XX.* Tradução de George Schlesinger. São Paulo: Companhia das Letras, 2015.

LIMA, Carlo Alberto. *Os 583 Dias da Pacificação no Alemão.* Rio de Janeiro: Edição do Autor, 2012.

LINERA, Alvaro Garcia. *Potência plebeia. A ação coletiva e identidades.* Tradução de Igor Ojeda e Mouzar Benedito. São Paulo: Boitempo, 2011.

LOWER, Andy. *As mulheres do nazismo.* Tradução de Angela Lobo. Rio de Janeiro: Rocco, 2014.

LUDD, Ned. *Urgência das Ruas: Black Bloc, Reclaim the Streets e os dias de ação global.* Tradução de Leo Vinicius. São Paulo: Conrad, 2002.

MACHADO, Paulo Affonso Leme. *Direito Ambiental Brasileiro.* São Paulo: Malheiros, 2014.

MAHIEU, Jacques de. *Précis de biopolitique.* Montreal: Ed. Celtic, 1969.

MALAGUTI BATISTA, Vera. "O Alemão é muito mais complexo". In: MALAGUTI BATISTA, Vera (org.). *Paz Armada.* Rio de Janeiro: Revan, 2012, pp. 55–102.

MALATESTA, Errico. *Escritos revolucionários.* São Paulo: Hedra, 2008.

MALETTE, Sébastien. "Foucault para o próximo século: ecogovernamentalidade". Tradução de Anamaria Salles. In: *Revista Ecopolítica.* São Paulo: PUC-SP, v. 1, 2011, pp. 4–25. Disponível em: <*https://bit.ly/2JR87yW*>.

MARSH, George P. *Man and nature, or The Earth as modified by Human Action.* New York: Charles Scribner's Sons, 1907. Disponível em: <*https://bit.ly/2TyC7m5*>.

MARTÍNEZ-ALIER, Joan. *Ecologismo dos pobres.* Tradução de Mauricio Waldman. São Paulo: Contexto, 2012.

MAUBERT, Franck. *Conversas com Francis Bacon.* Tradução de André Telles. Rio de Janeiro: Zahar, 2010.

MÃE, Valter Hugo. *A máquina de fazer espanhóis.* São Paulo: Cosac Naify, 2011.

McCORMICK, J. *Rumo ao paraíso: a história do movimento ambientalista.* Tradução de Marco Antônio Esteves e Renato Aguiar. Rio de Janeiro: Relume Dumará, 1992.

MEADOWS, Donella et al. *The limits to growth. a report for the Club of Rome's project on the predicament of mankind.* New York: Universe Books, 1972.

__________. *Limits to Growth: the 30 years up-date.* White River Junction/Vermont: Chelsea Green Publishing Company, 2004.

MEIRELLES, Renato; ATHAYDE, Celso. *Um país chamado favela: a maior pesquisa já feita sobre a favela brasileira.* São Paulo: Editora Gente, 2014.

MILLER, Jacques Alain. "A máquina panóptica de Jeremy Bentham". In: BENTHAM, Jeremy et al. *O Panóptico.* Tradução de Guacira Lopes Louro; M. D. Magno; Tomaz Tadeu. Belo Horizonte: Autêntica, 2008.

MISES, Ludwing von. *Le socialisme. Étude économique et sociologique.* Paris: Librairie de Médicis, 1938.

MONGILLO, J.; BOOTH, B. *Environmental Activists.* Westport, Connecticut: Greenwood Publishing Group, 2001.

MORENO, Giménez. *Mauthauses, o campo de concentração e de extermínio.* São Paulo: Ediciones Hispanoamericanas, 1975.

NEGRI, Antonio; HARDT, Michael. *Império.* Tradução de Berilo Vargas. Rio de Janeiro: Record, 2001.

__________. *Multidão: guerra e democracia na era do Império.* Tradução de Berilo Vargas. Rio de Janeiro: Record, 2004.

__________. *Declaração. Isso não é um manifesto.* Tradução de Carlos Szlak. São Paulo: n-1 Edições, 2014.

NEWMAN, Saul. *The politics of postanarchism.* Edinburgh: Edinburgh University Press Ltd., 2010.

__________. "A servidão voluntária revistada: a política radical e o problema da auto-dominação". In: *verve.* Tradução de Anamaria Salles. São Paulo: Nu-Sol, n. 20, 2011, pp. 23–48.

NOGUEIRA, Marco Aurélio. *As ruas e a democracia. Ensaios sobre o Brasil contemporâneo.* Rio de Janeiro: Contraponto, 2013.

NOVAES, Washington. *Agenda 21: um novo modelo de civilização.* Brasília: Ministério do Meio Ambiente, s/d.

NUENLIST, Christian. *At the roots of the european security system: thirty years since the Helsinki Final Act. H-Soz-u-Kult, H-Net Reviews,* 2005. Disponível em: <*https://bit.ly/2OuCI47*>.

OLIVEIRA, Luiz Alberto (org.). *Museu do amanhã.* Rio de Janeiro: Edições de Janeiro, 2015.

OLIVEIRA, Salete. "Política e fissuras sobre crianças e jovens: psiquiatria, neurociência e educação". In: *Revista Ecopolítica.* São Paulo: PUC-SP, v. 1, 2011, pp. 77–103. Disponível em: <*https://bit.ly/2TxCl9T*>.

__________. "Política e psiquiatrização da ordem a céu aberto". In: *Revista Ecopolítica.* São Paulo: PUC-SP, v. 10, 2014. Disponível em: <*https://bit.ly/2HIsaOt*>.

OPTIZ, Sven. "Governo não ilimitado – o dispositivo de segurança da governamentalidade não-liberal". Tradução de Talita Vinagre. In: *Revista Ecopolítica.* São Paulo: PUC-SP, v. 2, 2012, pp. 3–36. Disponível em: <*https://bit.ly/2Youjnn*>.

ORLANDI, Luiz B. "Como sinto as manifestações no Brasil de 2013". In: *Revista Alegrar,* n. 12, 2013. Disponível em: <*https://bit.ly/2Wp03Hi*>.

OWEN, Mark. *Não há dia fácil.* Tradução de Donaldson M. Garschagen e Berilo Vargas. São Paulo: Paralela, 2012.

PÁDUA, J. A. (org.). *Ecologia e política no Brasil.* Rio de Janeiro: Espaço e Tempo: IUPERJ, 1987.

PALEY, Dawn. *Drug war capitalism.* Oakland/EUA: AK Press, 2014.

PAPA FRANCISCO. *Carta Encíclica "Laudato Si" sobre o cuidado da casa comum.* Tradução da Editora do Vaticano. São Paulo: Paulus/Loyola, 2015.

PARK, Robert E. "A cidade: sugestões para a investigação do comportamento humano no meio urbano". In: VELHO, Octavio G. (org.). *O fenômeno urbano.* Tradução de Sergio Santeiro. Rio de Janeiro: Zahar, 1967.

PARTRIDGE, Eric. *A short etymological dictionary of modern English.* New York: Routledge, 2006. Disponível em: <*https://bit.ly/2UV0EA4*>.

PASHOUKANIS, Evgeni Bronislávovich. *Teoria geral do direito e marxismo.* São Paulo: Acadêmica, 1988.

PASSETTI, Edson. *Ética dos amigos.* São Paulo: Imaginário, 2003.

__________. *Anarquismos e sociedade de controle.* São Paulo: Cortez, 2003a.

__________. "Vivendo e revirando-se: heterotopias libertárias na sociedade de controle". In: *verve.* São Paulo: Nu-Sol, n. 4, 2003b, pp. 49–50. Disponível em: <*https://bit.ly/2FuG3Mt*>.

__________. "Segurança, confiança e tolerância: comandos na sociedade de controle". In: *Revista São Paulo Perspectiva.* São Paulo: Fundação SEADE, v. 18, n. 1, 2004. Disponível em: <*https://bit.ly/2JKgz35*>.

__________. "Poder e anarquia. Apontamentos libertários sobre o atual conservadorismo moderado". In *verve.* São Paulo: Nu-Sol, n. 12, 2007, pp. 1–33.

__________. *Anarquismo urgente.* Rio de Janeiro/São Paulo: Achiamé/Centro de Cultura Social, 2007a.

__________. "Ecopolítica e controle por elites". In: PREVE, Ana Maria; CORRÊA, Guilherme (org.). *Ambientes da ecologia: perspectivas em política e educação.* Santa Maria: Editora UFSM, 2007b, pp. 09–30.

__________. "Terrorismos". In: *Anarquismo urgente.* Rio de Janeiro/São Paulo: Achiamé/Centro de Cultura Social, 2007c, pp. 93–94.

__________. "Foucault-antifascista, São Francisco de Sales-guia e atitudes de *parresiasta*". In: RAGO, Margareth; VEIGA-NETO, Alfredo (org.). *Para uma vida não-fascista.* Belo Horizonte: Autêntica Editora, 2009, pp. 117–134.

__________. "Fascismo, pequenos fascismos, ou como designar isso que vivemos na sociedade de controle?". In: ABRAMOVAY, Pedro Vieira; MALAGUTI BATISTA, Vera (org.). *Depois do grande encarceramento.* Rio de Janeiro: Revan/ICC, 2010, pp. 273–292.

__________. "Ecopolítica: proveniências e emergências". In: CASTELO BRANCO, Guilherme; VEIGA-NETO, Alfredo (org.). *Foucault, filosofia & política.* Belo Horizonte: Autêntica, 2011, pp. 127–141.

__________. "Foucault e a transformação". In: BÓGUS, Lúcia; WOLFF, Simone; CHAIA, Vera (org.). *Pensamento e teoria nas Ciências Sociais – Referências clássicas e contemporâneas.* São Paulo: EDUC/CAPES, 2011a, pp. 205–220.

__________. "Fluxos libertários e segurança". In: *verve.* São Paulo: Nu-Sol, n. 20, 2011b, pp. 49–78.

__________. "Governamentalidade e violência". In: *Currículo sem fronteiras.* São Paulo, v. 11, n. 1, 2011c, pp. 42–53. Disponível em: <*https://bit.ly/2HUR50z*>.

__________. "Transformações da biopolítica e emergência da biopolítica". In: *Revista Ecopolítica.* São Paulo: PUC-SP, v. 5, 2013, pp. 2–37. Disponível em: <*https://bit.ly/2Ot4Uo7*>.

__________. "O governo das condutas e das contracondutas do terror". In: CASTELO BRANCO, Guilherme (org.). *Terrorismo de Estado.* Belo Horizonte: Autêntica, 2013a.

__________. "Sobre a *pequena* teoria anarquista". In: *verve.* São Paulo: Nu-Sol, n. 24, 2013b, pp. 211–219. Disponível em: <*https://bit.ly/2IOM21G*>.

__________. "Jornadas de junho: o insuportável". In: *Revista Ecopolítica.* São Paulo: PUC-SP, v. 6, 2013c. Disponível em: <*https://bit.ly/2TCAscb*>.

PASSETTI, Edson; AUGUSTO, Acácio. *Anarquismos e educação.* Belo Horizonte: Autêntica, 2008.

__________. "O drama da *multidão* e os trágicos *black bloc*: a busca do constituinte como destino e a *ação direta*". In: *Revista Ecopolítica.* São Paulo: PUC-SP, v. 9, 2014. Disponível em: <*https://bit.ly/2HJdFtt*>.

PASSETTI, Edson; OLIVEIRA, Salete (org.). *Terrorismos.* São Paulo: Educ. 2006.

PÉLBART, Peter Pál. *O avesso do niilismo. Cartografia do esgotamento.* São Paulo: n-1 Edições, 2013.

PATTISON James. "The ethics of 'responsibility while protecting': Brazil, the Responsibility to Protect, and the Restrictive approach to humanitarian interventions". In: KENKEL, Kai M.; CUNLIFFE, Philip (org.). *Brazil as Rising Power: intervention norms and the contestation of global order.* London/New York: Routledge, 2016, pp. 195–215.

PERROT, Michelle. "O inspetor Bentham". In: BENTHAM, Jeremy et al. *O Panóptico.* Tradução de Guacira Lopes Louro; M. D. Magno; Tomaz Tadeu. Belo Horizonte: Autêntica, 2008.

PESCHEL, Lisa A. *The prosthetic life. Theatrical performance, survivor testimony and the Therezin Guetto 194101963.* Minnesota: University of Minnesota, 2009.

PETTMAN, Ralph. "Human security as global security: reconceptualising strategic studies". In: *Cambridge Review of International Affairs.* Cambridge: Cambridge University Press, v. 18, n. 1, 2005, pp. 137–150.

PFETSCH, Frank. "Why was the 20th century warlike?". Tradução de Estevão C. R. Martins. In: MARTINS, Estevão Chaves de Rezende (org.). *Relações Internacionais: visões do Brasil e da América Latina.* Brasília: FUNAG/IBRI, 2003.

PIGLIA, Ricardo. *Respiração artificial.* Tradução de Heloisa Jahn. São Paulo: Companhia das Letras, 2010.

PIRAGES, Dennis Clark (ed.). *The sustainable society: implications for limited growth.* New York: Praeger Publishers, 1977.

__________. *The New context of International Relations: global ecopolitics.* North Scituate, Massachusetts: Duxbury Press, 1978.

PRESS, Daryl. "The mith of air power in the Persian Gulf War and the future of warfare". *International Security,* vol. 26, n. 2, 2001, pp. 5–44.

PRÉVERT, Jacques. *Contos para crianças impossíveis.* Tradução de Alexandre Barbosa de Souza. São Paulo: Cosac Naify, 2007.

POWER, Samantha. *Genocídio. A retórica americana em questão.* Tradução de Laura T. Motta. São Paulo: Companhia das Letras, 2004.

PROUDHON, Pierre-Joseph. *Sistema das contradições econômicas ou Filosofia da miséria.* Tradução de José Carlos Morel. São Paulo: Ícone, 2003.

__________. "A Guerra e a paz". In: *verve.* Tradução de Martha Gambini. São Paulo: Nu-Sol, n. 19, 2011, pp. 23–71.

RADKAU, J. *Nature and power: a global history of environment.* Tradução de Thomas Dunlap. Cambridge: Cambridge University Press, 2008.

RAYNAUT, Claude et al. "Pesquisa e formação na área de meio ambiente e desenvolvimento: novos quadros de pensamento, novas forma de avaliação". In: *Desenvolvimento e Meio Ambiente.* Curitiba: UFPR, n. 1, 2000, pp. 71–81. Disponível em: <*https://bit.ly/2TDVR4t*>.

RECLUS, Élisée. *Du sentiment de la nature dans les societés modernes.* Québec: Université Laval de Québec, 1866. Disponível em: <*https://bit.ly/2f9DkuM*>.

RESENDE, Paulo-Edgar A.; PASSETTI, Edson. *Proudhon. Política.* Tradução de Célia Gambini e Eunice O. Setti. São Paulo: Ática, 1986.

RODRIGUES, Thiago. "Narcoterrorismo e o warfare state". In: PASSETTI, Edson; OLIVEIRA, Salete (eds.). *Terrorismos.* São Paulo: Educ, 2006, pp. 149–161.

__________. *Guerra e política nas relações internacionais.* São Paulo: Educ, 2010.

__________. "As guerras do fim do mundo". In: *Revista Ecopolítica.* São Paulo: PUC-SP, v. 1, 2011, pp. 114–124. Disponível em: <*https://bit.ly/2FABHEJ*>.

__________. "Narcotráfico e militarização nas Américas: vício de guerra". In: *Contexto Internacional.* Rio de Janeiro: Instituto de Relações Internacionais da Pontifícia Universidade Católica do Rio de Janeiro, v. 34, n. 1, 2012, pp. 9–41.

__________. "Segurança planetária: entre o climático e humano". In: *Revista Ecopolítica.* São Paulo: PUC-SP, v. 3, 2012a. Disponível em: <*https://bit.ly/2CDhUms*>.

__________. "Ecopolítica e segurança: a emergência do *dispositivo diplomático-policial*". In: *Revista Ecopolítica.* São Paulo: PUC-SP, v. 05, 2013, pp. 117–158. Disponível em: <*https://bit.ly/2OqUV2A*>.

__________. "Agonismo y genealogía: hacia una analítica de las Relaciones Internacionales". In: *Relaciones Internacionales.* Madrid: Universidad Autonoma de Madrid, v. 24, 2013a, pp. 89–107.

__________. "Guerra e terror". In: CASTELO BRANCO, Guilherme (org.). *Terrorismo de Estado.* Belo Horizonte: Autêntica, 2013b, pp. 203–219.

__________. "Estados Unidos, América Latina e o combate ao narcotráfico". In: TOSTES, Ana Paula; RESENDE, Erica; TEIXEIRA, Tatiana. (org.). *Estudos americanos em perspectiva: relações internacionais, política externa e ideologias políticas.* Curitiba: Appris, 2013c, pp. 119–136.

__________. "Governar tudo, a todos e a si mesmo". In: *Revista Ecopolítica.* São Paulo: PUC-SP, v. 9, 2014, pp. 62–70. Disponível em: <*https://bit.ly/2FGKlkf*>.

__________. "Drug-trafficking and Security in Contemporary Brazil". In: RYAN, Gregory (org.). *World Politics of Security.* Rio de Janeiro: CEBRI/KAS, 2015, pp. 234–250.

__________. *Política e drogas nas Américas: uma genealogia do narcotráfico.* São Paulo: Desatino, 2016.

RODRIGUES, Thiago e AUGUSTO, Acácio. "Política, participação e resistências na sociedade de controle: entre indignados e a antipolítica". In: *Pensamiento Propio.* Buenos Aires: CRIES/CEGRE, año 19, 2014, pp. 227–250. Disponível em: <*https://bit.ly/2TDYaEF*>.

SACHS, Ignacy. *Ecodesenvolvimento: crescer sem destruir.* Tradução de Eneida Araújo. São Paulo: Vértice, 1986.

SAINT-PIERRE, Héctor. "Breve reflexión sobre el empleo de las Fuerzas Armadas". *Voces en el Fénix,* n. 48, 2015. Disponível em: <*https://bit.ly/2OwiB5O*>.

SANDS, Phillipe. *Principles of international environment law.* Cambridge: Cambridge University Press, 2003.

SCAHILL, Jeremy. *Blackwater.* Tradução de Claudio Carina e Ivan Weisz Kuck. São Paulo: Companhia das Letras, 2008.

SCHEINVAR, Estela. "Uma leitura 'no fio da navalha"'. In: *Revista Ecopolítica.* São Paulo: PUC-SP, v. 8, 2014, pp. 62–71. Disponível em: <*https://bit.ly/2CFq6Tc*>.

SCHOLL, Inge. *A rosa branca.* Tradução de Ana Carolina Scfäfer e outros. São Paulo: Editora 34, 2013.

SEBALD, W. G. *Austerlitz.* Tradução de José Marcos Macedo. São Paulo: Companhia das Letras, 2008.

SEIDL, Eliane Maria Fleury; ZANNON, Célia Maria Lana da Costa. "Qualidade de vida e saúde: aspectos conceituais e metodológicos". In: *Cadernos de Saúde Pública.* Rio de Janeiro: Fundação Oswaldo Cruz, 2004, pp. 580–588.

SEM-SANDBERG, Steve. *Os destituídos de Lódz.* Tradução de Jaime Bernardes. São Paulo: Companhia das Letras, 2012.

SEN, Amartya. *Desenvolvimento como liberdade.* Tradução de Laura Teixeira Motta. São Paulo: Companhia das Letras, 2008.

SEN, Gita. "Empowerment as an approach to poverty". In: *Working Paper Series.* Bangalore: Indian Institute of Management, n. 97.07,1997.

SERRANO, Mónica. "The Responsibility to Protect and its critics: explaining the consensus". *Global Responsibility to Protect,* n. 03, 2011, pp. 01–13.

SERRES, Michel. "Retour au contrat naturel". In: KROKER, Marilouise; KROKER Arthur (rds.). *Ctheory.* Victoria: University of Victoria, 2006. Disponível em: <*https://bit.ly/2Fz6LUn*>.

SERRES, Michel; OBRIST, Hans U. "Quase-objetos". Tradução de Dorothea Voegeli Passetti. In: *Revista Ecopolítica.* São Paulo: PUC-SP, v. 8, 2013. Disponível em: <*https://bit.ly/2HX48yn*>.

SHIRKY, Clay. *A cultura da participação: criatividade e generosidade no mundo conectado.* Tradução de Celina Portocarrero. Rio de Janeiro: Zahar, 2011.

SCHULTZ, Theodore W. *O Capital humano. Investimentos em educação e pesquisa.* Tradução de Marco Aurélio de Moura Matos. Rio de Janeiro, Zahar Editores, 1973.

SIEMINSNKI, Inga B. *The Theresienstadt. A study guide.* Washington: American University, 2009.

SINGER, P. W. *Corporate Warriors: the rise of the privatized military industry.* New York: Cornell University Press, 2008.

SIQUEIRA, Leandro. "Uma genealogia das compulsões". In: *verve.* São Paulo: Nu-Sol, n. 18, 2010, pp. 149–166.

__________. *Ecopolítica: derivas do espaço sideral.* Tese de doutorado. São Paulo: PUC-SP, 2015.

SKÓRZINSKI, Jan. "Revolução do Solidariedade e o fim da União Soviética". In: *Revista de Relações Internacionais.* Lisboa: Instituto Português de Relações Internacionais, n. 33, 2012.

SOARES, Guido. "O meio ambiente global: de Estocolmo à Eco-92 e a América Latina". In: SOARES, G.; REZENDE, Paulo (org.). *Ecologia, Sociedade, Estado.* São Paulo: Educ, 1995.

SOUZA, Jessé. *A ralé brasileira.* Belo Horizonte: UFMG, 2009.

__________. *Os batalhadores brasileiros.* Belo Horizonte: UFMG, 2010.

SOLOMON, Barbara Bryant. *Black empowerment: Social work in oppressed communities.* New York: Columbia University Press, 1976.

SPITZER, Leo. "Milieu and Ambiance: an Essay in Historical Semantics". In: *Philosophical and Phenomenological Research.* Providence: Brown University, v. 3, n. 1, 1942, pp. 1–42. Disponível em: <*https://bit.ly/2V0sefc*>.

SOLJENITZEN, Alexander. *El archipiélago Gulag (1918–1956)*, 2007. Disponível em: <*https://bit.ly/2U3dBLZ*>.

STACHELHAUS, Heiner. *Joseph Beuys, une biographie.* Tradução de Xavier Carrèrre, Clémence Guibout e Jean-Yves Masson. Paris: Abbeville, 1994.

STIRNER, Max. "Algumas considerações sobre o Estado fundado no amor". Tradução de J. Bragança de Miranda. In: *verve.* São Paulo: Nu-Sol, n. 1, 2002, pp. 13–21. Disponível em: <*https://bit.ly/2CJIN8d*>.

__________. *O único e a sua propriedade.* Tradução de João Barrento. Lisboa: Antígona, 2004.

ST. JOHN, Ronald Bruce. *Libya: from colony to revolution.* Oxford: OneWorld, 2012.

STERN-GILLET, Suzanne. *Aristotle's philosophy of friendship.* New York: State University of New York Press, 1995.

SZYMBORSKA, Wislawa. *Um amor feliz.* Tradução de Regina Prybycien. São Paulo: Companhia das Letras, 2016.

TAMANES, Ramón. *Crítica dos limites do crescimento: ecologia e desenvolvimento.* Tradução de José Maria Brandão de Brito. Lisboa: Dom Quixote, 1983.

THEODORO, Suzi Hoff (org.). *Os 30 anos da Política Nacional do Meio Ambiente: conquistas e perspectivas.* Rio de Janeiro: Garamond, 2011.

THOMPSON, A. K. *Black Bloc, White riot. Anti-globalization and the genealogy of dissent.* New York: AK Press, 2010.

TILLY, Charles. *Capital, coerção e Estados europeus.* Tradução de Geraldo Gerson de Souza. São Paulo: Edusp, 1996.

TODOROV, Tzvetan. *Os inimigos íntimos da democracia.* Tradução de Joana Angélica d'Avila Melo. São Paulo: Companhia das Letras, 2012.

TORRES, Alberto. *A organização nacional.* Rio de Janeiro: Imprensa Nacional, 1914.

__________. *O problema nacional brasileiro.* eBooksBrasil.org, 2002. Disponível em: <*https://bit.ly/2uwUpa0*>.

TOYNBEE, Arnold. *Lectures on the industrial revolution in England.* London/New York: Longmans, 1884.

TRIGUEIRO, André (coord.). *Meio Ambiente no século XXI.* Campinas: Armazém do Ipê, 2008.

UEHARA, Luíza. *Política e modulações. Há vida libertária na internet?.* Dissertação de Mestrado. São Paulo: PUC-SP, 2013.

UEKOETTER, F. *The green and the brown: a history of conservation in nazi Germany.* New York: Cambridge University Press, 2006.

ULLOA, Astrid. "A ecogovernamentalidade e suas contradições". Tradução de Gabriel Passetti. In: *Revista Ecopolítica.* São Paulo: PUC-SP, v. 1, 2011, pp. 26–42. Disponível em: <*https://bit.ly/2FD9Cg6*>.

USHER, Shaun (org.). *Cartas extraordinárias.* Tradução de Hildegard Fiest. São Paulo: Companhia das Letras, 2014.

VAINER, Carlos et alii. *Cidades rebeldes. Passe livre e as manifestações que tomaram as ruas do Brasil.* São Paulo: Carta Maior/Boitempo, 2013.

VASCONCELOS, Eduardo Mourão. *O poder que brota da dor e da opressão: empowerment, sua estória, teorias e estratégias.* São Paulo: Paulus, 2003.

VEIGA, José Eli da. *A desgovernança global.* São Paulo: 34 Letras, 2013.

VILA-MATAS, Enrique. *Dublinesca.* Tradução de Jose Rubens Siqueira. São Paulo: Cosac Naify, 2011.

VIRILIO, Paul. *Velocidade e política.* Tradução de Celso Mauro Paciornik. São Paulo: Estação Liberdade, 1996.

WAISELFISZ, Julio J. *Mapa da Violência 2013. Mortes matadas por armas de fogo.* San Pedro/Costa Rica: CEBELA/FLACSO, 2013. Disponível em: <*https://bit.ly/2UjHwyy*>.

WALKER, R. B. J. *Inside/Outside: as Relações Internacionais como Teoria Política.* Tradução de Luis Carlos Moreira da Silva. Rio de Janeiro: Apicurí/PUC-Rio, 2013.

WARD, Barbara; DUBOS, René. *Uma terra somente: a preservação de um pequeno planeta.* Tradução de Antônio Lamberti. São Paulo: Edusp, 1972.

WACHSMANN, Nikolaus. *KL – A História dos campos de concentração nazis.* Tradução de Miguel Matta. Publicações Dom Quixote: Alfragide, 2015.

WEIS, Thomas G. *Humanitarian Intervention.* Cambridge: Polity, 2007.

WELZER, Harald. *Guerras climáticas: por que mataremos e seremos mortos no século 21.* Tradução de William Lagos. São Paulo: Geração Editorial, 2010.

WERNER, Emy E.; SMITH, Ruth S. *Vulnerable but invincible: a longitudinal study of resilient children and youth.* New York: McGraw Hill, 1982.

WOODCOCK, George. *Os grandes escritos anarquistas.* Tradução de Júlia Tettamazi e Betina Becker. Porto Alegre: LP&M, 1981.

__________. *História das ideias e movimentos anarquistas.* Tradução de Júlia Tettamanzy. Porto Alegre: LP&M, 2002.

WORLD COMISSION ON ENVIRONMENT AND DEVELOPMENT – WCED. *Our common future.* Oxford: Oxford University Press, 1987.

WORSTER, Donald. *Nature's Economy: a history of ecological ideas.* New York: Cambridge University Press, 1994.

YOUNG, George M. *The Russian cosmists.* New York: Oxford University Press, 2012.

YOUNG, Thomas. *A course of lectures on natural philosophy and the mechanical arts.* London: Printed for Taylor and Walton, v. I, 1845.

ZALASIEWICZ Jan. *Ciência e sociedade do Antropoceno: transição a partir do Holoceno.* Tradução de Amin Simaika, 2016. Disponível em: <*https://bit.ly/2JMyq9B*>.

ZIMMERMAN, M. A. "Psychological empowerment: Issues and illustrations". In: *American Journal of Community Psychology.* Florida: Society for Community Research and Action – Division of Community Psychology, 1995, n. 23, pp. 581–599.

__________. "Taking aim on empowerment research: On the distinction between individual and psychological conceptions". In: *American Journal of Community Psychology.* Florida: Society for Community Research and Action – Division of Community Psychology, n. 18, 1990, pp. 169–177.

Agradecimentos

Esta pesquisa-livro aconteceu pela presença da Fundação São Paulo/PUC-SP, da FAPESP, de muitos colegas que nos visitaram pessoalmente e em colóquio para conversar sobre o tema, de amigos que compareceram às nossas exposições de resultados parciais e finais, especialmente o filósofo Guilherme Castelo Branco (UFRJ) que nos acompanhou em todas as etapas, de muitos jovens que realizaram suas iniciações científicas conosco e que repercutiram em mestrados, de mestrandos que se doutoraram e de projetos de pós-doc.

Entramos e saímos fortalecidos em vários encontros no Brasil e no exterior; produzimos um site desde o início do projeto que hoje se transformou em Observatório Ecopolítica (<*http://www.pucsp.br/ecopolitica/*>); realizamos aulas-teatro sobre o tema da pesquisa (Revista *verve* números 22 a 28, <*http://www.nu-sol.org/verve/verve1.php*>); fundamos em 2011 a Revista Ecopolítica, com periodicidade quadrimestral (<*http://revistas.pucsp.br/ecopolitica*>) e lançamos uma série de quatro documentários, exibidos no Canal Universitário-TV PUC e distribuídos gratuitamente a universidades (disponíveis em: <*https://bit.ly/2Jko4Kg*>).

Tudo foi possível porque existe o Nu-Sol (Núcleo de Sociabilidade Libertária <*http://www.nu-sol.org*>), com sua coragem libertária e gosto pela pesquisa e pela vida. E quase tudo pode ser possível porque existem leitores, gente que pesquisa, pessoas que gostam da gente e que não gostam, mas principalmente toda a gente que quer, produz e inventa liberdades.

Índice Remissivo

Índice onomástico

COLEÇÃO HEDRA

1. *Iracema*, Alencar
2. *Don Juan*, Molière
3. *Contos indianos*, Mallarmé
4. *Auto da barca do Inferno*, Gil Vicente
5. *Poemas completos de Alberto Caeiro*, Pessoa
6. *Triunfos*, Petrarca
7. *A cidade e as serras*, Eça
8. *O retrato de Dorian Gray*, Wilde
9. *A história trágica do Doutor Fausto*, Marlowe
10. *Os sofrimentos do jovem Werther*, Goethe
11. *Dos novos sistemas na arte*, Maliévitch
12. *Mensagem*, Pessoa
13. *Metamorfoses*, Ovídio
14. *Micromegas e outros contos*, Voltaire
15. *O sobrinho de Rameau*, Diderot
16. *Carta sobre a tolerância*, Locke
17. *Discursos ímpios*, Sade
18. *O príncipe*, Maquiavel
19. *Dao De Jing*, Lao Zi
20. *O fim do ciúme e outros contos*, Proust
21. *Pequenos poemas em prosa*, Baudelaire
22. *Fé e saber*, Hegel
23. *Joana d'Arc*, Michelet
24. *Livro dos mandamentos: 248 preceitos positivos*, Maimônides
25. *O indivíduo, a sociedade e o Estado, e outros ensaios*, Emma Goldman
26. *Eu acuso!*, Zola | *O processo do capitão Dreyfus*, Rui Barbosa
27. *Apologia de Galileu*, Campanella
28. *Sobre verdade e mentira*, Nietzsche
29. *O princípio anarquista e outros ensaios*, Kropotkin
30. *Os sovietes traídos pelos bolcheviques*, Rocker
31. *Poemas*, Byron
32. *Sonetos*, Shakespeare
33. *A vida é sonho*, Calderón
34. *Escritos revolucionários*, Malatesta
35. *Sagas*, Strindberg
36. *O mundo ou tratado da luz*, Descartes
37. *O Ateneu*, Raul Pompeia
38. *Fábula de Polifemo e Galateia e outros poemas*, Góngora
39. *A vênus das peles*, Sacher-Masoch
40. *Escritos sobre arte*, Baudelaire
41. *Cântico dos cânticos*, [Salomão]
42. *Americanismo e fordismo*, Gramsci
43. *O princípio do Estado e outros ensaios*, Bakunin
44. *O gato preto e outros contos*, Poe
45. *História da província Santa Cruz*, Gandavo
46. *Balada dos enforcados e outros poemas*, Villon
47. *Sátiras, fábulas, aforismos e profecias*, Da Vinci
48. *O cego e outros contos*, D.H. Lawrence
49. *Rashômon e outros contos*, Akutagawa
50. *História da anarquia (vol. 1)*, Max Nettlau
51. *Imitação de Cristo*, Tomás de Kempis
52. *O casamento do Céu e do Inferno*, Blake
53. *Cartas a favor da escravidão*, Alencar
54. *Utopia Brasil*, Darcy Ribeiro
55. *Flossie, a Vênus de quinze anos*, [Swinburne]
56. *Teleny, ou o reverso da medalha*, [Wilde et al.]
57. *A filosofia na era trágica dos gregos*, Nietzsche
58. *No coração das trevas*, Conrad
59. *Viagem sentimental*, Sterne

60. *Arcana Cœlestia* e *Apocalipsis revelata*, Swedenborg
61. *Saga dos Volsungos*, Anônimo do séc. XIII
62. *Um anarquista e outros contos*, Conrad
63. *A monadologia e outros textos*, Leibniz
64. *Cultura estética e liberdade*, Schiller
65. *A pele do lobo e outras peças*, Artur Azevedo
66. *Poesia basca: das origens à Guerra Civil*
67. *Poesia catalã: das origens à Guerra Civil*
68. *Poesia espanhola: das origens à Guerra Civil*
69. *Poesia galega: das origens à Guerra Civil*
70. *O chamado de Cthulhu e outros contos*, H.P. Lovecraft
71. *O pequeno Zacarias, chamado Cinábrio*, E.T.A. Hoffmann
72. *Tratados da terra e gente do Brasil*, Fernão Cardim
73. *Entre camponeses*, Malatesta
74. *O Rabi de Bacherach*, Heine
75. *Bom Crioulo*, Adolfo Caminha
76. *Um gato indiscreto e outros contos*, Saki
77. *Viagem em volta do meu quarto*, Xavier de Maistre
78. *Hawthorne e seus musgos*, Melville
79. *A metamorfose*, Kafka
80. *Ode ao Vento Oeste e outros poemas*, Shelley
81. *Oração aos moços*, Rui Barbosa
82. *Feitiço de amor e outros contos*, Ludwig Tieck
83. *O corno de si próprio e outros contos*, Sade
84. *Investigação sobre o entendimento humano*, Hume
85. *Sobre os sonhos e outros diálogos*, Borges | Osvaldo Ferrari
86. *Sobre a filosofia e outros diálogos*, Borges | Osvaldo Ferrari
87. *Sobre a amizade e outros diálogos*, Borges | Osvaldo Ferrari
88. *A voz dos botequins e outros poemas*, Verlaine
89. *Gente de Hemsö*, Strindberg
90. *Senhorita Júlia e outras peças*, Strindberg
91. *Correspondência*, Goethe | Schiller
92. *Índice das coisas mais notáveis*, Vieira
93. *Tratado descritivo do Brasil em 1587*, Gabriel Soares de Sousa
94. *Poemas da cabana montanhesa*, Saigyō
95. *Autobiografia de uma pulga*, [Stanislas de Rhodes]
96. *A volta do parafuso*, Henry James
97. *Ode sobre a melancolia e outros poemas*, Keats
98. *Teatro de êxtase*, Pessoa
99. *Carmilla — A vampira de Karnstein*, Sheridan Le Fanu
100. *Pensamento político de Maquiavel*, Fichte
101. *Inferno*, Strindberg
102. *Contos clássicos de vampiro*, Byron, Stoker e outros
103. *O primeiro Hamlet*, Shakespeare
104. *Noites egípcias e outros contos*, Púchkin
105. *A carteira de meu tio*, Macedo
106. *O desertor*, Silva Alvarenga
107. *Jerusalém*, Blake
108. *As bacantes*, Eurípides
109. *Emília Galotti*, Lessing
110. *Contos húngaros*, Kosztolányi, Karinthy, Csáth e Krúdy
111. *A sombra de Innsmouth*, H.P. Lovecraft
112. *Viagem aos Estados Unidos*, Tocqueville
113. *Émile e Sophie ou os solitários*, Rousseau
114. *Manifesto comunista*, Marx e Engels
115. *A fábrica de robôs*, Karel Tchápek
116. *Sobre a filosofia e seu método — Parerga e paralipomena (v. II, t. I)*, Schopenhauer
117. *O novo Epicuro: as delícias do sexo*, Edward Sellon
118. *Revolução e liberdade: cartas de 1845 a 1875*, Bakunin
119. *Sobre a liberdade*, Mill
120. *A velha Izerguil e outros contos*, Górki

121. *Pequeno-burgueses*, Górki
122. *Um sussurro nas trevas*, H.P. Lovecraft
123. *Primeiro livro dos Amores*, Ovídio
124. *Educação e sociologia*, Durkheim
125. *Elixir do pajé — poemas de humor, sátira e escatologia*, Bernardo Guimarães
126. *A nostálgica e outros contos*, Papadiamántis
127. *Lisístrata*, Aristófanes
128. *A cruzada das crianças/ Vidas imaginárias*, Marcel Schwob
129. *O livro de Monelle*, Marcel Schwob
130. *A última folha e outros contos*, O. Henry
131. *Romanceiro cigano*, Lorca
132. *Sobre o riso e a loucura*, [Hipócrates]
133. *Hino a Afrodite e outros poemas*, Safo de Lesbos
134. *Anarquia pela educação*, Élisée Reclus
135. *Ernestine ou o nascimento do amor*, Stendhal
136. *A cor que caiu do espaço*, H.P. Lovecraft
137. *Odisseia*, Homero
138. *O estranho caso do Dr. Jekyll e Mr. Hyde*, Stevenson
139. *História da anarquia (vol. 2)*, Max Nettlau
140. *Eu*, Augusto dos Anjos
141. *Farsa de Inês Pereira*, Gil Vicente
142. *Sobre a ética — Parerga e paralipomena (v. II, t. II)*, Schopenhauer
143. *Contos de amor, de loucura e de morte*, Horacio Quiroga
144. *Memórias do subsolo*, Dostoiévski
145. *A arte da guerra*, Maquiavel
146. *O cortiço*, Aluísio Azevedo
147. *Elogio da loucura*, Erasmo de Rotterdam
148. *Oliver Twist*, Dickens
149. *O ladrão honesto e outros contos*, Dostoiévski
150. *O que eu vi, o que nós veremos*, Santos-Dumont
151. *Sobre a utilidade e a desvantagem da história para a vida*, Nietzsche
152. *Édipo Rei*, Sófocles
153. *Fedro*, Platão
154. *A conjuração de Catilina*, Salústio

«SÉRIE LARGEPOST»

1. *Dao De Jing*, Lao Zi
2. *Cadernos: Esperança do mundo*, Albert Camus
3. *Cadernos: A desmedida na medida*, Albert Camus
4. *Cadernos: A guerra começou...*, Albert Camus
5. *Escritos sobre literatura*, Sigmund Freud
6. *O destino do erudito*, Fichte
7. *Diários de Adão e Eva*, Mark Twain
8. *Diário de um escritor (1873)*, Dostoiévski

«SÉRIE SEXO»

1. *A vênus das peles*, Sacher-Masoch
2. *O outro lado da moeda*, Oscar Wilde
3. *Poesia Vaginal*, Glauco Mattoso
4. *Perversão: a forma erótica do ódio*, Stoller
5. *A vênus de quinze anos*, [Swinburne]
6. *Explosao: romance da etnologia*, Hubert Fichte

COLEÇÃO «QUE HORAS SÃO?»

1. *Lulismo, carisma pop e cultura anticrítica*, Tales Ab'Sáber
2. *Crédito à morte*, Anselm Jappe
3. *Universidade, cidade e cidadania*, Franklin Leopoldo e Silva
4. *O quarto poder: uma outra história*, Paulo Henrique Amorim
5. *Dilma Rousseff e o ódio político*, Tales Ab'Sáber
6. *Descobrindo o Islã no Brasil*, Karla Lima
7. *Michel Temer e o fascismo comum*, Tales Ab'Sáber
8. *Lugar de negro, lugar de branco?*, Douglas Rodrigues Barros

COLEÇÃO «ARTECRÍTICA»

1. *Dostoiévski e a dialética*, Flávio Ricardo Vassoler
2. *O renascimento do autor*, Caio Gagliardi

Adverte-se aos curiosos que se imprimiu este livro em nossas oficinas, em 25 de setembro de 2019, em tipologia Libertine, com diversos sofwares livres, entre eles, LuaLaTeX, git & ruby.
(v. 122245a)